孙谦的如影人生

王学礼 著

美国华忆出版社
Remembering Publishing

Copyright © 2020 by Remembering Publishing
An Uneven Life: Sun Qian
Wang Xueli

ISBN： 978-1-951135-40-9（Paperback）
　　　 978-1-951135-41-6（Ebooks）
LCCN： 2020 905558
Remembering Publishing, LLC
9600 S IH-35, C600
Austin, TX 78748
RememPub@gmail.com

书名： 孙谦的如影人生
著者： 王学礼

责任编辑：闫文曲
封面塑像：蔚学高　李建国
封面设计：惊云工作室 Thunder Studio
出版： 美国华忆出版社　奥斯汀·得克萨斯州
版次： 2020 年 4 月第一版，第一次印刷
字数： 319 千字

作品内容受国际知识产权公约保护，版权所有，翻印必究

我们应当记住作家孙谦

杨占平

在中国新文学史上,谈到写农村社会、写农民生活的作家,不能不把赵树理、马烽、西戎、李束为、孙谦、胡正作为重要人物评价。他们以鲜明的创作主张、大量的优秀作品、独特的艺术风格,在文坛上赢得了地位,并被研究者称之为"山药蛋派"。

这几位作家如今都已经辞世,但他们一直恪守现实主义原则,始终坚持人民作家应有的社会责任感,从不忘记做农民群众代言人的情怀,以及他们的一大批脍炙人口的优秀作品,像赵树理的小说《小二黑结婚》《李有才板话》《三里湾》,马烽和西戎的长篇小说《吕梁英雄传》,马烽的小说和电影《饲养员赵大叔》《我们村里的年轻人》《我的第一个上级》,西戎的小说《宋老大进城》《赖大嫂》,李束为的小说《老长工》《于得水的饭碗》,孙谦的电影和小说《陕北牧歌》《万水千山》《伤疤的故事》《南山的灯》,胡正的小说《汾水长流》《七月古庙会》;马烽和孙谦的电影《新来的县委书记》(《泪痕》)《咱们的退伍兵》等等,都成为文学史上值得研究的课题。

由于特色明显,"山药蛋派"成为许多从事农村题材写作的作家学习借鉴文学观念和艺术主张的样本;不少从事中国当代文学研究的专家学者,也把这个流派作为典型代表,从中归纳和总结当代农村题材小说创作的走向;而在山西文学界,更是影响了一代又一代中青年作家。与此相关联的,近些年来,已经有不少文艺评论家在系统地研究赵树理、马烽等作家,出版了许多风格不同的人物传记。然而,关于骨干作家之一孙谦的传记却相对较少,公开出版的只有笔者一本列入山西省三晋文化研究会组织编写的"山西历史文化丛书",第十三辑中三万多字的小册子《人民作家孙谦》。可喜的是,孙谦的老家文水县从事行政工作的所谓文学"圈外人"王学礼先生，不求名利，不计得失，十几年利用业余时间，广泛搜集与孙谦相关的文字、影像资料，采访许多作家、评论家和孙谦亲属，集中精力写出了这部三十多万字的传记作品《孙谦的如影人生》。

承蒙王学礼先生的信任，我阅读了这部作品的初稿、二稿，提出了一些修改意见。每次阅读过程，好像孙谦老师的音容笑貌就在我眼前浮现，在跟他进行朋友间的坦诚交流，听他讲述自己的人生与创作坎坷道路；同时，更为学礼先生对孙谦老师的真挚感情所打动，他这部书的准备与写作过程，体现出一个后辈人对前辈乡贤的尊敬与责任。学礼先生的日常工作与文艺并无多少交集，他做这项工作纯属个人意愿，不会给他增加提拔职务的业绩，更不会带给他经济利益，但他义无反顾地做了，而且做得很好，原因正如他在《后记》中所说："孙谦的精神以及一生的成就和贡献，不仅仅在于作为山药蛋派成员，在坚持大众化、人民性的方向上，对当代文学产生的深远影响，更多的是他作为新中国最早的一批电影文学垦荒者，为新中国电影事业的发展，所作出的不可磨灭的艰辛探索，可以这样说，他的人生命运，就是共产党革命的写照，就是新中国电影的浓缩。"透过学礼先生的这部《孙谦的如影人生》，我们看到了孙谦的坎坷人生与创作过程，也看到了一位真实的作家形象。孙谦身上所体现出来的许多特点，是非常值得后辈作家学习的。他淳朴的人生，他谦逊的态度，他一以贯之的文艺观念，真是一笔宝贵的文学财富。因此，我们这些后辈文学工作者，应当永远记住作家孙谦。

读《孙谦的如影人生》，让我想起1996年3月5日孙谦走完了76年的人生路逝世后，他的沙场战友、文坛知音、电影剧本合作者马烽，代山西省作家协会撰写的挽联："晋军宿将，文坛主力，讴歌劳动者，扎根黄土地，笔下有真情，华章传后世；农民儿子，共产党人，襟怀荡正气，朴实似老牛，竭诚扶幼苗，风范映千秋。"

马烽的这个评价是非常准确的。在半个多世纪的文学生涯中，孙谦勤奋笔耕，创作出数百万字的小说、电影文学剧本、散文、报告文学，作品以描写农村生活为主，从中不但可以闻到浓烈的泥土芳香，而且可以看到鲜明的历史轨迹，能够感受到强烈的时代精神，深为广大读者和观众所喜爱，产生过广泛的影响，在中国当代文学史和电影文学史上占有一定地位。

从《孙谦的如影人生》中，我们能够看到，同"山药蛋派"其他几位骨干作家一样，孙谦也是从一名抗日游击队战士走上文学创作道路的。战争年代，他主要在晋绥根据地从事新闻宣传和文艺创作；新中国成立后，他成为专业作家，用作品表达对社会生活的认识与理解。他特别关注农村的生产和农民的生活，发现农业政策上出了偏差，感觉到农村工作中有了失误，他敢于直言不讳向有关领导部门上书，反映真实情况。由于特定时期极左路线严重，他几次因为讲真话或用作品真实地反映问题，受到了不公正的批判。身处逆境，但孙谦却忠贞不渝，信仰弥坚，他在晚年曾自我评价说："回顾我所走过的路，又宽阔，又坎坷。说它宽阔是：在党的培养下，我这个粗通文字的人，居然会成为作家，还多少给人民作了点有益的事；说它坎坷是：建国以来，从批判教条主义、概念化、无冲突论、干预生活、写个人命运到文化大革命的全面大否定，哪一次运动我都是被批判的对象……但我不灰心，也不想算旧账。"事实证明，他一贯坚持的看法是正确的，历次运动对他的批评或批判是不公正的。因此，他的人品和文品都受到文艺界人士的称赞，他的作品更为广大人民群众所喜爱。

孙谦明白文艺作品不能过于肤浅地展示生活，应当有一定的认识深度。所以，他的每一篇小说或剧本，都要提出一个值得人们思考的问题，用人物与故事阐释问题的尖锐复杂。这样的创作思想，是他一生创作恪守的准则。他的艺术表现方法，可以大致概括为：追求浓郁的地方色彩，使用通俗易懂的叙述语言，注意设置矛盾冲突和较强的故事情节。他之所以这样写，目的就是为了让农民群众能读懂或者看懂，喜欢读喜欢看。他一生写出过 20 多部电影剧本（包括与马烽合作 7 部，与成荫合作 2 部，与林杉合作 1 部），除《未完的旅程》《万水千山》《谁是被抛弃的人》之外，都是表现农村生活的，都曾受到农民群众的喜爱。

最能体现孙谦创作思想的，是从 1982 年到 1987 年的 5 年中间，他与马烽合作写出的四部电影文学剧本，即：《几度风雪几度春》《咱们的退伍兵》《山村锣鼓》《黄土坡的婆姨们》。除《几度风雪几度春》由于种种原因未能拍成影片外，其余三部拍摄成影片上映后，都引起过强烈反响，获得专家和广大观众的好评，也多次捧回了"金鸡奖""百花奖"、文化部奖、"解放军文艺奖"、民政部扶贫奖、山西省文艺创作奖等等国家级、部门及省内奖项。这些奖项，是对他们辛勤笔耕的回报。

孙谦已经成为故人，但他的人品、文品和作品，我们永远不应当忘记。感谢王学礼的《孙谦的如影人生》给大家提供了不应当忘记的理由。

2019年7月16日于太原

目 录

我们应当记住作家孙谦..................................Ⅰ

第一章　家乡成长
1. 汾河西畔的木匠人家..................................1
2. 淳朴民风下的童真少年................................6
3. 老枣树院子里的伤疤故事.............................12
4. 阎锡山也并非浑身都坏...............................17
5. 迷路的小货郎要当兵.................................22

第二章　新军战士
1. 从军官教导团到二纵队政卫队.........................30
2. 宣传队组长当了前锋剧社导演.........................36
3. 在紫团洞秘密加入共产党.............................43
4. "晋西事变"后担任警卫排长..........................52
5. 随吕梁剧社赴延安学习...............................61

第三章　宝塔山下
1. 鲁艺附设的部队艺术干部训练班.......................70
2. 在部队艺术学校第一次看电影.........................75
3. 延安文艺座谈会后见到毛主席.........................81
4. 战斗剧社在延安的汇报演出...........................86

第四章　晋绥从文
1. 晋西北文联下派的文化部长...........................92
2. 在保德县创作第一篇小说.............................97
3. 解放区的"抢救运动"................................104

4. 文艺整风结出丰硕的果实 109
5. 一张群英会上的五人照 115
6. 参加太原前线工作团 122
7. 刘胡兰村和南安村的那三天那一夜 128
8. 我的心里只有你没有他 136
9. 毛泽东对崞县土改工作团的批示 141

第五章　东北触电

1. 西北电影工学队向东影进发 149
2. 在敌人的封锁线上连夜突围 156
3. 未能拍片的剧本处女作《盐》 162

第六章　"花园"风云

1. "花园饭店"里的中央电影局 169
2. "三板斧"后的声名鹊起 176
3. 《葡萄熟了的时候》与批判《武训传》 184
4. 葡萄烂了后的"人干论"反思 194
5. 电影圈内的两个外号和两个笑话 202
6. 今夜雨疏风骤下的史东山与关露 210
7. 肃反中一碗救命的"面疙瘩汤" 217
8. 剧本创作所撤销后的海南岛之行 223
9. 亏钱的获奖影片与引蛇出洞的右派 230
10. 回晋前悔恨一生的两篇文章 239

第七章　离京回晋

1. 列为"白旗"被禁映的反腐题材片 248
2. 被"炒了一次回锅肉"的反党分子 257
3. 《大寨英雄谱》与"农业学大寨" 265
4. 因批判大连会议而扭曲的战友情 273
5. 山西省委交给的三项写作任务 280

第八章　文革磨难

1. 因江青"纪要"禁映的《万水千山》 287
2. 住牛棚、烧锅炉、红裤带 295
3. 夜审捅刺刀、横尸地下室 303
4. 赵树理惨死在他生日的前一天 309
5. 下放大寨公社后的"精神折磨" 316
6. 都是张天民《创业》"惹"的祸 324

第九章　劫后新生

1. 遵命在煤矿半年多的体验生活 335
2. 胡耀邦：我看了一部电影叫《泪痕》 342
3. 如影相伴、惺惺相惜的两位知音 351
4. 紫团洞原来在壶关县？！ 359
5. "农村三部曲"的忧民情怀 367
6. 访日的豪饮与访美的惊讶 375
7. 荣享"人民作家"与束为魂归吕梁 383

第十章　松林落叶

1. 病中的牵挂 390
2. 郭凤莲的泪水 394
3. 我们永远的纪念 397

主要参考书目 401
后　记 403

第一章　家乡成长

1. 汾河西畔的木匠人家

"每个人都有自己的出生、成长地，每个人都有自己的故乡。我是文水人。故乡养育了我，我在故乡长大成人。"孙谦在他1957年12月写的《故乡及其它》一文中这样说道。

孙谦1920年4月4日出生在山西省文水县一个300多户人家的村子——南安。文水县的版图，从外廓看和公鸡状的中国地图大致相仿，说准确一点的话更像一只松鼠，苍儿会是松鼠大而长的尾巴，而南安村就是松鼠的眼睛，在文水县的东北部。

文水位于山西省晋中平原西缘。文水现在行政上虽属吕梁市管辖，但其实不论从地形气候、农业种植，还是文化传统、民情民俗、生活习性，都随晋中地区；在文水老百姓的心里，感觉自己就是地地道道的晋中人。电视台每晚天气预报时，文水人都会直直地等候看屏幕上太原的天气，吕梁市府的离石是什么天气与我无关，因为吕梁典型的山区气候，和文水纯粹不沾边。1971年设立吕梁地区的时候，出于肥肉瘦肉相互搭配、山区和平川面积平衡的考虑，文水是和交城、汾阳、孝义一起，从晋中地区划到吕梁版图上来的。

晋中包括文水，是晋商的中心区和聚集地。文水县的东缘，有一条南北纵贯的河流，大家熟知的歌曲"汾河流水哗啦啦"唱的便是，汾河东西两岸，东边是祁县，西畔是文水，汾河就是两县的界河。南安村就位于汾河文水河段的北段西畔。文水的南北与汾阳、交城为邻，东南部接壤平遥，东北部还粘连清徐。自古受晋商文化的熏染影响，文水外出经商做买卖的人比较多。

除了汾河，文水中部还有一条四季长流、南北纵贯的文峪河，"交城的山来交城的水，不浇那个交城浇了咱文水"，这首山西民歌中唱的这"水"，指的就是文峪河。千百年来，"不浇交城浇文水"和"汾河流水哗啦啦"的灌溉便利条件，使得文水人不需靠天吃饭，一般情况"足食"是不成问题的。

1911年孙中山领导的辛亥革命爆发，不久，山西作为北方的近京省份，积极响应武昌起义，太原首义一举成功，晋系军阀阎锡山被选为都督并成立山西军政府，开始了统辖山西长达38年的历史。1926年阎锡山联合奉军，打败了北伐的国民革命军，占据了绥远后改称晋绥军。在对外好战的同时，阎锡山对内推行"村本政治"和"义务教育"，山西被称为全国著名的"模范省"。但是在混战中，阎锡山为保全自己，招兵买马，扩军备战，山西老百姓因此处于战乱动荡、水深火热之中。

汾河西畔的南安村，在民国初年是一个不大不小的村庄，离文水县城四十里，距交城县城二十里，背靠吕梁山，面向汾河水，土地平坦，虽有汾水冬灌之利，但依靠土地仅够糊口温饱。为了谋生，有的便出外远走关东、内蒙，赚些"外汇"，盼望过个好日月，稍有愿望的家长，就盼望孩子成为一个能写会算、发家致富的买卖人。

孙谦家的院子，就位于村子的中心，是一座简朴的晋中风格民居，正房七间分为四个房间，院子西面有邻，屋后和东面是街，东面南面是低矮的院墙；像本村大多数农家一样，院子里长着几棵枣树。街门朝东向街，在院子的东南方位。从街上远远就能看到，街门处向路边伸出一根长长的横杆，上面吊着用薄木板制成的棺材幌子，幌子上画着的棺材红底黑边，一面写着"孙记茂林木厂"，另一面写着"出卖大小棺材"。

孙茂林就是孙谦的父亲，他从小学得木匠手艺，1888年出生，属鼠，终年靠木匠手艺为生。小买卖人、手艺人，这在从前的晋中一带，是来钱不多、但够养家的两类职业。孙茂林的父亲不仅会木匠，也在村里红白喜事上当吹鼓手。孙茂林的木匠手艺，就是从他父亲那里传下来的,他一边做木匠营生,一边作务庄稼种地,靠着揽活带徒,常能赚几个小钱,手头比一般人稍微活泛,但娶妻成家已过而立之年。

孙谦的大伯从他父亲那里学了吹鼓手,叔父给别人扛了一辈子长工,两人打了一辈子光棍,相比之下日子过得清苦;那时候,农村的单身男人、光棍老汉比较多。孙茂林靠木匠手艺为生,是老兄弟三人中唯一成家立业的一位。

孙茂林的妻子任金霞,是位本村姑娘,1903年出生,属兔,嫁到孙家后,勤劳贤淑,聪慧能干;1920年4月4日,任金霞怀孕十月生了头胎,是个男娃,这天正是农历二十四节气的"清明",春风习习,万物复苏,孙茂林说:"春天生的,小名就叫春儿,大名就起个孙怀谦吧。"因为有"谦受益,满招损"的老话,孙茂林的意思是:这年头,谦让受益,平安最好。

"孙怀谦"就是我们说的孙谦。孙谦小时候上学以至参加革命到1940年底前,一直用着"孙怀谦"的名字,到延安学习以及1943年开始发表通讯、小说时改名为"孙谦",此后便一直沿用。

孙谦的父母一共生育四男一女,顺着孙怀谦大名和小名的叫法,孙谦的二弟大名孙怀珠,小名珠儿,比孙谦小14个月;三弟孙怀玉,小名元儿,1924年出生;四弟孙怀珍,小名按排行叫做了四儿,1932年出生。孙谦还有个妹妹,顺着四弟的名字叫做了孙爱珍,1936年出生。这就是孙茂林木匠之家的一大家人。

要说孙茂林的木匠手艺,那可是方圆十几里、几十里有名的好把式。从伐木开料,到拉锯制板;从伸展绳墨、用笔划线、刨子刨平,到量具测量、开榫做卯、组装木件,孙茂林干起活儿来,那灵动矫健的英姿犹如生龙活虎,精致的木工就像艺术品一样,绝对令你啧啧称赞。经过孙茂林之手,一件件鬼斧神工的小件、家具、构架,就逐一呈现在主家面前。孙谦在1992年写的《闹红火——缅怀俺爹》一文中这样写他父亲拿手的木匠手艺:

俺爹会修房缮屋,还会揽修大庙,雕龙镂凤。他的拿手绝活,一是抖犁,二是涮轴。所谓抖犁,就是把不好使用的犁杖,让俺爹拆卸开来,用"三斧子两楔子"地一修理,那犁便奇迹般地变得可深耕亦可浅串，非常好使用。所谓涮轴，就是把那已经磨凹了的铁锏的车轴，再换上新铁锏。经俺爹一修整，不论是小轿车，还是送粪大车，即便不"拗"油，走起来也会发出"咯啦啦"的脆响。

俺爹带过许多徒弟。他授徒很认真，宁可舍材舍料，也得让徒弟学下真手艺。但我相信，他的好多绝活，并没有全教了他的得意门生。那些徒弟虽已各自另立门户，但在修整社火家什时，他们都不请自到，跟着俺爹一块儿干。这种劳动不要报酬，是自愿服务，目的就是娱乐。

地下文物在陕西，地上文物在山西。民国才女林徽因说，山西和其它省份大异的是，乡下的每个村子，都有为数不少的庙宇。是的，关公庙、观音庙、文庙、娘娘庙、龙王庙、子夏庙等等，尤其是在汾河流域，一般村子也有四五个，稍微大一点的村庄，则会有八九个之多，古楼、佛塔、碑刻更是不计其数。上世纪30年代，梁思成、林徽因二位先生不辞劳苦，先后四次来山西进行古建筑调查，1934年8月，他们来到文水县城和开栅镇做了详细的考察，还把考察情况用优美的文字写进了《晋汾古建筑预查纪略》和《山西通信》《窗子以外》等篇文章当中。

作为尧舜禹先贤的中心活动区域，山西文物拥有量占到全国的70%，全国仅存的四座唐代木构建筑都在山西，"五千年文明看山西"确实不假。外地人来山西旅游的最大看点，第一是古庙，第二就是大院。因为山西自古商业繁荣，老百姓家庭生活比较富庶，历朝历代便有大大小小的寺庙或者富家宅院修缮建设，自然地民居大院多，文物古迹多。像孙谦父亲孙茂林"揽修大庙，雕龙镂凤"的本事，便多了施展的舞台和赚钱的机会。

这不，南安村附近的村子前后有几户，要修几进的大院，也有周围方圆的村子要维修大庙，孙茂林既揽活计，又负责古建营造技术，从动工到完工，一丝不苟，不敢马虎。离南安村十五里路的西社村，有一座宏伟的观音寺大殿，至今雄风犹在、巍然屹立，村里的老人们说，这座寺庙民国年间小修过，东头寺做过大维修，大师傅是南安村的二师傅、孙木匠。孙茂林在家中排行老二，上年纪的人都叫他二小，和他同年纪的人，都称他为二师傅，所以说得就是孙谦的父亲孙茂林。

手艺人大都心灵手巧、脑子好使。对于木匠来说，修庙修房都是大营生，至于做木车、整农具，还有每到过年闹红火的那些"家什"，便是"小儿科"了。修整正月里闹红火的那些玩意儿，孙茂林是不收钱的。孙谦说："我们村有十多个社，正月里，社社都要闹红火。一过破五，俺爹便被各社请去，修整那些闹社火用的家什。什么抬阁啦、旱船啦、秋千架啦、二鬼推磨啦、公公背媳妇啦、神仙上天啦……忙得他顾不得吃饭睡觉，熬得两眼通红。加上他爱为闹社火的作整修的后勤工作。你想，他从破五一直要干到了正月十二三。"

论工艺、论文化，孙谦父亲的木匠绝活，按现在的话来说，就叫"非物质文化遗产"。民间手艺，在从前那可不是随便教人的，即便带徒也要看准人，一准会挑选那些手脚勤快、人性善良、报本知恩的年轻人，才肯收为徒弟；而且再好的徒弟，师傅最后也总会留一两手绝技，不能全教了他们，怕的就是"教会徒弟，饿死师傅"，防止有些人过河拆桥、不认师傅，吃水忘了挖井人。

但教自家人就不一样了。孙谦说："我祖父是木匠，我父亲是木匠，我三弟也是木匠，我大侄子还是木匠，连我们孙门中的十五世始祖也是木匠。"祖传的木匠手艺，传给自己的儿孙，那可是天经地义、毫无保留的了，因为这是祖上的遗风、当代的责任。

木匠手艺走百家门、吃百家饭，一辈子伺候人，百家门，百家性，遇到家穷刁难、不好伺候的主，有时仅能给个汗水钱，木匠就是个养家糊口的辛苦活儿。那时候，没有现在的现代运输业、物流业，木匠所用的大小原材料，只有很远的深山老林才能搞到，雇个大马车，备足牲口的粮草，还要带足本人和车夫的干粮，来回需要好几天甚至十多天，有时还有生命危险。

深山老林，豹子、老虎经常出没，有时狼群结队下山，半夜到村子里叼走猪羊的事常常发生，出于安全考虑，孙茂林需要雇一名打猎的人同行才敢上山。有一年，孙茂林揽到了一桩收益颇丰的营生，为此他曾到交城的关帝山贩过三次大车的轴木，和邻村半农半猎打山猎的人，在深山里碰到好几伙吃人的老虎、豹子等野兽，吓得背上一身又一身的冷汗，幸亏是吃饱喝足、不正挨饿的虎豹豺狼，所以才没有丢掉性命。过后好久想起来，孙茂林仍觉得毛骨悚然、十分后怕。

手艺人毕竟见多识广，加上自己摸爬滚打的亲身经历，所以，尽管孙茂林不识字，但他有高于一般农村受苦人的思想和愿望，他不想再让自己的孩子们受苦受累、受死受活做木匠了，一心盘算着日后让大儿子上学读书、学徒经商，想改改门风。

后来孙谦十五六岁的时候，母亲劝父亲尽早教教孙谦学手艺、做木匠，孙茂林却找了一个让旁人听起来非常走心的理由，他对老婆说："自己亲生的孩子，软不得，硬不得，我做父亲的，怎能教他学下手艺？"话说得既干脆，又婉转，说来说去就一个意思：不教。

话是这么说，其实在孙茂林心里面，早就另有打算了。

2. 淳朴民风下的童真少年

汾河畔长大的孩子，自然与众不同。孙谦从小练得一身好水性，村子外的水圪洞，夏天涨水的汾河里，总能见到这位顽皮男孩子的身影。你看，他麻利地脱衣跳入水中，双臂本能地不停划拉，双腿扑腾扑腾地击水，慢慢地，孙谦学会了游泳。

在 1992 年写的《摸鱼》和 1982 年 6 月《写电影剧本的几个问题》等文章中，孙谦多次提到小时候练游泳："我喜爱游泳，但动作不规范。人家称自由式，我叫大把水或搭水，人家称仰泳，我叫死人漂，人家称蛙泳，我叫猛牛浮或狗扑澡……我是在老家的死水坑和河水里找到老师的，没有受过教练的传授和指教。……要学会游泳，就得跳进水里，喝几口水，拼命扑腾；实在累得不行了，爬上岸来，喘几口气，再仔细看看人家游泳健将是怎样游泳的。"

搭水、死人漂、狗扑澡，孙谦提到的这些游泳名词，全是文水当地的土称俗语。贪玩是男孩子的特性，能看出，孙谦小时候没少在水里玩，也没少让大人操心。

正因为有少年时期家乡的玩水经历和基础，所以孙谦在《摸鱼》一文中写他在延安部艺学习的时候，"曾在延河的大洪水中，捞过纺纱厂被冲走的棉花，也曾在清凉的蔚汾河底摸过小鲫鱼。"在《一件山羊皮短大衣》一文中说，我"还学会了潜泳——我能潜入水下，从石头缝里抠出两条小鲫鱼，然后浮出水面扔了鱼，再潜入水中抠鱼。"汾河湾长大的孩子，不愧是真正的"少年强"。

小孩子最高兴、最盼望的事，最数过年了。进入腊月特别是二十三之后，家家户户就为过年开始做各种筹办了，正月里，谁家不是大人小孩穿新衣、走亲戚、天天吃好的？！谁家不是阖家欢乐，红火热闹，其乐融融？！

晋中一带，乡风民俗淳朴，文化底蕴深厚，汾河西畔的南安村，过了破五一直到元宵节，那是一派热热闹闹、红红火火的景象，民间百戏百艺都要上街自娱表演，在锣鼓声、鞭炮声中，舞狮子、耍龙灯、跑旱船、扭秧歌、舞龙、踩高跷、撅棍、骑竹马、荡秋千、大头娃娃舞，就会在大街小巷热闹呈现，看得人眼花缭乱；还有游九曲、点花灯、燃焰火、猜灯谜等等，人们走上街头，融入川流不息、笑逐颜开的人潮。

正月里闹红火，会让一年的日子红红火火，所以大人们都热心参加，有的项目还得小孩子配合参与。在题为《闹红火》的文章中，孙谦回忆了童年扮演"撅棍"中小飞仙的一次经历：

我们村的南社，它有一手儿拿手好戏，名曰"神仙飞天"（我小时候称它为"撅棍"），即把一根很长很长的木杆，粗头"稳"在带有双轮的车轴上（"余"出的部分上还绑了好些横木），细头的尖上"稳"着个类似小椅子的铁家伙，椅上还绑着个小男孩。紧锣密鼓一停，社首一声令下，守在横木边的后生们用力一压，那个"坐"在铁椅上的小男孩被撅上了"天"，小男孩边抖腿上绑着的串铃，边摇晃手里拿着的拂尘，活脱脱的像个小"神仙"。

有一年，俺爹和他的徒弟们把撅棍"套绑"停当后，为了不出事故，便让我去"试飞"。我那时才五、六岁，根本不懂得害怕。把我捆绑在小铁椅上了，俺爹边给我腿上挂串铃，边说："上去了，要抖这！"他又给我手里塞了一把拂尘，说："也得摇这！记住：要摇得像个神仙！"我就这样被送上了"天"！老天爷呀，我的鼻孔里像刮大风,我的耳朵眼里像响炸雷!我往下一看:呀,房子在摇晃,树木像作揖磕头!我忘了摇、忘了抖,眼睛一闭,便爹呀妈呀地大哭起来!至于我是怎么又回到"人间"来的,当时我已经吓傻了,脑子像一盆浆糊,什么也说不明白。我只记得俺爹扇了我一耳刮,还骂了句:"没出息!"还记得因为我吓得尿湿了新棉裤,又挨了俺妈一顿捶打。

懵懂无知的孙谦,九岁上了本村的初小,十一二岁的时候,学校里教的那些看图识文的本事,让他对元宵节的花灯很是着迷。花灯上面画的那些山呀、树呀、花鸟呀,特别是上面的那些诗词、灯谜,他总要逐一欣赏,细细读过;对其中难猜的灯谜,还要反复琢磨。每年灯火通明的几条大街,总让他流连忘返:

当长到十一二岁时候,我游社社的主要兴趣是观灯。我们村,社社有花灯。在正街上,每隔二十来步,便竖着一对花灯。那时候,我还不知道世界上有电灯,我觉得我们村的大街上,就"明如白昼"。花灯有用玻璃镶嵌的,有用细绸纱糊的,这两种灯都永不变样子,我已经观腻了;我最着迷的是那些用纸新糊的花灯,那新画的山,高高的,有草有树,还有亭台楼阁,我做梦也没见过;那新画的水,湛蓝湛蓝的,天上有飞着的鸟,水里有张帆的船,比我见过的汾河美得多啦;还有新写的诗,新作的灯谜。那些灯谜真难猜:十个当中,我只能猜中三两个。我这人的脾性很有点儿像俺爹:对事易入迷,而且一迷到底。比如观灯,不到全村花灯的蜡烛都燃尽,我是不会回家的;但我一进屋,把鞋一甩,便"囫囵身子"钻进了被窝。

累得顾不得脱衣睡觉,"囫囵身子"钻进被窝,你想想,一盏盏花灯,一个个谜语,一条条街道,这样转悠下来,能不累吗!

那时候农村所谓最宽的大街,大多是只能走一辆马车的单行道,绝没有现在的街道宽敞通达,至于那些小巷胡同就更窄了,所以这一队、那一队浩浩荡荡的闹红火队伍,哪敢进窄巷子,它只能沿着大街上的车辙行走。而且队伍在行进的时候有个讲究,决不能走回头路,所以当"雄赳赳、气昂昂"的两支社火迎面相逢在狭窄的村街上时,便会互不让道,誓争高低,便有一场"恶战",甚至闹出红火人命来。

闹红火得有个头儿,农村人叫做社首,社首任务有三:一是筹集款项,二是召集人手,三是排解纠纷。孙谦的父亲,便是大家心目中调停这纠纷的"一把高手"。孙谦说:

北社是仅次于南社的大社火。说它仅次于,还不如说它是"实力相当雄厚"。它不只有"二龙戏珠""狮子滚绣球""刘海戏金蟾"等等社火,还有拿着真刀真棒的武打队,更有名闻全村的综合大乐队:打头阵的是"龙灯鼓",亚军是细吹慢拉的八音会,殿军是清崩脆响的花鼓队。

我们村有句歇后语:南社的撅棍碰上了北社的社火——非打不可。有一年,南社和北社两家的社火在相距十来步远的地方,各自停下来了。两家的社首碰了头,先是一番客气,然后便躲到阴暗处去"谈判"。两家的乐队便开始了激烈的竞赛:开始时,还是有板有眼地敲、打、拍、拉、吹;一阵不耐烦,紧接着就乱了套:两家都在拼命的敲,使劲的擂,全力的拍;訇訇然,隆隆然,如像暴雨来临,金革之声震耳!又是紧接着:踩高跷的卸下了跷棍,划旱船的举起了桨板,拿着真刀真棍的武打队员直向前拥挤,一场凶杀猛砍的械斗很难避免!

俺爹正在蒙头大睡,忽然跑进几个人来大叫:"快!快!南社家和北社家碰头了!"俺爹呼地坐起,边穿鞋边问:"在哪条街?""常家……"没等那把话说完,俺爹就提了个铜洗脸盆,又提了把木工斧子,撒腿就往外跑!俺妈怕出人命,连叠声儿地喊:"可别乱砍呀!可别乱砍呀……"

俺爹钻进了那"两军"对垒之阵,便用斧头敲了一阵洗脸盆。这声音太刺耳:一下子把哄吵吵嚷嚷的两个红火队的人镇了个"鸦雀无声"。……南社社首先发难:"可我们这撅棍只能走大车道……"俺爹摇了摇洗脸盆,说"知道。我涮的车轴,我能不知道?这样吧,你们先在这里呆着……"北社社首说了:"让我们走回头路啊?!"俺爹笑了:"我怎敢败老人们留下的规程?怎能让你去犯忌讳?咱们是这:我领大家走常家院!"

常家是我们村的大户,曾经出过个举人。眼下虽已败落,当年的气势却未倒。进了大门,左面是两宅高墙大院,右面是一排小平房,其中包括：长工房、车棚、马厩、碾房、磨房，走过大羊圈，便是两个很大的打谷场，走出谷场后门，就是井台街，从那里就归了我们村的所谓正街。

南安古来人杰地灵，英才辈出，仅明万历年间到清代末期，南安村里就出过进士15位、举人16位之多，其中郑姓占绝大多数，此外还有赵姓和常家。《文水县志》现传世的有三部，其中明天启、清康熙两志，即为南安学子主撰作序。

名门大户望族，自然是几进的高门大院，主人院、仆人院、院中院，院门四通八达。孙茂林带领北社一干人马绕道常家大院，使得南社北社虽两军迎头撞面，却都没走回头路，遵循了祖宗规矩，双方都愉快地接受，从而化解了一场可能闹出人命的恶斗纷争。

正月十五的民间活动中，最热闹的是"塔塔火"上烤馍馍、秋千架下"打秋千"。玩这两项活动，人们图的是来年没灾祸、游百病、祁万福。小孩子天性淘气，爱玩爱闹，总是聚拢在周围，有的顽童还不时做些恶作剧，即便像孙谦这样"又笨又没力气"的孩子也不例外。孙谦说：

我是个又笨又没力气的孩子，但却装了满肚子的鬼心眼儿。小时候，我最喜欢的是在"塔塔火"上烤馍馍吃。稍许长大一点，我又喜爱上了跟闹社火的满村乱转。再长大一点，还认识了几个字，我喜欢上了看各社的柏叶牌楼，柏叶牌楼上嵌着大长灯笼，那上面写着四个大字"金吾不禁"，译成现代汉语，便是"京都的卫戍部队撤了岗哨，不查禁人们在夜里自由活动了"。元宵夜，简直是给青年男女们放了假：平日不敢相互说话的男女青年，不只敢面对面谈情说爱，还敢搂搂抱抱，有的甚至敢在背光处亲嘴！所有这些，我们这些"封建僵化派"的小男孩们都看不惯！我们冲着那对男女，"汪汪！汪汪！"地学狗叫，吓得他们像丢了魂似地舍命跑！

离我家不远处，搭了个高架秋千。一到正月十五，不只不让后生们踢，连我们这些娃娃们也不准蹬，惟独允许大闺女和小媳妇们去"游百病"！这我们也很气愤！我们人叠人地偷拔下花灯里的腊烛，又把那粘糊糊的腊油，偷偷地抹在秋千踏板上，然后便躲到暗处等着瞧热闹。嘀，来了，大闺女和小媳妇来了！可当她们"游百病"完，一摸被油污了的裤子，便大惊小怪地呼喊起来。我们憋不住，咯咯一阵大笑，她们便朝着我们吐唾沫，还骂我们是"早死的！"

到了农闲的冬季，尤其是在正月里，普遍的娱乐活动就是打麻将。打麻将，自然是要带点输赢的"小赌"了，对于像孙茂林会点手艺、有点进项的男人，很大成分就是正月里的一项娱乐活动。当然有的家庭是反对这种"娱乐"活动的，在男尊女卑的民国年间，这样的反对，常常是由父母或者其他长辈出面干预、表明态度的。

据孙谦三弟家的五小子孙利强说：从他记事起，就听他奶奶讲，在他们孙家，一直有这样的家规：一是男人们一律不准赌博，二是不论老少，晚上要早点回家，三是男人们不准作风不正，不得"串门子"。国有国法，家有家规，孙家的媳妇偏要站出来主持正义，于是，孙谦在母亲的带领下，一场带着武器的"抓赌"行动开始了。孙谦说：

我正酣睡着，俺妈把我槌打醒了，她让我下地穿鞋，还把那把当顶门棍用的七星宝剑硬塞到我手里。我问："干甚呀？"她说："抓赌"，我吓得全身汗毛直炸，她却不由分说地推了我一把，急匆匆地向村东头看场屋走去。

看场屋很小，却很明亮，很暖和，看赌博的人很多。俺妈一进屋，那些看赌的人便冲她开玩笑：这个说："哟，二师傅家的抓赌来了"，那个说："哈，还让小子拿着宝剑！这是砍斩谁呀？"俺妈装着很平静的样子，边向炕跟前走边应付道："他个小娃娃家能砍杀……"我趁机抬头一望，只见四个人正在打麻将，每人身后都别着盏照明用的灯笼，明晃晃的。

就在这时候．我还听见俺妈轻声轻气地问道："已经鸡叫两遍了，你们就不觉着饿？"那些打麻将的人几乎同声回答："不饿．不饿……"他们的话还没落音儿，只听得一阵劈里啪啦的乱响，俺妈就把那矮牌桌掀了个底儿朝天！这一下．乱了套啦：有的人抓筹码，有的人寻眼镜，有的找帽子，还有的人在嘀咕："何必呢？村规都开了禁……"俺妈气怵怵地顶道："可我的家规没开！"

母亲坚持按家规治家管事，眼里容不得半粒沙子。众人面前好面子，孙茂林一怒之下对着老婆虚晃一拳，周围的人赶快帮着拉架，最后孙谦拖着那把锈得早已看不见七星的宝剑，跟着爹妈回了家。一进屋门，孙茂林气悻悻地甩掉趿拉着的棉鞋，"囫囵身子"钻进了被窝。

其实，孙茂林不仅是木匠师傅，还会打拳练武术，家里除了那把当顶门棍的七星宝剑之外，还有俗称"七寸子"的匕首，还有霸王拳等不少的武术器械。作为父亲而且会打拳的一家之主，能在家规之下、老婆面前，顺着台阶退场，不逞强、不虚荣，没有大男子主义，这在从前还真的是少见，确是一位铁骨柔情的汉子。

家长是孩子的第一任老师。孙谦说："除我和我的弟弟以外，我没见过俺爹打任何外人。"严父严母、重于身教的家长形象，在孙谦幼小的心里留下了深深的烙印，感染和教育了孙谦的整个人生。

3. 老枣树院子里的伤疤故事

1990年9月，孙谦被聘为第十届电影金鸡奖的评委。在对外发布的评委名单里，组委会对他的介绍是"小说家、电影剧作家"。说到孙谦的小说，其代表作当数《伤疤的故事》和《南山的灯》。

小说《伤疤的故事》是孙谦1958年1月创作的，写的是1955年农业合作化时期，复员军人陈友德勇于和资本主义行为的哥哥作斗争，反被哥哥陈修德用铁锹打伤，在肩膀上留下了一块伤疤的故事。

其实在真实的生活中，"伤疤的故事"在孙谦身上也发生过，而且还不止一次。可笑的是，孙谦身上共有四处伤疤，竟然有两处是比他年幼的二弟珠儿——孙怀珠惹的祸。

孙谦的四弟孙怀珍说："自我记事起，大哥给我的印象就是老气横秋，从小就长得老面，我和大哥都属猴，他农历二月十六的生日，我二月二十的生日，我比大哥小了整整一轮。以前听我妈说过，因为要做家务，所以在大哥小的时候，就用绳子把他拴在炕上，防止他乱爬乱动从炕上掉下来，由于绳子长了一点，他爬过炕沿，把手伸到了烧开的热水锅中，烫坏了右手，所以他长大后写字的时候，右手的小指总是不自然地翘起来。"这是孙谦的第一块伤疤。

孙怀珠仅比大哥小一年两个月，所以孙谦小时候早早就断了奶，因而也长得瘦弱，经常生病，有一次发烧不止，久不退烧，听邻居讲，小孩子生吞欢蹦乱跳的活鱼就可止烧，父母就专门从水渠里找回两条小鱼来，让孙谦生生地咽下去，一会儿就退了烧。二弟因为哺乳期比孙谦长，所以不仅发育的好，长得壮实，而且头脑聪明，人也机灵。

在文水人看来，儿女中的老二，一般多显机灵，俗称"二鬼鬼""二淘气"。二弟在孙谦五六岁的时候，就和大哥一般高了，力气也比大哥大。兄弟俩在外面和村里小孩们玩耍打闹，眼看孙谦被别的小孩欺负的时候，二弟总会第一时间跑出来，挥起拳头，挺身相救，俨然是大哥的保护神，大哥从没有被人欺负过。但是一旦回到自己家的院子里，兄弟俩在一起玩耍的时候，作为大哥的孙谦反倒变成了二弟欺负的对象，每次都不是二弟的对手，总是处于弱势和下风，以失败而告终。孙谦在1992年3月写的《忆二弟》一文中，悉数向我们讲述了他和二弟之间发生的故事。我们先来听听孙谦第二块伤疤是怎么来的吧：

我六岁那年的冬天，天气很冷，有一天晚上，母亲忙着做晚饭，父亲蹲在灶火边抽烟，我和弟弟们在炕上玩耍。屋里又是烟又是水蒸气，小煤油灯显得很昏暗。房门开了，我们唯一的舅舅带着一股冷气，走进房来。……今天，他赶着大车给地主家进山里拉煤，他忍着饥饿，没舍得吃午饭，用省下来的饭钱，给我们买回来几个用发酵粉蒸作的"面人人"。

一听说有"面人人"，我们几个小家伙，立时又高兴地大嚷大叫起来，向着舅舅拿来的"面人人"包包摸去。母亲瞪了眼，举起了手掌要打我们。我们只好又退回炕里，眼巴巴地像小狗一样跪在炕上"等食"。母亲终于把小布包解开了。呀！那些"面人人"红红绿绿，真漂亮！有老寿星，有何仙姑，还有小毛猴、大公鸡……花花样样，不只很好看，还很好闻……一股蒸面香向鼻子里扑来，馋得我们直流涎水……

我们每人领到了一个"面人人"。三弟和四弟年小不知耍玩,"面人"到手,三弟一口咬下了老寿星的大脑袋,四弟在啃嚼着何仙姑手里的花篮。我属猴,领了个小猴;二弟属鸡,领了个大公鸡。我们都舍不得吃,把在手里尽情地玩:二弟撅起屁股,扬起头,拍着两臂,学做公鸡叫鸣;我则在炕上又跳又蹦,效仿猴子"耍把戏"……玩累了,二弟要用他的"笨鸡"调换我的"灵猴"。我不干,他就夺。他夺,我就跑。我俩在炕上兜了几个圈子。炕席很光、很滑。眼看着他要逮住我了。我便往炕头急奔,脚下一滑,我跌倒在炕沿边上,我的右臂一下子戳进了火炉上熬煮稀饭的大砂锅里!我觉得我的右臂就像被剥掉了似的煞疼!我大叫一声,以后的事儿,就不知道了。

第二天,我觉得我的右臂被什么东西捆住了。……转脸一看我那被捆扎、固定着的右臂:呀!手上、臂上都是大大小小的燎泡,燎泡上还抹了些闪亮的油,很像是我们从树上捅下来的大马蜂窝!要这样的烂臂干什么?我又伤心的哭起来。隔了一阵,二弟说:"你的胳臂烂不了。爹说,等燎泡蔫了,你的胳臂就能动弹了,就是,就是不能再长汗毛毛了。"直至现在,我被烫伤的右手背和整个右小臂上,真的再也没长出汗毛来。

这第二块伤疤是因为红红绿绿、花花样样的"面人人",被二弟在炕席子上追撵,胳臂戳进正煮沸的砂锅里烫伤的。说起这第三块伤疤的"战场",可不是在炕上、屋子里了,是在院子里的大枣树下,孙谦说:

我家院里,有几棵老枣树。"爬树偷枣子,乐死小崽子!"我们从"青圪蛋",吃到"红眼眼",再吃到"花花红",一直吃到枣子红透,还是要天天偷枣子吃。要想吃枣子,先得学会爬树。我天生笨拙又胆小,每次爬树,都是爬到半截,便败下阵来。二弟比我机灵,他像小猫一样,"刺溜刺溜"地就爬上去了。因此,我吃到的枣子,大部分是二弟从树上扔下来的"残次品"。

我七岁那年的秋天,树上的枣子红了。我和二弟仰着头站在枣树荫下,捉摸着各自喜爱吃的枣子,他喜欢吃刚红了的,我喜欢吃老红了的。我专心致志地捉摸着。忽然,我看见了老枣树的高枝上,长着颗奇怪的枣子：一颗枣子两个头，黑红黑红的，像个挂在树上的马鞍子。我呼喊二弟过来。他顺着我的指头，眼光向满是绿叶和红枣的枝头寻觅。他也看见了，兴奋的大叫："元宝枣儿！好吃！快上树！""元宝枣儿"长在那么高的枝梢上，我哪能爬得上去？二弟见我不敢上树，便甩下鞋子，学作大人模样：往手掌心里吐了点唾沫，便噌噌地往树爬。他爬得已经很高，踩得枣树的枝梢直摇晃，叭叭响。隔了一阵，二弟在树上说："拿棍子打吧。"我说："那不把'元宝枣儿'打烂了？"他说："可我探不着呀！"二弟在树上等，我在树下愁，就是找不到摘下"元宝枣儿"的办法。

忽然，我发现不远处放着一把拾粪杈。粪杈有五根齿，用齿齿夹住枣树叶子，不就能够把"元宝枣儿"扭下来了？我极为兴奋地取来了粪杈，又极为兴奋地送给了已经退到大杈上的二弟手里。二弟一手拿着粪杈，一手抱着树干，又像小猴子一样地爬向树巅。又是一阵枝枝摇，叭叭响。二弟在树上兴奋的大叫："夹住了！扭下来了！"我赶忙向他喊叫："快扔下来！快扔下来！"

我踮起脚，仰起脸，一心等着二弟扔下来的是"元宝枣儿"，万万没有想到，他却先扔下来了粪杈！

血，当然流了不少。二弟也挨了父亲的一顿狠揍。而在我的右鬓角上，便留了一个永不消退的突疤。

从前的文水乡下，枣树种植非常普遍，不论村子外、院子里，都能见到一棵一棵的枣树。枣树和其它的挂果树相比，耐干旱，易生长。在南安村，几乎家家户户种枣树。因为树干弯曲，树皮粗燥干裂，所以人极容易爬上去。但大龄的哥哥只能爬个半截，五六岁的二弟就能像猴子一样爬树了，真是个淘气的二鬼鬼。孙谦说："幸亏杈齿比较钝，如果杈齿稍许锋利一些，很可能扎穿了我的脑壳。"

他家当年的那几棵枣树，是孙谦祖上早先栽种上的，在饱经风雨几百年之后，至今仍然健壮挺拔，金秋时节果实累累。可以说，既见证了孙茂林一家几代人的岁月沧桑，也见证了孙谦和二弟的童年成长。每当看到它，大家便会想起顽皮的二弟、受伤的孙谦。

在老枣树下的那块伤疤两年之后，孙谦有了这第四块伤疤，虽说这次怨不得二弟了，但也是兄弟俩打架后留下的：

邻家的孩子们从学校学来一种新玩法：用马尾毛结成的活套来套麻雀。他们把拴满活套的"触圈儿"用浮土掩埋起来，然后在浮土上撒上点谷粒，以诱引麻雀来上当。布置停当以后，孩子们便躲在了暗处等待。饥饿的麻雀很快便发现了浮土上的谷粒，……先看了看谷粒，又看了看在微风中摇动着的马尾套，觉得没有什么埋伏，便大着胆子啄食起谷粒来。紧接着，群雀訇然而下，向着浮土上谷粒扑去。

正当群雀忘情地啄食时候，躲在暗中的孩子们，猛地一阵大叫。雀群受了惊，展翅向空中疾飞，但有的却被马尾套勒紧了脖子。孩子们你喊我叫地向"俘虏"们扑去……

我和二弟很想作个逮麻雀的"触圈儿"。但我家没养着马，找不到马尾毛，如何能结得成活套儿？有一天，我家要到碾房碾高粱面。俺爹扛着粮袋走在前面，二弟牵着借来的毛驴走在中间，我拿着罗架跟在毛驴的后边。毛驴嗒嗒地在村街上走着，不断地摇晃着它的尾巴。

我忽然想到：拔点驴尾毛，不是同样可以作活套吗？主意已定。我放下了罗架，便跑上去拽毛驴的尾巴。毛驴受了惊，猛地便大尥蹶子。我觉得有个很重的物体击中了我的鼻梁，我还没来得及哭叫，便仰面向后飞去……

……脸肿的像发面团，鼻子上还有块饼大的黑血痂！我鼻子一酸，放下镜子，便哭泣起来。……事后得知：大夫在我的伤口上，敷了一种叫做"龙骨象皮"的药，据说这种药，不只能防腐，还能生肌长肉，等新肉长满了，血痂便会自然脱落。但有个条件：必须保护好血痂，不能让它过早地掉下来，如果人为地把它碰撞下来，那后果就是一定要"破相"。

十数天后，我已经可以在院子里跑动了。血痂变得越来越硬，像块破生铁片。当我跑动时候，它还有点晃动，我只好用手掌老是按着它。小孩子的脾性真叫难改：因为要做捉麻雀的"触圈儿"，让毛驴给踢破了鼻子，现在，血痂尚未脱落，我便又鼓动二弟一起到骡马大店的马棚里，去寻觅马尾毛。运气不错，果然还找到了几根。忽然，我和二弟都看见一根白色的长马尾毛。我说是我先看见的，他说是他先看见的。争吵不休，便动手厮扭起来。……打完了，二弟忽然惊叫起来："你的鼻子！？"我一摸鼻子，坏了，那块铁片似的血痂，早不知飞落到什么地方了！从此，我的鼻尖右边，便留下了一条月牙形的淡红色的浅沟。

小孩子天性好奇、贪玩，那个年月没有动物园，孩子们能接触到的动物，便是毛驴、骡子、马牛这些农用的牲口；飞鸟么，也就是麻雀、燕子、乌鸦、鸽子了，最常玩的就是用弹弓打麻雀，逮到麻雀就把毛拔掉，放火堆里烧着吃，有时连鱼也不放过。

有一次，孙谦和二弟从村外的水渠里，捞回了一条约二寸长的小鱼，兄弟俩就烧开了水，把鱼扔进锅里煮了一会儿，捞出来后却不知怎么下口吃，一股鱼腥味却招来了家里的猫儿，猫儿箭一般扑来，叼了鱼便跑，兄弟俩赶忙追去，猫儿没有追到，却险些摔倒。小时候的淘气包，总能惹出些让大人操心的事来。

农村孩子们玩的游戏，不是甩砖头、丢瓦片，就是摔四角、打枣核，要不就是点火玩，甚至房顶上掏麻雀掏出蛇来，哪样不是惹祸的？那年月，一个人身上有个或大或小的伤疤，也是很自然的事，但像孙谦那样的四处伤疤，还是不多见的。

4. 阎锡山也并非浑身都坏

眼看孩子们渐渐长大，揽工修过几处大院和庙宇的孙茂林，赚了点小钱之后有了两个想法，一是想买二十多亩地种种，农村乡下，稍有余力谁家不是买地买房？二是送大儿子去上学念书，包括学学算盘、记账这些日常的经商基本功，"孙怀谦"虽天生瘦弱，但到了九岁也稍微壮实了，该到本村的学校上学了。这个时候，也就是1929年的时候，阎锡山统治下的山西，早已被胡适、叶圣陶他们称赞为"全国教育模范省"了。

在刚刚推翻帝制的民国初年，读书还仅仅是贵族人家孩子才能享受的特权，全国读书受教育的比例微乎其微。1912年民国成立，提出

"小学校四年为义务教育"；1913年还专门制定了《强迫教育办法》，可这些在全国只是徒有其名的空头文件。但"读书受教育"一事，在阎锡山这里却是没有半点含糊。阎锡山说："民众无知识，政权就会被少数人控制，用来为少数人谋利。""要挽救民族危亡，除了普及小学教育，再没有好路可走。"

1918年，山西国民政府出台了《山西省施行义务教育规程》，阎锡山在动员兴办所谓义务教育的时候，这样说道："凡是山西百姓，不论贫富贵贱的小孩子，七岁到十三岁，这七年内须要有四年上学，这就名叫国民教育；凡上过学的人，知识就高了，身体也壮了，为父母的无论如何贫穷，总要使子女上学，是父母对于子女的义务，又名叫义务教育；国家法律定的，人民若不上学，就要罚了还得上学，又名叫强迫教育。"

阎锡山给家长做动员时说："人人同晓的，一个人家的盼望全在子弟；应当知道，一个国家的盼望全在学生。观察明白现在学生的进步，就可以明白20年后国家的情形。"他说："譬如农家之子，就把搂田作为他的一门功课。总要使上过学的男子，比没上过学的男子爱锄田。上过学的媳妇，比没上过学的媳妇爱打场才是。"阎锡山作为山西最高的行政长官，毕竟念过十年私塾，开启民智时说出来的话，也是很动情、很感人的。

阎锡山为了实现"国民教育、义务教育、强迫教育"的目的，先在省城太原推行，然后在其它城市推行，然后在县城推行，然后在三百户以上的村落推行，最后在小村庄推行。由于各地财力所限，无法全部新建校舍，但山西和其他省份相比，却有独特的便利条件，那就是每个村里都有孔庙、土地庙、关帝庙、龙王庙等等，这些大大小小的寺庙属于公共建筑；阎锡山说：村子里哪个庙的面积大，就腾出哪个作为校舍用。

为了培养师资，阎锡山把南京国民政府拨付的五个混成旅的经费，挪用来建立了省立国民师范学校。徐向前元帅即毕业于这所学校。学校经费的筹措，阎锡山规定不能依靠向学生收学费，而是由政府自辟筹款渠道，上自省市，下至乡村，均要筹集义务教育经费。

国民政府的兴教兴学之令在文水县得到积极推行，官员上下闻风而动，大办教育之风盛行，特别是南庄村的村长和副村长杜崇山、孙秉绶为此各捐一处宅院，办了两所国民学校，不要分文房租，一时在全县传为佳话。

离南庄村不远的南安村无力新建校舍，好在村西有娘娘庙、村北有关帝庙、村南有大寺庙、村中有尼姑庵等四处村庙，村公所便把面积最大的大寺庙腾了出来用作校舍，也很快办起了小学。村长和校长、老师挨家挨户去做动员，有的孩子甚至被强迫到学校去上学。据《文水教育志》披露：此时，文水全县国民小学迅速发展到161所，其中女子小学已有21所，在校生总数8540余，女生有624名。

孙谦是九岁那年也就是1929年春，被动员入了本村小学的，至1932年冬的四年中，接受了国民政府的义务教育学习，使他成为了和大多数孩子一样知书识礼、能写会算、有一定文化基础的"农村初小文化人"。恰好在1932年时，文水除了县城有三所高小之外，西城、石永、西石侯三个村也增设了高小班改称两级小学。

因为财力和师资所限，当时高小还没有纳入义务教育范畴，所以必须家长掏钱才能上学。在本村初小上学，虽说费用不多，但也略有开支；要离开本村到县城、到别的村子上高小，这可是一笔数目不小的开支，很多家庭就供不起了。

孙谦在《买书记》一文中说："小时家穷，读完小学四年级，便无资再到五十里外的县城去读高小。"南安离县城有点远，西城、西石侯则要比县城近，不方便去县城读高小，可他西城、西石侯也没去，看来主要不是路途的问题，确实是家庭条件有困难，没钱上不起。

在老师们眼里，孙谦是个好学用功的学生，于是他被老师留在了本校的补习班，属于本村的"留学生"。孙谦说：这位老师是位父亲一般的严师，谁不好好学就打谁的板子，我也曾因为调皮挨过他的板子，他除了教我们学知识，还给我们讲国家的形势、革命的道理，是他指引我走进了革命行列。

现在的学校，教师没有惩戒权，在批评有过错行为的学生时，稍有不慎就会被家长告状闹事、讹钱讹人，还有因此受到处分、丢了饭碗的。至于打板子、使戒尺的做法，那更是绝对不容许的。但在孙谦上学的那个年代，却逼着学生们学到了知识。所以，孙谦对这位尽职尽责的老师很是怀念。

在《小货郎迷路》一文中，孙谦这样写道："我初级小学毕业后，又住了三年补习班，读了些四书和《论说精华》之类的古文，学会了珠算的《九归》和《斤称流法》，毛笔字虽写得不太好，但用于记账和开发票也满及格了。"这三年，老师们也教学了不少古文，孙谦逐渐地有了阅读古书的能力，也养成了"看闲书"的习惯和爱好。有一天，一位河南的人来卖书，孙谦在题为《买书记》的文章中回忆说：

在众多的书籍中，我相中了《论说精华》：一部四册，石印本，定价一元银洋，不算太贵，很想买。在回家取钱的路上，我才想到：五分钱就能买一斤白面，勤劳持家的母亲，怎肯花这大价钱给我买这部书呢？然而一想：母亲虽不识字，但酷爱描花剪纸，我何不以书中之文章，投其爱美所好呢？回到家，对我母亲说这书如何如何好，卖价又怎么怎么便宜，并向她高声朗读《爱莲说》。母亲听得入了神，隔了好一阵，才说："唔，'出淤泥而不染，中通外直，不蔓不枝'。好，写得比画得还好！可就是太贵！咱们这种人家，哪能买得起恁贵的书？不买，不买。"得，大门封死了！我干急没办法。恰在这时，父亲回来了。

父亲是个木匠，也不识字。我灵机一动，便给他解说老师讲解过的《梓人传》。父亲听后，大为感动："想不到文人学士也知道我们当木匠的苦处！买！"母亲急了："家里就剩下这一块钱啦，买了书，拿啥去打醋买盐？"父亲说："那咱就吃淡饭。"母亲不服气，说："要是有个灾病怎办？"父亲说："那咱们就抗就顶。没钱了，咱们能靠汗水去挣；耽误下认书识字，那就得后悔一辈子"。母亲辩不过，只好把那一块家里仅有的银元，很不情愿地放到我的手中。

孙谦给妈妈大声背诵的《爱莲说》，现在是初中课本中的课文，说明孙谦当时的知识水平和知识储量绝对是在高小之上的。《论说精华》其实就是民国初年高小的一套语文课本，文章多是一事一议，语言优美，说理透彻，是学生提高分析能力和写作能力的极好教材，难怪孙谦那么喜欢。

真是"知识改变命运"。《论说精华》买与不买的关口，一字不识的父亲硬是被孙谦的"学识"与"可爱"感动了，"没钱了，咱们能靠汗水去挣；耽误下认书识字，那就得后悔一辈子。"你听听，这话说得多有境界！

孙谦16岁那年，小学的补习班停办了，痴书好学的他被闲在家里，不是看书就是练字，农忙时还帮父母下地干活。有一次，父亲拉大锯裁好的棺材板，一溜排开在院子里风干，下地回来后，发现板面上写满了密密麻麻、大小不一的毛笔字，一追问，才知道是孙谦抄写的古文。

父母安排他和二弟做家务，做着做着便不见了孙谦，满院子里寻找，才发现他在另一个屋子的角落里捧着一本书正看得入迷。有时怕父母干涉，孙谦便干脆关起门来看闲书，刚刚看完这一本，又如饥似渴地捧起了另一本，就这样，《三国演义》《西游记》《五女兴唐传》《聊斋志异》《七侠五义》一类的明清小说，他几乎都读完了。为此，他没少挨父母的责骂。

孙谦在《小货郎迷路》一文中说："俺爹对我采取了严厉措施：钻进被子必须熄灯，如果让他发现了我住的屋里窗上有亮光，他便要狠狠地叫骂，直到我吹熄灯为止。我看闲书入了迷，便采取反措施：躺下看书，用棉布蒙住了灯光，不使窗纸透出亮光。有一次，看闲书看的兴奋了，一伸手，扑灭了灯，打翻了灯盏，险些惹起一场火灾。"山西国民政府的"义务教育"，把初小程度的孙谦读成了"书痴"。

1925年，著名教育家陶行知风尘仆仆地在山西进行实地考察后，这样评价阎锡山推动的义务教育："自从民国七年（1918年）开始试办，到了现在山西省100个学龄儿童中已有70多人在国民小学里做学生了。山西之下的第二个省份（江苏）只有20%多。可见，真正实行义务教育的，算来只有山西一省。"

就拿文水县来说，据《文水教育志》披露，1937年时文水县计有初级中学1所、高等小学5所、两级小学3所、初等小学145所，在校初中生150名、高小生624名、初小生11524名。看来，山西的义务教育还真是名不虚传。

光文水县就有一万多的孩子进入初小，这样的入学率，不说在当时全国四万万同胞的总人口基数下，就是普及了九年义务教育的现在，也是很高的了。在江苏、浙江等全国其它发达省份的入学率仅有10%—20%的时候，阎锡山硬是在贫陋的山西，为学龄儿童们造了几十万张课桌，让大多数的山西孩子强迫接受了四年的义务国民教育，入学率长期保持全国遥遥领先，不能不说是一个奇迹。

军阀不一定浑身都坏，单凭阎锡山办义务教育这一点，就应该说他是有一点人性的人。"管你全国乱成什么样子，我这个省就抓教育。"阎锡山惠及当代、泽被后世的兴教之举，不能不说是全体山西人的福分，不能不说是孙谦那几代人的幸运。应该说，孙谦此后的文学之路，就是在这个时候得到奠基、受到启蒙的。

5. 迷路的小货郎要当兵

孙茂林做小工、揽大工、卖棺材、修大庙，多年来赚了一点小钱。于是买了二十多亩薄地，一边揽活儿做工，一边作务庄稼，日子过得还算凑合。后来又接了几处修大院、修庙宇的活计，他满心欢喜、劳力上足，本想再多赚上一把，但这次他失算了，因为阎锡山政府的山西省银行出台"新政"，他多年积蓄的那点旧钞贬值了，而给雇佣做工的人发工资却要用新钞，这下他彻底赔了，赔了老本了。

1919年也就是民国八年，阎锡山下令接手原山西省军政府兴办的山西官钱局，改组为山西省银行。1924年以后，阎锡山为了扩军备战，办军工筹钱，责成山西省银行开始滥发纸币，并勒令各商号钱庄所发纸币限期收回销毁，使得山西省流通的纸币，唯有山西省银行纸币一种。

在1930年阎锡山等军阀与蒋介石之间的中原大战失败后，1932年阎锡山宣布要搞经济建设，决定废旧钞、发新钞，下令以新钞一元回收旧钞20元，但问题是，旧钞20元兑换新钞1元，原来的1元只值收兑时的 5 分钱，老百姓终年劳动、多年积蓄的数万纸币，一夜之间沦为废纸。

兑换时的情形十分凄惨，有人在银行门口把成麻袋的票子点火烧了，气愤地边哭边骂：公家咋坑人都行？！连阎锡山手下的幕僚，都有因为上万积蓄沦为废纸忧愤而死的。

此时的孙茂林傻眼了，从前的那点积蓄成了一堆废纸，即便兑换新钞也没有几个钱，算计来算计去，只好从前几年置买的二十多亩地上打主意了。他咬咬牙，无奈忍痛卖了十来亩地。辛辛苦苦这么些年，银行发行新钞这一下子，旧有的那点积蓄搭进去不说，连自己家刚买不久的十多亩地也赔了进去，全家老小，这日子可该怎么过呀！

再看看家里头，孩子们渐渐大了，开支多了，口粮也紧张了。这时的孙谦已经年满 16 岁，四年初小后又在补习班磨蹭了三年，老大不小的毛头小子了，毕竟生在手艺人家，孩子老实又好学，便吸引了村里的媒婆几次来提亲。孙谦父母看上了一家的好女女，便给孙谦订了亲，又花了家里一些钱。很快二小子珠儿也初小毕业了，家里又陆续添了三小子、四小子，还有一个小女女，这么多吃闲饭的，愁得孙谦父母整天唉声叹气的。

让孙谦学生意、做买卖，其实是孙茂林一直的愿望。孙谦读书、珠算、毛笔没有问题，开发票、记账也不成问题。但问题是，学做生意要有人引荐、有人带领，南安村周围在外做生意的人，大都在东北哈尔滨一带，东北三省早让日本人占领了，连关内的人都觉世事难料、自身难保，关外的人做生意就更难了。让孙谦种地吧？家里没牲畜牛具，剩下的那十亩烂碱地，连孙茂林工闲的时候摆弄也不够，还用得着儿子们？

教他学木匠手艺？孙茂林压根就没有过这个考虑。窝在家里的孙谦整天看闲书，珠儿也无事可做、只知贪玩，孙茂林想来想去有主意了：先让孙谦到周围村子的集市上摆地摊、卖小杂货，做个小货郎。对做小货郎这段特殊经历，孙谦在《小货郎迷路》一文中这样说：

刚收罢秋，俺爹带我上太原府，说是要去办"货"，就是要我置办当小货郎所需要的洋袜子、洋毛巾啦，猪胰子、嫩面膏啦，丝线、棉线啦等等。我从未去过太原,当然想进省城开开眼界,可我没走过长路,很怕受那一百二十里的长途跋涉之苦。第一天走了六十里,夜宿晋祠"自起火食"的小店里。炕很大,我一躺上去,便困得睁不开眼睛,呼呼睡了。我睡的正酣,父亲喊我吃饭。我不想吃,父亲说是大米饭,好吃。我这是第一次吃大米饭,往嘴里拨拉了一大口,只觉得又酸又咸,父亲舍不得买肉和菜,只往饭里倒了两枚铜元的醋和酱油,大米饭当然没有什么味道了。但我肚子又饿,胡乱吃了两碗。这便是我第一次吃大米饭的经历。

第二天,天黑时候,到了太原的大南门外,在一家又脏又乱的小客栈里安下身来。第三天,办完货后,俺爹带我逛了开化市,那里地摊上的小米稀饭和葱花烙饼确实好吃。俺爹还引我到新南门外去看火车,车头上的汽笛一声怪叫,吓得我扭头便跑。

俺爹是个好木匠,但办货却是个十足的外行,他不进批发店和大商行,专门往小杂货店里钻,小铺子里是绝对买不到便宜货的,会买的哄不了会卖的嘛。

回到家,我便到附近村庄去赶庙会和集市,摆地摊卖杂货。开头还有我们的邻家连柱伯指引我如何占"地盘",如何招引顾客,如何"漫天要价、就地还值,就是不能蚀本"。后来,因为他是骑自行车卖货,和我走不到一起,只好由我自己去闯闹。买卖实在不好,赶了十几个庙会也没有卖了货物。我记得最清楚的是:俺爹曾办了一瓶雪花膏,成本是一元,我卖一元二毛,几个庙会上都没能卖得了。比如,在今天的西社庙会上,我已经把雪花膏降价到一元一角,没人肯买;我下了狠心:照本卖,一元钱,还是没人肯买!结果是挨冷挨饿摆了一天地摊,连买个烧饼的钱都没能赚到!

摆了一整天的地摊,却"颗粒无收",赶了十几个庙会也没有卖了货物,根本的问题不是买卖好做不好做,而是孙谦对此根本不感兴趣,摆地摊害羞不敢吆喝,更没有耐心和顾客还价,说到底,他天生不是干这个的料:

花葫芦,书面语言叫货郎鼓,小娃娃们叫它拨浪鼓,是卖小杂货人的"叫子"。卖货人进了村庄不吆喝,全靠摇动手里的拨浪鼓招引顾客。它用两只巴掌大的小铜锣和一面小扁鼓串联起来，摇动时候发出"卟铃铃"的响声。这声响很有号召力，它一响，那些老婆婆大媳妇小姑娘们便会向货郎担子围来。

但我当货郎摆地摊卖小杂货，完全是遵照父母的意思行事；我对这一行业既没兴趣，也没任何积极性。我害羞，没脸皮大声吆喝叫卖，也没耐心和顾客争辩价钱。今天这个庙会更不吉利，只卖了一幅手巾和两双洋线袜子，连盘缠都没赚出来，只好饿着肚子回家。

西社村的十月庙会散场时候，太阳已经落进西山背后去了。我收拾起"花葫芦"摊子，背起货物包袱，空着肚子，迎着顶头的西北风，走上了回家的大道。

民国前的文水县就有四大镇、八小镇、七十二个"对对村"之说。四大镇指的是孝义镇、下曲镇、西社镇、开栅镇。那时候的西社镇，那可是文水东北部的繁华大镇，被四邻八乡冠以"小祁县"的美名，祁县城里有什么，西社村的铺子里就有什么，排厦厦，门楼楼，四扇门铺子一家挨一家，每到赶庙会的时候，那些摆地摊的便提前一天来占地方，打地铺睡一晚，吃饼子喝开水，就怕耽误了第二天一准的好生意。一句话，到西社村做买卖，只有赚，没有赔。但咱的小货郎孙谦，在西社却连饼子钱也没有赚到，有气无力，饿着肚子，竟然找不到回家的路了：

西社村离我们村十五里，虽然日头已落，但上弦月已升当天，回村的道路还可以看得清楚。我一路走一路想自己的人生道路……我只顾想着这些事，没有注意路的方向，走了很长时间，还不见我要经过的北白庄，我愣住了。抬头一看，月牙已经被云遮没，旷野里有一些点点光亮。坏啦，那分明是"鬼火"！我吓坏了！赶紧大步跑起来。跑着跑着，跑到一个交叉路口。我不知道走哪条路，才能回到我们村里，站在交叉路口，急得想哭。我压住了惊怕和恐惧心理，勉强思索着该怎么办。

忽然想起：老人们说，夜晚迷了路，脱下鞋来往上扔，待鞋子落地后，看看鞋尖向着哪个方向，你就向着哪个方向走。我照办了，穿上鞋子，便向着鞋子"指定"的方向疾走。走着走着，忽然看见从一个黑黢黢的村里，走出一个提着纸灯笼的老汉来。我一边向他奔去，一边喊道："老大爷！老大爷！"他吓了一跳，然后举起灯笼照了照我，说："你这是？……"

我赶忙应道："摆小摊儿卖杂货的。赶了西社会，要回南安。"老头儿动了动肩上扛着的铁锹，锹把上还挂着个小竹篮："娃娃，我看你是转向了！你走的这条路，越走离南安越远。年纪不大嘛，怪可怜的。走，先跟我谢土去。"我不明白他的意思，嘀咕了一句："谢土？"老汉边走边说："连这也不知道？今天是谢土节。大凡在今年动了土的，盖房子啦，修猪圈马棚啦，今天黑夜都得给土神爷上供献。要不，太岁爷爷怪罪下来，就得遭灾惹祸。"

我跟着老头走进一块犁过的地里。老汉从竹篮里拿出了面牛面猪面羊，又点着一盏用红绿纸罩着的面灯。他上了供、烧了香、磕了头，然后又用铁锹挖了个小坑，拣了三件面蒸供品放入坑中，又用铁锹铲土把供品埋了起来。

我等着老汉把供品收入竹篮里，才看清老汉刚才点燃的灯盏，也是用面捏成的。老汉扛了铁锹，提起了纸灯笼，说："走吧，我送你上路。"我问道："那面灯盏不要了？"老汉边走边说："还能要？点灯敬土，为的就是让狐狸野狗把它叼的吃了，这才能消灾免难。"我问道："我一路看到好多灯亮，还以为是鬼火呢！"老头笑了："你呀，甚也不知道，怎能做得了买卖？好了，就顺着这条路，一直往西北走，五里地，眨眼就到了。"

经老头一指点，我反倒泄了气，腿上一点劲也没了，肩上的货包却越来越沉。五里地好长呀，肚子也饿得厉害，口渴的嘴像要冒火。好不容易挨到村口，却看见了一星抽旱烟袋的火星，那火星倏地站起来，喊了一声我的小名。我一听是俺爹的口音，便一下瘫坐在地上，大声哭泣起来……第二天，俺妈便把我卖剩下的货，亏本折给了我的连柱伯家。

短暂的小货郎经历，孙谦一败涂地，父母长久以来让他学生意、做买卖的愿望，死心塌地了。小货郎不仅这次回家迷路了，就连今后的人生也迷路了。孙谦垂头丧气，瘫睡在炕上，一连好几天不想吃，不想动,也没心思看闲书了。

山穷水尽疑无路,柳暗花明又一春。1936年后半年,全国掀起了声势浩大的抗日救亡运动。1936年冬,南安村里来了一个从太原来的村政协助员,协助员宣传鼓动说,九一八事变后不几年东北三省彻底沦陷,战火已经直逼山西,为此要武装一百万民众,组织三十万铁军,抗击日寇的侵略,所以要招学兵来训练培养军事政治干部,受训半年后,分配各村训练全省18岁以上适龄的国民兵,希望有志青年积极报名,踊跃投身到抗日救亡的行列中来,不要当亡国奴。在协助员的宣传鼓动下,连人生也迷路了的"小货郎",这下可心动了。

村政协助员是成立不久的山西牺牲救国同盟会中的进步学生和爱国青年,受命从太原派到各县协助村长办理村政的,每个县三到四人,但实际上从事的是抗日救亡的宣传鼓动工作,发展牺盟会员,介绍会员报考"国民兵军官教导团"。协助员说,符合法定年龄、身体合格者都可报考,文化考试合格后就能录取。

报名条件看来一切都符合,孙谦想:好男儿志在四方,与其等待就业谋生,不如当兵出去闯一番天地,现在国难当头,抗日救国也有我一份责任。他跑到学校,找到那位打他板子的老师谈了自己的想法,老师也非常支持,说了很多鼓励的话。他回家又和父母做了商量,抱着试一试的态度,他到县城报了名。不少同村的孩子也一起报了名。

当时的文水,是革命活动比较活跃的地方,有进步思想、倾向革命的共产党大有人在。就在孙谦上初小的1932年至1934年,距离南安村仅四里路的西北安村,有位地下共产党人张稼夫,从北平、南京辗转回家乡隐居,建立了共产党的秘密联络站,积极传播革命思想,被村民选为村长后,为老百姓办了许多好事。张稼夫的爱人王亦侠是临汾人,也跟着张稼夫回到文水,以附近村庄教书为掩护,配合开展革命工作。就在孙谦报考"国民兵军官教导团"的1936年冬,张稼夫刚刚离开文水在太原加入了牺盟会,负责宣传训练委员会的工作。

1936年3月中旬,东征红军15军团突破汾河堡垒防线,由河东转战于汾阳、文水、交城一带,宣传抗日救国,积极筹款扩红,点燃了文水的红色革命火种。这次村政协助员在各村的宣传活动,也得到了文水地下共产党的暗中支持，全县的抗日呼声遍及乡村，此次像孙谦一样报考的热血青年不在少数。

1937年2月，孙谦在县城参加了集中考试，考试的卷子并不难，有语文和数学两门，语文考填空和句子，内容无外是抗日救国之类，数学考的是加减乘除，孙谦感觉答题自如，轻松应付；考试之后，还进行了体格检查。

不久后的一天，孙谦在放榜的大纸上找到了自己的名字，初小毕业的孙谦，以不错的成绩考中了，而且好多一同报考的本村孩子，仅有孙谦一人被录取。喜出望外的孙谦跑回家，把这一好消息告诉父母的时候，父母高兴地告诉了孙谦另一个好消息：找了一个朋友做引荐，珠儿也要到哈尔滨小"字号"里做学徒啦！

这下父亲头上的愁帽子可脱掉了，也把父母给乐坏了。两个小子就要离开父母远行，父亲赶忙买回了白面、买回了肉，母亲赶忙给孩子们做了好吃的，全家人围坐在一起，高高兴兴地吃了团圆饭。中午饭刚放下碗筷，父亲又开始为兄弟俩的一场特别送行仪式忙活开了。孙谦说：

后晌，父亲他又买回来线香、黄表纸，还买回来一锡壶白酒。那时，我们全家人都不会喝酒，我真不知道他买酒干什么。二日天刚亮，父亲就把我和二弟催撑醒了，只见他手里端着个小木盘，盘里放着香、表、酒盅和酒壶。我们跟着父亲走到村外三叉路口，他恭恭敬敬地跪了下去，我们也随着跪在他的身后。父亲撮土为炉，焚香，燃纸，奠酒，然后向着不知道什么样的神仙三叩首。

路祭完毕，父亲又斟了两盅酒，并向酒盅里撒了点路旁耕地里的黄土。然后向我和二弟说："喝了吧。喝了家乡土酒，到了他乡外地，不会生灾闹病。"我和二弟都没有喝过酒。我俩相互看了一眼，便把那盅土酒倒进了嘴里，啊哟，好辣呀，辣的我直想哭一场！

从村外回来，母亲已经做好了送行饭，全家人都吃白面条。我和二弟的碗里，另加了三个圆圆的荷包鸡蛋，蛋上还撒着绿色的葱花，葱花上滴着香油，真是好吃极了！

刚吃罢饭，村公所派来送我进城的大车，已经驶到大门口了。全家人送我上车。那时候,既不懂得握手,更不晓得拥抱,我向着院里看了一眼,便匆忙跳上了大车。鞭声一响,大车走开了。一股离情别绪袭来,我由不得低头哭泣起来。过了一阵,我抬头一看,二弟还在奔跑着赶大车。他个子比我高,虽然有点瘦,但浑身涨满气力,因为喝了点酒,又刚吃罢热面条,他的脸上泛着红光……

1937年5月的一天,17岁的孙谦从南安村出发了,在亲人们送别的目光中,他跳上了赶赴县城的马车,即将加入到奔赴晋西北忻县的新兵大军,而迎接他的,便是从此展开的、不平凡的革命征程和坎坷人生……

第二章 新军战士

1. 从军官教导团到二纵队政卫队

孙谦乘村公所派来的马车赶到文水县城，县政府派人领着被录取的一帮文水孩子，一起去了太原东门外的同蒲铁路火车站，把人交给了国民兵军官教导团接兵的长官。孙谦正式入编分配到了第九团十连。1937年5月下旬的一天，他随队来到了教九团的驻扎地晋西北忻县营盘接受训练。

1936年5月，东征红军回师陕北，发表了《停战协议和一致抗日通电》，毛泽东又致书阎锡山倡议联合抗日。1936年9月18日即九一八事变5周年纪念日，阎锡山接受共产党和进步人士杜任之等人的建议，发起成立了"山西牺牲救国同盟会"，阎锡山任牺盟会会长，提出"打倒日本帝国主义"和"不分党派联合起来"的口号。

阎锡山的联共御敌政策，一时掀起了山西抗日民主群众运动的热潮，也引起了日本帝国主义的愤怒和抗议，蒋介石的外交部以及阎锡山周围的反共顽固势力，一再要求取缔牺盟会。刚刚成立的牺盟会，工作被迫停顿下来。

1936年11月，阎锡山改组牺盟会领导机构，阎锡山仍任会长，吸收薄一波、董天知、韩钧并原来的牺盟会成员组成新的领导班子。这时的牺盟会，27名新委员中，21名是秘密共产党员，薄一波、董天知、韩钧都在暗中接受中共北方局的领导，牺盟会从总部到各级领导人中，秘密共产党员占了多数。

1936年冬，局势继续严重恶化，日军侵入山海关，直接威胁平津，战火将在华北大地燃起，而晋绥则首当其冲。武装斗争必将成为抗日的主要形式。根据中共中央的指示，牺盟会内的共产党人开始为建立共产党武装做准备。这时的阎锡山也想扩军，并且想改用新的旗号。

有一次阎锡山召开牺盟会高干会议，讨论"假如日本人打到山西来，我们该怎么办？"薄一波说，仅依靠旧军抗战不行了，建议赶快组织一支新军。

阎锡山听了喜形于色，正中自己下怀，他早有武装30万国民兵的打算，先前就动了心，只是对旧军仍存有希望，怕新派羽翼丰满后不听招呼，未付诸实施。眼下大敌当前，山西难保，起用新派，组织新军，正是时候。他把组建新军的任务交给薄一波，说：你先搞一个团试试看。

1936年11月，薄一波通过牺盟会着手训练1000名"临时村政协助员"，要求临时村政协助员到乡下开展工作，任务有三条：一是广泛进行宣传鼓动，唤起民众爱国热情；二是发展牺盟会员，以十人团的方式组织100万会员；三是挑选爱国意识强、工作积极努力的知识青年，介绍他们投考国民兵军官教导团。

孙谦正是在这样的情况下，考取国民兵军官教导团的。

牺盟会于1937年四、五月间共组建了八个国民兵军官教导团，加上1936年11月在祁县、太谷两县成立的两个"军士训练团"，共十个教导团，训练培养全省国民兵的中下层军事政治干部，为抗击日军的步步逼近做武装上的准备。这八个教导团分建在山西的各个地方，其中，第七团驻扎在太原的东岗村大营盘，第八团驻扎在崞县的大营盘，第十团驻扎在寿阳县的东关大营盘，其他团分别驻扎在忻县、太谷、平遥、平定、汾阳等地的营盘。

孙谦所在的第九团，驻扎在太原北面120华里的忻县大营盘，这个营盘距忻县城北二华里，有一个大操场，操场东西两边共有十二排窑洞，一长排窑洞住一个连，长排窑洞像一个糖葫芦，串着左右两排窑洞，一个班住两个窑洞，每个窑洞里一个炕，中间是走廊，走廊可以一直走到窑洞门口。厕所是砖头砌的圆房子，里面一格一格的。教九团里不少是像孙谦一样从文水周围县里招来的，也有不少太原人，全团共有2000余人。

6月1日那天，教九团举行了隆重的军训开学典礼，介绍了教官情况和学习训练制度，给每位学员发放了一支步枪，还发了训练教材。6月6日，又在营盘大操场举行了牺盟会入会大会，全体学兵宣誓入会，授予牺盟会章。随即，紧张的军政训练开始了。

作为牺盟会领导下，平时集中练兵、战时集中调用的军事训练团，教导团的每位学兵既是学员，又是兵员，他们穿军装、带枪支，主要学习军事动作、射击和各种条令，每天按照《步兵操典》的教材进行操练，计划训练时间为半年左右。一开始主要是在大操场上出操，立正、稍息、跳木马、爬杠子；除了出操，还要上课，过着严格的军队生活。到了训练后期，就组织他们到营盘外去打野外。

生活上，教九团里吃饭一天三顿都是莜面饸饹，一个兵每月6块钱，包括伙食费，所以吃了饭就不发饷了。所有的训练和管理都完全沿袭阎锡山旧军队的做法，从班长到团长都是阎的人；教官很严厉，旧军队的打骂现象还很严重，一天训练下来，人人感觉疲惫不堪。共产党的工作完全是处于地下状态、秘密活动。

和孙谦一同分配在教导团九团的王振华，是1928年从河北到山西太原生活后考上国民兵军官教导团的，他在题为《国民兵军官教导团在忻县》的文章中这样说：

（国民兵军官教导团是）牺盟会从其会员中挑选20000人组成的中下层军事干部训练团。军事工作人员均由晋绥军官教导团和军士训练团中调来。其中团、营级军官由阎锡山警卫旅旅长杜春沂提名，经杨爱源同意后由阎锡山委派。各团政治部主任都是由共产党员和左派人士担任，团以下的政治工作人员亦由薄一波等选派。

教导团除了政工人员外，从副班长到团长全部都是阎锡山部队的旧军人。教九团团长叫韩文彬，山西苛岚县人，日本士官学校毕业。他家住在忻县城里，上下班一个人骑着一个自行车。团部的人住在营盘门口的大房子里。

教导团开始有个政治主任，叫刘玑，字玉衡，他与团长韩文彬合不来。我心里是暗暗支持刘玑的，刘玑后来当了十八兵团敌工部部长，十八兵团的司令员是徐向前，政治部主任是胡耀邦，所以估计当时他就是共产党员。后来他调走了，又来了一个政治部主任叫周新民，晋北人，这个人气派很大，来头不小，跟团长韩文彬的关系还可以。有一次他回晋北家，赶着骡子大车。不久他也调走了。

这时团里发生了一件事儿。当时天很热，有一天我们打野外回来后又累又热，当官的不让我们休息，让我们继续到操场上跑步，有的人就故意跑得稀里哗啦，越跑越糟，后来回到屋子里躺到炕上，二连三连的人躺下就不起来。团长知道后在大会上说这是一次兵变。但是他并不敢开除谁，因为大家都是考去的。

1937年7月发生了卢沟桥事变。忻县有个火车站，一些抗日军队从这里开往北面，我们教导团经常去火车站打着横幅欢送北上的抗日军。有次我们被派回太原招兵，招志愿军，我就回太原家里呆了两天。这时城里的日本鬼子的特务机关和汉奸活动猖狂，汉奸在地上摆一块块白色的方布，让飞机来轰炸。古城村有个城墙，我们在城墙下面挖了防空洞。从忻县到太原的路上，日本飞机两次轰炸我们的火车。当时日本鬼子的飞机想怎么飞就怎么飞，想怎么炸就怎么炸，因为我们没有防空能力。

在国民兵军官教导团受训期间，孙谦和教九团十连的战士们一起出操打靶，参加训练，宣传抗日。和王振华一样，阶段性训练结束后，孙谦被派往山西下面的县里招生，也有过一次回文水的机会，他顺便回家看望了父母，四弟孙怀珍还记得，当时大哥回来时，头上戴了一顶战斗帽，衣服很旧，可能是因为一路奔波，衣服上面还沾了很多土。

包括孙谦在内，当年的国民兵军官教导团，共有1.3万知识青年接受了政治、军事训练，此外还先后举办了军政训练班、民训干部教练团、军士训练团等13个干部训练机构，共有2.5万进步青年接受了培训，后来绝大多数成为山西各级党组织、新军各部队和各县民主政权的骨干。

1937年7月7日，发生了震惊中外的卢沟桥事变。事变后的第2天，中共中央发出宣言，号召各党各派各阶层人民和一切军队一致抵

全国抗战爆发后的山西青年抗敌决死队

抗日本的侵略。不久，日军即占领北平、天津，很快又侵入山西。

大敌当前，薄一波打着阎锡山和牺盟会的旗号，迅速部署成立新军事宜，决定把国民兵军官教导团第八团、第九团以及军政训练班、民政训练班中的各300多名学员，通过自愿报名改编组成1500人的山西新军，新军的番号原来拟称为"青年抗日先锋队"，阎锡山觉得"抗日"二字刺眼，怕惹事儿，他说凡参加的人都要有誓死的决心，怕死的不要加入，就改称为"山西青年抗敌决死队"。

教导九团的王振华，已经随军政训练班的学员参加了决死队，来到太原的山西省立国民师范学校。国民师范的院子里有一个大操场，后面是大礼堂，东西两侧是一排排宿舍，一个队住一排房子里。1937年8月1日，山西青年抗敌决死队在国民师范礼堂举行成立大会，宣布8月1日为新军诞生日，决死队的政治委员由薄一波担任，阎锡山派旧军官担任军事指挥。这就是后来改编扩充后的决死一总队，之后决死一总队后来又扩大成决死一纵队（每个纵队下辖三个总队）。

这个最初成立的决死队，只有一个团。因为阎锡山让薄一波先搞一个团试试。在太原迅速成立第一支决死队后，薄一波向阎锡山提出扩军抗战的建议得到采纳，牺盟会开始加紧扩建新军的步伐。

政训处主任、牺盟会的韩钧，在忻县营盘召开了全团紧急动员大会，阐述抗日的形势和前途，动员大家自愿报名、踊跃参加决死队。

会后中共政工人员又做了深入的发动工作，学员们纷纷响应。但也有不少学员因为要到敌后开展游击战争，要与敌人决一死拼，所以当时不愿意报名，尤其忌讳决死队的"死"字。但孙谦毫不在乎，毅然报名参加，并鼓动自己身边的学员积极报名，一起投身到和敌人决一死战的抗日洪流中。

9月初，孙谦和忻县国民兵军官教导团的200多名学员，坐上了开往祁县的火车，来到了祁县五里疙瘩大营盘里集结。1937年9月15日，山西青年抗敌决死队第二总队正式宣告成立，总队政治部主任由韩钧担任，辖三个大队（营），每个大队辖四个中队（连）。

很快，连里给战士们发了军装、毯子，灰色的棉袄、棉裤、棉帽子、绑腿、皮带等，孙谦他们开始按照晋军步兵的制式发装备：步枪、手榴弹、洋锹、药包等，每一个队员的负荷，足有几十公斤。这个装备标准，是比照着当时阎锡山的晋绥军来制定的。孙谦和班里的战士很多没有见过这些东西，班长便一一教他们使用。正式训练开始了，他们白天按照《步兵操典》上的课目进行军事训练，练徒手操、持枪操；晚上集合在院子里唱《大刀进行曲》《毕业歌》等抗日歌曲。

根据抗日形势的发展，1937年9月20日，第二战区总动员委员会成立，由阎锡山任司令长官，由共产党八路军等战地各军、牺盟会以及晋察绥三省政府组成。这样，山西新军就成了第二战区晋绥军建制的一支抗日部队。

1937年10月，山西旧军很多败溃，局势出现危机，大同失守，太原告急，阎锡山迫于形势，同意新军进一步扩编，12月，二总队改编为二纵队，8月1日在太原成立的决死队一总队改编为一纵队。1938年2月，相继成立了决死三、四纵队。只一年多时间，决死队发展到4个纵队，1个工卫旅，3个政卫旅，及战动总会组建的暂编第一师。

山西新军从诞生之日起，就建立了具有特殊权力的政治委员制度、政治机关和士兵委员会制度。由薄一波拟订、经阎锡山批准的《山西青年抗敌决死队政治委员条例》规定："政治委员为部队中之全权代表，有直接处理部队中一切事宜之权。""政治委员有单独发布命令之权。"这种政治委员制度下的政治委员，对新军一切工作拥有最后决定权。在薄一波的建议下，政治委员实际上都由中共党员担任，从而确立了共产党对山西新军的实际领导权。

决死二总队在组建的时候，在每个大队组建了一支特殊的队伍：

政治保卫队，作为各大队第一个中队的第一个分队，每个队30多人。第三大队政卫队队长叫贾耀祥，是一名秘密的共产党员。孙谦编入的正是贾耀祥所在的政卫队第三大队，是这支特殊队伍的一名战士。

政卫队，是韩钧借鉴俄国十月革命后设立国家政治保卫局的经验组建的。主要是考虑当时指挥、管理、财务都在阎锡山旧军官手里掌握，很不可靠，必须要有一支贴身可靠的武装力量，来保卫政治工作的正常进行。

正因如此，政卫队员从所属各中队抽调时，经过了严格的选拔程序，条件是：政治可靠，年龄在20岁以下，具有高小以上文化程度的优秀青年。孙谦文化基础好，虚岁18，是好中选优自然入选的。

孙谦刚开始是一般战士，因为受过国民兵军官教导团的正规训练，不久便从战士担任了班长。他带领班里的战士，每天出动搞宣传，向群众宣传决死队的主张，动员青年参军抗日，开大会时维持秩序，还要检查部队的军容风纪，执行处决汉奸的任务。

部队驻扎祁县五里疙瘩兵营后，孙谦惦念着家里的父母和弟妹，给家里写了一封报喜不报忧的信，告知了部队的情况：部队伙食比在家里过年还好，能吃到白面、蒸馍和面条，菜里还多少有些肉等等。

祁县和文水接壤，相距不远，四弟孙怀珍回忆说："我父亲看到信件后，即刻赶往祁县去看儿子。因为军营不能久留，父子相见寒暄后就要分手。祁县北郊的沙河平时没水，在父亲过沙河的时候，正好赶上河水涨了，只好雇了一个人背着父亲过河。可这个人为了赚钱不要命，他既不识水性，又不识河道的底细，差一点把我父亲掉入漩涡。"

2. 宣传队组长当了前锋剧社导演

二总队成立不久，日军战机不断到太原侦察、轰炸，阎锡山便调二总队去守太原，孙谦和战士们在太原南门外宿营，后经薄一波建议，阎锡山同意，又折回了祁县。

1937年10月上旬，部队南下晋西南，从祁县出发，途径霍县、洪洞、赵城，孙谦和战士们到处贴布告、散传单，宣传抗日救国纲领，因为政卫队职责特殊，大部队行进时，他们要提前一两个小时出发，为部队打好前站。

在太原即将失守的1937年11月4日，牺盟会随同阎锡山离开太原撤至临汾。不久阎锡山秘书梁化之向韩钧提出，把各大队政卫队调二战区随营学校，编为一个中队仍叫政卫队，随后又调属二战区司令长官部行营，韩钧派贾耀祥任中队长。1937年11月，孙谦随队到随营学校报到后，驻扎在临汾城内的第六中学，每人领到了一把德国手枪、120发子弹，佩戴了"政卫队"胸章，如此装束让人看了好不威武。为防日军空袭，阎锡山和随营学校移驻西涧北村，政卫队移驻东涧北村。

之后政卫队不断扩建，两个月之后合编为120人的中队，不久又扩编为700人的大队，秋林会议后完全从决死二纵队抽调出来，改队为旅，改称政卫旅、二〇九旅，与决死二纵队并肩战斗。

1937年12月，经梁化之同意，政卫队利用临汾的二战区随营学校的名义，印发了招生广告，派出大批干部，分头到平遥、汾阳等县招收队员，招收有一定文化基础的青年，培养部队新生力量，当时纵队和牺盟洪赵中心区的负责人都要去讲课。

1938年1月，随营学校新招收了600多名学兵，经过短暂的学习培训后，被编入刚刚扩充的政卫队，分编为一二三个中队，组成了政卫大队。从小在汾阳县生活，在汾阳县考取随营学校的马烽，这时被编入政卫队孙谦担任班长的这个班里，成为孙谦手下的一名战士。但时间仅又过了一个月，也就是1938年2月，日军进攻临汾，二战区司令长官部退往吉县，随营总校就停办了，大部分人员和政卫大队合编为山西政治保卫队（简称政卫总队），辖三个大队，孙谦他们的原政卫大队改为二大队，移驻汾西县山云镇。

孙谦和马烽后来成长为著名的山药蛋派作家，两人合作创作了大量的电影剧本，被称为沙场战友、文坛知音。马烽1996年写了一篇传记性散文《军旅生涯》，其中就写到当时他和孙谦的第一次接触：

我刚编入随营学校四中队的时候，他（孙怀谦）是我们的班长。

班长们都是十八九、二十岁的小伙子，都是国民兵军官教导团的毕业生。挂着手枪，扎着武装带，一个个威风凛凛。孙班长同样装束，可穿戴得吊儿郎当，年轻轻的却满脸皱纹，看起来像三十来岁的农民。那天吃第一顿饭的时候，伙房里只有碗，没有筷子。我说："孙班长，没筷子怎吃？"他说："问我要筷子？我倒给你们擦屁股哩！"话说得很不好听，可他说完之后，随即到柴堆上挑挑拣拣折来一把细高粱秆，说："当兵的，要学会自己生活！"

当天晚上，别的班长都把新兵集合起来致欢迎词，他没有。他大概知道我们一路上没有睡好觉，只说了这么一句："解开行李，睡觉。"他给我当班长时间不长，很快就调走了。据说，是星期日他在村里"一分利"小饭馆喝醉了酒，大队长贾耀祥训斥他，他竟然解下皮带抽了大队长两下。为此关了禁闭三天，就免职了。

我只以为他是个性格暴躁的家伙，后来相处的时间长了，才知道这是个心地善良的大好人。嘴上不会说什么客套话，不论对上级还是下级，都是明来明去，直来直去，从不背后圪圪捣捣，这人就是后来成为作家、电影剧作家的孙谦。

孙谦的率真和豪爽，给当兵之初的马烽留下了深刻印象。1959年马烽曾创作过一篇著名的小说《我的第一个上级》。六十年代起，常常有大专院校、文艺单位邀请马烽做文学讲座。1960年春，马烽和孙谦应邀在山西大学做报告，在开场做自我介绍之后，马烽指着身边的孙谦对台下的师生们说："这位是著名作家孙谦，刚刚参加革命的时候，在部队他是我的班长，我的第一个上级。"风趣、机智的介绍，引得大家热烈鼓掌，孙谦接过话筒说："作家倒是作家，但是不著名，不著名！"又引得大家一阵欢笑。

关于马烽提到的孙谦用皮带抽大队长的事，孙谦在《紫团洞，紫团洞！——我入党的前前后后》一文中也有记述：

贾耀祥是我的上级，可我们相爱如兄弟，他对我管教很严厉。有这么一档子事：我听说我的故乡——文水县被日寇占领后，我又恨又忧，便到"一分利"饭馆喝了一顿闷酒，回到队部就大发酒疯；贾耀祥要关我禁闭，我便解下皮带来抽他。当然啦，其结果是我被一伙人推进了禁闭室关了三天。直到我承认了错误，向贾耀祥道了歉，他才问我愿到哪个连队去工作。我说愿到宣传队。他说："好，去那里当个组长，刷标语，演戏。"他没有因皮带事件蔑视我，见了面还是有说有笑，和好如初。

1937年11月9日，日寇占领了太原城，三个月后的1938年2月15日也就是农历的正月十六占据文水，正月十七、十八，又分别占据了孝义、汾阳，文峪河流域的老百姓从此水深火热、苦不堪言。"文水被日寇占领"的消息，孙谦是从政治部宣传科编印的油印小报《政卫报》上看到的，他十分气愤，首先担心的是父母和弟妹的安危，家里人的生活不知怎么样了，想着想着，不禁流下了眼泪。看到孝义、汾阳全被日寇占领消息的马烽，比孙谦哭得还厉害。孙谦含着眼泪跑到小饭馆里，独自一人喝闷酒。孙谦闷酒喝多了，因酒撒疯，尽管情有可原，但毕竟打了领导，所以孙谦在马烽他们班当班长的时间并不长。

管教很严厉，相爱如兄弟。贾耀祥在孙谦犯下了严重错误之后，非但没有把他开除出部队，还能按照孙谦本人的志愿重新安排工作，而且之后还和好如初、有说有笑，这不仅仅是贾耀祥的胸怀使然，也有孙谦平时的表现在起作用。

除了穿戴不讲究、不整洁之外，孙谦其实是有很多优点的：比如，心直口快，待人诚恳，为人善良。马烽在《怀念孙谦》的文章中说：

那时的孙谦"从来没有摆过干部的架子。对他领导下的小青年们，一视同仁。行军的时候看到谁走不动了，他就不声不响地把背包夺过来，加在自己背包上。发现谁脚上打起泡，晚上就找根马尾，抱着你的臭脚给你穿刺，任你哭喊他也不松手。1938年秋天，好几个人身上长了疥疮，每天涂抹从军医处领来的硫磺膏。他听老乡说，要用酸枣根烧火烤才有效，他一个人借了把锹头刨来一抱酸枣根，晚上逼着大家脱成光屁股烤。平素，他不在生活琐事上对我们吹毛求疵，可是如果你违犯了军纪，或者是不认真工作学习，他发起脾气来也够你受的。"

孙谦还写得一手好字，文化水平比较高，有一定写作表达能力，工作作风过得硬，这样的文化人在新军队伍里还是难得的。所以，虽然一时酒后犯了浑，但有认错态度，按照量才使用的原则，调到政卫大队宣传队干文艺兵、当组长，是再也合适不过了。但即便是组长，孙谦干得也十分卖力，组织大家政治学习、练兵出操，从不含糊。

宣传队一开始其实就是个杂凑班子，宣传队领队是金默生，队长是唐桂龄。全队不仅人手不够，而且大都是没特长的人；孙谦一方面及时扩充队伍，另一方面积极发现人才、网罗人才。半年之后，有一支学生游击队编入了政卫队，他从中挑选了一些人调到了宣传队，宣传队一下子就扩展到了40多个人。他还把政卫队二大队四中队第九班，也就是他先前当班长那个班的马烽，也给"挖"过来，调过来了。

关于马烽调来宣传队，是有故事的。马烽在散文《军旅生涯》中有详细的讲述：

那时候，连队里除了军事训练、政治学习之外，也开展文娱活动。有次以排为单位进行墙报比赛，我们排偷偷请连队文书给画了个报头，晾在了我们班的炕头上。那时是以班为单位做饭。早饭比较简单，只有稀米汤里煮玉茭面小饼饼（煮疙瘩）。那天轮我值日，我把做好的饭盛在大盆里，往炕上端的时候，一不小心洒出来了。一些稀汤正好洒在报头上，把这张宝贵的作品弄了个一塌糊涂。这可捅下大乱子了。排长、班长发火自不必说，同屋的战士们也纷纷责难。我自知理亏，一声也没有吭，只是站在那里挨训斥。再找文书重画已经来不及了，而且大白天这样做很容易被别的排发现。记不清是排长还是班长立逼我照样画一张，我只好硬着头皮承担起这一"任务"。

好在马烽在高小时爱好图画课，他因陋就简，把在一本大后方出的刊物上的一幅黑白木刻封面，模仿放大画成了报头，"两个战士隐蔽在草丛中，用机关枪向敌人射击"。"比赛结束后，我们排的墙报获得了全连第一"，就是因为"报头沾了很大的光"。许多年以后，在1980年参观"力群版画展览"时，才得知他当年模仿画的是力群创作的木刻画。

马烽这样的人才，宣传队太需要了。汾阳家，文水家，自有一份"老乡"情结，孙谦赶快跑去向领导点名要人。就这样，马烽来到了宣传队。自此开始，俩人一块儿行军打仗，同台开展宣传，结下了深厚的个人感情和革命友谊。

孙谦和马烽他们在宣传队，干得最多的，就是写大字标语，照着报纸上的漫画、美术字出墙报。很多时候，到汾西、蒲县、隰县、永和、灵石等县的农村演出，走到那里，就把抗日的标语写到那里。

凡事就怕有个比较。宣传队是下设在政卫队的一个机构，其实在二纵队名下也有个宣传组织，长城剧社。当然，不论从级别，还是规模以及演出水平，都远远高于孙谦他们的这个宣传队。

1938年的春天，一个叫刘伟的戏剧家来到了决死二纵队住的隰县，决死二纵队请他在长城剧社开办了一期戏剧训练班，不甘落后的孙谦第一时间报了名，宣传队同时派了韩果等好几人前去学习，一共学习了二十来天。学习回来之后，孙谦他们就按照刘伟教的，开始排练起了节目，并购置了汽灯、幕布、油彩等物品，这下就初步有了演剧的条件，宣传队就学着长城剧社的名称，"升格"叫做了"前锋剧社"。剧社全体也从庞家岭驻扎到了山云镇，和大队部住在一个大院里。

可是40多个人的剧社，没有一个搞过文艺的专门人才，比来比去，孙谦算是文化较高的人了，于是就让他当了分队长。在剧社，大家边学习边工作，学中干，干中学，都想努力为宣传抗日尽一份力量。

1938年6月，李束为和孙谦在前锋剧社相遇了。李束为是山东省东平县人，因为家贫，于是跟着阎锡山招兵站的人来山西"吃粮当兵"。七七事变后，他参加了山西抗日新军。初来剧社，他不会画画，不会乐器，也没有登台演过戏，只是因为在老家小学时特别喜欢文艺作品，才被调到了剧社。

既然是剧社，就跟从前的宣传队不一样，除了出黑板报、写标语以外，主要的任务就是演戏，但重要的是剧社里导演这个核心岗位没人干。人常说，筷子里面拔旗杆。马烽说："戏剧导演孙谦，仅只是在农村里念过几年书，看过农民排练秧歌，参加革命后看过几场文明戏。好在他曾在戏剧短训班里学习了20多天，总算知道了一点门牌号数。他胆子比较大，领导上让他当导演，他居然也就答应了。整天拿着剧本翻来复去阅读，一时装男，一时装女，在地上走来走去揣摩几遍，然后就分派角色进行排练。有时他也上场，一般是歪戴礼帽充当'汉奸'。"

孙谦在大家面前指手划脚，俨然一个大导演似的。而李束为胆小害羞，他和马烽一样，除了出黑板报贴标语，剧社有演出时也做一些后台的工作，换换布景片，配合一下效果，或者拉拉幕，人手转不开了，也滥竽充数当个群众演员，多数时候演的是日本兵。

前锋剧社演戏开始多了起来。所演的戏也都是抗日的内容，说是独幕话剧，其实就是化妆演说，就是把刊物上抄来的内容用人物对话表现出来而已，如：广场剧《放下你的鞭子》、小话剧《张家店》、话剧《游击队长》。也有一些歌唱节目。尽管文艺水平十分低，但也吸引来不少的观众。

这年冬天，剧社决定排练话剧《花姑娘》，也叫《游击队长》。孙谦担任了这部戏的导演，因为李束为个子高、国语好，在孙谦的动员下，接受了扮演游击队员角色的任务。短短的时间，束为不仅背熟了整个剧本，还能按照孙谦导演的意图有所发挥，特别是刺杀日本人的动作，抽刀如闪电，收刀如流星，被孙谦称为是"被埋没了的天才演员"。

年轻人演戏没有经验，难免出点"事故"。《花姑娘》在汾西县山云镇首次演出的时候，由于一时紧张，李束为忘了导演安排的"套路"，一刀误扎在扮演日本鬼子演员的鬓角上，受伤的演员很是谅解，但政卫旅宣传科却要严办"事故"的责任人，让束为写了一份检查，登在了《政卫报》上。已经成为剧社主要演员的束为，因此吓得再也不敢上台演戏了。

马烽和一个叫郭生的人一起演戏，也出了个"漏子"，戏里有个日本兵，平白无故把一个锄地的老汉当成活靶子枪杀了，主要是揭露日本鬼子滥杀无辜。那次马烽在侧幕后配效果，看到郭生端起枪，马烽急忙用香火点小炮，谁知小炮瞎捻了。马烽半天也听不到响声，急中生智就用嘴巴喊了一声"叭"！那个扮老农民的分队长郭丰瑞没理会，继续锄地。郭生急了，忙又大喊一声"叭"，并且低声说道："快死！快死！"扮老农民的郭丰瑞这下明白了，立刻就倒在了地上。人已经死了，马烽点的第二炮"叭"地一声响了。这一来引起了台下一片笑声。事后马烽、郭生他们都挨了批评。

尽管大家都有热情，都想把工作干好，但实在是心有余而力不足，能力水平有限。演戏的时候出一点岔子，确实在所难免。不久，孙谦听说国民政府第三厅的演剧队要在勃香镇演出了，很快把消息通知了大家，他们要看看人家是怎么演戏的。

马烽在散文《军旅生涯》中写道："第三厅厅长是大文学家郭沫若，在他的领导下成立了好多个演剧队，分赴各战区巡回演出。派到二战区来的是第三队。其中有诗人光未然、画家力群、戏剧家赵寻、蓝光、田冲等一批艺术家。我们第一次看他们的演出是在汾西县的勃香镇。""第三演剧队轰动了整个晋西南地区，也震动了我们剧社，使我们大开眼界。勃香镇观看之后，又追踪到隰县的黄土、义泉看了两场。"

第三演剧队演出的作品，大部分是他们自己创作的，而且演出水平特别高，这让孙谦他们观看时惊叹不已，不断地鼓掌喝彩。不看不知道，一比吓一跳，面对差距，前锋剧社的全体队员都自感惭愧，感到自身水平太低了，身兼剧社分队长和导演两项职责的孙谦，就更有压力了。

3. 在紫团洞秘密加入共产党

1938年春天，政卫二大队驻扎在汾西县山云镇。前锋剧社和大队部住在一个大院里。因为队员的文化素质参差不齐，所以除了排演节目，政卫队对出操上课也一直抓得很紧，经常组织上政治课、文化课，但是唯一不足的是没有书读。从临汾东涧北村撤退时，孙谦把笨重的东西都扔了，只带了本《步兵操典》。在云山镇没有书读，对于好学习、爱看书的孙谦来说，真是一件苦恼的事。

大队长贾耀祥，是个既善任又知人的好长官。孙谦平时"嗜书如命"，熟悉孙谦底细的大队长贾耀祥，有一天兴冲冲地对孙谦和战士们喊开了说："勃香镇开了解放书店啦，谁要买书，赶快跟我走！"听到贾耀祥的呼喊，孙谦便第一个冲了出来。买书看书，他是求之若渴。

尽管他们的驻地云山镇离勃香镇大约有二十里，但孙谦为了能有书读，步行打来回也并不觉得累。在贾耀祥领了路、开了道之后，孙谦又去过勃香镇好几次，目的只有一个，买书看。他先后从解放书店买到了《抗日游击战争的战略问题》《论持久战》《中国共产党在民族战争中的地位》《抗日救亡十大纲领》《西行漫记》等等，还买过本艾思奇的《大众哲学》。

看了这些书，孙谦渐渐对中国的前途命运，对中国共产党和八路军有了清醒的认识，站得高了，看的也远了。在和同志们接触相处的过程中，他逐渐发现了一些"异常"的情况。

到 1938 年 3 月，政卫队各大队已陆续秘密建立了中共党组织。新军中的中共活动一直处于隐蔽状态，孙谦不是共产党员，所以他也不清楚这里到底谁是共产党。但是，他渐渐地从贾耀祥大队长那里，从前锋剧社唐桂龄队长那里，看出了一些"秘密"。

贾耀祥是山西省汾西县人，细高个子，牙齿雪白，斜挂武装带，腰携盒子枪；平常嘻嘻哈哈，出操上课却特别认真。谁也不知道他的家庭是什么阶级成分，但孙谦跟着他去他的老家"起过粮"，又是人背，又是牲口驮，"起"回来那么多的粮，足够全大队吃半个月！贾耀祥的朋友很多，常有朋友找他在大队部聚会，这一点大家似乎习以为常了。但是，1938 年春夏之交，贾耀祥又来了位新朋友，贾队长和这位新朋友的举动，可不同寻常，有点"特殊"。

有什么特殊呢？这个人姓郭，浓眉大眼，五短身材，略带沁源口音。贾耀祥说这位姓郭的朋友是来大队担任副指导员的，可那位郭副指导员不和姓朱的指导员住一窑，却和大队长贾耀祥吃住在一起，这是一；二是他既不出操教武，也不上课讲"物产证券"和"兵农合一"，只是忙着找干部和战士个别谈话，白天在村外谈，夜晚还在窑里谈，感觉他很忙。所以孙谦对这位郭副指导员既有崇拜感，又有神秘感。三是贾耀祥队长虽系旧军官学校出身，可他和大家同锅吃饭，有马不骑，还一块儿行军，一块儿滚雪窝，一块儿雪夜露宿；他倒没有公开宣讲马列主义，可他敢讲苏联，敢讲延安，还敢讲《论持久战》。这可都是共产党的口气啊！贾队长很有点儿共产党员的味道，现在郭副指导员和贾队长住在一起，难道他们俩都是……？

进步书刊看多了的孙谦，对共产党、对共产主义朦胧地有了向往之情、追求之意，他找到贾耀祥大队长"投石问路"，想让"相爱如兄弟"的贾队长，帮他引荐一下那位郭副指导员。想不到这次却使贾耀祥板起了面孔："你为甚要找他谈话？"

孙谦说："我想请他引荐参加共产党。"贾耀祥突然一声断喝："谁告诉你这里有共产党？！不要胡说八道啦。有什么心事，找你们唐队长去。"

郭副指导员，其实他和贾耀祥一样，都是新军中隐蔽的共产党员，他这次来是配合贾耀祥在做秘密发展共产党员的工作。孙谦没有能从贾耀祥大队长的口中，直接得到一点风声，因为那个时候，任何党员都不能随便暴露自己的身份；贾队长的意思很明确，郭副指导员的事情你就别打听了。但孙谦也似乎听出了贾队长的话外之音，"有什么心事，找你们唐队长去。"再明白不过的暗示了，别乱找人了，你找唐队长去，唐队长自有安排。

唐队长就是他们政卫队的分队长、前锋剧社的队长唐桂龄，他也是一名秘密的共产党员，汾阳县向阳镇人，生的小鼻子小眼，身材不高，却长了两条上粗下细的小腿，裹上绑腿，很像是两个倒放着的汾酒瓶子。在孙谦的印象里，唐队长时时处处当先锋、做表率，而且气量大，轻易不发脾气，还能宽以待人。何以见得？

前锋剧社首演《花姑娘》的时候，唐桂龄扮演日本兵，李束为（当时名叫束学理）扮演游击队员乔装成的花姑娘。在日本兵强奸花姑娘时，却被花姑娘按倒在地，向他头上狠狠戳了一刀！表演这一刀的时候，李束为忘了孙谦导演剧情时对他的吩咐，失手了，把唐桂龄的鬓角戳了个血口！台下的观众看到"痛快"处，又拍手又叫好，台上却喊着"拉幕！拉幕！"

事后政卫旅宣传科要严办这件"舞台事故"。想不到唐桂龄却说："这算什么'事故'？束学理和我无仇无冤，都是同志，他怎能要存心杀我？他是初次演戏，怕是得了'晕台'病；也许是演得动了真情，忘记了是在演戏。没事儿，我明天照样儿登台。"有人说："可你头上还裹着纱布呀！"他憨厚地笑了："那不更显得日寇残暴野蛮吗？"唐桂龄就是这么个老妇式的慈悲心肠的队长。

你别看孙谦平时憨憨的，关键时候却很有心机。当时中共党组织培养吸收党员，没有我们现在的公开程序，所以孙谦的这次"投石问路"，就是一次向党表明态度的口头"申请"。也正是这次"投石问路"式的"申请"，让他知道了首先寻找的目标——找唐队长去。

看了第三厅演剧队的节目，孙谦明显地看到了自身的差距和不足，大家也都想能有个学习提高的机会。作家丁玲领导的"西北战地服务团"闻讯后，派了两名有突出专长的艺术人才，到前锋剧社专门教舞蹈，编排了几个节目，如：《叮铃舞》《网球舞》等，对提高剧社的艺术水平提供了一定的帮助。

恰好这时候，晋东南长治办了一个"民革艺校"，是专门为部队培养艺术人才的学校。剧社队长唐贵龄、指导员赵哲民也急于想培养一批人才，尽快提高剧社的艺术水平，他们都强烈要求派出学习一段时间。和上级领导再三请示和要求，上级决定整个剧社去"民革艺校"学习几个月。得到这一喜讯，全剧社的人都高兴极了。这时候，已经是1939年春夏之交了。

民革艺校的地址不在长治城内，而是在城南五六里的南董村。它的全称是"民族革命艺术学校"。在上个世纪三四十年代，不论学校还是社团，凡是前面挂着"民族革命"这个词的，都属于二战区阎锡山领导，诸如民族革命大学、民族革命同志会等。民革艺校属于二战区的建制，但是教职员工大都是八路军总部派来的。民革艺校的校长李伯钊就是红军时代的著名艺术家。

来这里学习的也大都是各抗日部队保送来的文艺兵，或来自新军,或来自八路军。学校实行的是供给制,大家都在大灶上吃饭。学校没有教室,都是在院子里、树荫下和打麦场上课。

孙谦和马烽、束为他们来到民革艺校后,就被安排借住村里老乡的房舍,分别编入各班,开始插班学习了。学校为了适应他们的接受能力,讲得尽量通俗易懂。所以,他们的学习情绪都十分高涨。

在这里,孙谦系统学习了文学、音乐、美术、戏剧等方面的初步知识,接触到了"五四"以来的一些新文艺作品和外国文学作品,在当导演期间,因为当时剧本奇缺,他便配合着政治任务学着编写剧本。他第一次读的外国剧本是高尔基的《在底层》,读的第一部长篇小说是萧军的《八月的乡村》。

可惜的是,上课还不到一个月,形势就发生了大的变化。1939年七月七日是抗日战争爆发两周年,长治城里的驻军和各机关都准备参加纪念大会,忽然接到了日寇兵分几路向长治进攻的消息,纪念大会只好临时取消,大家开始收拾行李,准备与敌人周旋。

为了适应战时的需要,学校临时分编为三个队,由教员们分头率领分散到壶关县、陵川县的山里做宣传抗日工作。孙谦他们在这一带的山庄窝铺宣传了一个多月后,听说日寇已经占领了长治和附近的几座县城,他们只好按照学校的安排,集中到壶关县紫团山一带继续上课学习,民革艺校就挤在山下的两个小村庄里,好多学员住在老乡的草棚里,每天只能吃到两顿小米饭,常常是不到开饭时间就饿得头昏眼花。孙谦在没有课本、没有参考书的情况下,认真听讲做着笔记,课余还帮着大家做很多份外的事,他不怕吃苦,不怕困难,时时处处走在大家的前面。

那次孙谦勇敢找贾队长闯"禁区"后,依平时的观察了解,贾队长基本掌握了孙谦的内心世界和真实愿望,并给他提出了"找你们唐队长"的指引和"不要胡说八道"的嘱托,根据孙谦平时各方面的言行表现,唐队长以上线介绍人的身份,把他作为重点培养对象的计划,已经秘密实施有一年半的时间了,特别是通过民革艺校这一特殊环境下的观察考验,孙谦作为正式党员的条件已经成熟。在《紫团洞,紫团洞!!——我入党的前前后后》一文中,孙谦是这样说的:

1939年初夏，前锋剧社要到晋东南"民革艺校"去学习，打前站的又是那位绵绵和和的队长唐桂龄。这是一次历尽艰险的大远征。从吕梁山出发，越过被日寇严密封锁着的同蒲铁路线，再翻过太岳地区，才能到达上党的"脚盆"长治县。可是，当我们大队人马到达"民革艺校"所在地苏店时，唐桂龄他们不仅给我们分配好了住房，而且已置办下米面蔬菜，并生着了炉灶，就缺和面作饭了。

我们到达"民艺"不久，日寇便占据了长治县城，学校被迫分散活动；直到初秋，学校才集中到一个叫做紫檀洞的山村。紫檀洞的山上有很多树，景色还不错，但因学习太紧张，我却连一次都没去观赏过山景；印象最深的是：当我们出早操时，山间有又白又浓的云海。九月间，唐桂龄极隐秘地塞给了我一张用有光纸印的入党申请表格；当我把填写好的表格塞给他后，他便引我到村外的树丛中。我们既没悬领袖像，也没挂镰刀斧头旗，唐桂龄让我读了一次表上我写的誓词，便算仪式完成。

在回村路上，唐桂龄对我说："现在，党处于秘密状态，不要乱说乱道；有事，只能找我联系。记住：你入党的时间是'九·一八'国耻纪念日，地点是紫檀洞村。"

至于唐桂龄是怎么具体培养孙谦的，孙谦在《紫团洞，紫团洞!!——我入党的前前后后》一文中没有披露，我们不得而知。但可以肯定的是，孙谦在追寻党、靠近党的过程中，除了可以公开的工作之外，一定暗中为组织做了不少事。

查阅中共党史出版社1993年出版的《山西新军》一书，对此就有详细记载："前锋剧社党的工作都是秘密的，采取单线联系。……这些党员都是经过慎重考察教育培养发展的，都能做到吃苦在前，享受在后，不怕苦，不怕死，能起到模范作用，对自己要求很严，能团结群众，起到剧社的骨干作用。这些党员是唐桂龄、金默生、赵哲民……马书铭、孙怀谦、束学理……屈英杰、古尚愚等"。在经受了一年半的时间考验之后，前锋剧社的孙谦同志，于1939年9月18日，在民革艺校学习期间，正式加入了中国共产党。

就在孙谦加入中国共产党的前后，马烽、西戎以及束为、胡正，也都成为了共产党中的一员。能够想见,入党前的向往和入党时的激动,他们每个人心情都是一样的。在不到二十岁的时候,他们已经成为了具有政治倾向的人了,"党性"成为了他们的个人品质和精神追求。

山西新军内的共产党活动和新党员发展,正如我们从间谍影视片中看到的那样,每位党员的活动和身份都是隐蔽的,只知道自己的上线和下线,党的工作依靠单线联系。孙谦加入共产党,只是知道了自己党内的上线联系人。对于贾耀祥,还有那位郭副指导员,他们是党内的自己人吗,孙谦在当时仅仅是猜想,真实的情况,在很长一段时间,都是不知情的。

1957年的夏天,孙谦请求从北京电影制片厂调回山西工作。在一次集会上,他在主席台上忽然发现了一位似曾相识的领导。这位领导,浓眉大眼,五短身材,头发略显发白,特别像当年的郭副指导员,因为会务安排特别紧,他没有机会上前接近这位领导,会后他赶忙打听,这位领导姓郭,名叫郭钦安,因为这位领导在会上没有讲话,因而也不知道他说话有没有沁源口音,所以孙谦不能确证自己的猜测对不对。

时间又过了十多年,到了文革后期,孙谦有幸认识了一位女同志,是郭钦安的夫人叫高首先,孙谦便上前打问:"你老公1938年去过政卫二大队吗?"高首先回答说:"他根本就没在晋西南待过。"

难道认错了?孙谦想:战争时期的共产党员,冲在前面,撤退在后,郭副指导员利用贾耀祥作掩护,在政卫二大队秘密发展党员,这可是要有生命危险的事啊。难道他还是假党员不成?

事有凑巧,1991年在山西省煤炭博物馆的一次画展会上,孙谦迎面碰到了郭钦安,此时他已有点驼背,步履蹒跚,孙谦急切地问他:"1938年夏天您去过汾西山云镇吗?""去过呀!"

"您认识政卫二大队的贾耀祥吗?""何止认识,我们还一起搞过'组建党'的工作呢!"

哇!这下证实了,这位郭钦安,就是当年的那位郭副指导员,就是"隐藏"在革命队伍内自己当年的老上级。孙谦心中一份浓浓的崇敬之情在心头升腾，紧紧地握手之后，又与郭钦安紧紧地拥抱在了一起。

孙谦的秘密入党，共产党在政卫大队的暗中活动，实际上只是新军中共产党活动的一个缩影。从中共党史出版社1993年出版的《山西新军》第8册中查看，当年仅前锋剧社的中共党员就多达19人。新军建立以来，面对日军的大扫荡，在政治上扩大了势力，秘密培养了大量的共产党员，革命势力得到迅猛发展，军事上在敌后开展游击战，不说决死队的其它各个纵队，光说截止1939年8月底的两年中，决死二纵队就作战328次，毙伤俘日伪军共5000余人，发展成9个团1.4万人的建制规模了，新军的影响迅速扩大，成为一支驰骋晋绥的抗日劲旅。

阎锡山有着非常自我的"唯中哲学"逻辑和政治思想，被人们称为是在蒋介石、共产党、日本人三颗鸡蛋上跳舞的人，一开始为了扭转危局，他积极支持新军和牺盟会，是把利用共产党作为暂时的手段，最终目的还是为了求得他的成功。当新军配合八路军在敌后创建抗日根据地，打击并箝制敌人，稳定了山西局势之后，阎锡山看到共产党的影响迅速扩大，新军逐渐扩大形成独立力量，这让他的心里极为不爽，便开始从合作抗日的立场上倒退。

从太原失守到临汾失守，即从1937年11月8日到1938年2月28日，山西的主要城市和交通干线都已被日军占领。阎锡山从吉县退过黄河逃到陕西省宜川县秋林镇，他的主要军事力量被日军击溃了，他的旧政权也岌岌可危，蒋介石的嫡系部队也被日军赶出山西了。恰好这时，日本侵略者也不失时机地巧妙跟进，对阎锡山加紧政治诱降，答应只要放弃抗日，可以发还阎锡山在日本占领区的部队财产。于是，阎锡山在酝酿策划一系列改变命运的政治事变。

1939年3月25日，阎锡山在秋林镇召开"军政民高级干部会议"。会议的中心内容就是一条：取消新军政治委员制度，取消决死队四个纵队和工卫旅的番号，新军统一于旧军。

事情很清楚，取消新军就是要解除共产党的军权。其目的就是要实施投降妥协，并困死八路军、取缔牺盟会，从根本上消灭抗日新军。

第二章 新军战士

秋林会议后，阎锡山对新军开始采取各种限制措施，只给他承认的编制发军饷，且按最低标准配发，即便全发也是20%的法币，20%的大烟土，60%的山西票子；对决死二纵队，则采取拖延发饷有时干脆不给发饷的办法。阎锡山在军队内部，对共党分子的剿灭更是毫不留情，曾参加新军决死队的王振华在《国民兵军官教导团在忻县》一文中说："（教九团的）营长体格魁梧，是条汉子，河北获鹿人，名字叫卢宪高。……抗战中他在阎锡山部队当了旅长，这个人思想比较进步，倾向新军，倾向共产党，尽管是保密的，后来阎锡山还是知道了。有一天二战区司令长官把他叫到司令部去，然后叫他自裁了。当时阎锡山处分部下常常不动手，让部下去自裁，然后在屋子里放上手枪、刀子或者毒药，被命令自裁的人自知没有办法，只好自杀。"

从秋林回到太岳后，薄一波立即向中共北方局汇报了秋林会议的情况，1939年8月中共北方局指示：一是提高警惕，时刻准备反击顽固派的进攻；二是掌握部队，不可靠的旧军官坚决撤掉，代之以共产党员；三是确掌抗日政权，各县'牺盟会'武装都要靠近抗日县政府，抗日县政府都要掌握一支武装。据此，新军各纵队加强了组织准备，准备在顽军进攻的时候，进行坚决的武装斗争。

根据秋林会议的形势，新军决死纵队作出部署，孙谦所在的政卫队完全从决死纵队抽调出来，改建扩充为政卫旅；这时，前锋剧社在长治"民革艺校"的学习还不到半年，远没有结束，很快政卫旅紧急来电，命令前锋剧社火速归队，而此时政卫旅仍驻扎在晋西南。若按原路返回去，顶多也就有五六天的路程。

可现在这条路不好走了，沿途的一些县城已经被日本鬼子侵占，而且有些重要道口还建有碉堡。而剧社宣传队的队员却是一支没有战斗力的队伍，如果没有武装力量护送，谁也不敢冒这个风险。所以，剧社的领导就决定绕道而行，即南下过黄河，经河南、陕西，到陕北宜川县，再过黄河，剧社这样绕一个大弓背后，才能回到晋西南的政卫旅。

为了免除不必要的误会，孙谦他们把所带的枪支留给了学校，唱着"拿着艺术的武器，对准日本侵略者"的校歌上路了。途经西安城南门时，孙谦他们发现这里有个叫"阿房宫"的电影院，早就听说了"电影"这个玩意儿，大家都没有见过，一打听，票价一毛钱，而每个人身上也只有一毛钱，那是发下来的午饭钱，看了电影就得饿肚子，最后电影没敢看。此时，对电影前所未闻、没有半点了解的孙谦，怎么也不会想到，八年后的他，会随西北电影工学队奔赴东北，走上电影文学创作的道路。

离开西安城继续北上，天气越来越冷了，一路上大家逗乐开玩笑，牛文是团里经常男扮女装的演员，这时他学起孙谦扮演汉奸时说得一口文水土话，一会儿又学长子话唱起了上党梆子，逗得大家哈哈大笑，忘记了疲劳，也忘记了冷冻。经过三原、耀县、皇陵……几经周折，终于回到了部队。回来之后，他们受到了旅政治部的热情欢迎。政治部领导对他们在路上的表现大加赞赏。副官处很快给他们发了棉军装，每人还领了一件军大衣，还把拖欠了半年的薪饷也如数补发了。

这个时候，阎锡山由联共抗日转向积极反共的密谋和计划开始了，一场新军和阎锡山的战斗硝烟就要燃起……

4. "晋西事变"后担任警卫排长

前锋剧社的学员们爬山涉水，终于回到了位于晋西南的政卫旅旅部。他们把那些存放的幕布、服装、道具拿出来，正准备排练一些节目向部队汇报演出的时候，形势却一天比一天紧了。阎锡山的旧部不断向新军的防区进逼，到处寻衅闹摩擦。同蒲铁路上的日军也频繁进犯。又听说旧军已经和决死二纵队的一部打起来了。于是，上级通知他们暂时停止排练节目。

这天，孙谦刚刚缝补好自己的棉军装，突然一阵集合的号声吹响，政卫旅的首长做紧急动员说，"晋西事变"刚刚发生，阎锡山进攻新军的真相完全暴露，反击旧军进攻的战斗已经打响，目前形势十分危急，我们要坚决站在二纵队一边，突出重围，坚决粉碎旧军的进攻。首长要求大家立刻做好战斗准备，并下发了枪支弹药。

第二章　新军战士

1939年，抗日战争进入战略相持阶段，中国的抗战力量本应该团结一致，然而蒋介石却对新军的壮大很是焦虑，多次给阎锡山施压，要求阎锡山尽快解决新军之"患"。秋林会议以后，阎锡山在等待时机，计划从决死二纵队开刀，逐步"肃清"共产党势力。

1939年12月1日，阎锡山以对日军发动"冬季破击令"为名，命令决死二纵队于12月5日向灵石、霍县段的同蒲路实行破击；同时又命令旧军19军和61军紧跟背后"配合"，企图在日寇、阎军两面夹击中消灭二纵队。就在二纵队准备向日军发动攻势之际，旧军从背后向二纵队开了枪。

在此情况下，二纵队政委韩钧在隰县义棠镇立即给阎锡山发电报："总座伯川先生：六十一军欺我太甚，甘作汉奸。学生誓与二纵队万余健儿，为总座争一伟大胜利，兹定于十二月十二日誓师。此后半月内，恐无暇报告钧座。将在外君命有所不受，此是生报恩师最后之一言，胜利的结果将见。学生韩钧敬叩。"

阎锡山收到电报后诬称："韩电对我不称长官而称老师，不称职而称学生，并说十二月十二日誓师，表示不相隶属了，韩钧反了！"于是宣布韩钧"叛变"，通电全国，进行讨伐。蓄谋已久的反共事变爆发了，这次事变称为"晋西事变"，阎锡山则称为"十二月政变"。

阎锡山调动了两个军和十多个师的十万大军，兵分三路向不足两万人的决死二纵队和晋西支队合围，计划一举歼灭晋西南的这两支山西新军。为保存革命实力，尽速挣脱敌人重重包围，中共晋西南区党委决定，丢掉晋西，部队迅速向晋西北转移。鉴于新军内部混有个别"顽固分子"的复杂情况，要挑选政治可靠的战士，充实加强决死二纵队司令部警卫连，以确保行军转移中的首长安全。

政治可靠的警卫连人选，当数中共党员了。此时，剧社正在隰县高家条整编，大敌当前，危急关头也演不成戏了，二纵队政治部决定，前锋剧社的妇幼老弱，要紧急转移到晋东南学习，新军反顽固指挥部从剧社剩下的青壮年中，挑出了秘密中共党员赵哲民、孙谦、束为、马烽、牛文等身体强壮的"十八条好汉"，编入决死二纵队司令部警卫连，警卫连下有警卫排、骑兵侦察排以及通信排等三个排。

警卫排排长是孙谦，一班长为束为，三班副班长为马烽。任命为警卫连指导员的赵哲民带领孙谦到二纵队司令部接受了任务。警卫排的任务就是保卫首长的安全，警惕隐藏的"顽固分子"从中破坏。司令部的代号改为"黄河部"，首长的名字改为201、202、203等号码。警卫排马上随队一起突出重围，游击行进，粉碎和反击顽固旧军的阴谋。

就在这个严峻的时刻，"前锋剧社""的队长、孙谦的入党介绍人唐桂龄，却得了重伤寒，高烧不止，说着胡话，一会儿还稍微清醒，一会儿便人事不知。生死存亡关头，也想不出更好的安置办法，孙谦给唐桂龄身上装了点银元和"法币"，把他送到深山中的老乡家里隐藏起来后，赶忙出发了。

在警卫排的全力配合和保卫下，决死二纵队战士们坚决还击来犯顽军。在枪炮声中，孙谦跟着指挥员们行军作战，有时候冲出了大包围圈，又陷入了小包围圈，不分昼夜地强行军。渴了，抓把雪吞；饿了，嚼口炒莜麦；困了，边行军边睡。遇到紧急情况的时候，他沉着冷静、机智无畏，行军的时候他们做前锋，宿营时给首长站内卫，还要查哨，有时要押解清理出来的个别顽固分子。

有一次，为了从战俘那里刺探敌情，孙谦下令把警卫排战士牛文用绳子捆起来，让牛文佯装战俘混入战俘营中，和战俘一起生活了好几天。摸清了可靠情报后，孙谦采取了应对措施，从而确保了首长安全的万无一失。

在顽军势众、我军回旋余地狭小、弹药奇缺的情况下，警卫排保卫二纵队首长韩钧司令员多次摆脱了阎锡山旧军的围追堵截，先后击溃了阎锡山的骑兵军和三十三军，突破了顽军的重重包围和日寇封锁，冲到了三川河，越过了汾离公路，从汾离公路、临县招贤镇到静乐县娄烦镇，再到临县城，相机战斗，积极突围，连续苦战，于1940年1月14日一举攻克了晋西重镇临县，赶走了盘踞在这一带的顽固军。警卫排从始至终"勇敢顽强地完成了保卫总指挥部安全和掩护失散人员集中的任务"（《山西新军决死第二纵队（上）》第47页）。

孙谦在散文《齐鲁硬汉晋地魂》和副标题为《忆北上晋西北途中》

两篇文章中，写了那天强渡三川河的战斗经历：

  三川河并不深，前卫部队已打掉了日寇的碉堡，并为我们'司直'部队用门板搭好了便桥，却不料，正走到河当心，忽然碰到了日寇的迎头堵击。枪声一响，走在前面的骑兵排先乱了套，勒马回头，马蹄踢翻了便桥，致使我们警卫排的战士纷纷跌入水中。……敌人好几辆汽车的前灯直直地照射着，步枪、轻机枪、重机枪吐着火舌，掷弹筒、迫击炮的炮弹在河中爆炸。……为了保卫首长的安全，我向着全班战士一挥手，大家便跟着我向韩钧司令员疾跑而去，（及时把韩司令员护送到了安全地带）。

  ……遭到了日寇的堵击后，迫使我们不得不又返回到河南岸，直到后卫部队及时赶来击退了日军，我们这才又渡过了水深齐腰的三川河。这河很奇怪，冬天不止不结冰，河面上还飘着轻云和白雾。我们往返三次下河。衣裤完全湿透了，幸亏一渡过河，便下令跑步急行军；要不，我们简直会变成既不能弯腿又不能曲臂的冰人儿，数九天，天寒地冻，积雪盈尺，朔风劲吹，上下衣裤立刻变成了冰铠冰甲，摸着坚硬，敲着咔咔响。我们好不容易熬到昏昏天黑，才在一个半山坡上的小村里宿了营。

  （当夜，我被安排住在一户人家住下了，）这家的家主当年曾接应过东渡抗日的红军，就为这事，阎顽军把他杀害了，如今只有一母一子。土窑里很暖和，站了不大一会儿，我这个"冰人"就变成了"气人"，地上还滴了一滩水。老太太愣怔了一下，说："啧啧！多恓惶！"她便帮我脱鞋子、脱袜子、脱上衣，当她帮我脱裤子时，我却臊得脸直发烧。……老太太说："这就像回了你家里一样，看样子你比我那小子还年轻（那年我十九岁，确实比他儿小），在你妈面前，你也不敢脱裤子吗？快脱了，快捂上被子……"那地方土地贫瘠，产粮不多，大红枣却非常出名。当我们正喝着老太太熬煮下的大红枣小米稀粥时，传令兵下达来连长的命令……

  强渡三川河进村后，孙谦派马烽、张朋明、乔力和古东朝去给纵队首长和司令部、政治部站岗放哨，发现枪栓怎么也拉不开了，原来是过河的时候进水结冰了，情急之下只好往枪栓那里撒尿解冻，枪栓终于拉开了。

这场战斗过后，让孙谦内心里非常感谢的，是一班长李束为，正当敌人向我军狂轰烂打的时候，孙谦只顾领着警卫排向小山庄奔跑，而一时忘记了警卫排保卫首长安全的职责，跑到半路的时候李束为推了他一下，提醒道："咱们得向201首长靠拢才对！"孙谦猛然一醒，发现韩钧司令员站在那里正观察敌情，还没有过河，立即向着全排战士挥手"跟我来"，在孙谦的指挥下，警卫排迅速围了过去，孙谦报告说："201，有我们保卫你，请先随我们撤退！"

孙谦引导大家及时护送韩钧司令员退回到了出发时的那个山村里，到达了安全地带，避免了一起重大的安全责任事故。韩钧司令员当着大家表扬说："这次遭遇战，孙谦这些个小青年临危不乱，表现很好，值得表扬。"

从晋西南，到晋西北，这一路作战、一路行军、一路艰苦、一路生死，让孙谦刻骨难忘。在《忆北上晋西北途中》的文章中，孙谦重点讲述了"晋西事变"之后，行军作战途中的种种艰难困苦：

（我们决死二纵队司令部通信连）连长是位陕北老红军，其实他的年纪并不老，顶多二十一二岁。他矮个子，红脸膛，行动敏捷，警卫排里都是文艺兵，哪有个懂军事的？……但我毕竟住过国民兵军官教导团，还有一两次实战经验，我是下了决心要把这个警卫排带好的。

警卫排的任务便是保卫总队首长安全。行军时候，他们有各自的警卫员保护，一到宿营地，我便得很快地派兵去给司令部、政治部和参谋处站岗放哨。想不到战斗开始不久，我便碰上了麻烦事。当时，我们并不知道纵队首长的作战意图，只是觉得尽跟上他瞎跑冤枉路：今天从敌人隙缝中穿出，明天又从敌人驻地附近绕过；今天走西，明天折东，没完没了地沿着之字形路线急行军。抗战三年，行军经验不少，这我们不怕，最怕的是，吃不上饭饿肚子。顽固军把我们的供给系统打乱了，我们既没有粮库，也没有兵站。吃饭问题各排要自找粮食，自己做饭吃。

有一次，我们费了好大劲，才向老乡要了点囵囵玉米，我们找了个石碾，瞎胡碾了一阵，便把玉米下了锅，锅还没有大开，连长的集合哨音响了。我赶忙跑去向连长报告，想不到他开口便骂："娘卖妈屁，你这个排长是干啥吃的？！"我辩解道："找不到粮食，玉米渣子刚下锅……"他勃然大怒："娘卖妈屁，不会吃生的？娘卖妈屁，敌人追上来了，你要丢了一个人，我砍你脑壳！"于是，我们警卫排只好抓了点半生不熟的玉米渣子饭上路了。

有一次，行军整一天，又走了大半夜，后半夜才在一个不知名的村庄宿了营。我到连部请示连长要不要派岗放哨，他说不必了，快弄饭吃，吃完饭稍事休息，听哨音出发。我回到排里，那些机灵鬼不止弄到了小米，还在灶膛里生着了火。我便带着大家到一眼储藏着麦秸的土窑里休息。土窑又宽又大，麦秸又柔软又暖和，……冷气进不去，寒风吹不着，酣然进入了梦乡。那几个焖米饭的人，待饭熟了去叫人吃饭，但却一个也吼喊不醒，于是，他们也钻入麦秸呼呼入睡……（战士们连续行军真是太累了）。

孙谦醒来后，赶忙跑到连部，又跑到参谋处，都空无一人，不见踪影；跑回排里，只见警卫排的人正在拿着瓷缸子吃冷饭；到街上一问，老乡说，天不明队伍就出发了。原来警卫排不只是睡了个后半夜，而是又加睡了几乎整整一个白天，长期劳累困顿，"害"得孙谦把大队人马和司令部也弄"丢"了。最后他们追赶了十几里路，才找到司令部宿营的村庄。一见孙谦，连长一顿臭骂："你钻到什么耗子洞里去了？！我吹哨子，不见人来；我让司号员吹号，还是不见人来！我亲自到你们伙房去找，只见有饭，不见有人。你个'冷孙'！"。连长以为孙谦带着全排人集体逃跑了呢。

很多是昼夜兼程的连续行军。有一天，警卫排随部队踏着厚厚的积雪走进中阳县的一个小山村，弓阳镇。这里地势高，冬天特冷，朔风把积雪吹成了坚冰，非常滑。偌大个纵队首脑机关和直属部队，把个小小的弓阳镇塞了个满满腾腾，需要解决的首要问题就是吃饭。孙谦说：

驻扎下部队就要粮吃，这里喊村长，那里叫粮秣主任；我们冻得鼻头发紫，村长、粮秣主任他俩却忙得头上直冒白气。我们刚用小米干饭填满肚子，司令部就下来命令：备足干粮，准备连续行军。我们赶忙去找村长高洪武，……他一听我们也是要干粮，便嚷道："你们怎不早来？我刚刚把一千多斤炒面分光。"他想了想说："你们回去等着，我一定给你们想办法。"

……隔了不太久，高洪武果然扛着一口袋粮食来了，"我还藏了一口袋莜麦。"我们这群文艺兵，谁也不知道怎样烹制莜麦。他说："炒呀！用铁锅炒。"……柴火找到了，火生着了，铁锅也热了，我一声令下："开炒！"麦芒轻飘，尘土飞扬，炒房变成了尘暴中的金沙滩，莜麦炒"好"了，当我们正在往各自干粮袋里装莜麦时，高洪武气喘吁吁地跑来了："倒炒好了？你们筛簸过吗？没有？用水淘洗过吗？也没有？哈呀！你们真是活糟蹋五谷！这又是麦芒，又是土圪磖，你们可怎往肚里咽呀？"我们就是带着这种难以下咽的干粮上了路的。这可真是昼夜兼程的连续行军。

转战中的挨饿挨冻、受累受罪、出生入死，不论哪样，都没有能摧垮我们新军战士钢铁一般的意志。醉卧沙场君莫笑，古来征战几人回？孙谦和战友们自然没能例外：

一阵急行军后，队伍前进的速度变得缓慢了。连长喊我出列后，便指着跟在他身后的一个人说："我把武司务长给你们警卫排，你要再让大家饿肚子、吃生饭，我撤你的职。"这位武司务长是位灵石县人，戴着架深度的近视眼镜，貌似粗鲁，实很细心，十分会做群众工作。从他来后，我们既没饿肚，也没吃过生饭。唯一不足的，是他那对极为近视的眼睛。白天还好说，夜里行军，他简直变成了瞎子，不派人拉他，便寸步难行。

有一天月夜行军，情况紧急，大家一溜小跑，……而他却（憋不住了）要解大手。我只好拉着他跑出队列，引他到一处缓坡上蹲下，我等了一阵，忽听得一声大喊："妈呀！"我跑去一看，离屎堆不远处，有个"水涮洞"——武司务长跌进洞里了。

我刚喊了两声，便招来连长的一顿臭骂："你是要招呼敌人扑过来？！"连长察看了一回洞口，便命令我解绑腿带，他把两条绑带结了起来，……第三条绑带下去了，还没探着洞底，连长说："这么个无底洞，谁跌下去能活得了？！好好个司务长，让你给断送了。"……

武司务长他没死在敌人的枪弹和刺刀下,却牺牲在被雨水冲刷下的无底洞里。我十分内疚,非常懊悔!

二纵队开到了晋西北后,孙谦和战士们才听说,阎锡山不仅对新军的战士围追堵截,而且还对新军的家属和伤病员进行报复,一旦发现,一律杀害,不是枪崩就是砍头,毫不留情!这时,孙谦想起了前锋剧社的唐队长,因为生病没能随大部队出发,藏在老乡家里的唐桂龄。他在那样险恶的环境下,能活下来、逃出来吗?唐桂龄是生是死,让孙谦很是挂念。

革命战争年代,生死仅是一线之隔。孙谦在他于1979年11月写的自传中说:"回顾走过的路,又宽敞又坎坷。……我在想:1937年和我在一个连里当兵的120个小伙子,现在能找到的,包括我在内,只剩下四个人了。那些死去的同志,为了党的事业,付出了鲜血和生命……"

在这场新军和旧军的殊死较量中,阎锡山原以为除了薄一波领导的决死一纵队共产党力量强大,不易得手外,其余的三个纵队他们都可以控制,只要他一下命令便可大功告成。但是,他低估了以薄一波为首的共产党人的力量。新军被迫奋起反击,加上八路军的大力协助,完全挫败了阎锡山的计划。晋西事变中,新军除了三纵队有4个团,二纵队有极小部分分离出来外,其余33个团全部离开阎锡山。新军在自卫反击中取得了重大胜利,并建立了晋西北抗日根据地。

应该一提的是,在渡过三川河后,孙谦"几乎撞下大祸"。情况是这样的:

紧急行军,孙谦按照老红军连长的安排找了一名带路向导,可部队马上要出发了,孙谦却临时同意带路的向导回家取皮袄去了,连长以为是他把人放跑了,当时很着急:"娘卖妈屁!有紧急情况,他要是不回来……"孙谦解释说:"想到因为天气太冷,他要回家拿件皮袄,我就让他回去拿去了"。

可连长根本不容他解释,指着鼻子大骂不止,骂的要多难听有多难听,把孙谦惹火了,顶嘴道:"他要回不来,那你枪毙我!"连长火气更大,"你临战竟敢违犯军纪,我……"边骂边"叭"的一声,打开了手枪盒盖子，准备掏枪。就在这霎那间，他身后的马烽和战士们有点忍不住了，咔咔地，有的在上刺刀，有的在推"顶门"子弹，看样子一定要和连长拼个你死我活。

孙谦吓坏了，赶忙向大家鞠躬作辑，哀告道："可不敢呀！你们这么胡折腾，不是催着要送我进军法处吗？"幸亏这些战士们还没全失去理智，经他一哀求，纷纷卸下刺刀，退出"顶门"子弹，一场"暴乱"风波暂时平息。

就在这时，向导夹着件皮袄急匆匆跑来了。孙谦便向全排喊道："警卫排，立正！"然后跑向连长，来了个立正敬礼："报告连长，向导来了。"那位陕北老红军连长对着孙谦骂道："紧急情况……娘卖妈屁，你真不是块当官的料！"然后对着战士们喊："出发！"

部队走出三十里后，在一个村庄整队，韩钧司令员讲了话，在最后他训斥道："骑兵排过河时，不只丢了几匹马，还丢了几支枪！警卫排放了向导还有理，这两个排长都该枪毙！"骑兵排长扑通一声就跪下了，不住嘴地检讨，而孙谦则被吓得两腿哆嗦，浑身冒汗。幸好有其他的首长出面求情。自此，孙谦留下了"不是当官的料"的心理阴影。

孙谦这个人，有个性、脾气犟、性格暴，你别看他平时嘻嘻哈哈的，但要把他惹得真火了，就一下子会变得敢撞敢碰，桀骜不驯，是人们说的"火汉"，被战士们送了个"孙土匪"的外号；但他明辨是非，有大局观念，遇事时孰轻孰重，心里明白得很。能看出，他在下属的心里还是很有人气的。在《忆北上晋西北途中》一文中，孙谦这样评价自己："我这人爱钻牛角尖、爱抬死杠，对上硬如铁，爱与上级顶嘴；对下软如泥，我心慈手软，对下级一团和气。"

孙谦的性格，正如马烽在《怀念孙谦》一文中形容的那样：我们俩之间，"有时也难免各抒己见，争论不休，甚至有时他会大发脾气骂人。我的对策是不理睬。我知道他是一堆麦秸火，燃得旺，灭得也快。过不了多久，连灰烬也被风吹散了。一切照旧，和好如初，从来不伤感情。"也有人说，孙谦极像文水的胶泥土，干的时候死硬疙瘩，湿了却异常坚韧。这才是文水人的性格。

孙谦因这次的闯"祸",从通信连警卫排长,调整到了通信连任副指导员,专门负责警卫排的后勤工作。这是孙谦在《不是当官的料》一文中的说法。而马烽在《军旅生涯》一文中则说,过了临县后,部队又经方山、交城转战到静乐、娄烦,警卫排每天夜间站内卫,白天站岗放哨,首长们在这里开了两天的军事会议,"部队就进行整编。我们警卫连做了一些变动,孙谦被提升为副指导员。……我被临时抽调到政治部宣传科,具体任务是帮助张树森刻印张贴传单。"张树森就是解放后山西文联的画家苏光。

部队到达晋西北后,孙谦被调到了晋绥决死队二纵队的黄河剧社,干起了他相对熟悉的老本行。

5. 随吕梁剧社赴延安学习

"晋西事变"之后,中共中央、中央军委为了争取阎锡山继续留在抗日阵营内,不给蒋介石插手以借口,于 1940 年 4 月 22 日,与阎锡山正式签订了《关于解决新旧军冲突的协议》:以汾离公路为晋西南与晋西北的分界线,路南为阎锡山军队的驻防区,路北为八路军和新军的驻防区。晋西北地区结束了两种军队、两种政权并存的局面,成为中国共产党的抗日根据地。

刚刚脱身、安营扎寨在临县和方山的新军决死队,抓住这个时机开展了整军和整编,仍保留晋绥军番号。1940 年 1 月 15 日,晋西北行政公署(后改称晋绥边区行署)在兴县蔡家崖成立,续范亭任主任。次日,山西新军总指挥部正式成立,新军的官兵们由过去的领饷制改为供给制,武器装备只能靠自己解决,与阎锡山彻底断了瓜葛,而且编入了八路军的序列,开始公开地接受共产党的领导。整编之后的新军各部,战斗力大大增强。

随着 1940 年初晋西北抗日民主政权的建立,中共晋西区党委决定,在晋西北地区建立文化界抗日救国联合会,1940 年 5 月 4 日兴县城内召开的成立大会上,八路军 120 师师长贺龙、政治委员关向应、政治部主任甘泗淇、从延安来的作家萧三等人在大会上讲了话，选举产生了"晋西文联"的领导机构，同时建立了文学协会、戏剧协会、音乐协会、美术协会等分支机构。在党的领导下，文艺工作迅速开展起来，起带头作用的一个是120师的"战斗剧社"，一个是区党委的"七月剧社"。

"晋西事变"后临时解散的前锋剧社，原有人员不可能再回来了，就连长城剧社也早已解散了，而孙谦所在的警卫排，原来都是从剧社抽调出来的，所以在这次精简整编中，根据他们原有的特长，决定以孙谦、马烽、束为他们警卫排为基础，再从各团抽调一些文艺骨干，重新组建一个剧社。因"晋西事变"时决死二纵队的代号叫"黄河部"，于是就把新组建的剧社命名为"黄河"剧社。社长由政治部宣传科长余平若兼任，指导员还是赵哲民，导演还是孙谦，屈英杰还是音乐指挥。

这个近40人组成的新剧社，从方山县圪洞镇转移到曹家山整训。整训结束后，剧社又回到方山川里，住在庸庄对面的津良庄。他们都在忙着排练节目，准备参加庆祝晋西北行政公署成立的大会演。

会演那几天，晋西北的军政首长、各界头面人物都来了。参会的群众约有万余人。兴县河滩里经常是人山人海。黄河剧社是新组建的剧社，孙谦、马烽、束为他们的节目一般，水平也不高，但仍然吸引了不少观众。比较突出的120师战斗剧社的话剧《一万元》，属于自编自演，由本剧社的莫耶自编、欧阳山尊导演，讲述的是兴县开明绅士牛友兰，捐赠一万元白洋支持新政权建设的故事。

而西戎、胡正所在的吕梁剧社受到好评的，是社长林杉新编自导的话剧《小叛徒》，剧中胡正扮演小叛徒，西戎扮演政工干部。引起极大轰动的是5月7日演出的《牺盟会大合唱》，由二纵队政治部干事傅东岱作词，冼星海作曲，是这部组歌式大合唱的首次公演。

在大会演结束后的五月下旬，吕梁剧社到决死二纵队驻地进行慰问演出，马烽、孙谦、束为和西戎、胡正，他们五个人分属两个不同的剧社，此时要联袂到部队演出，都住在了方山县的津良庄。就这样，被后来称为"山药蛋派"的五位主将，便在这里相见相识。

西戎在《怀念与哀思》一文中写道:"我认识孙谦是在 1940 年夏天,我们吕梁剧社赴新军决死二纵队演出时,遇日寇夏季扫荡。在反扫荡战役中,后勤部队丢失了一批重要物资,司令部命令,一定要把丢失的东西找回来,于是从各部门选拔了一批骨干,轻装潜入敌后,经过千辛万苦,终于把丢失的东西找了回来,在这批骨干队员中,孙谦同志就是其中一员。听他们介绍寻找物资时遇到的种种困难,队员们表现的不怕苦、不怕死的精神,孙谦的名字便在我的脑海中留下了深刻的印象。"

对五月下旬的这次演出,马烽在散文《军旅生涯》中说:当时五个人"虽然互相都叫不来名字,但总算是熟人了。我们算是主人,自然对他们热情帮助。纵队领导对他们的到来也很重视。已经是夏天了,他们还没有换夏装,穿得都是掏去了棉花的旧衣裤。后勤部根据首长们的指示,连夜给每人赶制了一套像我们一样的列宁装。当时正好部队整军刚结束,各团先后都在召开总结大会,于是我们两个剧社联袂到部队去演出。"

没有想到的是,那次演出五个人刚刚认识才不久,发生在山西临县木坎塔的一场遭遇战不期而至。吕梁剧社的一名男孩和一名女孩在遭遇战中被日军抓走。关于这场遭遇战,马烽、西戎、孙谦、胡正、束为分别写过散文、小说,其中都有写到。马烽在散文《军旅生涯·一次遭遇战》中写道:

正在这个时候,日寇夏季"扫荡"开始了。敌人调集了两万余兵力分十几路向根据地进攻,来势十分凶猛。领导决定把两个剧社和后勤部这些非战斗人员送到黄河西岸去,以便集中兵力转到外线去进行运动战。接到命令,我们当即整装出发。走了两天到达临县境内的木坎塔村。……第二天从这里出发,……正打算涉湫水河,猛然间发现占领了县城的日寇正向北进攻,敌人立即向我们开了火。这一突然遭遇,使我们这些非战斗人员一下就乱了套。……幸亏护送我们的警卫连即时狙击,这才掩护大家转身向沟里撤退。

对于木坎塔遭遇战,孙谦在两年后,略经加工写成了他的小说处女作《我们是这样回到队伍里的》。有意思的是，这篇小说处女作，还引发出一个比小说更有意思的故事。孙谦在1984年5月19日写过一篇题目为《北京来信》的散文："1981年春天，接到来自北京的一封信：'听乔力同志说，你（孙谦）曾写过一篇有关木坎塔战斗的文章，其中还写到我。在文化大革命中，我因为说不清是谁们救我回的队，吃了不少苦头，受了不少罪！你还保存着那篇文章吗？请赶快寄我一份！'信尾署名：'刘温'"。

刘温原是决死二纵队政治部的机要秘书，正是孙谦小说《我们是这样回到队伍里的》中的女主角刘勇的原型。孙谦立即给她寄了一本收入这篇小说的中短篇小说集《南山的灯》，并回信告她，"那是篇小说，有加工、有想象、有虚构、有夸张，千万别看做回忆录，更不能把它当作证明材料。"十几天以后，刘温寄来复信，并附来一篇近乎回忆录的文章，复信说："写了一篇小文附上，作为对你那篇小说的'奉和'。古人有和诗的，哪有和小说的？因为找不到适当词汇，姑且借用而已。"刘温的这篇附文，以一个女战士的视角叙述了她在这场战斗中的遭遇：

"1940年，我17岁，在部队政治部作机要工作。6月22日，三个部（司令部、政治部、后勤部）、一团（即剧团）和一个警卫排，在山西省临县境内作战术转移。当行进到木坎塔村外的沟口的时候，突然和日军的'扫荡'部队发生了遭遇战。……正在指挥警卫排奋力抵抗的政治部副主任王逢原同志，忽然发现了我背着装满机要文件的图囊，他迅速解下自己的小手枪，边给我手枪边向我下命令：'快，向右跑，一定要把文件带出去！快！'我接过手枪，冒着飞蝗般的弹雨，猫腰向右前方跑去。"

"突然，在我面前出现了一条深不见底的狭沟。也恰在这时，敌人的搜索部队已占领了左侧山头，子弹乱飞，汉奸们在喊叫：'抓活的！抓活的'怎么办？退路也没有了，稍一迟疑，不是被敌人打死，便是让敌人活捉。不能！我的图囊里装有部队的机密文件，我要与机密文件共存亡！我把玩具般的小手枪装进口袋，双手紧紧抱住图囊，两眼一闭，滚向那一眼望不到底的深谷……"

"我受了重伤,左腿和左臂严重骨折,头跌到石头上,连头骨都裸露出来了。我两眼睁不开,耳朵听不见,头脑昏昏沉沉,我不知道在沟底躺了多久。一个昏死过去的人怎会有时间感觉呢?我等待着流尽最后一滴血,我等待着死亡……模糊中,有人拉我,拽我。也是在模糊中,仿佛有人喊我的名字。是小八路!是自己人!我没有忘记自己的职责,我携带的机要文件和小手枪可以交给自己人了。我忍着钻心的疼痛,勉强用右手指了指图囊和小手枪,便又昏迷过去了……

我不知道他们是怎样找到部队的,也不知道他们是怎样送我到后方医院的……我年过花甲,去日几多,这个谜,怕是成为永远的秘密了!哈,我在无意中碰到了小王(乔力),小王又向我提供了小孙(孙谦)。啊呀,原来我的救命恩人,一个就住在北京,一个近在太原!"

孙谦读了她的文章后,赶忙写信向她申明:"救她(刘温)的不是我,是乔力。我发现刘温的时候,敌人还没撤走,枪还在响,炮还在轰,飞机还在扫射,在那种情况下,我惟一的选择就是:只能先把机要文件和手枪抢救出来。乔力是亲眼看见刘温滚下深沟的。被敌人冲散后,乔力隐藏在一个小山洞,躲过了敌人的搜捕。挨到天黑以后,他摸索到小陡沟里,找到了刘温同志。"

那时的孙谦,在胡正的眼里是个兄长一般的老领导,但在刘温的眼里,仅是个20刚出头的"小八路"。作为非战斗人员的"小八路",在枪声大作、非生即死的紧要关头,孙谦首先做的是"把机要文件和手枪抢救出来",以自己的实际行动,践行着冲锋在前、舍生忘死的共产党人精神。

随着共产党与阎锡山《关于解决新旧军冲突的协议》的正式签订和晋西北行政公署的成立,原牺盟会洪赵中心这个机构后来便撤销了,隶属于它的吕梁剧社就划归到晋西北文联的麾下。由于日寇不断的蚕食扫荡,晋西北根据地有所收缩,临县也不得不划为临南、临北两个县。在此情况下,吕梁剧社不仅地盘变小,经费也遇到了困难,生存成了大问题。于是,1940年7月,中共晋西北党委决定将吕梁剧社编入新军决死二纵队,于是在临县玉荐村整编时,与那里的黄河剧社合并了,一共留下有四十多名队员。

因马烽、束为、孙谦他们所在剧社的社名"黄河剧社"名称太大，包含地域太广，而西戎、胡正他们所在剧社的社名"吕梁剧社"名称比较切合实际，大家的活动范围就在吕梁山上，因此，合并后的剧社就沿用了"吕梁剧社"的名称，社长由决死二纵队政治部宣传科科长余平若兼任，副社长由原吕梁剧社队长苗波担任，原黄河剧社赵哲民任指导员，原吕梁剧社刘仁镜任副指导员。

新的决死二纵队吕梁剧社编为三个分队，一分队队长孙谦，二分队队长屈英杰，三分队队长李束为。另外，剧社还有个地下党支部，马烽在散文《军旅生涯》中写道："李束为任党支部书记，我被选成了支部副书记。那时候党组织尚未公开。行政上我还是一个普通社员，但主要精力却是做支部工作。"就这样，马烽、孙谦、李束为与西戎、胡正，现代文学史上有名的"山药蛋派"的五虎将，便从此正式聚首。

孙谦作为剧社的分队长和老战士，在工作上、学习上，对战友们以极大的指导和帮助，特别是两个剧社刚刚合并，对新环境还很不适应的西戎、胡正给予了热情的关照。西戎说："孙谦当了我们的分队长，从此我们生活在一起。……他是农民的儿子，文化程度不高，也未受过严格的艺术训练，但他聪明有才华，我们认识的时候，他已经是剧团里的导演了。"

胡正说："这里纪律比较严格。我从地方剧社转到部队剧社，一切都不习惯，……剧社竟和连队管理一样。早晨出操跑步，晚上点名训话，点名之后要向班长报告思想，我感到非常厌烦。……心情也不好。孙谦比我大四岁，他像老大哥一样亲切地找我谈心，介绍部队的情况，使我在思想、作风上很快适应了部队紧张的生活。后来，当我又一次遇到困难时，在痛苦中，他给予我安慰和鼓励，他给我抽供应的好烟，他只抽普通纸烟……"

新的吕梁剧社组建之后，遇到了两个困难，一是吃饭问题，别说一天两顿小米饭无法保证，就连黑豆也是论两分配，肚子填不饱，难免有人说怪话，孙谦和李束为、马烽作为党员，就挨个做政治思想工作，马烽说："西戎、胡正，都是原吕梁剧社的党员，我们就是那个时候熟悉起来的。"

另一个困难就是剧社没有剧本可排，只好把别人从延安带回来的一本油印《黄河大合唱》排成节目，在剧社所在地临县玉荐村进行了首演，因为效果很好，紧接着，孙谦就随剧社到各团巡演这个节目。

之后不久的1940年8月，震惊中外的"百团大战"拉开了序幕。决死二纵队在交城、文水敌占区运动作战，很快便攻克了交城县城。之后，剧社奉命赴方山县城待命演出，每逢赶集上会的机会，便走上街头进行宣传，他们把从前线传来的捷报和喜讯，写成大字报和标语，画成漫画，在城里和附近村里进行张贴，还把这些从日寇据守的太汾公路、汾离公路上传来的胜利消息编成一些小节目在街头宣传。偶尔，会有从前线俘虏的日军往后方转移时要路过方山县城，总会引来众人围观和打骂。孙谦他们就主动帮助护送人员维持秩序，给众人讲解共产党优待俘虏的政策。

在方山县城住到八月中秋，剧社的生活越来越艰苦，好多人员连冬装都没有，一日三餐也难以保证，而且病号不断增加。有一天，总队司令员韩钧和政治委员张文昂路过方山，看了孙谦他们的排练，说日军可能加紧扫荡根据地，战事将更加频繁，活动条件将会更加困难，还讲到根据地的文化建设，勉励他们需要学习、需要提高，临走时还留下了一批书刊，要求大家好好学习。

剧社后来活动的范围，主要是晋绥的八分区，每天钻在汾阳、交城的大山里，还有文水西山的三道川。在三道川文水县政府所在地的下社村，剧社向政府工作人员和当地群众进行小型慰问演出。副社长苗波在《在吕梁剧社的日子里》一文中说："当时有不少同志得了疥疮，一痒起来，挠的到处是血和脓，用火烤一烤就稍好一些。也没有药治。不知是谁传来个治疥疮的土方，说把死人的肉熬出油来能治。孙谦同志听说后说'我给整'。老孙这个人很热情，同他们分队和全剧社的同志，常爱打闹说笑话。我们在文水县政府演出时，他从枪毙的汉奸屁股蛋子上用刺刀狠狠地弄下几块肉来，熬出油来给同志们擦抹。还有一次，我弟弟苗风感冒了，老孙用不知哪里弄来的偏方也给治好了。大家都说孙谦的'鬼点子'可多了。"

紧接着，就传来情报说敌人据点正在增兵，日军秋季"扫荡"又要开始了。吕梁剧社无法进行正常的活动,每天钻在交城的大山里,白天躲藏,夜晚行军,吃野菜,喝糊糊,不仅生活困难,地盘也日益狭窄。在这种形势下,决死二纵队领导考虑到剧社队员的安全,决定除林杉一人奉调晋西北文联外,全体队员立即离开前方,连夜过黄河到延安学习。

上级的命令是,必须在两天之内,通过敌人封锁线上的大据点横尖镇,翻过海拔极高的大黑山,穿越汾离公路,到达临县境内,从临县渡过黄河,然后奔赴目的地——延安。

在这几百里的大山里,又都是夜行军,没有足够的粮草,是绝对不行的。但大山里都是几户人家的小山村,根本搞不到这么多粮食。当地抗日县政府从驻地弄到一部分谷子。因为急行军,只好把半糠半米的谷子在铁锅里炒了炒,每人分装了一干粮袋上路了。

孙谦他们从天刚黑出发,整整走了一个通宵,终于在天亮之前通过了敌人的大据点横尖镇,到了地垄的隐蔽处休息。这时,肚子饿得早已咕咕咕地叫了。大家从背上的小粮袋里抓出一把半生不熟的小米,放在嘴里,却怎么也咬不碎,使劲咽也咽不下去,只好又唾出来,干咽两口唾沫,便算吃了东西继续行军。因为当天黑夜,必须要翻过这座大黑山。

在黎明的微光中,大家又渴又饿,见漫山遍野的沙棘林,纷纷采摘那一丛一丛的酸溜沙棘,美美地往嘴里一放,酸涩难耐,但顿觉眼睛明亮,脑袋清爽。继续前进,总算翻过了这座大黑山,进了一个深藏在大山皱褶里的小山庄。

副社长苗波给大家讲话说:今黑夜急行军一定要下了大黑山,穿过汾离公路,大家把带不动的东西、服装、道具全部寄存在这村的老乡家里。队伍出发前,伙房给大家美美地吃了一顿焖山药蛋。吃饱喝足有精神,很快队伍就翻下了大黑山。至黎明时分,就到了敌人的重要据点方山县的圪洞镇外围。中午时分,就到达了临县境内。黄河渡口克虎寨就在山那边的云雾缭绕之中。

束为在散文《桥儿沟风情》一文中写道:"途径临县,在克虎寨乘大木船过黄河,黄河惊涛骇浪,船身忽起忽落,吓得孩子们直喊叫。

过了黄河就是佳县，县城高高在上，坐落在一座高高的山顶上，我们没有进城，直奔离城不远的兵站。继续向前走，是米脂县、绥德县、清涧县、延川县，一路山地行军，一路秋高气爽。步行约十天，到达延安城东十里的桥儿沟村。"

在绥德的当夜宿营时，不知是谁提议说，就要到延安当学员了，大家的名字现在土里土气的，应该改一个好听一点的，比较文艺一点的。于是大家一哄而起，嚷嚷着开始改名字。马书铭宣布，他要改为马烽；束学理要改为李束为，屈英杰改为了杨戈，随即席诚正宣布改为西戎，胡振邦改为胡正，张树森则改为苏光。

最数牛吉文、郭生元省事，从原来的姓名中抽掉一个字，牛吉文改为牛文，郭生元改为郭生，"孙怀谦"就照着牛文的办法，改成了"孙谦"。

自此之前，本书对于孙谦应该是称作"孙怀谦"的，为了避免大家视听上的陌生感，笔者顺着大家早已熟悉了的称呼，就以"孙谦"的名字来做此前的全部叙述。

已经远远地望见桥儿沟教堂渐行渐显尖尖的塔顶了，孙谦长长地舒了一口气，使劲地抖了一下身上重重的背包，和队员们大踏步地向前走着。到达目的地后，他们住进了两座大客栈安营扎寨。这时已是1940年的10月。

第三章　宝塔山下

1. 鲁艺附设的部队艺术干部训练班

　　1940年冬天，吕梁剧社由方山县城出发，从临县克虎寨过黄河，奔赴延安。经过一路跋涉，孙谦和剧社的队员们，已经远远地望见一条土沟里露出的教堂尖尖的塔顶了。

　　延安，是中国共产党中央、毛泽东主席居住工作的地方。多年来，大家早就盼望着能有机会来延安看一看，没想到的是，这次是专程来这里学习，多年的愿望想不到就这样实现了。大家一边随队行进，一边兴奋地谈论着，是啊，马上就要到达目的地——延安"鲁艺"所在的桥儿沟了。

　　"鲁艺"的全称是"鲁迅艺术学院"，是抗战时期为培养抗战文艺干部和文艺工作者，由中国共产党创办的综合性文学艺术学校，设有文学、戏剧、音乐、美术等系。1938年4月10日成立的那天，毛泽东主席出席成立大会并讲了话。鲁艺共开办了七年半的时间，培养学生680多人。新中国一大批著名的艺术家、文学家都毕业于鲁艺，创作了诸如《白毛女》《南泥湾》《黄河大合唱》等一大批极富影响力的作品，活跃了敌后抗日根据地军民的文化生活，振奋了中国军民的抗战热情，对中国现代文学艺术产生了深远的影响。

　　到达桥儿沟的第二天，赵哲民和李束为作为代表到延安城北八路军留守兵团政治部报到，接待他们的胡耀邦看了介绍信和名册，一再表示欢迎来延安学习，然后写了到延安兵站领口粮和菜金的通知，并安慰说先住几天，等过三四天再研究分配问题。

鲁艺高塔双耸的哥特式教堂,是西班牙的一位神父修建的,由于国民党对陕北红军的围剿,教堂神职人员早已逃之夭夭。教堂的后侧是两排二十多孔的砖砌窑洞,东后侧有许多瓦房。教堂能容纳五百多人,是鲁艺的剧场、舞厅和音乐厅,窑洞和瓦房是学生的宿舍以及办公室、展览室、练琴房。后沟的东西两山上的土窑里居住了很多的作家、艺术家。

就在孙谦他们到来之前,也就是1940年10月,为了分别不同层次培养文学艺术人才,鲁艺和陕甘宁边区八路军留守兵团司令部联合举办为期半年的"部队艺术干部训练班",简称为"部干"。吕梁剧社前来学习的队员,要根据每个人的文学艺术基础,通过考试,分别编入"鲁艺"和鲁艺附设的"部干"。

为了应对考试,余平若给大家作了辅导,只凭一个星期的辅导就要考"鲁艺",说来并非易事,但临阵磨枪,不快也光,余平若讲了鲁迅是什么样的人物等简单的知识。大约在到达延安一周后,留守兵团政治部派人来桥儿沟安排了简单的考试,主持了分配工作。

根据考试成绩,副社长苗波进入了鲁艺美术系,导演华纯和李束为考入了鲁艺戏剧系,华纯到了导演组,李束为到了编剧组。音乐指挥杨戈考入了音乐系。苏光到美术系,他是纵队政治部的干部,是和剧社同行来延安的。其他同志则考入了"部干班"。

"部干班"分两个队,马烽编入了一队,二队主要是一些年龄小、文化低的同志。孙谦被编在了二队,担任二队辅导员,实际上就是队长的角色,不负责业务工作,重点是管理生活,比如招呼大家按时起床出操,按时吹灯睡觉、轮值日、派公差等等。

"部干"学员都是各抗日根据地剧团、宣传队派来进修的,住在桥儿沟教堂两边料石砌的窑洞里,没有暖炕,也就更没有床了,都是铺着麦秸草睡地铺,只在窑洞一进门生着一盆木炭火,每孔窑洞住十多个人,晚上睡觉倒是不冷。生活管理上仍然保持着部队的管理作风,每天早晨起来集体出操跑步,吃饭也是集体到鲁艺大灶上;学习一般是请鲁艺的教员来上课,还允许按照各自的兴趣到鲁艺的各系旁听学习。

在"部干班"里有一位学员名叫穆青,是从120师来到延安的,他就是解放后写长篇通讯《县委书记的榜样——焦裕禄》的著名新华社记者,这个时候他和孙谦成了"部干"的同学。《穆青传》一书这样记述:"穆青是第一批到那里的学员。不几天,马烽、西戎、孙谦等陆续来到,这些后来成为著名作家的人现在是穆青的同班同学。穆青是班上文学小组的组长,常把自己或同学写的文章拿去请鲁艺的天蓝老师指教。"

对于自己被分到"部干"的原因,孙谦在他的自传中说:"因文化程度太低,艺术修养太差,我没能考入鲁艺戏剧系,便在鲁艺附设的部干二队当了辅导员,从此便开始了一段艰苦紧张的学习过程:白天,除安排工作外,我去旁听戏剧系和文学系的课程;晚上,在小油灯下拼命读书,不管是中国的还是外国的,也不管能否消化的了,硬是生吞活剥地往下咽。"能感觉得到,孙谦在学习上,是很刻苦、很发奋的。

为了能读到自己喜欢的名著,孙谦也是费尽心机,利用了一切机会和条件。孙谦在散文《一件山羊皮短大衣》中说:

"鲁艺图书馆的藏书不多,比如《安娜·卡列尼娜》,图书馆只有一本;要想读它,那得等到两年之后,因为预约借书的登记者,已经超过了两百人!我能在延安读到《安娜》,完全是出于偶然机遇:1940年冬,当我在二队任辅导员时,有一天,晚饭哨音早响了,却不见教导员苏俊来吃饭;我爬上坡去敲她的窑门,敲了好久,她才拿着《安娜》走了出来:'我顾不上吃饭了,这书,明天上午一定得还。'我说:'我替你去打饭,晚上你把书给我'。掌灯时分(那时,我们是用麻油灯照明的),苏俊把《安娜》送来了,我就是在寒冷的窑洞里,在众人的鼾声中,在一灯如豆的光亮下,匆匆忙忙地用一夜时间读完了《安娜·卡列尼娜》的。"

当时正值敌后抗战进入最困难时期,延安物资匮乏,因而"鲁艺"和"部干"的生活非常艰难,为了解决学员们的吃住问题,领导们大抓食堂,大抓劈山挖洞开窑。开挖30多孔新窑洞的任务下达后,孙谦和全体学员们参加劳动，在山坡上分地段日夜赶工，突击挖掘，双手磨出血泡也不休息。

孙谦是部干二队的队长，他的工作和学习任务自然比一般学员多一些，他说："除了文学课程以外，还得参加军事训练：点名、出操跑步，整理内务是经常性的，有时还得去背煤、背粮、帮厨、背木炭。"孙谦有个嗜好，就是好吸两口，学校很长时间没发过津贴，手里没有钱，买不起烤烟叶，他就用土烟叶掺和着黑豆叶子卷烟抽，过过烟瘾。

学员们都是二十刚出头的年轻人，正是长身体的时候，消化能力强，又要参加劳动，所以就会忍饥挨饿。饿了只能强忍着，沟口虽然也有卖食品的小店，可大家兜里没钱。特别是一开始，食堂每天不是一大锅水煮萝卜，就是山药蛋里滴几点油花。入夏收了麦子了，总算能吃点面条了，也是"稀汤寡面"。每天吃完饭上过一节课，肚子里就饿得咕噜咕噜叫了。

一日晚饭后，胡正他们几个同学在山坡上散步时，发现山坡的草丛里，藏有不少零散的鸡蛋。一开始以为是老乡的鸡跑出来下的蛋，不敢拿。过了两天，发现鸡蛋还没有拿走，而且看见一公鸡赶着一母鸡跑到教员住的院子了，是戏剧班班主任翟强的爱人正在怀孕，翟强养鸡为爱人补身体的。胡正在散文《部艺生活拾趣》中说："我们很久很久没吃过鸡蛋了，我们总不能把鸡蛋放坏了糟蹋吧？于是我们利用晚饭后的散步时间，两三天就拾回来二三十颗鸡蛋。有福大家享，我们把几个教员叫上一起改善生活。"

可是光鸡蛋会餐是不够的，胡正和几个年轻学员便在口袋里装上几团小米干饭，到村子里转悠，用小米干饭引来一只野狗，他们先用木棍把狗打昏，然后杀了，做了一盆凉拌狗肉，一盆热炖狗肉，一碗炒鸡蛋，一碗煮鸡蛋，还有一碗鸡蛋汤，这四菜一汤让他们美美地享了一次口福。

桥儿沟是个只有一百多户人家的山村，这里却集中了不少全国知名的作家、艺术家，还有各抗日根据地的文艺工作者。每逢在院里或者在街上看到学校的教职员时，孙谦和同学们就会指点着说，这位是什么作家，那位是什么画家。

给他们印象最深的，第一位是戏剧系教师、剧作家王震之，在政卫队前锋剧社时，孙谦和队员们曾演出过他写的独幕话剧《张家店》。第二位是美术系教员、版画家力群，1939年冬天路过二战区时，孙谦和马烽见过他。第三位是音乐系主任冼星海，在吕梁剧社时，在前方演唱过他谱写的《黄河大合唱》。不曾想这些大名鼎鼎、以前仅听过名字或见过一面的人，却在鲁艺的院子里，在桥儿沟的街上，碰到了、见识了。

有一天，孙谦和几个同学在桥儿沟市场逛街，远远地看见一个人，很像半年前因病分手、之后生死未知的唐桂龄，他的入党介绍人。孙谦赶忙追了上去，走近一看，果然是他。俩人先是紧紧地握手，"啊？！老唐，是你，果真是你，你后来什么情况，怎么跑到这里来了？"老唐下落不明半年之久，多方打听也从无消息，今天在延安的桥儿沟，两人意外重逢，孙谦激动不已，喜极而泣，他与老唐一阵抱头痛哭。

等稍许平静下来后，唐桂龄拉着孙谦的手说："真的没想到，我还有这一天，能活着见到你们。我还剩着点钱，刚够咱俩喝一壶，既是庆祝久别重逢，也借机咱去解解馋，走！喝酒去，咱慢慢聊。"

他俩边吃边喝边聊，九死一生的唐桂龄，向孙谦讲述了他被老乡冒死相救，中弹后阎军审讯，然后机智逃命的全过程。在《紫团洞，紫团洞！》一文中，有唐桂龄对他这段苦难经历的讲述：

我这条命，是从柱死城的死人堆里拣出来的。你们给那位老乡留下了钱，他没有私吞：给我置办了一身粗布便衣，还给我请大夫、抓药吃。等我出了"汗"，稍许清醒时候，我就忙着要求出去找你们；老乡不让，说不知道你们转移到何处；并说周围村里都驻着阎锡山的军队。我对老乡说，如果我被敌人发现，你就说我是汾阳人，来这里是收买核桃、柿饼的；我姓唐，叫唐靖山。为了留个纪念，我不想改它了：我现在在白求恩军医大学学医，就用这唐靖山名字。

敌人开始了搜捕：不只搜村，还搜山。老乡为了安全，背着我进了深山老林，把我隐藏在一个很隐秘的山洞里。有一天下了大雪，老乡踏着厚雪，给我送来了饭。我正吃饭，忽然传来了吵嚷声。老乡说："坏了！敌人跟上来了，快，我背你！"我没让他背。他拉着我钻出山洞,便往梢林跑。敌人穷追不舍,枪声大作。紧接着,老乡中弹牺牲了!又是紧接着,我腿上也中了一弹!我病后虚弱,又受了重伤,一下子就昏死在雪地上。

我仿佛觉得一股滔天大浪,向着我的脸上扑来!我睁眼一看,原来我已经被拖进了敌人师部的审讯室里;地上又是水又是血,一片狼藉。在师部没"审讯"出个什么结果,敌人便把我抬送到了军部。在军部,我又受尽了各种各样的酷刑,但我还是一口咬定:我是汾阳商人,来这山里收买核桃、柿饼。敌人无法,只好把我关押起来。那里的饭食坏透了:一天只给吃一顿饭、两个冻土豆、一个糠窝窝。但我的枪伤却奇迹般地痊愈了,身体也逐渐康复,能走动了。

一天,敌人派来两个大兵,说要押解我过黄河。渡过黄河,我才从押解兵口中得知,他们要押解我到阎锡山的特警队!这我可真的觉得怕:特警队里有咱们队伍中逃跑过去的叛徒,我一进去就得送命。我苦苦思索。忽然想起:你们不是给我身上装了几块银元和一卷"法币"吗?我把它们缝在鞋垫里,才得以安全地逃过敌人搜查。我何不用它们和那两个押解兵搞搞交易?于是,我便和他们"套近乎",很快便达成协议:他们改变行军方向,送我到"敌我边界",到了陕甘宁边界,我交钞,他们放人。

我就是用那四块银元,买了这条命。我这条命,是从柱死城的死人堆里拣出来的。

在一家小饭馆,孙谦和老唐相互倾诉,兴奋不已,他们还谈到了"舞台事故",谈到了"民革艺校",还谈到了孙谦在紫团洞入党、宣读誓词那难忘的时刻。而现在,在经历了一场生死考验后,仅仅相隔半年多,他俩意外地在延安桥儿沟相聚了,真的是没想到。

2. 在部队艺术学校第一次看电影

1941年1月,总政治部、中央文委发出了《关于部队文艺工作的指示》,按照这个指示,八路军留守兵团政治部决定利用延安的人才优势，以部队艺术干部训练班和留守兵团政治部烽火剧团为基础，在延安创办一所规模较大、训练较系统正规的部队艺术学校，简称为"部艺"。

而此时，"部干班"的半年学习就要到期，于是，"部干"的全部人马，就归并到了刚刚成立的部队艺术学校，建制上属于八路军留守兵团领导，校址就在桥儿沟东山的后沟，除了借住一些民房之外，有的住在了"部干"劳动时挖的那几排窑洞里，教学授课都由鲁艺的优秀老师担任。全体学员，按照个人爱好和志趣，分编成了文学、音乐、戏剧、美术四个队，文学队又分普通班和实习班，实习班比普通班又高一个层次。孙谦被分在了文学队的实习班，西戎和胡正分在了戏剧队，马烽本来喜欢文学，因为美术队人数少，加上他在前方刷标语、画漫画干得好，服从领导安排就被分在了美术队。

1941年4月10日，八路军留守兵团部队艺术学校正式开学了，莫文骅担任校长，王震之任副校长兼教务主任，刘禄昌和肖元礼先后任政委。在开学典礼上，朱德代表党中央和中央军委讲了话。就这样，"部艺"正式的学习生活开始了。

部艺的教员们教学十分地负责，也没有架子，遇到文化基础薄弱的学员，就给他们吃"小灶"，几乎是手把手教。在学文化课的同时，孙谦开始了练习写作。孙谦在副标题为《忆延安"部艺"文学队》的散文中，向我们讲述了他的处女作《兄弟》诞生的一些情况：

我记得我曾写了一篇小说习作，题目叫《兄弟》。我先请陶然老师去批阅，根据陶然老师的意见修改后，我把它誊抄在褐色的马兰纸稿纸上，又送给了叶克老师审阅。他看得很仔细，逐字逐句地帮我修改。我在小说里写了这么一句话："他汗津津地跑来"。叶克老师认为：津是指渡口，"津津"两字用得不恰当，不如用"浸浸"。我只读过四年初级小学，对文字学一窍不通，便把"津津"改成了"浸浸"。没过了两天，叶克老师匆匆跑来，对我说："我查过字典了，津字不只是指渡口，还指唾液和汗水，你快把它改正过来吧？"那个短篇，后来我经过好几次重写，发表在梅行老师主编的《青苗》杂志上。

老师教的认真，逐字逐句修改；学生学得认真，修改后又好几次重写。就是这篇精心而又普通的习作，1942年在战斗剧社期间，投稿发表在了绥德文化界抗敌协会的《青苗》刊物上，在延安的《解放日报》上也发表过，成为了孙谦一生文学创作道路上留下的第一对脚印。

孙谦从小就是个书迷，明清小说在小时候就看了个遍，但现在鲁艺文学系、戏剧系老师在讲课中提到的世界名著，孙谦连听也没有听说过，就更不用说读过了，读书心切，情急之下，孙谦同一位同学到新华书店，当了一次"善意"的小偷。孙谦说："偷书为盗。"今生干过的这件坏事，让他脸部发烧，羞于言说。他说：

> 文学队分普通班和实习班，我被分在了较"高层次"的实习班。住校老师有黄照和陶然，聘请的校外指导老师是鲁艺文学研究室的陈寒梅（陆地）、叶克；我们可以旁听鲁艺文学系周立波、何其芳、天蓝老师的文学讲座；由于我当过导演，学校还允许我去鲁艺戏剧系旁听张庚、姚时晓老师的导演和剧作课；最使我难忘的是：部艺校方的领导为实习班的学员争取到可以去鲁艺图书馆、阅览室借书和自由阅读的方便，这对我的成长和进步，起了极大的促进作用。
>
> 鲁艺图书馆的藏书不多，名著更少。在延安，找本名著读，真难啊！比如，文学队实习班去鲁艺文学系旁听周立波、天蓝老师的"名著欣赏"：《毁灭》和《母亲》，而我们这些学员，却几乎没有一个人读过这两部作品！《毁灭》我是在战斗剧社读的，而读高尔基的《母亲》却是在全国解放以后。学文学，没有名著读，多么像干旱的夏天里，种地的农民仰首而"望云霓也"！
>
> 大约是在1942年春天，鲁艺文学系又贴出了露布：某月某日，周立波同志讲《被开垦的处女地》。这部书，不只没读过，连听也没听说过。鲁艺图书馆和部艺图书馆都没有。我抱着侥幸心理到部艺一队去找，还是没有。我绝望之极往回走，路经一队音乐班时，却见一朋友正在捧读一本崭新的《鲁迅选集》。我好奇地问："你哪来的钱买新书？"他一抬头，满不在乎地说："从新华书店里偷的。"我吓了一跳："偷的？！要是给抓住……"他笑了笑，说："顶塌天，挨一顿打。偷书不算盗嘛。"我劝他："哎，以后可不敢了。"他说：

"我也是第一次。哎，那里书真多：有延安出版的，有重庆和上海出版的。对了，我还看见有《被开垦的……》"我忙应道："《……处女地》？！"

我是多么想读这部书啊！可我胆太小，实在不敢去冒那个险。可我读书心切，又不得不求那位朋友。（这确实有违大圣人的"己所不欲、勿施于人"的古训啊！）那人确实够"朋友"的：他满口承允，只是要我"配合"并"掩护"一下。于是，我们两个便到了新华书店，很顺利地偷出了一部《被开垦的处女地》。（写到这里，我觉得脸部发烧！我说：偷书确为盗！劝君切勿效我。）我背着那部书，直过了九里山，渡过了黄河，回到了久别的晋西北。至于那部不义之书后来是如何失落的，我怎么也想不起来了。

孙谦在部艺，和大家穿清一色的灰色粗布军装，打绑腿，内务整齐划一，清晨集合跑步，夏天到延河游泳，冬天在冰面上溜冰，晚自习前排队唱革命歌曲，打饭担水等都有秩序地值班。不仅得到老师们学习上的帮助和教育，也得到了生活上的关怀和指导。学校的老师十分注重学员的行为规范和作风养成。孙谦说：

有一天，天色还不晚，桥儿沟的市场还没散，街上的人还很多，我和同伴们兴冲冲地从延河边回来，冷不丁地被部艺政委肖元礼和副校长王震之叫住了。我还没来得及向他们立正敬礼，却只见肖政委先向我举手敬礼，很严肃地走了过来，先替我戴正了军帽，然后，边替我钩领钩，边说："军人就得有个军人样子嘛，哪能像老百姓散散漫漫？"我像木橛子一样呆站着，像傻子一样哭笑不得；直到肖政委在我肩上轻轻一拍，我才略有点醒悟，抬头一望，却见我那位大艺术家、大剧作家王震之副校长，边钩自己的领钩，边叨叨着："就是！就是！"这时候，肖元礼政委又说："以后注意军风军纪。"我赶忙答应："是。"又赶忙向校领导举手敬礼。我这"衣冠不整"的毛病，是由来已久的。经过这次当众受"辱"之后，我确是有了很大的进步，但孽根未除，直到现在还有点"不修边幅"，每忆及此，我打心眼儿里感谢肖元礼政委对我的指拨。

在部艺学习期间，不像在前方那样神经紧张了，也没有行军转移、爬山涉水的生死了，生活、学习是安定的，在鲁艺大教堂，除了有美术、文学作品展览外，孙谦和学员们也看过不少戏剧、音乐的演出。隔一段时间，还组织文艺晚会，看过部艺戏剧队的话剧演出，也请外地戏班听过一次山西梆子。

最值得一提的是，孙谦还看过两次电影，那是延安八路军总政电影团带着小型发电机放映的，一次是苏联故事片《列宁在十月》，在桥儿沟看的；另一次是看《夏伯阳》，那是夜里翻过土山，走了十几里路，在中央机关的一个院子里看的，还有一次看过《冯玉祥将军练兵》的纪录片。每次看电影，好奇的孙谦都会跑到银幕后面看看，新奇的是，幕布两面的画面是相反的。这是日后成为新中国电影剧作家的孙谦，第一次看电影的经历。

部艺的生活简单充实，对于怀着淳朴革命志向的青年来说，一切都是美好的、浪漫的。孙谦说：

军规规定：夏天中午必须睡午觉，但部艺的同学却很少能遵守这种规则，尤其是我。我一放下饭碗，便设法"溜号"出来，跳进延河里学游泳。

部艺三队也驻在后沟，和文学队一个伙食单位。三队都是些十一二岁的男女小孩，校领导为了少年的正常生长，让他们住了向阳的正窑；伙食方面也给他们以特别照顾，我们文学队也跟着他们沾了光：小米干饭管饱吃，只有在改善生活分白面馒头时候，才不论年龄大小，每人两个。和三队住一条沟，有好处，也有坏处：他们年轻活泼，事业心又强，不等校部的起床号响，便开始了"吊嗓子"，"刀米苏"地一齐喊，把全沟的人都惊醒，我们也只好跟着提前起床。白天更不得安宁：吹、拉、弹、唱、敲、打、拍、舞，几乎整天不停。

文学队为了躲开"城嚣"，在晚饭后的"自由活动"时间里，便沿着延河边去散步。延河很美。河水静静地流，远处泛着光。两岸山坡上的庄稼青得像要流油，河边菜地里的瓜果香甜而色彩鲜艳，真使人心旷神怡！……它使我忘了爹娘，忘了故乡，忘了饥饿，忘了战争；谈鲁迅，谈郭沫若，谈高尔基，谈托尔斯泰；谈不平事，义愤填膺；

谈高兴事，手舞足蹈，真有点儿飘飘然，忘乎所以了。

部艺的伙食后来略有改善，但生活依然十分艰苦，水平不见得比前方好。前方偶尔也饿肚子，但是打了胜仗之后，群众慰劳的猪肉、白面以及其它战利品，宣传队同样能分享到。可在部艺，一天只有两顿小米饭，菜和油很少，只有在节假日才可能吃到一次白面馒头，尝到一点肉味。在一大锅水煮的萝卜、山药蛋上面滴几滴油花，每人碗里打上半勺，就算浇上烩菜了。

被毛泽东誉为"为人民利益而死"的张思德，经常到山上背炭、烧炭。部艺的学员也经常做这样的工作，他们要到几十里以外的农村、煤窑、粮站去背木炭、背粮。背木炭是供伙房烧用，背粮食是供大家吃饭。清早出发，天黑了才能回到学校。每次都是又苦又累、饥渴交加，聪明机灵的胡正，总能在这时候闪现出些奇思妙计来。

有一次背炭时，胡正背了一大块煤炭走了四十多里路，翻过一座山后，天色渐渐黑暗下来，他和两位同学掉队落在了后面，当时正值炎夏，背上火烧火燎，身体又累又乏，正在口干舌焦、饥渴难忍的时候，路过了一块西瓜地，因为身无分文，胡正先让一人到瓜庵里和看瓜人攀谈，其他两人在夜幕的掩护下，爬进瓜地抱出两颗大西瓜，然后到路边的树丛后面，在炭块上砸碎，三个人便大吃起来。

部艺的住宿条件，还是和部干一样，打地铺，睡麦秸。孙谦曾得到了一件山羊皮短大衣，他回忆说："别看它是最次的皮袄，但在延安那种被国民党断粮断饷的环境里，它却能引起很多人的羡慕。使我暖暖和和地度过了1941年冬季的严寒。"让我们从孙谦《一件山羊皮短大衣》的讲述中，听听这件山羊皮短大衣的故事吧：

延安的冬天是很冷的。文学队驻后沟。我们住的窑洞在南背阴，是新打成的，坐南向北，冬天看不见太阳，怪荫人的，西北风直往窑里钻。新窑里也有炕，但既没挖炕道，也没有凿烟突，只是一个实土墩；供给部发的木炭很少，只能在早晚燃几块，烘一烘窑里的寒气。为了防潮，供给部门给发下来了麦草。

我领到一件从前方送来的山羊皮短大衣。羊皮是在夏天剥下来的，长毛多，短绒少。光皮上没吊布面，白渣渣的，穿在身上还喳啦喳啦直响。正在铺麦草时候，不记得是纪叶，还是陈星火，忽然发现了我那件"稀有"的山羊皮小大衣："哈，你有这玩意！铺在炕上，又柔软，又隔潮！"

我小时家贫，从来也没有穿过裘皮衣服，当然也不知道小皮大衣除了穿以外，还可以当隔潮的褥子用。经他们一提醒，我便把麦草多匀给了辛景月一点，然后把山羊皮小大衣，毛朝下铺在那薄薄的麦草上。就这样，开始了我的文学队学员生活。……那时候，写习作也会碰到困难：马兰纸印的稿纸很短缺，钢笔头得绑在细棍棍上，墨水是用颜料配的，冬天稍不注意，便会被冻成冰砣。

有一天，又冷又刮风，记不清是孟冰，还是陈星火，送给了我一条棉褥子，并建议我把"压"在床单下的那件山羊皮短大衣取出来，供人们夜晚出去时使用。我撩起床单，取出了那件山羊皮短大衣，咦，长毛上还挂着水珠！我把它轻轻一抖，只见那长毛短绒一片一片地飞了起来，又是尘土，又是毛绒，满窑乱飞，忙得大伙又捂鼻子又捂嘴。我冲出窑门，站在崖畔，使劲乱抖那件小大衣，强风劲吹，抖完一看，那些长毛短绒和尘土，不知飞到哪里去了，留在手里的只是一件没毛没绒的、硬梆梆的光板羊皮小大衣！

1950年正月，为了写电影剧本《陕北牧歌》，孙谦又回到了延安，去了桥儿沟，还特地去了文学队驻过的后沟。后沟荒芜了：没有锣鼓声，没有歌声，也没有琅琅的读书声；窑洞的门窗早已拆掉了，变成了一个个大黑窟窿；孙谦住过的那眼窑洞早已坍塌。站在后沟里，孙谦顿时感慨万千："部艺办了仅仅两年，可她培养出了多少人才？全国各地、各兵军种，哪里没有当年部艺的学员？"

3. 延安文艺座谈会后见到毛主席

凡是来延安的人，大家都有一个愿望，就是早点见到毛泽东主席。孙谦和大家一样，都怀着同样的心情。听人说，毛主席曾来过桥儿沟做过报告，也参加过在大教堂里举办的交谊舞会。于是，孙谦怀着期待的心情，等待着见到毛主席的机会。

1937年以来，中国共产党在积极抗战的同时，十分重视文化建设，许多知识分子和作家来到延安和各根据地，创作了一批新作品，群众文艺活动也开始蓬勃发展，各地组织了许多农村剧团，编演反映根据地军民生活和斗争的戏剧，文艺运动呈现出活跃的景象。但也存在不熟悉工农兵生活、不懂他们的语言等问题。对于如何克服这些弱点，当时延安文艺界还存在一些思想分歧。1942年春，中国共产党发动了文艺整风运动，试图解决这些问题。

1942年5月，毛泽东和中宣部代理部长凯丰，在杨家岭联名邀请在延安的作家、艺术家举行座谈会，会议一共开了二十多天。在进一步了解情况、听取意见、交流和探讨上述问题的基础上，毛主席在会上先后发表了讲话。这就是后来影响深远的"毛泽东在延安文艺座谈会上的讲话"。

毛泽东的这篇讲话先后有三个版本，一是1942年5月口头讲时的速记稿，二是1943年10月的第一次公开发表稿，三是1953年4月的修定稿。其间近11年的时间，毛泽东对讲话的一些论点和文字，作了两次较大修改。这篇讲话，毛泽东在当时是分5月2日、5月23日两次讲出来的。5月2日的讲话内容就是后来正式发表稿中的"引言"，5月23日的讲话内容就是发表稿中的"结论"部分。最能反映当年讲话实况内容的，当然要数速记稿也就是第一个版本了。

第一个版本中，在"引言"的开头部分，毛泽东风趣地讲过：我们有两支军队，一支是朱总司令的，一支是鲁（迅）总司令的。"讲话"正式发表时，改成了"手里拿枪的军队"和"有文化的军队"。在讲普及与提高问题时，毛泽东讲过这样一句话：你们如果老是演《小放牛》，就没有鸡蛋吃了。这是针对边区民众剧团负责人柯仲平的发言讲的。

柯仲平在讨论"引言"的大会上说："我们主要是在农村演出，群众很喜欢《小放牛》这类戏。每次演出，群众都慰劳我们，送来许多大红枣、煮鸡蛋。我们吃不完，还一路走一路吃，沿路丢下许多鸡蛋皮。谁要想找我们民众剧团,你不用问人,只要顺着地上的鸡蛋皮、花生皮走,就能找到。"他讲的时候显得十分得意。毛泽东专注地听着,露出赞许的笑容,并频频点头。这些内容,在后来修订发表时,均做了删改。

延安文艺座谈会的合影照片,是在5月23日下午的全体会议上,朱德讲话之后拍摄的。坐在毛泽东左侧的,是当时的话剧演员田方,也就是解放后电影《英雄儿女》中父亲的扮演者,也可以说是著名演员于蓝的爱人、现在著名导演田壮壮的父亲。田方想与领袖挨着坐,就抢先坐在毛泽东左边。朱德坐下以后,主动叫丁玲、李伯钊、陈波儿三位女作家坐在他旁边。

合影的摄影师吴印咸,时任延安八路军总政治部电影团摄影师,后任东北电影制片厂厂长,众多珍贵的历史照片如《白求恩大夫》《组织起来》《兄妹开荒》,《毛泽东赴重庆谈判登机告别》也就是中学课本上的"挥手之间",以及《毛主席论联合政府》《七大会场》等,都是出自吴印咸之手。

饶有意味的是,合影中的陈波儿、钟敬之、王震之、袁文殊、张水华、于敏、欧阳山尊、力群等,在后来都曾与孙谦在一个单位工作;田方1958年在孙谦编剧的电影《一天一夜》中扮演了县委书记;吴印咸1948年时在东北电影制片厂任副厂长,成为了孙谦的领导和同事,孙谦当年的结婚照,还是吴印咸在东影大门口给拍摄的。

在延安文艺座谈会召开的那个时候,孙谦以及马烽他们,还是普通的学员,没有资格参加这样的盛会,当然就没有机会见到毛主席了。会后,部艺的老师陆陆续续向他们传达了座谈会召开的情况,但也是一星半点、断断续续的东西。在座谈会结束不久,忽然传来一个喜讯,说是毛主席要来桥儿沟,给鲁艺、部艺的学员们作报告。桥儿沟沸腾了。闻讯之后的孙谦,和大家一样,都喜出望外,激动万分。

在延安文艺座谈会后的第七天,也就是5月30日,毛主席专程策马来到桥儿沟作报告。开场时,鲁艺副院长周扬作为会议的主持简短讲话,之后毛主席开始做报告。马烽在他写的《延安学艺》一文中,深情回忆了这一历史性的场景:

第二天早饭后，学校还没有吹集合哨子，各队的学员已经自动集合起来了，匆匆赶到大礼堂，为的是抢占前边的最佳位置。那天，来听报告的人很多，连附近一些机关、学校听到这一信息也赶来了。教堂里容纳不下，临时会场又改在了教堂后边的大院子里。当我们最后从教堂里退出来的时候，偌大的院子里已经挤满了人，我们只好坐在了会场的最后边。这真是"打了个早起，赶了个晚集"。……毛主席身材伟岸，没戴帽子，穿着一身灰布旧军装，和我在前方看到过的画像大体相似。他微笑着向全场招手致意，并示意大家安静下来，然后就站在窑洞前的台阶上开始讲话。他不是板着面孔演说，而是像聊天一样谈笑风生。大院子里一时十分安静，一时又爆发出热烈的掌声和愉快的笑声。那时开大会没有扩音设备，而恰恰我们又坐在会场的最后边，有些讲话听得不十分真切，而有些话又带有湖南腔，听不太清楚，不过整个讲话的大意还是听懂了。

李束为对毛主席在鲁艺做报告那天的情形，也记忆犹新。他记得，同学们端着饭盆、饭碗先到大操场，坐在最前面，一面吃饭，一面等待毛主席的到来。当毛主席走进会场，全体起立，掌声经久不息。那天，毛主席站着讲话，讲话时不时来回走动，他膝盖上的两块大补丁十分显眼，领袖的艰苦朴素让他们心生景仰，不禁感叹。他在散文《桥儿沟风情》一文中说：

毛主席讲话还带表情，他先讲整顿三风，当讲到教条主义"装腔作势、借以吓人"，举"黔驴技穷"故事的时候，弯下腰，伸出手臂，突然吃那头驴子，引得大家哈哈大笑。毛主席讲文艺问题较多，他说：……文艺作品中反映出来的生活，要比普通的实际生活更高、更典型，因此就更带普遍性。毛主席还在讲话中，用大树和豆芽菜比喻普及和提高的问题。他说，红军在过草地的路上，在毛儿盖那个地方，长的有很高很高的树，但是毛儿盖那样的大树，也是从豆芽菜那样的小树苗苗长起来的。提高要以普及为基础，不要瞧不起普及的东西。他们在豆芽菜面前熟视无睹，结果把豆芽菜踩掉了。

孙谦听了毛主席的报告，印象最深的是，毛主席讲，文艺工作者不仅要在"小鲁艺"学习，更重要的是到社会、到生活这个"大鲁艺"去学习，必须长期地无条件地深入到实际生活中去，把文艺创作立脚点移到工农兵这方面来，移到无产阶级这方面来。

讲到要向工农兵学习时，毛主席讲了一个很生动的典故，说是贵州山里的老虎没有见过驴子，一天下山来听见驴子的叫声，便吓了一跳，它不知驴子有多大的本领，先试着靠近驴子，驴子踢了老虎一蹄子，又一试，还是一蹄子，最后，老虎知道了驴子就这么两下子，就向驴子猛扑过去，把驴子吃掉。毛主席说，这个驴子就是知识分子，知识分子不要摆臭架子，不要学黔驴技穷，必须要到"大鲁艺"去学习。

凝聚了中国共产党人政治心血的"延安文艺座谈会"，其思想光辉影响和改变了孙谦这批热血青年的人生轨迹，指引着他们后来走上了文艺创作的光辉道路，深入基层、向群众学习、和工农兵相结合，成为了孙谦一生文学创作的基本遵循。尽管孙谦在解放后的"反右"和"文革"中受到冲击，但是他矢志实践"讲话"的信念从来没有动摇过。在《写电影剧本的几个问题》一文中，孙谦深有体会地说：

至于你们说的生活、世界观和写作技巧的关系问题，毛主席的《在延安文艺座谈会上的讲话》中已经讲得很明白了。毛主席的"讲话"是我走上文学、戏剧、电影创作道路的真正引路人，尽管我在创作上没有什么成就，又走过弯路、犯过错误，但在关键时刻，仍是毛主席的"讲话"精神拉着我回到正确道路上来的。……它的原则精神不仅照亮过我走过的路，还将照亮我未来要走的路。我的体会是：生活是创作的唯一源泉，革命的世界观是认识生活的钥匙，写作技巧是表现生活的手段。

孙谦曾写过一幅书法作品，内容是"认定'讲话'康庄道，跌倒爬起走到老。"这句话，应该是孙谦对自己在毛泽东"讲话"之后，执著地沿着"讲话"指引的方向，坚持为党为人民创作文学作品，而最贴切、最精炼的思想写照和人生概括了。

包括孙谦在内的延安"部艺"学员，1942年5月底见到毛主席，是绝大部分学员人生中的第一次，亲耳聆听毛主席的光辉讲话，都感到无比的幸运，连着几天都沉醉在无比兴奋的状态之中，成为了他们一生的珍贵回忆和精神营养。

4. 战斗剧社在延安的汇报演出

部艺一年多的学习时光过去了，在听过毛主席的报告不到两个月，部队艺术学校第一期学员就要毕业了，孙谦和其他来自吕梁剧社的学员打算返回原部队，这时，前方却来通知说：决死二纵队的建制已经撤销了，所以吕梁剧社也相应被撤销了，所有在"鲁艺""部艺"学习结束、毕业的学员，要一同被编入八路军120师的战斗剧社。

听到这一消息，孙谦和大家亦喜亦遗憾，喜的是自己成为一名正式的八路军了，在老百姓的观念里，决死队虽然是共产党领导的抗日新军，但名义上一直是属于二战区阎锡山的部队，所以感觉上比八路军要矮人三分，低一个档次，现在终于彻底和阎锡山部队脱离关系，名正言顺地加入八路军了；遗憾的是，辛辛苦苦一路走来的吕梁剧社从此消失了，作为曾经和剧社一同成长的队员，情感上总有一些说不出来的滋味。但又细想，一到延安，有些同志已经改行到了别的学校，一些女演员已经结婚嫁人了，吕梁剧社早已支离破碎，在此情况下，并入战斗剧社倒也是个不错的去向。

战斗剧社的前身是红二方面军的宣传队，一直受到贺龙的关怀，长征到陕北改编为八路军后，剧社随贺龙司令员编入了120师。抗战爆发后，剧社随120师部队赴抗日前线，转战在晋绥冀察等敌后抗日根据地，开展文艺宣传活动。1940年晋绥军区成立，又归晋绥军区政治部所属。在延安和解放区流传着这样一句话："120师有三好，仗打得好，球打得好，戏演的好。""球打的好"是指120师的篮球队，这"戏演的好"，说得就是一直受贺龙重视的战斗剧社。

当时战斗剧社的社长是戏剧家欧阳山尊；副社长兼指导员成荫，是鲁艺的第一期学员；剧社的主要骨干有：石丁、莫耶、刘西林、董小吾、安振春、严寄洲等同志，原先都是鲁艺各系的优秀学员，都有极高的创作能力和艺术水平。延安流行的一首歌曲《延安颂》，歌词就是莫耶创作的。董小吾是后来著名歌剧《刘胡兰》的导演和创作者之一，说来董小吾还是文水的女婿，他的爱人苏明，是文水裴家会人，他的女儿就是唱《军港之夜》而走红的著名歌星苏小明。

1942年7月底，孙谦他们在原吕梁剧社副社长苗波的带领下，赶到了驻扎在陕北绥德城中的战斗剧社报到，当天剧社正在三五九旅有演出任务，第二天剧社专门召开了欢迎他们的联欢晚会。

战斗剧社下设戏剧股、音乐股、编辑股和美术股四个股，还有一个儿童演剧队。剧社还编印《战斗文艺》《战斗歌声》《小舞台》等刊物。孙谦和束为、西戎、胡正被分配在剧社的编辑股任干事，马烽则分了美术股。凡新来的队员左臂上都佩戴了"八路"两字的白底蓝字臂徽，孙谦和刚来的队员顿时有了真正"八路军"的归属感。

"把戏剧送到连队，送到前线"一直是贺龙对战斗剧社的要求。可孙谦他们刚到剧社报到不久，也就是1942年的8月间，炎炎夏日，正是延安文艺整风时期，延安文艺座谈会召开不久，剧社接到贺龙从延安给战斗剧社发去的电报，命令剧社暂时离开前方到延安去参加整风学习并作汇报演出，同时还指示：要在延安多演些前方的东西，要好好学习毛主席在延安文艺座谈会上的讲话，好好检查在工农兵怀里躺的稳不稳，检查你们的方向对头不对头。

剧社社长欧阳山尊刚参加延安文艺座谈会归来不久，立即领导剧社投入到了学习讨论毛主席讲话的活动中，同时大家也讨论按照毛主席讲话的精神，剧社拿什么节目给延安做"见面礼"的问题。剧社到延安后，住在城南七里铺兵站所在地招待所，对于"见面礼"到底演什么节目，领导们综合大家的意见，决定拿反映前方斗争生活的作品作汇报演出。

整风学习中，鲁迅艺术学院和陕甘宁边区文协的负责同志多次来作报告，鲁艺副院长周扬同志特别叮嘱：你们是从前方来的，在为兵服务上有很大的成绩，应该坚定不移地这样走。剧社挑选了几个在敌后曾多次演出而深受群众欢迎的节目，另外还根据在前方所熟悉的生活和材料，组织集体创作，突击写了几个小戏，大家表示，要用实际行动来实践毛主席讲话精神，向毛主席汇报。

这次剧社准备的剧目包括：《丰收》《回头是岸》《晋察冀的乡村》《敌我之间》《荒村之夜》《求雨》《自家人认自家人》等。这些节目除了话剧、儿童剧外，还有小型报告剧、活报剧等形式。其中，《晋察冀乡村》《敌我之间》《自家人认自家人》以及《虎列拉》《求雨》《打得好》等好多剧目，都是作为副社长、导演的成荫创作的。而且《自家人认自家人》反映的正是发生在孙谦家乡文水县边山一带敌占区的故事。

当时，大家都忙于学习讨论、汇报演出剧目的创作和各项准备工作，孙谦他们因为初来乍到，马烽又是学美术的，一时派不上大用场，他们就在绥德城街上写标语、搞宣传，有时在剧社打打下手，帮帮忙，做随机性的工作。胡正则负责战斗剧社的墙报编辑工作。

胡正知道孙谦在鲁艺"部干班"时有篇小说习作《兄弟》写的不错，他就动员孙谦做进一步润色之后，出在了墙报上。《兄弟》描写了哥哥参军牺牲在战场上，弟弟接过哥哥的枪，继续战斗的故事。绥德文抗（中华文艺界抗敌协会绥德分会）负责人殷常到剧社来，看了这篇《兄弟》后，他称赞孙谦写的不错，便发表在了绥德文抗编辑出版的《青苗》刊物上。

在延安进入汇报演出排练阶段后，孙谦在几个小戏中扮演角色，排练之余他就到各剧组来回跑、巡回看，因为自己以前也是做导演的，他要亲眼看看战斗剧社的导演们，是怎样处理剧本、怎样指导演员的。对副社长成荫，在这之前他就接触过，这次他就围在成荫的身边，专注地看，认真地学，问这问那，就像个小学生似的，一场场排练下来，让孙谦受益匪浅。

正式开始演出后，因为演出的剧目都是反映敌后斗争、身边发生的故事，和以前脱离群众的外国戏、大戏相比，给人耳目一新的感觉。他们先后在边区大礼堂、八路军大礼堂、桥儿沟鲁艺大礼堂、杨家岭中央大礼堂演出。一场场节目下来，延安观众好评如潮，完全出乎他们的预料，延安的《解放日报》还为此连续发表了评论员文章。

让孙谦他们永远也不能忘怀的,是在1942年11月初,毛泽东主席在杨家岭中央大礼堂,亲自观看了他们的演出。那次演出,演的是成荫编剧和导演的《晋察冀的乡村》。演出刚要开始,一个消息就传遍了后台:"毛主席来了!党中央的首长们来了!"听到这个消息,孙谦和大家都非常兴奋,激动得泪都落下来了。正式开演的时候,参加台上演出的同志一演完自己的角色,也没来得及卸妆,就绕到台下去了,都想就近一些好好看看毛主席。

杨家岭中央大礼堂,是延安最宏伟的建筑,之后的1945年中共第七次代表大会也在这里召开。此时,毛主席坐在观众席里,聚精会神地观看剧中的每个细节,时而还和坐在旁边的其他首长低声交谈。直到演出结束,演员们几次谢幕,毛主席仍站在台下不住地鼓掌和招手。

在这次演出中,西戎在台侧的乐队里拉二胡,胡正在剧中扮演一名民兵。因为一位演员突然生病,马烽则临时做替补,扮演一位青年农民,在剧中没有一句台词,只是送一封鸡毛信,从舞台一侧走到另一侧,就算完成任务了。看见毛主席就坐在台下第一排,马烽既兴奋又紧张,该出场了,还傻乎乎地站在那里,幸好有人推了一把,走上台后深一脚浅一脚,双腿还不住地打颤。一到后台,马烽就被成荫训斥了几句。

李束为在演出中负责音响效果,剧中有枪炮声音的时候,他就用力把汽油桶撅到地上,模拟炮声或者枪声;只顾看台下毛主席的李束为,一时走了神,竟然没有及时把汽油桶撅向地面,等别人提醒他时已经迟了,结果打炮时没有响声,剧情过后响了炮声。演出结束后,剧社的领导冲着他直发火。当然这仅仅是剧社圆满演出中微不足道的小插曲而已。

孙谦在这次演出中,在前台扮演一个过场的小角色,还帮助做一些后台的服务工作,挂幕布、搬布景片等。在毛主席观看演出的这一晚,他同大家一样,久久不能入睡,这是他时隔不到半年第二次见到毛主席。演出结束后,剧社住处的每个窑洞里,不仅洋溢着幸福,更充满着力量。

这次演出后不久，全剧社的同志怀着难以抑制的激动心情给毛主席写信，请毛主席对战斗剧社的节目给予批评指导。1942年11月23日，毛主席亲自给他们回信："感谢你们，你们的剧我以为是好的，延安及边区正需看反映敌后斗争生活的戏剧，希望多演一些这类好戏。"毛主席的信，极大地鼓舞了大家创作现实题材戏剧作品的信心。

信，从这个人手里，传到那个人手里，也传到了孙谦的手里，看着毛主席的狂草字迹和鼓励鞭策的话语，孙谦感觉心里热乎乎的，眼眶湿润了。剧社随后在部队、机关、学校和农村巡回演出，在延安引起了巨大的强烈的反响。

除了第二次见到毛主席的兴奋之外，其实孙谦在战斗剧社这段时间的最大收获，就是更进一步的了解和认识了成荫同志。成荫靠对部队生活的熟稔、对生活深厚的积淀，能够在较短的时间内，一个人拿出那么多的好剧本，创作出大家喜闻乐见的作品，让孙谦他们这一茬初出茅庐的队员特别折服。

战斗剧社在延安的演出，成荫编剧和导演的节目最抢眼，在毛主席和中央首长面前最长脸。孙谦特别点评《晋察冀乡村》《打得好》两个剧目是"短小精悍、内容丰富"。尤其是成荫任劳任怨、不怕吃苦、熬夜写作、不讲价钱的精神，他个人身上散发出来的艺术才智和个人魅力，让战斗剧社上上下下的每个人，都十分的赞赏和钦佩。

1951年8月16日，孙谦给一位"起点低，有恐惧，没勇气"的部队文艺工作者专门写信，向他介绍战斗剧社成荫的品质和精神，教育他要向成荫同志学习，怎么样认认真真当学生，踏踏实实做工作。孙谦在信中说：

我和成荫同志是在1940年5月认识的，那时他在120师的战斗剧社担任指导员。1942年，我调到战斗剧社工作，成荫同志仍旧任指导员，一直到1945年他才离开战斗剧社。在战斗剧社期间，成荫同志像普通老八路一样，背着小背包，走遍了山西和河北的大山和小河。部队作战时候，他们在火线上组织担架运输，部队休息的时候，他们在露天广场上演戏。在部队休整的时候，成荫同志就到连队里搞文化娱乐工作。由于成荫同志乐天性格，而且会唱京戏，会拉胡琴，战士很喜欢和他接近,也乐意向成荫同志讲战斗故事。……成荫同志为什么会写出那么好的戏来呢?因为他熟悉群众生活,因而他也就了解群众的需要。

……成荫同志做工作是从来不讲价钱的,党让他干什么,他就干什么。据我所知,抗战以前的成荫同志,并不是什么职业的戏剧家,他只是一个普通的中学生,抗战爆发了,他到了延安的抗日大学,组织上决定他到鲁迅艺术学院戏剧系,他放弃了当军事指挥员的理想,听从了组织的分配。鲁艺毕业以后,组织上分配他到一二〇师战斗剧社,他就脚踏实地地做起部队文艺工作来。……而且一经分配工作,他就会深入到工作里去,一心一意把工作做好。他会集中群众的智慧,他会请教技术专家的指导,为了把工作做好,他愿意当任何人的学生。

深入生活,虚心学习,任劳任怨,不讲价钱。孙谦从成荫身上看到、体会到了做好艺术工作的真谛,这是战斗剧社的一贯传统和作风在成荫身上的体现,也是孙谦对那位青年文艺工作者一份嘱托。

1940年5月,战斗剧社参加晋西北行政公署成立文艺会演,在晋西北行署所在地兴县蔡家崖、晋绥分局所在地北坡村引起轰动后,又到晋西北各地巡回演出。因为有好几个剧社参演,所以就成为了晋西北根据地的一次文艺大检阅,也是一次业务交流会,黄河剧社的孙谦,以小兄弟、小剧社的姿态,多次找战斗剧社的成荫学习取经,请他给予黄河剧社更多艺术上的指点和帮助。

这次赴延安汇演,孙谦和成荫两人成了同在一个剧社的同志,于是有了更多零距离、长时间的接触,对成荫的艺术水平和工作能力,有了更直接的认识。可以这样说,是战斗剧社的工作经历,使两人增进了友谊,也让孙谦从成荫的身上,得到了启示,获得了成长。

第四章　晋绥从文

1. 晋西北文联下派的文化部长

　　1942年冬天，八路军实行"精兵简政"。原来过于庞大的战斗剧社首当其冲，要进行"精简"。戏剧股和音乐股这些会演戏、会唱歌、有一定创作能力的大部分留了下来，编辑股和美术股的大部分被精简了。西戎说：当时"把一些不会演戏、不会弹唱，在艺术上没有一技之长的冗员，全部精简下去了。"

　　要说，胡正会演戏，西戎会弹唱，束为是编剧，孙谦还当过导演，当数马烽艺术细胞少点，总不至于全部精简他们吧。但要和莫耶、董小吾、成荫这些既有学历、又有能力的鲁艺高材生比，他们还上不了不被精简的那个档次。孙谦他们都属于一般人员，在延安给毛泽东主席的汇报演出中，李束为和马烽出了"洋相"，几乎砸锅，当然在精简之列。他们的编制属于晋西北抗日根据地，按照从哪里来、回哪里去的原则，只能回原地另行分配。

　　和孙谦一样被精简下来的将近20人，很快就要离开战斗剧社住地的延安城南七里铺招待所了。当过了延安城、回头向宝塔山一次次张望的时候，想想两年来延河水边的一幕幕情景，孙谦的心中不免徒生莫名的留恋，更多的是伤感。特别是走过桥儿沟沟口，看到鲁艺教堂那两个尖顶的时候，这样的情绪又一次袭来，觉得无颜进学校和尊敬的师友们做礼貌性的告别，就跟犯了错误一样，大家一路无言，脚步匆匆。

　　孙谦是这些精简回晋队伍中资历比较高的人，被战斗剧社指定为临时队长，他一路走一路想，越走越想不通；他在《第一次下乡》一文中写了当时的思想情绪："我在部队干了将近六年，当过战士、班长、排长、连副政治指导员，调到部队剧团，我刷标语、做布景、当演员，有时还当当导演、编编剧本，并在绥德的《青苗》杂志和延安的《解放日报》上发表过短篇小说，像我这样能文能武的'老兵'，我不理解为什么要我离开部队？既然整个边区都在精简，让我们回原来的晋西北，难道晋西北就不精简？"

1941年12月，中共中央发出指示，号召全党全军精简机关，充实连队，节约人力物力，并把精兵简政确定为1942年全党全军的中心工作之一。实际上，精兵简政的深层原因，是因为根据地物资困难，军队供给濒于断绝，陷入没粮吃、没衣穿、没被盖、没经费的困境。"饿死呢？解散呢？还是自己动手呢？"在这三个问题面前，继1941年底提出精兵简政、转移财政压力的办法之后，1942年底，中共中央又号召解放区军民自力更生，克服困难，开展大生产运动。所以才有了"又战斗来又生产"的自救，才有了大生产之后"到处是庄稼，遍地是牛羊"的南泥湾。

毛泽东1944年9月8日在张思德的追悼会上，曾做了《为人民服务》的著名演讲，他在演讲中还提到过"精兵简政"这款事："'精兵简政'这一条意见，就是党外人士李鼎铭先生提出来的。他提得好，对人民有好处，我们就采用了。只要我们为人民的利益坚持好的，为人民的利益改正错的，我们这个队伍就一定会兴旺起来。"

精简机关，充实基层，对人民有好处，对边区政府有好处。这样的政策背景，孙谦当然不是十分清楚。所以就有点小情绪。在回晋西北的路上，有人说："如果有人问咱们是哪一部分的，该怎么回答？说是战斗剧社的？可我们被精简了，这该怎么说？"

一同被精简的牛文说："这好办，我们不说具体单位，只说番号，咱们的番号是'被战丢'。"大家不解。牛文笑着说："就是被战斗剧社丢弃了的。"笑声中，大家给队里的每个人都编了代号，临时带队的孙谦和李束为是"被战丢"1号、2号，马烽是临时党小组长，是"被战丢3号"。

离开延安已经走了三天了，眼前就是绥德县城，第二天就是1943年元旦，虽然老乡不兴过阳历年，但三天的跋涉和劳累，明天过过元旦休息一下也理所应当。当时这里的驻军是王震的120师359旅，"被战丢1号"的孙谦和2号李束为去找了司令员王震，王震热情接待了他们，当即让后勤部给了他们白面、猪肉以及其它副食品，吃饱喝足了，元旦过后的第二天，孙谦和队员们又上路了，过了米脂县、佳县，到了神府县彩林。

神府县是陕北神木县和府谷县的部分村庄合成的一个县，彩林是神府紧靠黄河的一个大村，也是晋西北的后方，孙谦他们找到了这里的八路军兵站，要求住宿一晚。兵站把他们安排到为首长准备的两孔石窑里，石窑里粉刷得雪白，生着了火炕，地上还有一张钢丝床，据说贺老总来往延安就在这张床上睡觉。同屋的队员觉得这么高级的钢丝床只有一张，只能让"被战丢"的头号"首长"享受了，于是孙谦拉马烽睡在了钢丝床上，其他人睡火炕。马烽也没睡过钢丝床，觉得挺新鲜的，就和孙谦挤在了一起。

一人睡还不要紧，俩人睡上去，身子稍微一翻动，人就上下晃悠，开头还觉得有意思，很快就觉得不舒服了，关键是钢丝上只铺着床单，睡在上面就像睡在搓衣板上一样，而且床下冷气逼人，不一会儿马烽就忍受不住了，他抱起被子睡到了火炕上。最后"被战丢1号"在钢丝床上"独享"了一晚。之后一说起睡钢丝床，大家都笑个不止。

第二天早饭后，孙谦和大伙儿背起背包，直奔盘塘村黄河渡口。过了黄河后，就是晋西北抗日根据地的辖区了，他们沿着横贯兴县境内的蔚汾河，又走了三十里地，1943年1月，终于到了兴县石楞子村120师政治部招待所。在这里等了两天后，除了原决死二纵队吕梁剧社的没分配之外，其他人都陆续分配了。

带着档案材料和介绍信，他们又来到了行署干部科所在地碧村等候分配，没几天，学历高、年龄大、职务高的四个人先做分配，孙谦是"部干班"二队队长，后来又是"部艺"文学队的队长，被分配在了晋西北文联；李束为是鲁艺戏剧系的，牛文和郭生是鲁艺美术系的，也做了分配。那时候，鲁艺的牌子硬，而仅是"部艺"一般队员的马烽、西戎、胡正、苗风继续处于待分配状态；理由是部队都在精简，所以各单位都挑既有文化水平，又有工作和战斗经验的人。

马烽退而求其次，报名想当教员，但人家嫌他们的学历低，还说"部艺"不算学历之类的话。无奈之下只能继续等。隔了一段时间，眼看工作无着，三人一起来到黄河岸边的张家湾村，找到原吕梁剧社社长、时任大众剧社社长的林杉，说明情况后，林杉立刻给晋西北文联主席亚马写信推荐，就这样，除了苗风分配晋西北艺校深造外，其他人的分配才有了下落，也分配在了晋西北文联，于是他们赶忙从张家湾赶赴20多里路，到西坪村报了到。

文联的本职工作就是文学创作、文艺宣传之类，对于一先一后到晋西北文联报到的孙谦、马烽等这一批人，文联的安排是这样的，全部都编入文艺工作队，除了原机关极少数人留下作为行政人员外，其余人员全部分派到各县深入生活，先下去参加实际工作。

具体分配情况是，孙谦和西戎分配到保德县担任区抗联文化部长，参加刚刚开始的大规模的减租减息运动；其余人，李束为到河曲县，胡正去静乐县，也都是区抗联文化部长职务；马烽则留在了晋西北总工会驻河西办事处任干事。当时的文联同时又是抗联（晋西北抗日救国联合会），所以就出现了文联任命抗联职务的情况。那时候农村实行的是区村建制，县里的"区"就相当于现在的乡镇。

这时，孙谦、马烽他们心里都有一个疑惑，边区都在缩编，可抗联却在扩编，而且还网罗了像我一样这么多的"半吊子货"，他十分不理解，他在《第一次下乡》一文中说："整个边区都在精兵简政，为什么作为群众团体的抗联文化部居然能够扩大编制，组建起一个二十多人的文艺工作团呢？根据地日益缩小，财政、粮食、棉布都极度困难，连战斗部队都搞精简，小小晋绥边区，哪有力量顾及什么文学创作队伍的培养？"

在下派他们到各县任区文化部长之前，文联组织了机关全体人员的学习和培训，就是按照中共晋绥分局宣传部长张稼夫的指示，组织全体人员学习传达毛主席《在延安文艺座谈会上的讲话》。

在延安的时候，孙谦只是从教员那里听到零零星星的内容，这次是从头至尾学习，文联主席亚马是依照他的笔记进行传达的，还组织了学习讨论。因当时"讲话"还没有正式发表，他们接受传达的内容还只是延安文艺座谈会的部分记录稿，主要精神就是深入基层、向群众学习、和工农兵相结合。虽然传达的不很详细全面，但孙谦觉得比在延安传达的清晰。

亚马主席给他们讲了随后下乡的一些要求：以后要像普通农村干部一样认真做工作，要改造自己的世界观，要有喜农民之所喜、忧农民之所忧的情怀，不能有任何特殊，未经批准不得回文联机关来，不给大家安排写作任务，也不要了解到一点材料就急于写作，一年之内不要搞创作，但可以给报纸写点通讯报道，要写也要在你感到非写不可的时候再写。亚马要求所有的文艺工作队员，在春节前就要下到县里区里，不得延误。

亚马特别强调：晋绥是个穷地方，生活苦，文化落后，创作力量十分薄弱，过路的作家、艺术家不少，但谁也不愿意在这里生根开花。所以宣传部张稼夫部长下了决心，一定要培养土生土长的文艺创作人才，培养我们自己的文学家、艺术家，正如毛主席在座谈会上说的：要战胜敌人，仅仅依靠拿枪的朱总司令的部队是不够的，还得有一支有文化的鲁总司令的部队。咱们边区不能再等待了，勒紧裤带也要培养你们，张稼夫部长说："只要有了苗苗，就不愁穗穗"。正因如此，才把你们这些有文艺创作能力的年轻人吸收了进来，所以大家要先到下边去参加实际工作，积累生活，经受锻炼，为今后作准备。

中共晋绥分局宣传部长张稼夫，对这项工作起了极为关键的作用，正是他"只要有了苗苗，就不愁穗穗"的指导思想，才能够在精兵简政、财政紧张、生活困难的压力下，做出培养自己的文艺创作人才的决定，使得孙谦一帮年轻人，有了在晋西北从事文化工作的机会。

张稼夫和孙谦两人是文水老乡，而且张稼夫的村子西北安村，离孙谦的村子南安仅有四里路，挨得很近。孙谦当年报考教导团的那个时候，张稼夫离开文水赴任牺盟会宣传委员。1942年夏天，中央决定将晋西地区党委改组成立中共中央晋绥分局，并且把绥远也划归晋绥分局统一领导，并安排张稼夫去晋绥分局工作，先任分局宣传部长，之后又任副书记。在名为《庚申忆逝》的张稼夫自传中，张稼夫说，临行晋绥分局工作前，毛泽东主席还特别约见了他。大约是12月的一天，康生通知张稼夫说，毛主席要和你谈话。毛主席和张稼夫的谈话，从八点钟一直谈到中午十二点，毛主席问张稼夫你是哪里人？听到是山西文水县人时，毛主席说：噢，你们县里出了个女皇武则天呀！最后还留他吃了饭。

经过五天的培训学习，听了亚马主席的讲话，孙谦对张稼夫部长的用意有了深刻理解，心中的疑惑解开了，他说：亚马的话"很使我感动，也是一种力量，但我却缺少信心：像我这样只读过四年级国民小学的'半吊子'货，真的能被培养和造就成什么'有作为'的文学家吗？"孙谦所说的"感动"不仅在当时，现在回头看也让人十分感动，如果不是当时张稼夫、不是亚马他们把孙谦这批人领上文学艺术这条路，我们看到的或许就是另外的结果了。

孙谦很多年后感慨地说："我小时候倒是爱看旧小说，但万万没有想到我居然会把文学创作当作终身职业。实践证明，我确实不是块当作家的'料'。但在贫穷落后、十分困难的晋绥边区，边区的党政领导，特别是负责宣传、艺术领导工作的张稼夫、周文、亚马同志能够断然采取了'就地选材、土法培养、深入实际、改造困难'这样的方针，我认为是很有远见、很有气魄的，而且也确实收到了良好效果，现在活跃在中国文坛的马烽、束为、西戎、胡正……不就是在晋绥那块贫瘠的土地上成长起来的吗？"

培训学习会后的1943年1月初，孙谦和西戎很快到了保德县报到，孙谦分在了保德县第三区任文化部长，西戎则分在了第四区任文化部长。随后，孙谦只身找到了保德县第三区抗联所在地南河沟村。

2. 在保德县创作第一篇小说

时值春节前夕，当地干部都回家团聚去了，保德县第三区机关里没剩几个人，显得很冷清。孙谦被安排到了一眼窑洞里住宿。窑洞很宽敞，炕已烧热，只他一人居住。面对夜晚的一盏孤灯，虽有生疏和孤单的感觉，但是他心里暗暗地在想："我一定能摒除一切私心杂念，甚至豁出性命去完成任务的。"

1943年的春节，敌人没来"扫荡"，村里一片太平景象，有的人家在大门上贴了春联，有的人家在院里点着了"旺火"，虽然没有鞭炮响，但村村都有锣鼓声，有的在闹社火，有的在唱道情，孙谦就利用这样的机会，做熟悉当地语言、解决不懂方言的工作，他挤进人群看热闹，走街串巷访风问俗，推门进屋和主人聊天，有一家的狗还把孙谦给咬了一口，不几天，孙谦和这里的人家就有了许多共同语言，他的小本上记满了乡音土腔、习惯语、俏皮话。

人生地不熟，语言又不通，白天还好说，一到夜晚，独坐空窑，便觉得寂寞难耐、十分无助，躺在炕上，盯着窑洞弧形的圆顶，他开始胡思乱想。首先想起了家乡的老爹老妈，想起了当年临行前妈妈做的那碗漂着油花的鸡蛋面，想起了可爱的弟弟妹妹，二弟在异乡学徒有些出息了吗？家乡的他们今年过年好吗？可否平安？想着想着，孙谦的眼角一串串泪珠滚落下来……他抹了一下眼泪，翻了一下身子，还是睡不着。

村子里死一般的寂静，偶尔听到几声狗叫的声音，空荡荡的屋子里此时无声，反倒让孙谦想起了响彻云霄的枪林弹雨，想起了战斗中生死与共的战友，想起了恶劣环境下忍饥挨饿的行军作战，他在一篇题为《北京来信》的文章中说：

我想起了艰苦的部队生活和那些在战斗中生死与共的战友。在抗日战争中期，国民党实行反共灭共政策，日本侵略军更是气焰万丈，还有惨绝人寰的杀光烧光抢光的"三光政策"。在这样险恶的环境下，我周围的战友们，既没有叫苦，也没有悲观，更没有逃跑叛变的。我清楚地记得，在过汾离公路的战斗中，我是怎样派马烽、张朋明、乔力等同志，穿着湿衣服、冒着数九天的严寒，去站岗放哨的。我也记得，在临县木坎塔战斗之后，我为寻找部队，曾经吃过糠炒面和观音土……突然一个女兵形象（在我脑海中）出现了。

关于木坎塔遭遇战，前文已有讲述。那是 1940 年 5 月底，孙谦所在的黄河剧社和西戎、胡正所在的吕梁剧社要到黄河西岸去，当走到临县境内的木坎塔村，准备过湫水河时，遭遇了此时正向北进攻的日寇，敌人立即向我方人员开了火。此时，决死二纵队的女机要秘书刘温临危不惧，为了保护随身背着的机要文件，在枪林弹雨中冲出包围，跳进深沟后身负重伤，孙谦发现刘温后冒死冲了过去，把她手中的机要文件和手枪紧急抢救出来，送回了部队；孙谦的战友乔力躲过了敌人的搜捕，等到天黑后摸索到陡沟里，找到了骨折和流血的刘温，把她送到了后方医院。孙谦、乔力、刘温，他们就这样先后回到了自己的队伍里。

在窑洞里寂寞无眠的孙谦，此时脑海中闪现出的英勇女兵形象，就是刘温。"我和刘温并不熟，甚至当面没有说过话，但她在汾离公路和木坎塔战斗中的表现，却深深地印在我的心里；她是那样的临危不惧，那样的冷静果敢，那样的忠于职守、勇于牺牲！刘温同志确实是我应该学习的榜样！我要为她唱赞歌。"

两年前的战斗一幕幕在脑海翻滚，刘温的英勇形象在眼前跳跃，此时孙谦的内心，激情涌动，心潮澎湃，身上有一股按捺不住的冲动：我要用文学作品的形式表现出来，以第一人称创作一篇小说，来展现当时的战斗场面，表现刘温临危不惧的英勇。

他在构思着，因为是小说，需要进行必要的文学处理，其中的一些人物情节，也需要做适当的加工和裁剪，他起身穿衣，把窑洞的煤火捅旺，拿出了纸和笔来，依照原来真实故事的框架，把在炕上想好了的腹稿，一气呵成地写了下来。刘温的名字，小说中他改成了"刘勇"，英勇的勇。出于避免笔墨分散的考虑，乔力在小说中没有出现，他只集中写了"我"和"刘勇"两个人物。孙谦说：

在写作中，我碰到了苦恼：刘温还活着，乔力还在战斗，我既不能完全写真人真事，也不能太胡编乱造，经过再三考虑，我把小说的结尾写成为：刘勇为了让我脱离险境，开枪自杀之后，我拿着机密文件和手枪找到了部队。小说写完，我觉得更加苦恼，因为刘温不会自杀，虽然改名为刘勇，她也不可能会自杀；在两次战斗中，她都很沉着冷静、勇敢自信的，为什么在她受伤之后，已经见到自己的亲人之后，偏偏会自杀？不能，一定不能让刘勇自杀！但是，刘勇不自杀，势必得写乔力同志冒死救战友的情节，那我这篇第一人称写的小说，则根本不能成立。怎么办？怎么改？

经过再三斟酌，孙谦决定：宁可让我的老战友乔力同志骂我是自夸勇敢、贪天之功为己有，也不能给我不太熟悉的刘温同志脸上抹黑。在一再修改之后，孙谦把小说的标题定为《我们是这样回到队伍里的》，在小说的结尾处，孙谦这样写道：

"嘣！嘣！"山顶上响起了沉重的枪声，子弹飞向我的身旁——敌人发现我了！我扔掉茶缸，提着草鞋，跑向小沟。"嘣！"小沟里也传出一声清脆的枪声，我跑进小沟里，呆住了。

刘勇自杀了。

我跑到她跟前，她已晕了过去，手枪静静地躺在她那痉挛的右手旁边。但是，谢谢天，由于她无力的手没有瞄准，只是打上了她的左肩。我一面轻轻地呼唤她，一面从衣襟上撕下布来替她包扎，可是我的眼泪不能制止地流下来了……为什么刚才我没有把她的手枪拿下呢？我责备自己。她的苦心，我是理会的。她以为她的腿受了伤，料想是回不到部队的，又不愿牵累我，自然，更不愿受敌人侮辱。

我把她背到山沟深底，那里有一个小小的天然石岩，掩蔽的很好，敌人没有到来，我们在那里躲了五天，把我最后的随带的一点军粮吃光了，刘勇的伤渐渐好起来，有时她自己走一阵，有时我背着她，我们远离敌人的碉堡，走着，走着，终究我们回到了自己的队伍。

就这样，在真人真事的基础上，通过一定的艺术虚构，这样一个小小的故事，给我们传达出了机智勇敢、不怕牺牲的革命战士形象，而且还有一定的艺术氛围，用笔也非常的细腻，材料比较集中。写完以后，孙谦大胆地将稿子寄到了延安《解放日报》副刊。

过了一段时间，这篇在"我要为她唱赞歌"的感动下写成的小说，在 1943 年 8 月 5 日的报纸上发表出来了。当时延安处于精兵简政、压缩财政开支时期，所有的文艺刊物全部停刊，只留下一个文艺版面，而且还是一星期才出一期,在这样的情况下,《解放日报》发表这篇小说,说明了它一定的艺术价值,也反映了孙谦一定的文学基础。

但是也不能否认,由于是初始写作,这篇小说还在很多方面存在一定的不足。乔力冒死相救战友的情节,孙谦当时感觉难以驾驭,最后做了舍弃;事件比较单一,人物出场也最少,情节的安排特别是战斗的氛围还显不够;在原型的基础上,人物处理没有能写得更为丰满。孙谦说"我就是在这种矛盾的心情下写成的。"1984年的时候,他再次看当时写的这篇小说,他说:"真是令人汗颜:文字拙劣,艺术表现技巧极差,简直没有一点感染力!"当时之所以写这篇小说,孙谦感觉是因为有"刘温同志的原型",是生活给了自己创作的动力和源泉;有不足,是因为"我的战斗经历少的可怜",生活积累很不够,"艺术修养差"。

这时候,孙谦想起了文联亚马主席下乡前组织学习时候说的话:要按照毛主席文艺座谈会上的讲话要求,要多深入基层,在深入生活的基础上,最后才是写作,感到非写不可的时候再写。回味这样的话,孙谦才从思想上切身地有所触动,文艺创作一定要到生活中去,必须得按毛主席讲的去办,所以当下重要的是积累生活,像普通农村干部一样先把工作做好。通过这次创作,孙谦的积极性得到了鼓励,思想和世界观也有了一次大的飞跃。

"破五"过后,当地干部准时返回机关来上班了。这时候,区委布置了全体出动推销"爱国公债"的任务,目的是为了巩固、提高边区纸币的信用,需要大量的白银充实金库,要求在限期内完成推销任务。公债得用银元购买,原则是搞合理负担,不搞家家摊派,说服动员富裕户认购。区委派武委会主任老张到袁家里行政村坐镇,让孙谦当他的副手。

关于发行"爱国公债"、开展减租减息等当前的重点工作,张稼夫在他的《庚申忆逝》一书中说:"一九四二年年底我从延安回到晋绥边区时,分局正在河西同时召开高干会议和边区临时参议会,……我传达了毛主席和我谈话的经过和口头指示,与会的同志听了传达,都感到很振奋,跃跃欲试,想大干一场。经过认真讨论,在高干会上,提出了一九四三年晋绥边区的三大任务，这就是：'对敌斗争，减租减息和发展生产'。……临参会还决定发行公债，作为边区货币的基础。这是一项应急措施，很得力，很有效。后来，边区的生产发展起来了，地盘也扩大了，财政收入改善了，大约只用了两年时间，就把这笔公债全部还清，很得人心。"

袁家里行政村有十多个自然村。为了完成公债发行任务，孙谦和老张一一动员了村长、闾长、工、农、青、妇以及认购代表，组成了推销爱国公债委员会。袁家里的首席富户是位寡妇，她家种地多，有骡有驴有牛，在城里还开着铺子，但这位富孀在离推销委员会给她评议的数目只差五十元的时候，她却连一元也不认购了。眼看推销限期已到，老张回区里动员反扫荡去了，村里只留下孙谦一个人。此时，认购户已将银元交来一大堆，要是敌人真的来扫荡，可就麻烦了。

情况紧急，孙谦拉着农会主席又去找富孀仔细谈判。农会主席又到城里亲自做富孀儿子的工作，母子俩终于凑齐了五十元，加上热心的工会主席发动大家主动认购的五十元，在大家的努力下，孙谦第一次下乡所承担的第一项工作，出色地超额完成了，银元也及时押送到了县城银行。

完成推销爱国公债之后，孙谦的工作就特别地忙起来。在参加减租减息这项重点工作之余，他给缺地少地、缺少劳力的抗属调剂土地，组织代耕队，到芦子河征收经济作物农业税，动员农村青年参加八路军，征收粮食组织变工队等等。工作中，孙谦渐渐积累了经验，到秋季反"扫荡"时候，他同民兵们一起打游击，在敌人的缝隙中穿来穿去，而不用担心找不到吃住的地方。他一有时间就到农户家里访谈，一听说他的老家也在农村，群众和孙谦的距离就更缩短了，好多情况已经相当熟悉，各项工作干得游刃有余。

孙谦在1983年给一位青年作家写的题为《投身到农村的伟大变革》的信中，介绍了他在保德县下乡开展减租减息的一些体会：

1943年在乡下搞减租减息运动，经过宣传、发动、组织，群众起来了；又经过说理斗争、毁约退地，农民拿回了粮食、牲畜、农具、土地。在皆大欢喜声中，我以为大事告成，可以走了，想不到在总结会上，群众却迟迟不散。他们提出：这家有牛没农具，那家有粮食没籽种，眼看要开春了，这地怎种？于是你一言我一语地发表意见，在他们的启发下，我介绍了陕甘宁边区组织变工队、互助组的经验。办法虽然有了，但还不完全适合，因为我们离敌人的据点不远，日本人要来扫荡，春耕又该怎搞？这可真碰到难题啦。在武委会主任的带动下，想到了劳武结合搞生产的办法，难题解决了。春耕播种以后，我又感到一阵轻松，又想走了，而群众却在嚷嚷，换季没布（高寒地区不能种棉花），吃饭没盐（敌人封锁，进不来），甚至连点灯、生火的火柴都没有！怎么解决？赶过脚的、搞过短途贩运的、做过小买卖的站出来了，大家集资，民兵武装保护，到游击区、敌占区做买卖！办法是好，可资金在哪里？有人说："咱以货换货，有小米的拿小米，有莜面的拿莜面。"于是，合作社组织起来了（当时还没有供销社），人们把小米、莜面、山药蛋、山货、药材运到游击区、敌占区，换回来了布、盐、火柴、肥皂，还有手电、铅笔、蜡纸……

能看出，孙谦作为保德县的区文化部长，因为世界观端正了，所以他才会把思想扎根在了农民中间。这期间，每隔一段时间，他就给文联写一份汇报信，汇报自己的思想，汇报农村工作情况；在"按捺不住"的情况下，他把一些保德农民在建设根据地中的战斗事迹，在充分熟悉情况、掌握材料的前提下，写成了一些通讯、报道，比如《优抗在保德》《民众愤怒了》《民兵在壮大中》《不留一苗草》，他还尝试写了叙事短诗《我是一时的糊涂》，写了一个短篇小说《电话班》，都发表在了晋绥边区的《抗战日报》上。

这些都是孙谦工作之余的顺便之作，他说："这些作品谈不上什么艺术性，只是在某些侧面粗笔勾画了一点而已。"但对于孙谦来说，这是他走上文学创作道路最初的一段路，因为有正确的思想支配，所以，这段路走得稳健扎实，而且背后真正的最大的收获，就是他在这个过程中，工作上得到了锻炼，思想也有了一定的升华。

从前文化人下乡是专门为了搜集材料搞创作，这一次，却是要先向群众学习，了解他们的思想、感情，当学生，改造思想，而后再当先生，帮助群众，在这个前提下完成党交给的任务。这是本质上的区别,不一样的收获。

3. 解放区的"抢救运动"

到1943年12月,孙谦接到晋绥边区文联通知,要求下乡深入生活的所有文艺工作队队员,全部回文联机关参加文艺整风学习。

在河曲下乡的李束为也接到了文联的通知,他与另外两个同伴回文联要路过保德。所以,孙谦早已打好背包等候路过的李束为,同在保德下乡的西戎也准备停当,他俩与李束为一行一起离开保德,行走在赶赴文联的路上。

分别将近一年,老朋友相见格外高兴,一路结伴而行,一路高谈阔论,你一言、我一语,东家长、西家短,话题便是在农村生活的见闻和感受,说个没完没了。

文联的通知中已有说明,文联办公地点已经从黄河东岸的兴县西坪村迁到了河西神府县的贾家沟村。因此,回文联不必走瓦塘,从黑峪口过河后,他们便向贾家沟奔去。

这里要说明的是,1943年11月刚刚成立了晋绥边区行署,便自然取代了1941年8月成立的晋西北行署。相应地行政区划和所辖范围也发生了变化,现辖十二个行政区,其中有绥远省的三个区,计集宁、丰镇等9个县;晋西计41个县,包括兴县、岚县、保德、河曲、五寨、大同、忻县、崞县、汾阳、平介、文水、交城、太原、清源、徐沟、阳曲、洪赵、汾西等县,以及现在属于陕西的神府。这样共50个县。其中神府县是从陕甘宁边区刚刚划归到晋绥边区的。

快到贾家沟了,只见一个山坡的石壁上,用石灰水刷写的大幅标语:"欢迎坦白同志回到党的怀抱来!"十分的醒目。孙谦以为是欢迎日寇中的起义人员投奔抗日根据地的标语,没想到的是,回到机关时,既没有热烈的欢迎,也没有亲切的问候,刚进门,一位领导拉下脸来,冷冰冰地说:"铺盖带走,书包留下,要检查。"宿舍的同志们也一个个垂头丧气,不言不语。

到了吃饭的时候，孙谦悄悄打问是怎么回事，这才知道现在文联正在搞"坦白运动"，抓特务。就是要求干部们主动坦白交代出谁是特务，然后抢救过来，所以也叫"抢救运动"。有嫌疑的人便会接受审问，谁派你来的，你参加了什么组织。而且有的人已经坦白了，有的交代是国民党特务，有的交代是日本特务等等。只要领导把谁定为抢救对象，交代了的就给吃鸡蛋挂面，不交代就"逼供信"，用车轮战熬鹰，只给饭吃，不准睡觉。有的人被逼的受不了了，罢了，承认了吧，结果你一承认就坏了，第二天接着来，你是特务？你又发展了谁？你就退不出来了，你就只能再胡说，只能接着胡编，于是也就糊弄过去了、交账了。孙谦心里想，这不是胡折腾吗？

其实在当时的延安，确实发生过严重的特务案。国民党头号特务头子戴笠，亲自在陕南的汉中办了一个特务培训班，毕业后的46名青年特务全部派进了陕甘宁边区和其他解放区。此案一破，上下震惊。毛泽东着急了，他立即安排社会部部长康生，要尽快展开对干部的审查工作。

40多人都是青年，所以此次审干的重点就对准青年，首先是外来青年，因为已经渗透到了边区的各个部门各个岗位。自然，审干和肃反的范围要大一点、做的广一些。于是，延安要"抢救"，晋西北也要"抢救"。为此，康生还做了个动员报告：标题叫《抢救失足者》，意思就是动员有问题的交代问题，只要坦白了就没事了。

贾家沟村子不大，可住了好几个文艺团体，除了文联之外还有七月剧社、大众剧社、"鲁艺"晋西北分院，各个团体都在进行"坦白运动"。让大家没有想到的是，李束为很快就被列为重点突破的抢救对象。马烽、胡正回到文联的时间略迟，对于把李束为列为抢救对象也很吃惊。

马烽在《扎根吕梁山》一文中说："李束为的出身和经历我清楚。他是山东东平人，高小毕业以后，在一家小铺子里当学徒，小铺子倒塌后，他在回家的路上行李被骗走，正好遇到晋军在山东招兵，他就吃粮当兵来了山西，抗战爆发后，他脱离旧军加入了新军政卫队。我和他在一起相处五年多了，我弄不清楚他会有什么问题。"

孙谦也纳闷，李束为在抗日前线入党，还担任过支部书记，看不出平时有什么问题，也看不出他有什么机会参加反动组织，很有觉悟的一个人，可领导偏偏把他列为审干"重点"，这到底是怎么回事？

李束为领到了麻纸竖排 32 开的一份文件，就是康生的《抢救失足者》，让他照文学习。对于审问他在延安参加过什么反动组织，李束为矢口否认，不管怎么审、怎么问、怎么劝，他只有一句："我没啥可坦白的！"再有人问他，他干脆不予理睬，一声不吭，到最后，他说："你们拿材料吧，如果拿出来材料来就枪毙我。"每天的上午和下午，李束为所在的被抢救小组，人人背靠墙坐在炕上，两手抱着膝盖，听组长给他们朗读《抢救失足者》，只给他们吃小米干饭萝卜汤。

审干组长还在逼李束为赶快坦白："想通了没有？想通了就交代。坦白从宽，抗拒从严！明白吗？！"当然，有不少人吃不消这一套软磨硬熬，于是，有的把积极分子反说成是特务，有的被贼咬一口，最终扯出一大串。到后来，西戎竟然也被怀疑有特务问题。

胡正说："我回去的时候'抢救运动'已经快完了，我没有复杂经历，李束为参加过阎锡山的旧军，马烽父亲做过小官吏，都有点小疑点。……好家伙，有的剧团里，大部分都是特务了。"

至于李束为问题的最后结果，他在《平地风波》一文中是这么说的："到了 1943 年旧年底，'抢救运动'突然松了劲，大概是特务太多了，害怕了，不敢再号召'坦白'了。过了好久，我们才知道，是伟大领袖毛主席发了指示，制止了'逼供信'，停止了'抢救运动'。"

对于历史上曾经发生过的这场运动，陈为人先生有一个观点，我是持赞成态度的，他说："用冷静客观的历史眼光看，处在延安这样一个四面被白区包围的环境，蒋介石时刻都抓住一切时机欲图一举颠覆红色政权。治乱世用重典，这是一切高明政治家的必然选择。城门失火，殃及鱼池。倾巢之下，岂有完卵？这是大人物在大历史中的茫然与无奈，也是小人物注定要为历史进步所付出的牺牲。"

"抢救运动"扩大化的负面效果在后来已经明显，毛泽东并没有归罪于康生，而是自己首先做检讨，在多种场合说"我给大家陪个不是",还说过"一人向隅,满座为之不欢";能感到,毛主席作为一把手说这话,是由衷的赔礼道歉。

审干一结束,紧张的气氛过去了,李束为和孙谦他们便自掏腰包,打了一次"平伙",每人出一份钱买豆腐、买酒喝,雨过天晴,大家自然要庆祝一番。此后,大家的苦脸才开始变成了笑脸。

1944年2月上旬,"坦白运动"告一段落后,住在贾家沟的所有文艺团体包括晋绥文联,进行了一次大整编,全部编入了七月剧社,也就是说,晋绥文联不存在了。

整编后的七月剧社,高禹任社长,亚马任指导员,分为三个宣传队:一队是七月剧社的原班人马和大众剧社合编而成,队长是白紫池,主要演晋剧中路梆子兼演眉户剧、晋中秧歌和活报剧,共有70余人;二队是鲁艺晋西北分院和大众剧社一部分人员合并而成,队长为伍陵,主要演现代戏和歌剧,共有70余人,林杉任副社长兼二队导演。三队就是孙谦所在的晋绥文联和其它单位的创作人员,专门从事戏剧创作,有写小说的,有编剧本的,有画画的,有搞音乐的。主要成员有孙谦、马烽、西戎、胡正、李束为、胡海、田家等30多人,卢梦任三队队长。

解放区的剧社是各有侧重、各有特点。战斗剧社主要以话剧为主。而七月剧社则以戏剧为主,它是由原"七月剧团"扩充改编而来的。七月剧团最初为住在隰县的抗日救亡宣传队,由晋西南区党委成立于1939年7月,所以被命名为"七月剧团";1940年1月反顽斗争结束后,中共晋西区党委宣传部长张稼夫建议:将七月剧团和孝义战斗剧社合拼成"七月剧团",在兴县参加了晋西北行署成立大会演,之后队员赴延安鲁艺深造,1941年11月从延安返回吕梁山区,将七月剧团扩充改编为"七月剧社"。这次大整编后,剧社迁到了河东的兴县高家村,演职人员发展到200多人。

春节过后的三月份,七月剧社开始了正常的文艺整风。此时的延安整风重点是整顿三风,反对主观主义以整顿学风,反对宗派主义以整顿党风,反对党八股以整顿文风。毛泽东主席要求:"中央各个部委除了一些日常的必要的工作外,其余的全部精力就是做这个工作。"

文联作为文艺单位，自然不能例外。

整风规定的学习文件，有毛泽东的《改造我们的学习》《反对党八股》等 22 篇之多，重点是学习《在延安文艺座谈会上的讲话》。孙谦他们从保德农村回到机关参加整风学习，实际上已经到了运动的最后总结阶段。

对于《在延安文艺座谈会上的讲话》的学习，以前是凭领导们的笔记或口头传达，而这次已经有了正式文本，孙谦按照要求反复阅读，重点部分还做了勾画，和大家分组逐段进行讨论。他和大家在大炕上促膝长谈，谈下乡的心得感受，创作的得失，农村的所见所闻。在学习讨论的基础上，诚恳地做了批评与自我批评，相互间指出了存在的问题。问题无非是有资产阶级知识分子习气啦，和工农兵结合不密切啦，以及缺乏改造世界观的自觉性啦等等。

像孙谦这些人，都是参加革命后逐步走上文艺创作道路的人，受资产阶级各种文艺思潮影响几乎没有，再加上这一年来在保德县参加实际工作的切身体会，深感毛主席讲的"革命文艺要为工农兵服务""生活是文艺创作唯一的源泉"等语言特别精辟。马烽在《扎根吕梁山》一文中说：通过学习，"深感毛主席的'讲话'句句是真理。……我们不仅易于接受、乐于接受，而且决心身体力行。可以说，这次对'讲话'深入细致的学习，对我后来在文艺战线上的稳步前进，起了关键性的作用。"

坚定地跟着共产党走，创作无愧于党、无愧于人民的优秀文艺作品，这样的信念和决心，应该就是马烽、孙谦他们从这一段的农村工作实践体会开始，从这一次高家村学习"讲话"和整风学习开始而坚定地牢固地树立起来的。

由于国民党顽固派加紧了对共产党的经济封锁，解放区的财政经济发生了极为严重的困难，毛主席提出"自己动手，丰衣足食"的号召和"发展经济，保障供给"的方针，1943 年起，解放区军民自力更生，克服困难，开展了大生产运动。所以在整顿三风期间，队员们除了学习，每天还参加一些生产劳动。

七月剧社不仅在高家村山上开荒种地，还给大家分配了纺线线任务。"手摇着纺车,吱咛吱咛嗡嗡嗡嗡吱,纺线线呀么嗬咳!"大家以为一边唱着歌一边纺线线,很是悠然自得,但真正自己动起手来,抽出来的线不是太细就是太粗,要不就是断头,这本来就是女人们干的营生嘛!

孙谦急得一头一头出汗,可就是纺不均匀。开荒、纺线线的时候,大家也谈天说地,更多的是谈学习"讲话"的体会,孙谦还和大家谈农村下乡的感受,谈下一步的创作打算。

4. 文艺整风结出丰硕的果实

1944年春忙过后,七月剧社从集中的整风学习,转入到了集中的创作演出活动上来。

一队原来是演出山西梆子传统戏的,开始赶排由亚马、周文、王修新编的历史剧中路梆子《千古恨》,讲述的是秦桧陷害岳飞的故事,内容上有影射国民党陷害新四军制造皖南事变的意图,配合了当时的政治形势;赶排的另一出戏《血泪仇》,是移植延安民众剧团秦腔而创编的现代戏。

二队是演新歌剧的。所谓新歌剧,就是人们说的"旧瓶装新酒",利用眉户、道情、秧歌等形式,表演新的革命的内容。看了一队的阵势,二队也急着排练了亚马编剧的反映抗日斗争的祁太秧歌《交城山》等剧目。

这时,为了纪念抗日战争七七事变爆发七周年,晋绥边区决定开展"七七七"文艺奖金创作征集活动,于1944年2月25日发布了"七七七文艺奖金缘起办法",组成了以中共晋绥分局代理书记林枫同志为首,有党政军领导人参加的晋绥边区"七七七文艺奖金评判委员会",号召全边区的文艺工作者开展革命文艺创作,内容上要求主要反映对敌斗争、减租生产、防奸自卫"三大任务",征稿时间为五月至六月半。活动由分局文教委员会具体承办。

文艺工作者们经过了一年多下乡工作,然后参加整风学习,参加边区群英会,已经积累了大量的创作素材,因此,各文艺单位都主动踊跃,集中主要精力投身这项活动,有的创作剧本,有的写小说,有的忙着创作年画。这项活动把全边区的文艺工作者都发动起来了。

孙谦所在的三队有30多人,队长卢梦首先召集孙谦、西戎、常功进行研究讨论,怎么样尽快拿出符合形势要求的、大家喜闻乐见的现代戏剧本,要求三队的创作人员每人至少创作出一件作品。孙谦按照卢梦的安排,及时订出了自己的创作计划,早早地就和胡正、常功、张朋明开始了农村合作社题材的剧本创作。

除了每人创作一件作品外,卢梦提出成立一个创作小组,共同完成一个重要题材的创作。孙谦说,减租减息是去年和当前农村工作的一项重点任务,大家在农村下乡的过程中,不仅亲自参加了这项工作,而且都有一定的生活体验,也知道工作中有哪些具体困难,所以,写减租减息题材的剧本,既有熟悉的生活,又符合毛主席"讲话"精神,还符合"七七七"三大任务的主题,应该是一个不错的选题。

卢梦说:"我们生活在农民中间,在你周围的一百个人中间,就有九十六个是农民,而数目很大的军队,却也大都是放下锄头穿起军衣的农民,恰好就是在这种环境中,我们所写出来的作品绝大多数与农民无关。"他的意见是,就按孙谦的建议来,这次的集体创作,就写"减租减息"。

集体创作项目确定后,卢梦吸收孙谦、西戎、常功这些编剧骨干合作编写,计划出一个多场次的剧本,来反映减租减息运动中的人物与事件。大家先讨论了剧情,列出了剧中人物安排和剧本编写提纲,剧名直奔主题,就叫《王德锁减租》,或者叫《减租生产大家好》,主要反映农会团结农民同地主作斗争,实行减租减息、发展生产的故事。

全剧分七场,剧中主角王德锁,剧本反映他逐渐觉悟、翻身闹革命的思想斗争。剧本的创作分工为四个人分别各写一两场戏,西戎负责了前两场,孙谦则写了剧情完全铺开了的三、四场,常功写了第五、七场。有一场表现群众开减租大会的戏最难处理,大家把这场戏推给了组长卢梦,卢梦欣然亲自上阵,他把这场戏巧妙处理成群众大会主场在幕后，只通过前台几个演员的表演来反映，就是该剧的第六场。

《王德锁减租》的创作，打破了过去创作上的个人主义，是一次新的创新。卢梦在《六十甲子经历》一文中说："这种情况下，这样的搞创作，在我们还是几年来的第一次。对我来说，能够专心搞创作，是从 1937 以来的第一次。我是一方面照顾大家搞创作，也和几个同志一起讨论、研究。大家都很兴奋，真有点废寝忘食的样子。"

马烽对参加过群英会的老劳模张初元"劳武结合"的事迹比较熟悉，集中十多天的工夫就写成了《张初元的故事》，卢梦提了一些修改意见，马烽又做了修改，抄好之后就交了上去。

孙谦早早地写完了《王德锁减租》他写的那两场，然后帮大家一起统稿。此时，二队的人早就坐不住了，先按初稿投入了眉户剧的排练，二队一边排戏，卢梦、孙谦他们一边做进一步修改。戏排好后，请中共晋绥分局宣传部部长张稼夫来审查，之后又做了一些修改，1944 年 3 月就搬上了舞台公开演出。从创作到公演，用了不到一个月的时间。

《王德锁减租》剧本由"七月剧社"二队排练公演后，在晋绥边区引起了极大的反响。因为语言完全采用了晋西北农村的土语，情节也完全是农村生活的场景设置，因而群众听得懂、看的明、很入戏。在演出中，剧中"受苦人要齐心，翻身只有靠自己"的口号声响起，台下的群众便齐声响应；有的观众看后说："这是共产党的骨头戏。"

在河曲县沙梁演出后，群众说："咱们这儿的减租不彻底，要是早来演的话，咱们早减彻底啦。""咱们村的王德锁还没转变过来呢，张景没来看戏，该让他看看，对，再演一次，非再演一次不行！"于是，剧社答应了群众的要求，第二天又演了一场。像这样的加演情况是非常多的。

许多干部们说："看一次《王德锁减租》，比我们开几天会都顶事。"据当时的统计数字，仅《王德锁减租》就演出 100 多场，观众达 20 余万人。这两个数字在非常贫困的晋绥根据地是罕见的。

《王德锁减租》的编演成功，给了孙谦以极大的鼓舞和震撼，同时也给了孙谦这批文艺工作者以最大的教益和启示。正如 1944 年 9

月20日发表在《抗战日报》题为《"七七七"文艺奖金公布以后（社论）》指出的那样："许多工农同志，一向宥于过去统治者给他们的偏见，认为文艺只是少数专家的事情。……这种认识，是错误的。"农村文化艺术要真正深入人心，就要面向工农兵，为人民大众服务，一定要以乡村生活中活生生的事实来教育群众，诸如生产、识字、减租、支前和打鬼子等，把他们的生活都编进了戏剧、秧歌、小调和快板书中，从而让他们意识到支前抬伤员、生产交公粮对整个国家和自身命运的意义所在。

在创作《王德锁减租》之前的1944年2月，孙谦和胡正、常功、张朋明合写了四场道情剧《大家办合作》，讲的是大家集资办供销合作社的故事，由二队同时进行了排练公演。《大家办合作》第一次出演时，好多群众说："简直就是我们村的那个合作社嘛。"这个剧本，是由孙谦在深入生活、积累资料的基础上主导构思完成的。

在《王德锁减租》获得成功后，孙谦的创作一发不可收拾。3月，他个人单独采写了人物通讯《岚县模范民兵小队》；7月，创作了反映家庭和睦、配合生产大变工的两场秧歌剧《闹嘴舌》；10月写了《范玉好成小队》，讲的是吕梁山上岚县受苦人出身的范玉好成，带领民兵小队打日本鬼子、劳武结合、领导穷人闹翻身的事迹；12月，创作了解决民兵态度不好的四场秧歌剧《闹对了》，还创作了人物通讯报道《卓越的民兵指挥员段兴玉》。从内容看，都是反映农村农家生活和边区民兵英勇战斗的作品。应该讲，孙谦在文艺整风之后一年的创作实践，呈现了起步好、作品多、质量高的特点，是成果丰硕、蔚为壮观的一年。

"七七七"文艺奖金征文委员会的规格很高。评委都是根据地文化界的负责人，由晋绥分局宣传部秘书长周文、吕梁文化教育出版社社长王修，还有文联主任亚马等组成。评奖时他们亲自审阅稿件，观看剧本彩排。经过认真评选，在当年"九一八"那天，获奖名单在《抗战日报》上做了公布，入选的戏剧类作品很多，歌剧、话剧、戏曲、秧歌剧共有12部，歌曲和美术作品也不少，散文类作品包括小说、故事、报告文学共5部。内容都是反映根据地军民战斗生产的事迹。

"七七七"获奖的作品中，有很多七月剧社的优秀作品，其中孙谦他们创作的《王德锁减租》和陈岳峰创作的年画《农家乐》荣获甲等奖，马烽创作的散文《张初元的故事》和李济远创作的年画《劳动英雄回家》获乙等奖，孙谦、胡正等创作的道情剧《大家办合作》和胡海创作的小说获丙等奖等。所有获奖作品，都用质量较好的纸张印出，被吕梁文化教育出版社编印成一套"七七七文艺奖金丛书"。

孙谦以"双奖"而榜上有名，战斗剧社的董小吾、成荫以及王炎、华纯等人也有获奖的作品。孙谦的名字和这些赫赫有名的人一起登在了报纸上，由此成为晋绥边区小有名气的编剧。1944年10月、1945年6月的《抗战日报》，1945年8月的《解放日报》，先后发表了《关于'王德锁减租'》《关于"闹对了"》《评"闹对了"》等四篇赞扬孙谦创作路子的文章。

七月剧社这次的大丰收，主要得益于创作内容上符合了"七七七"的创作要求，一是内容上都写了"三大任务"，二是对象上反映的是工农兵，三是语言上符合了"力求通俗，不通俗者不取"的要求。孙谦在1953年初的一次会议上谈了他的创作体会："歌剧《减租生产大家好》获得'七七七'文艺奖金第一奖，主要是因为它密切地配合了当时的减租减息运动，清楚地解释了减租减息政策。"

马烽则因《张初元的故事》获奖，不久就被调到了《晋西大众报》报社去了。

从1944年初到《王德锁减租》的获奖，孙谦、马烽他们在毛主席"讲话"的指引下，开始正儿八经地进入了文学创作领域。因为在之前，孙谦发表了《我们是这样回到队伍的》，马烽发表了《第一次侦察》，西戎发表了《我掉了队以后》，胡正发表了《碑》，李束为发表了《租佃之间》，虽然这些都是"讲话"问世之后的产物，但是，这期间他们对于"讲话"的学习，都是听别人只言片语的口头传达，还没有"讲话"的正式规范和对"讲话"精神的深刻理解，他们这时"有点自由撰稿人的味道"，而他们真正奉行"讲话"精神，成为忠贞不渝的"党员作家"，应该是从高家村"讲话"正式文本的学习整风之后开始的。

期间，孙谦和剧社全体人员每天除正常创作演出外，政治学习坚持"雷打不动"，文化学习排练时也挤出时间不耽误，还担负了生产、种地、纺线各项任务，做到了创作、演出、生产、学习都不误。剧社在高家村戏台后面种了六亩菜地，山上开荒种了八十多垧谷子、黑豆，村西种了十几亩棉花，还在房前屋后、村边道旁开种了零星小块地。

一队二队常常外出演戏，三队就成了种地的主力，没有创作任务的队员，就早起在村里村外拾粪，女队员吕学熙起的最早、拾得最多。由于粪少人多，常功往往走上四五里路，只拾得半筐。堂堂七尺男儿，竟然比不过一个窈窕淑女，于是每天早早起床，常常是天色朦胧，便和吕学熙在路上碰了照面，到天大亮回到剧社住地时，两人手上身上也沾上了粪。

剧社还办起了合作社，组织做肥皂、卷烟、纺线线，棉花以线换布，开展各种生产自救活动。

捻线线也有窍门，孙谦找了一根细而短的高粱杆，下面插一颗小而圆的山药蛋，便成了得心应手的捻线工具，他在家有空就捻，出门有空也捻。当时剧社的生活虽然初步实现了"丰衣足食、自给自足"，但如果想改善一下生活还是很困难的。于是，会游泳的孙谦想给大伙儿开开荤，请大家吃"味道极佳"的干烧鱼。孙谦在题为《摸鱼》的散文中说：

初夏，我们住到兴县高家村，村前有蔚汾河流过，河水清澈见底，会游泳的人实在经不住它的诱惑，有一天，我和常功到水深处游泳，两人都年轻，都想露一手。……我无意中潜入水底，忽见无数的小鲫鱼在乱窜乱钻，……常功一看见我抓到了鱼，也钻进了河底摸鱼。就这样，在一个午睡时间，我俩大约摸到了十一二条小鲫鱼。

……却不料，就为这十数条小鲫鱼，竟会引起全三队人员的注意。有的人说："……你们馋，别人就不馋？"……蜀中女将吕学熙，便故意拿腔拿调地讲四川话："鱼少，再去抓嘛！抓回来晾晒干，我吃过干烧鱼，那味道妙极了！"吕学熙把人们吃鱼的食欲逗起来了。

我们三队的人，在午睡时间，几乎都扑到蔚汾河边，会潜水的负责摸鱼，会游泳的负责接鱼，不敢下水的人在岸边刮鳞去鳍、开肚取肠。……我一次钻水能摸到两条鱼，再后来，我先送往嘴里用牙齿咬住一条鱼，两只手又可抓两条鱼。当我浮出水面，啪！啪！啪！连往岸上扔三条鱼后，岸上的人不禁大声叫好。

在我们住的院子里，搭了两条长绳，当阳的绳子上挂着鲜鱼，背阴的绳子上晾着已经晒过的串串干鱼。凉绳上的干鱼越积越多，如果归拢来，我看足足三斤重。第三队的队员们，不管是谁，只要走过凉绳时，都要身不由己地望望那些干鱼串，大概他们和我一样，都急着想去吃那顿"味道极佳"的干烧鱼。

那时候，晋绥抗日根据地极为困难，所有的机关团体和部队，都在搞大生产运动以自救。七月剧社开荒种了几百亩地，还给每人发了一斤棉花，用"捻线"所得的工资，解决个人日常生活中的零花钱问题，如买烟叶、牙粉、肥皂等等。因为做鱼要用油、盐、酱、醋等佐料哦，我们便互相约定，宁可少抽烟，少用牙粉和肥皂，也得把零花钱积攒起来，以买做鱼用的佐料。

一天，佐料买好了，下午大家都去山坡上锄庄稼，留下吕学熙在家做干烧鱼。黄昏时候，大家又饥又渴地回来，急忙拿着碗筷直奔灶上去。

做干烧鱼应该把干鱼先用水泡再油炸，谁知吕学熙从来没做过干烧鱼，她倒好，直接油炸，烧出来的鱼就如石片石块一样坚硬，大家咬了一口便都吐出来了，一下子都泄了气。

本来想吃干烧鱼却没能吃成，最后还是吃了水煮莴笋叶子和小米焖饭。孙谦说："十天勤劳苦，一场空欢喜！"大家生活虽苦，但精神充实。

5. 一张群英会上的五人照

1944年12月初，七月剧社接到通知，晋绥边区决定在陕北神府县王家庄村召开第四次群英大会，会期从1944年12月7日起大概20多天，为了做好大会筹备和组织工作，成立了会务组、文秘组、后勤组、接待组等具体工作机构，为此，大会筹备处向各单位抽调临时工作人员。就这样，孙谦、胡正被七月剧社临时抽调，参与第四次群英大会文秘组的工作，一方面做记录、编会刊，一方面搜集资料。

从晋绥边区人民政权建立后第二年的1941年开始，为了奖励各个战线上有创造、有功绩的英雄与模范人物，边区行政公署每年都会召开一次劳动英雄大会。第一次群英会于1942年1月13日至1月16日在兴县城关召开，第二次于1942年12月12日至12月16日在兴县城内召开，第三次1944年1月7日至1月15日在陕北神府县盘塘村召开。

这次召开的是第四次群英会。待孙谦、胡正到大会筹备处文秘组报到的时候，他们遇到了此时在《晋西大众报》社当报社编辑的马烽、西戎、束为，他三人也被抽来了文秘组，五个老战友不期而遇，自然分外高兴。

说来，马烽已经是参加过第三次群英会的人了。但西戎、束为是什么时候到了《晋西大众报》的呢？

第三次边区群英会召开之前，马烽被工会派到大会筹备处的会务组帮忙，负责整理各县报来的劳模材料。之后，筹备处的负责人安排马烽到三位劳模的家乡面访本人、核实情况。这三位劳模是兴县的温象栓、宁武的张初元、临县的张秋林，都是在抗战支前和大生产中涌现出来的劳动先进。就这样，马烽有幸认识了张初元等劳模，才为他回到七月剧社参加"七七七"征文提供了创作素材和获奖条件。而也正是因为这篇获奖征文，他才被调到了《晋西大众报》报社。

《晋西大众报》驻神木县杨家沟，编辑部总共才有七八个人，又编报，又出书，因为人手不够，便把七月剧社的西戎、李束为正式调过来了。在新闻部门工作的好处，就是消息灵通，还因为采访的职业便利，到各处转悠的机会也多。在第四次群英会上，马烽、西戎、李束为和孙谦、胡正这五个年轻的老战友，又转悠到一块儿了。

关于第四次群英会召开的背景，用曾经的一句套话来形容，那就是在边区的"一派大好形势下"召开的。张稼夫在《庚申忆逝》一书中，对此做了阐明：

在发展生产方面，我们学习陕甘宁边区的办法，一方面发展生产，搞小家务，以减轻群众负担。同时，大力组织领导群众开展生产运动。在农村组织供销合作社，对农业生产，提倡自愿互利的变工队、互助组，培养劳动英雄、纺织英雄，就像对待战斗英雄一样给予荣誉和奖励。晋绥边区北部的河曲、保德、苛岚、岚县地广人稀，可耕地很多，当地农民对土地实行轮作、轮休制。因此组织开荒是增产粮食的重要措施之一。穿衣有困难，就在离石、临县一带发展种棉花，提倡自纺自织，效果很好。随后并请离石、临县的农民为植棉技士，逐渐将棉花引种到河曲、保德一带。既增加群众的收入，又解决了军民穿衣的困难。经过两年努力，粮棉有了，吃穿问题解决了，基本上实现了毛主席发出的"自己动手，丰衣足食"的号召。在此基础上，一九四四年冬召开了第四届边区群英会，这是边区两年来生产、战斗取得重大胜利的检阅盛会和庆功大会。

所以这次的群英会，伙食条件、生活安排甚至工作条件，都比上次有较大提高，每天都有一顿白面馒头、肉烩菜，可见根据地生产和生活有了很大发展。后勤组的人还在村边修了一座会堂，是用席子、帆布临时搭成的。四周是干打垒土墙，里边生了几盘火，地上挖了许多烟道，上面泥着石板，铺着席子。几百人坐在上面开会，和坐在家里热炕头一样。所以，参加会议的人对生活、会务安排都十分满意。

群英大会开幕式相当隆重，党政军首长都来讲了话。中共晋绥分局副书记张稼夫总结了1944年的工作，提出了1945年工作部署，要求进一步扩大解放区，缩小沦陷区，把敌人挤出去；要大力发展农业，

1944年12月在陕北神府县王家庄召开第四届群英大会期间"五战友"合影（前排左一为孙谦）

贯彻执行劳武结合的方针，加强学习和练兵。

参加大会的有战斗英雄、劳武结合模范、劳动英雄、纺织英雄、战斗部队以及公安部队的英雄人物代表。各路英雄模范在会上热情地交流经验，畅谈生产战斗的心得体会。英模们在会堂的土墙上，贴满了各自生产计划和对敌斗争的决心书、挑战书，大家都鼓足了干劲，信心满怀，决心在新的一年里大显身手、再立新功。

孙谦以及其他的文秘组成员，除了参加大会做记录外，也分头参加了小组会，听取英模们交流战斗生产的经验。饭前饭后的时间，他们见缝插针地进行个别采访。到了夜晚，就会在麻油灯下编写简报和会刊，给报社写新闻报道，抓紧时间汇集材料，一天到晚忙得不可开交。

在会上，孙谦结识了不少英模人物，如段兴玉、崔三娃、张初元、温象拴、孙兴昌、路玉小、张秋林、刘能林等，一一听了他们的典型发言，看了大会上他们的书面材料，采访了十几位军民代表、战斗英雄、劳动先进。对大会表彰为民兵特等第一英雄的交城民兵段兴玉，孙谦通过重点采访和阅读材料，在大会期间赶写出了报告文学《卓越的民兵指挥员段兴玉》，说的是段兴玉劳武结合、练兵锄奸、善于指挥、英勇杀敌的事迹，在1945年1月的《抗战日报》上做了连载。

群英会结束后，马烽和西戎联合创作的描写吕梁山区人民抗日斗争的长篇小说《吕梁英雄传》在《晋西大众报》连载，很快在边区引起了极大的轰动。

这次群英会，前后开了将近一个月，还组织学习了毛主席在陕甘宁边区参议会上的讲话《一九四五年的任务》，大会接近尾声时，举行了迎接1945年元旦团拜仪式，民兵们在村外山沟表演了铁雷、地雷、磁雷的埋法和用法。轰隆隆的爆炸声、热闹喧天的锣鼓声、扭秧歌的欢笑声交织在一起。

大会期间，七月剧社全体人员都听取了报告和发言，三队人员对英模们进行了深入采访，隔三差五大会就举行一次文艺晚会，一队演出了《逼上梁山》和《打金枝》，二队演出了孙谦参加编剧的《王德锁减租》和《大家办合作》两个剧本。战斗剧社、各地方剧团也都纷纷轮流献演，受到了英模们的欢迎和喝彩，成为了晋西北戏剧文艺创作的一次大检阅。

这二十多天的时间里，马烽、孙谦他们五个人，忙于大会的各项服务工作和采访任务，真的是日夜穿梭、来回奔忙，眼看大会就要闭幕了，因为根据地没有照相馆，大会通过关系从敌占区临时调来两位照相师，为大会拍照。五位战友觉得这次相聚很是难得，而且能遇到照相的机会也不容易，所以就商量趁机照一张合影作为留念。私人拍照需要个人出钱，好在他们都有点稿费，于是马烽找了其中一位来自汾阳城里的照相师，约好第二天清晨正式拍照。

当时没有照明设备，所以照相只能在室外，第二天，当照相师把照相机在院子里架好之后，才发现孙谦没有来，直冷得照相师又呵手、又跺脚，大家左等右等不见孙谦，分头喊叫也没有应答。最后在伙房里发现他正蒙头大睡，原来他熬夜写简报，快天亮时到伙房找水喝，在炊事员的铺上不知不觉就睡着了。马烽把他叫醒，说赶快去照相，他一拍脑袋说："我把这事给忘了。"他起身就往外跑，马烽要他洗洗脸，孙谦说："算了，我这丑人，再洗也是这德行。"

大家匆匆在照相机前分两排站立，照相师提醒说，孙谦的帽子歪歪着，还有一撮头发从帽边炸起来，孙谦用手随便拉了一下帽沿儿说：就这吧！马烽走过去，硬给他把歪着的帽子扭了过来，这时又发现他的衬衣领口太脏，而且边上已经磨烂，又替他把破领口塞进了脖子里。孙谦被塞的不舒服，用手挡着："去去去，老人生下的模样，再打扮也漂亮不了了。"两天后，每个人都拿到了六寸的合照，只见五个人都绷着脸，神态倒也庄重，只是孙谦的帽子，还是翘着没有戴好。

到了二十年之后的 1964 年，新华社山西分社记者王文西给马烽拍了几张工作照。当时王文西提出想看看马烽的以前的旧照片，马烽拿自己的几张旧照时，便把 1944 年在晋绥边区群英会上拍的那张五人照也拿了出来。王文西便问照片上其他四人是谁，是在什么情况下照的。王文西听罢马烽的介绍，觉得当年一起在文艺战线上的五人，如今依然奋战在文艺战线上，并且五个人在文学创作上都很有成就，加之当年的五战友今天竟然还在同一个单位——山西省文联工作，出于记者的敏感，王文西立刻来了兴趣。于是提议要给他们五人再拍一张合照。

马烽很快把束为、西戎、孙谦、胡正召集了来，由王文西指挥，让五战友仍然按照 1944 年 12 月时每个人站的位置，拍了一张五人新照。把两张五人照片比在一起，依然可以辨认出新照片上的某人便是旧照片上的某人。但旧照都是穿着肥大的八路军棉军装，一个个虽然都很年轻，但都是土八路的模样，看不出是文化人、大作家。新照上的五战友风度翩翩，一眼就看出是文化人。不久，五人新照以《文艺战线的五战友》为题发了新华社通稿，从此，"五战友"的说法便流传开来。

这五位老战友，过去人们都知道是著名作家，但人们很少把他们五人连在一起谈论，过去说起马烽就说马烽，说起西戎就说西戎，说起孙谦就说孙谦，由于《吕梁英雄传》是马烽、西戎合著的，人们把马烽、西戎放在一起谈论比较多，把五个人合在一起谈论很少。自从有了两次拍的五人照，人们每每说到五人中间的一人，就会连带说到五人，总是把五人连在一起评论。

山西文联的韩文洲，早就看出这五人的姓氏顺序，如稍作变通，就会联成一句话：西李马胡孙，但"稀里马虎松"的谐音，让人听起来有点贬义，就没敢对外言传。后来无意间传出去后，"西李马胡孙"不仅在山西，在全国都盛传不衰，没人当作贬义词看的。有了"西李马胡孙"之说，人们每每谈到山西作家，首先想到的总会是赵树理和西李马胡孙。"西李马胡孙"几乎成为山西文学创作的代名词。

有了两次五战友的五人照之后，在不同的年代，或者遇到某个重大活动，多心的摄影师总会借机再拍个新时代的五人照。

新华社山西分社的年轻高级记者池茂花，1983 年比照 1944 年晋绥边区的五战友合影，拍了一张八十年代初期的五人照。1987 年 12 月，五战友在赵树理小说插图展招贴画前，由太原工人文化宫的摄影师段保生拍了一张五战友和"赵树理"的一张合影。1992 年 5 月，山西省特地举办了五战友从事文学创作五十周年纪念活动，在省作协大院，山西作协创联部的曹平安为他们拍下了九十年代的新合影。

第四章 晋绥从文

一张张不同年代的五人照，成为他们革命足迹和创作生涯的历史见证。这是关于这次群英会"五人照"的来历。顺便再说说"五战友"群英会期间的吸烟趣事。

马烽、孙谦他们"五战友"都是烟民。好在大会每天像现在开会供应茶叶一样，供应一大包生烟叶，堆放在窑洞里土炕头前的灶台上，谁愿意抽，自己撕一绺稿纸，捏一撮烟叶，往纸上摊成长条状，然后把纸一折，轻轻拢在手里，把前端一拧，不住转动，就成一根自制烟了。当时大家都是二十来岁，尽管精力旺盛，也经不住夜以继日的编采忙碌，有时采访一天，黑夜才能趴在油灯下编写稿件，几乎每天都要熬夜，实在困乏极了，便卷一支烟提提精神。

有一天晚上，《抗战日报》分管通联工作的郁文笑眯眯地来了。马烽、西戎和李束为好几个人都在窑洞里，问他得了啥喜事了？他说宣传部的张稼夫部长给了我一包上好的香烟。说着，就笑眯眯地把那烟盒举在头顶。他们一看，都是两眼大放光芒，啊，一盒"顺风烟"！他们喜出望外，眼巴巴的等着尽情品尝。因为是整整的一盒啊！郁文说："稼夫同志本来给了一盒，说大家辛苦了犒劳各位，可是中途碰见几个熟人，已经打劫了多一半，现在只剩下三支，我这样来分配：报社四名记者，分两支，剩下这一支，只能委屈会刊的三位编辑伙抽了！"一支短短的、细细的香烟，三个二十几岁的大后生，如何"伙抽"呢？

西戎在《吸烟忆趣》中说："我们三个人的这一支烟，我主张把烟瓣成三截，各吸一截，公平合理。马烽说那样抽要留三个烟蒂，太浪费，不如把烟量好尺寸划出记号，第一个人吸到划记号的地方，交由第二个人吸，最后由第三人吸完。方案已定，协议达成。由马烽用米尺量划出记号，并说西戎年纪小，交由我先吸，他第二吸，李束为年纪大，最后轮他吸。"

西戎把香烟拿在手上，先放在鼻尖享受了片刻香烟的芬芳，然后才划着了火柴，猛吸一口，接着又猛吸一口，马烽当即大叫："过线了，快拿过来！"说时迟，那时快，西戎趁机又猛吸了一口，闭住嘴，凝住气，不让烟气从嘴里溜走一丝，顺手把烟交给了马烽。

马烽高擎着香烟,并不马上吸,而是先拉过一条长板凳,正襟危坐,把烟送到嘴边,慢吸细品,顺手还端过一个搪瓷缸,呷一口水,方把憋在嘴里的烟气送下喉头。李束为瞅着急了,笑道:"真叫酸劲儿不小!"一句话,把马烽逗乐了,噙着一口水,在喉咙里笑岔了气,水喷出来,溅了一桌子,把嘴上的烟也洇灭了。

纸烟浸了水,纸皮开裂,烟丝散乱,李束为忙过来把散落的烟丝收拢,装进他的自制枣木小烟斗,坐在炕沿,两腿一盘,不慌不忙,慢悠悠地品尝,吸一口,还要美滋滋地咂咂嘴,吐一个烟圈儿,赞不绝口:"好烟!好烟!"马烽一面收拾喷在稿纸上的水珠,一面带点嫉妒地说:"今天可是好活了束为了。"

第二天,他们几个人分头去参加民兵英雄们的小组讨论会。他们把这段共享顺风烟的趣事讲给大伙听时,引起了会场内所有与会英模们的哄堂大笑。

孙谦在五战友中更是个大烟民,但他在 1995 年发病住院后,竟然按医嘱立即就戒掉了,当别人和他说起一辈子的吸烟嗜好时,孙谦诙谐地说:"过去说我吸烟是死不悔改,可今天人没死先把它改掉了。"

五战友最后都是因难治之症而走的,说到底是与他们当年在吕梁山上抽烟熬夜、艰苦写作有关。作家张平在《山药蛋派最后一位主将离去》一文中写道:"胡老的病,说到底还是跟抽烟有关。其实马烽是这样,孙谦是这样,束为、郑笃也都是这样。"

是啊!照相也好,吸烟也好,往事与故人,一切都已化作了烟云。

6. 参加太原前线工作团

晋绥边区第四届群英会结束后的 1945 年初,中共晋绥分局作出决定,撤销七月剧社三队建制,恢复文联建制,由亚马带领三队全体人员重组文联。

亚马带领包括孙谦在内的第三队全体人员,来到位于兴县碧村的新民主主义实验学校,组成学校文化工作团,从事文学创作,参加学校工作。孙谦和文联的同志们报到后,就投入到了学校的各项工作中。此时校长一职,由解放后任山西省副省长的郑林同志担任。

实验学校是晋绥边区的最高学府,全称是晋绥边区新民主主义实验学校,由晋绥党校二部改名而来,1944年春从河西的阎家堡迁到兴县碧村,1944年5月5日正式成立,主要培养行政、军事、文艺、教育、经济等方面的干部人才。办这样的学校没有先例,办学上依据毛主席的《新民主主义论》,要求敢于大胆实验,为晋绥边区战争、生产、社会需要服务,学校名称便因此而来。

实验学校设五个队。一队是工业队,二队为农业队,三队是文教队,四、五队为妇女队。亚马带队的文联来到学校后,就特设了文联队,算是第六队。为了便于工作,亚马还兼任了学校的副校长。

三队文教队下分小学教员队、新闻队、文艺队。学校的文艺队,主要任务是学习戏剧、音乐、舞台美术,并排练节目为学校和群众演出。孙谦担任了文联的创作科科长,他们一边指导文艺队排练节目、编演剧目,一边从事文学创作,下乡采访写稿。

在刚刚结束的第四届群英会上,实验学校抽调了20多名师生,参加了会议的服务工作。王志强是实验学校的一名女学生,还兼做实验学校的食堂服务生,她就是这20名服务工作中的一员。1926年4月,她出生在文水县苏家堡村,1938年参加革命,离休前担任山西省冶金工业学校党委副书记。2018年9月16日,在山西工程职业技术学院的住处,笔者采访了已经93岁高龄的王志强老人。

王志强说:"1944年底,为了让劳模代表参加第四届群英会有像样的衣服,我们学校的女生为英雄们专门赶制了一批棉衣。当时我们学生们谁都没有棉衣穿,大家都是披着被子、毯子在大院里欢迎代表的。群英会后,亚马把孙谦他们文联的人带到实验学校,成为实验学校的一个队,他们在实验学校实际只待了半年多,但他们个个能干,为学校做了很多的工作。"

这个时期,晋西北地区在对敌斗争战线不断取得胜利,日寇的据点被一个一个地"挤"了出去。孙谦背着简单的行李,开始往边区各地跑,一边与当地民兵开展"挤敌人"武装斗争,帮助所在地做基层工作，一边在游击区搞文教调查，搜集创作素材，撰写通讯、特写和报告文学。

春天他主要跑了宁武山区，与周文彬合写了《和尚泉民兵办小学》《丁国梁怎样办马跑泉小学》，与亚欣、陈岳峰合写了《赵雍周和宁静民众医院》《老百姓的医生》；4月他为《抗战日报》写了报告文学《民兵画家吕二如》，都是配合当前工作及时采写的通讯报道。

1945年8月，日本宣布无条件投降，抗日战争胜利结束。抗战胜利前夕，林枫从延安回来后，迅速传达了七大精神。中共晋绥分局要组织太原、绥远两个随军工作团，任务是赶在国民党前面，到前方完成接收任务，建立新的政权，要求实验学校的师生参加工作团。

8月18日实验学校召开动员大会。动员大会上，中共晋绥分局书记林枫、工作团总团长120师师长贺龙讲话，向全体团员发出了向太原、归绥大进军的号令，并宣布：去绥化（现在的呼和浩特）的由郑林任分团长，到太原的由裴周知、亚马任分团长。孙谦等文联的同志，以及实验学校的一些学生比如王志强等，随亚马参加了南下太原前线工作团。为了轻装，孙谦、王志强他们把许多东西给了老乡，各自只留了一件旧棉衣就随部队上路了。

8月天气正值烈日当空，有时狂风暴雨，他们每日急行军80到100华里，三天到达了方山县城后，工作团获悉情况有变化，因日阎勾结，阎锡山的人已经抢占了太原，太原暂时进不去了，上级命令转移到汾阳边山向阳店，然后将全体团员分到文水、清徐、太原、徐沟、祁县、太谷、平遥、介休等地，先开展反霸除奸斗争，以此来支援全国的解放战争，准备随时接管太原。

孙谦被分在了汾阳工作团。团下又分了小组，要求以组为单元开展工作。孙谦被任命为汾阳县尽善村（现在的杏花村）北堡工作团的组长，组员有常功、林朋、胡海、辛景月、张玉仲等。在他们的发动下，经过二十多天的紧张工作，北堡群众的反奸反霸热火燃烧了起来，他们斗倒了伪村长，分了恶霸地主的粮食和财物，到任岩村打开了日军的保管粮仓库，夺回了被掠夺去的大量小麦和高粱。看到反奸反霸的胜利成果后，北堡群众的革命觉悟更加高涨，有人要求参军打"勾子军",有人请求加入共产党干革命,农民要求组织农会,妇女们则要求组织妇联会。

正在此时,总团部抽调像孙谦一样搞过宣传、编过剧本、演过戏的人,去筹组随军文工团。筹组工作,困难挺多,好在他们都是大老爷儿们,不愁干活儿,愁的是还缺个女演员,孙谦费了好大劲,找到了根本没有演过戏的王志强;王志强开始不答应,是看在文水老乡的面子上后来才答应的。孙谦在《演戏及其它》一文中说:

组织文工团并不是件简单事儿:第一没剧本,第二没乐器,第三没幕布,最发愁的是缺少女演员。费了好大劲,才找到了一位根本没有演过戏的王志强。我们决定:由我和常功、辛酉、胡正负责编剧本;由张朋明、刘亚欣、张玉仲负责购买或借用乐器,并教大家练习歌唱祁太秧歌;由刘动、牛文负责筹买汽灯和幕布。经过十来天的努力,我们居然编出并排演出《保管粮》《两亲家》和《打勾子》三出戏,足够一个晚会演的了。

《保管粮》的基本情节是:在日寇占领期间,强迫农民交纳保管粮,名义上是为了阻止农民向抗日政府交纳抗日公粮,实质上是日寇向农民掠夺粮食。粮食一送进了保管仓库,便像用肉包子打狗,再也回不到农民手里来了。有一个老头儿,生有一儿一女,是个佃农,他除了交租交保管粮外,家里已经没几粒粮食了。可是日寇硬说他没交够保管粮,伪村长便引着两个日本兵,到老头儿家里搜刮粮食。一阵翻箱倒柜的搜寻之后,还是没有搜到什么粮食。伪村长便要拉着他女儿上炮楼去顶债。老头儿去救女儿,被日军用枪托打倒了。在此生死关头,儿子领着武工队扑进屋来,打死了日军和伪村长,救下了女儿,扶起了受伤的老头……

这台戏的首场演出是在冀村。冀村是汾阳县的大村,那天又逢集期,街上很热闹。我们原计划是晚上开演的;为了扩大影响,便改在当天的下午演出。戏场上聚满了人,人们挤来拥去,幸亏事前请了武装民兵维持秩序,要不,很可能把旧戏台挤塌。演出获得了极大成功,特别是《保管粮》,演到伤心处,有人在唏嘘啜泣;演到气愤处,有人在叫骂、喊口号;演到武工队上场,人们就拍手、吹口哨,情不自禁地叫好。

这台戏在冀村打响后，许多村庄来请文工团演出。我们先后在任岩、杏花、罗城、张家堡、南偏城演出，一直演到了离顽伪占据的汾阳县城仅仅十里地的协和堡；以后，我们转移到文水县的边山乡村一带演出；再以后，我们又向南转移到孝义县的边山地区演出。凡是我们演过戏的村庄，都掀起了轰轰烈烈的反奸反霸斗争，晋中平川向汉奸、恶霸讨还血债的复仇之火燃烧起来了！

已有丰富基层文化工作经验的孙谦，在极短的时间内，从拉队伍、搞设备，到写剧本，再到导戏排练，最后上台演出，十天时间迅速搞定，而且既轰轰烈烈，又扎扎实实。尤其特别的是，《保管粮》《两亲家》和《打勾子》等四五出戏，是在战时条件下即时写的本子，没有一定文化基础，没有全能的艺术才干，没有经过战火淬炼的人，是很难胜任这样的工作的。而孙谦临危不惧，很快开展了工作，打开了局面。他们在小相村演出《算账》时，正遇了陈荒煤带领的鲁艺工作团到晋东南路经汾阳，看了他们的演出，还对他们表扬鼓励了一番。

除了编剧、导演、总策划的工作，孙谦还是每场都有角色的演员。每天演出下来，他又累又乏，困得连腰都直不起来。文艺工作团的住地在杏花村义泉涌酒坊里，酒坊掌柜对他们非常热情，看着文工团的同志非常辛苦，早晨就请他们喝几口刚出锅的汾酒，算是为他们每天的演出壮行鼓劲。醇香的汾酒下肚，孙谦脸红润了，干活有劲了，搭台、布景、上台，那是生龙活虎一般。

当时这支文工团大腕云集，都是边区的各路高手。作家当中还有胡正、吴钢、辛酉、常功、吕亮、塞风、林朋等人。画家有李济运、侯恺、牛文、郭生。音乐家包括常苏民、徐颖、白石真、刘兴汉、张鹏鸣等，纯粹演员身份的有吕修明、王志强、关秉魁等，总共20多人。文工团的任务，除了演戏，还要到各处搞宣传，绘制街头宣传画、连环画，根据形势需要创作歌曲，进行街头演唱。在实际工作的时候，大家都身兼数职，分工合作，没有你我之分。

就在这个时候，蒋介石发动了对各解放区的进攻。时任陕甘宁晋绥联防司令员的贺龙，奉中共中央和毛主席的命令，指挥晋绥军区主力进行反攻，第一战役便要先拿下孙谦的家乡文水县城。1945年8月30日晚，贺龙亲自指挥120师主力和八分区支队，于9月1日凌晨攻克了文水城，并带走了100多名文水中学学生，以此为基础，创办了"陕甘宁晋绥五省联防军驻晋随营学校"，贺龙自己亲任校长。这便是后来贺龙中学的前身。

当年在新军二纵队政卫队听到日寇占领文水的消息后，孙谦曾在愤怒之下喝了一顿闷酒，和贾耀祥耍过酒疯。而现在，就在汾阳杏花这个离文水30里的地方，听到了家乡获得解放的消息，他欣喜若狂，欢欣鼓舞，无比地高兴。

深秋已过，严冬降临，随着形势变化和季节转换，已经不能露天演出了，孙谦的文艺工作团完成了使命，被奉命解散。随军文工团一部分同志到各县继续开展反奸反霸斗争；另一部分留在总部办起了随军艺校。孙谦和吴刚被委派为视察员，奔赴汾（阳）平（遥）介（休）孝（义）文（水），视察反奸反霸和支前对敌斗争工作。

由于主力部队北上绥蒙，困守在城里的伪顽军便四处抢掠，晋中平川的形势骤然紧张起来。孙谦和吴刚换了便装，先到平（遥）介（休）县的仁庄附近村庄去检查。仁庄是平介县的游击根据地，人称"小延安"，群众觉悟高，各项工作都搞得好，这里的反奸反霸工作已结束，正在搞建党工作，并动员民兵参战。

离开仁庄后，他俩要去文水县下曲镇检查工作，刚走进田家堡村公所，便听到西北方向传来了紧密的枪声和炮弹、手榴弹的爆炸声。田家堡的村警说："这是县大队在青高村堵击城里出来的伪顽军，咱们的民兵也上去了。你俩先别走，我给你们焖点红薯吃，咱田家堡的红薯好吃，又甜又绵。"

村警焖好红薯后，他俩抓紧时间吃了起来。田家堡的红薯长的不大，又细又短，颜色红中带紫，放进口里绵绵的、甜甜的，吃着香喷喷的。刚吃了不几口，听着枪炮声下去了，他们顾不得吃了，赶快离开了田家堡，出村后奔着下曲镇的方向疾步而去。

天将黑时终于到了下曲镇，孙谦和吴刚连夜见了随军工作团的宋玉，和二区区长陈德昭接上了头，就在下曲镇住了下来。接下来的几天，他们对这里的反奸反霸工作做了全面检查、视察指导。

民国时期和 1953 年初之前，我国实行的是区村建制，当时的区就相当于现在的乡。1945 年的时候，文水县设五个区，二区驻地下曲镇，辖现在的下曲镇和刘胡兰镇的部分村子，像大象、云周西、南胡家堡，甚至东庄、西庄，都属于二区。1946 年 4 月，全县区划改设为八个区，一至四区驻地分别为城内、下曲镇、南庄镇、开栅镇，五区驻地大象村，云周西改属为五区，六区驻地孝义镇，七区驻地马西村，八区为汾河两岸的 13 村，包括东岸现属祁县的固邑、里村 10 村。全县共 192 个村。

二区区长陈德昭，是云周西村人，云周西最早的三名共产党员之一，1940 年 12 月担任云周西村支书，在他的领导下，村里党的各项工作非常扎实，县委后来安排他担任二区区长。在下曲镇，陈德昭向孙谦汇报了二区的工作，也介绍了云周西的情况，他说云周西是文水的党建支前模范村，建议孙谦去那里看看。

在下曲镇小住几天后，根据形势和任务，孙谦和吴刚要分头到下面检查工作，吴刚跟着文水组织部的老魏巡查各村去了，孙谦则跟着陈德昭到了云周西。

没有想到的是，孙谦这次在云周西仅仅三天的视察，却给他留下了一生念念不忘的遗憾。

7. 刘胡兰村和南安村的那三天那一夜

云周西村仅是文水县的一个中等村，但是农会、民兵、妇女工作都搞得有声有色，牺盟会晋中办事处早在 1938 年春就在该村设立，是文水平川的抗日小据点，共产党的地下联络站也设在这里，不论对敌斗争还是支前工作都非常活跃，被称为是文水的"小延安"。陈德昭介绍了云周西的情况后，孙谦感到，应该把云周西做为此行的一个重点，认真做一番考察。

村子里当时有位 13 岁的小姑娘，她 8 岁上村小学，10 岁起参加儿童团,后来还参加了县里的妇训班。1947年1月,她在阎锡山军的报复行动中不幸被捕,面对敌人的铡刀视死如归,从容就义。他的名字叫"刘富兰",后来被改名为"刘胡兰"。在延安闻讯的毛泽东,含着热泪为她写下了"生的伟大,死的光荣"八个大字。

孙谦随陈德昭去了云周西村,这时的刘胡兰,发动送公粮,做军鞋、纺棉花,积极支前,参加反霸斗争;每天站岗放哨,还给八路军送情报,在村里跑出来、跑过去,每天和陈德昭见面,也忙得很。

孙谦在村里住了三天,他一方面了解情况,一方面指导工作,党员干部他都逐一见了面,谈了话。但是你去想,村里的事那么多,党员个个都不闲着,小姑娘、女干部也不止一个,此时的刘胡兰人小不显眼,谁会想到要把她特意介绍给孙谦?一名儿童团的女娃娃,妇救会的小大人,被一群成年人们疏于介绍,所以,刘胡兰从孙谦眼前走过,孙谦也没有特别在意。

孙谦在几十年后无不遗憾地对人说:"我在云周西村住了三天,却没机会见到刘胡兰同志。"他脑子里只不过是没有刘胡兰的印象,之所以说没见到,其实是没被介绍当面认下而已。也或是刘胡兰正在县委举办的妇训班里学习。两位曾经见面、未能相识的文水人,就这样,虽在眼前,却擦肩而过。

至于刘胡兰1947年就义的消息,孙谦是从《晋绥日报》上看到的。1947年2月5日,《晋绥日报》刊登了刘胡兰英勇就义的消息,2月6日又做了详细报道,并配发了评论,2月13日又专发了《刘胡兰烈士史略》。看了报纸上的报道后,孙谦为家乡这个小姑娘的英雄壮举惊叹不已。一位豆蔻年华的花季少年,愿意为"不掌权、不执政"的共产党办事、卖命,而且到死也不变节,刘胡兰的高大形象,刻在了孙谦的心灵深处,烙下了难以磨灭的印记。

关于"刘胡兰"的名字,"五战友"之一的胡正,还有一个现身说法、亲历见证呢。胡正当时供职于《晋绥日报》社,直到南下重庆到《新华日报》为止。是谁将"刘富兰"改名为"刘胡兰"的呢?胡正说:

> 刘胡兰的原名确实叫刘富兰——在乡村里,女孩子得这样一个名

字很好，是一个很好的女孩子名字——但是在新闻报道的时候出了问题。问题出在报道这个事件的新闻记者那里。他一耳朵就听下个刘胡兰，未加认真考证就把新闻发回来，并且发出了。结果这则新闻在当时影响特别大，受到中共中央的高度重视，毛主席的题词也到了。

其实那个新闻是内战爆发初期一则普通的新闻，谁都没有想到引起这么大反响。毛泽东的题词出来之后，刘胡兰烈士的事迹就开始演变为一个非常重大的宣传事件，政治含量当然就不一样了，因为其不一样，所以人们关注比较多，因为关注多，所以关于刘胡兰的各种细节就日益丰富起来，这一关注不得了，错误就凸显出来了。

这时候，从文水方面有反映过来，说烈士不叫刘胡兰，叫刘富兰。但是，没有办法，报纸早已发了，主席的题词放在那里，已经定型了，全解放区都知道刘胡兰了，临时改过吧，显然不合适，不严肃，就这样将错就错一直叫到今天。

解放之后，胡文秀因为烈士大红大紫，正好她姓胡，为了把这个新闻技术上的失误继续"圆"下去，就说人家是取了爹妈的姓叫下个刘胡兰。这个说法就此诞生，一直沿用至今。

新闻报道的作者为李宏森，这个李宏森是湖北人，年轻，热情，难免粗心。

巧的是，文水方言和李宏森的湖北方言，"富"和"胡"都念作"糊（音）"。1997年1月，时任山西省委书记的胡富国出席纪念刘胡兰英勇就义50周年活动，听文水县领导把他的名字念做"糊糊国"时，曾笑得前仰后合。"刘富兰"的"改名"，应该说是文水方言加上李宏森粗心共同造成的。

孙谦在云周西村活动，自然想到了离云周西不远的南安村，自己的父母亲、弟妹们不知怎么样了，自己忙于打鬼子，已经八年没有回家，他想利用工作之便，回家看看。"抗战八年，我一点都得不到家人的信息，多么想念他们呀！"主意一定，孙谦赶到了下曲村，跟随军工作团的宋玉说明了情况、请了假，骑了一辆自行车，向南安村飞奔而去。

这辆自行车，是日本投降后从日本人手里缴获的，是发给搞反奸反霸的同志工作时骑用的。那时自行车还是件特别稀罕的交通工具，不会骑自行车的孙谦，一路摇摇晃晃，沿途的农民看到自行车，便停下脚来盯着看稀奇，一些小孩子见了更是惊奇地叫喊着，追着孙谦跑了好长距离。孙谦踏进家门的时候，太阳已经落山。孙谦在《演戏及其它》一文中，为我们讲述了黄昏时分与亲人久别重逢的场面：

隐约中，我看到父亲正在收拾庄稼秸秆。我喊一声："爹！"喉咙就像堵了东西，再也说不出别的话来了。我爹愣了一下，忙扔下柴禾，直奔我而来。他一下抱住了我，便呜呜咽咽地哭了起来。紧接着，房门响处，我妈、我三弟、四弟和小妹妹都跑了出来。我妈看了我一阵，说："可把你盼回来了！"我觉得脸上湿乎乎的，情不自禁地喊了声："妈！"接着，就被亲人们拥进房里。房里挺暗，我妈取火点着了小煤油灯。我看了看弟妹们，问："怎不见二弟？"我爹忍不住，又呜呜地哭起来。

我妈倒是能挺得住，说："哭啥？能回来一个，还不够好？听人说，珠儿到了海拉尔，可既没书，又没信，没准是死在蒙古地面了。"我爹正在哭，我妈带气地说："还哭甚哩？尽管哭有啥用？娃娃好不容易能回来一趟，也不问问吃了饭没？！"我赶忙替父亲回答道："我连晌午饭都没吃。"父亲忍住了泪，说："这可坏了！家里没一点好面（小麦面粉），吃什么呀？"我说："我甚也不想吃，就想吃红面铲片片。"

父亲觉得奇怪，说："你怎想吃个那？"我说："我出去了八年多，哪里都没见过吃红面铲片片的。我就想吃俺妈做的红面铲片片。"我妈说："高粱面倒是有点，可那是一罗到底的红面，又红又粗。"我说："我就爱吃一罗到底的红面。"我妈做饭去了，我爹叹了口气，说："日月艰难！好粮食都让日本鬼子搜进了保管仓库，剩下的都是些秕谷稍粮。"

高粱面又红又粗，难以下咽，但孙谦却吃得特别香，八年多没吃妈妈做的家乡饭了，一碗铲片片里，孙谦吃到的是家乡的味道，妈妈的味道，能不香吗？！

小煤油灯下，父亲吧嗒吧嗒地抽着旱烟，想了一会儿，用疑问的口气问孙谦："你是回来不走了？还是只回来看看？"

孙谦说："我明天就走！不打仗能行吗？我们打了八年仗，胜利果实都让蒋介石阎锡山给一锅端了！看看咱们这个家：要粮没粮，要钱没钱，房子塌了，院墙倒了，不打仗能有好日子过吗？"

听了孙谦的话，父亲叹了口气，给他说了一件要紧的事：

父亲说："你说的在理。干什么事都得有头有尾。要打，就一定得打出个样子来。……得给你说件事：给你定下的亲，人家女家给退了。"我说："退了好。不能老让人家等着。"母亲气呼呼地说："可人家咒说你死了！"我说："四〇年，我不是托文政老师捎回一道信来吗？"

母亲说："再不要提那信了！媒人来说退亲，我把那信甩给了她：'死了的人还能写信？'媒人看完信，说：'快收起！日本人到处搜抓八路军军属，你这不是自寻麻烦吗？'我忍了口气，只好把亲事退了。真是好女女：在咱家住了两三年，心灵手巧，一口一个'妈'……"我爹阻止了我妈说话，转脸向我说道："你这一走，又不知道哪年哪月才能回来，可你三弟已经大了，他能一直等你办喜事……？"我赶忙说："可不要等，有合适的就给他娶。我的事不要你们操心，等打出个样子来，我自己找。"

弟妹们已经入睡，我也困的不得了，脱了衣服，钻进了四弟的被窝，脑袋一挨枕头，便昏昏沉沉地睡了。这一夜，睡得真香啊！

第二天，我妈给我做了我最爱吃的红面糊糊。吃罢早饭——冬天农村吃两顿饭，说是早饭，其实已经快晌午了。我要起身走，父亲要送我，母亲不让，说我爹爱哭，不吉利。

离家八年，吃着田家堡的红薯最好吃，回家后，提出的唯一要求是吃妈妈做的红面铲片片，临走时，妈妈做了他最爱吃的红面糊糊饭。铲片片、糊糊饭，这两顿对儿子最低档、最简单的招待，但却是天底下最深情、最厚重的爱的表达。

孙谦要告别父母和弟妹返回部队了，他要赶到亚马团长临时驻扎的梁家堡村去。三弟把孙谦送到了村口，见孙谦骑车困难不熟练，就一再叮嘱他,你刚学会骑车,把式不行,路上一定要注意安全,千万别碰到敌人。孙谦说:"这么多年了,我们不就是这么和敌人过来的?!哪一天不是在敌人夹缝里钻来钻去?!好啦,别担心我,你要替我好好孝敬爹妈!我走了。你快回去吧!"

当孙谦骑着车子走进北贤村时,不见牲口,也看不到村民;鸡不叫,狗不咬,全村一片死寂。原来,三弟担心他碰到敌人的事情,真的发生了:

当时,我并没有意识到已经闯进了敌人窝里。我下车,推着自行车走向北贤村村公所,我想问问村里究竟发生了什么事情。村公所设在低凹处的一座旧庙院里。当我正下坡时候,一个提着茶壶的村民急忙向我摆手,并向我作了个"勾九"的手势(勾九指阎锡山的十九军)。我慌慌地返身推车上坡,刚骑到车上,庙院里便响起一阵喊声:"捉活的!捉活的!"我不管他,直向村东驰去。紧接着,在我身后便响起了稠密的枪声。

真叫慌不择路:一出村,我上了新修的车路,路面上又是土块又是砖头,自行车轮子拐来拐去,怎也不由人指挥。敌人一阵响叫。我扭头一看:敌人也骑着自行车追上来了。怎么办?是保车?还是保人?我急中生智,跳下车来,钻进了没有穗头的高粱地。我跑呀,跑呀,拼命的跑。猛的,我发现这块地里有条"腰道",便匍匐在地上隐蔽起来。

果然不出所料:我刚伏下,就有敌人的两辆自行车交叉而过。我瞅准了这个空隙,跳起来跃过了"腰道",飞快地钻进了另一块高粱地里。又是跑呀,跑呀,跑得我喘不上气来,喉咙里像塞了一块红炭,腿上像挂上了千斤石,可我不能停站,为了逃出敌人的追捕,必须拼命地跑……听不到枪声了,也听不到人声了,我还是在跑。跑过了高粱地,跑过谷茬地,跑过了秋翻地,一直跑的看见了梁家堡村,我跑了整整十里地。

在梁家堡村口,我看见了亚马团长和他的警卫员们。我的腿一软,便躺在地上站不起来了。亚马急问道:"你这是怎啦?"我喘息不止,胸膛里觉得憋闷,干急说不出话来……

2014年3月8日,笔者赴陕西省咸阳市采访了孙谦的四弟孙怀珍,82岁高龄的老人,对大哥孙谦当兵后八年没有回家,在1945年初冬一个黄昏时刻突遇大哥回到南安家里的场景,记得还是那么清晰:"大哥当兵后,除了在祁县兵营给家里来过一封信外,之后就一直没有联系。直到日本投降后的1945年10月间,他被派到平遥、文水一带开展反奸除霸,顺便他从下曲村赶回南安探家,天快黑的时候,我正推着独轮车满满一车的高粱杆回家,路上看到了骑着车子的大哥,大哥一把把我抱住,我们两个人抱头痛哭。第二天,大哥就要走了,我三哥看见大哥骑回来的那辆自行车好,加上大哥不会骑车子,就想让大哥把车子留下给他骑,那是日本的'铁僧帽'牌自行车,大哥说这不行,这是人家的车子。"

自行车没留给家里的三弟,为了摆脱勾子军的追杀,最终却扔在了路边,钻进了高粱地疯跑。四弟孙怀珍说:"好多年了,我父母一直牵挂杳无音信的大哥和二哥。"是啊,大哥当兵八年这下回来了,但二哥珠儿还是没音信,他到底在哪里。

1984年秋天,孙谦应邀访问内蒙古的边境城市海拉尔。临行前,85岁的老母亲一再叮嘱孙谦:"到了海拉尔,一定要打问清楚你二弟的踪迹!有人说,他死在海拉尔了。我不信:年轻轻的,怎会平白无故的就死了?就是他真死了,你也一定得拍张埋他的坟墓的照片回来……"孙谦在《忆二弟》这篇散文中,向我们讲述了他在海拉尔寻找二弟孙怀珠的情况:

我是八月十七日到达海拉尔市的。很幸运:盟文联接待我的何德权同志就是本市人,很熟悉海拉尔的历史和掌故。他引我走进了小巷里的一家制鞋厂,并介绍我和老收发认识。白发苍苍的老收发虽和我是同乡但不同村,但他一听我说二弟,便侃侃而谈:"孙怀珠,认识。我们是在哈尔滨认识的。那时候,咱们真叫傻:为了谋生,竟往狼窝里钻!你想:在日寇和伪满统治下,今天要税,明天'出荷',别说小字号,就是大商铺也一家家的亏本关门。我和怀珠都是在小店铺里当学徒。两家店铺相继倒闭,连工资都开不出来。想回家,没盘缠。怎么办?我们约了同乡,就爬火车到了海拉尔……"

我着急地说:"他现在哪里?"

老收发吃惊地说:"怎么,你还不知道他早就死了?!"

我说:"风闻他死了,可家母不相信,也不知道他是怎么死的。"

老收发气狠狠地说:"怎死的?日本强盗害死的!来了海拉尔,怀珠给一家板车店里赶马车。工钱不多,只能勉强糊口。有一年,日本军队去攻打苏联,怀珠赶着的马车被抓出差。行车路上,吃不上喝不上,雨淋日晒,还没有走到战场上,怀珠就得了痢疾。他眼看着不只保不住马车,连性命也得赔进去了。他扔了马车,解下一匹边套马,趁黑夜绕小路,拼命往回逃,因为路途劳累,病势太重,他躺在炕上,就再没能起来……"

我向他请求道:"老同志,你能不能带我去看看怀珠的坟墓。"

老收发既没站起来,也没扔掉手里的烟蒂。他思谋了一阵,然后对我说:"老乡啊,你初来乍到,不晓得海拉尔的历史。过去,它只是个边境小镇,如今变成了大城市:高楼大厦遍地,几个月不出门,就寻不着老朋友的家了,你让我到哪里去找那个乱坟岗子?咳,都他妈的怪日本强盗!怀珠能吃苦,机灵,有志气,他要能活到现在,不也像我一样,儿孙满堂,不愁吃穿的享老福吗?"

二弟终究死在了日本鬼子的手里。孙谦的心情十分沉重,既复杂,又难受,他心疼二弟,想念二弟。

黄昏时候回了南安,吃了早饭却又要动身,在家仅仅住了一个晚上的孙谦,又回到了他工作革命的地方。此时的晋绥文联,已经完成了在实验学校文化工作团的使命,1945年的冬天,正式恢复了独立建制。在此期间,除了在汾阳应急创作《保管粮》《两亲家》《打勾子》等剧本外,孙谦还与吴刚合写了通讯《平川见闻记》,发表在当年11月30日的《抗战日报》,说的就是他在平川各县反奸除霸的所见所闻;还创作了短篇小说《老资格》,半年后的1946年5月,发表在了《抗战日报》。

8. 我的心里只有你没有他

1945年8月底，太原、绥化两个前线随军工作团动员大会刚刚结束，孙谦、胡正、王志强他们所在的太原前线随军工作团已轻装上路。而此时，一位来自文水县下曲村的16岁姑娘，与结伴的12个学生一起，正行进在从文水赶往兴县晋绥文联文工团的路上。她，就是三年后成为孙谦爱人的王之荷。他们这一行12人，都是晋绥文联文工团刚刚招收的新队员。

王之荷出生在一个革命知识分子家庭，父亲叫王德昭，生于1893年；母亲系女子幼师毕业，也是位知识女性。1994年版《文水县志》中的"人物篇"便有王德昭的单篇介绍：

> 王德昭，字懋斋，小时在汾阳城读书，1916年考入山西政法大学，……毕业后辞去县长之委任，蛰居太原、汾阳两地，从事律师工作。他秉性耿直，刚正不阿，曾为不少含冤受屈的民众伸张正义，……1938年，日军侵占汾阳城，德昭躲居汾阳城，清贫自守，几至餐食不续，始终不屈身事敌。
>
> 1941年，他返乡料理父亲的丧事后，接受抗日政府邀请，出任下曲镇第二高等小学校长，做过许多有益于抗日的工作。抗战胜利后的1945年，将其一子两女送解放区学习，并应邀赴晋西北解放区参观。
>
> 1947年6月5日，阎军72师在下曲制造了骇人听闻的惨案，杀害无辜群众16人，抓走群众100多人。为此，下曲群众公推他出任村长。他不顾个人安危，亲赴县城与阎军据理力争，使无辜群众得以释放。在任村长期间，他秘密为共产党传送情报，1948年因叛徒告密，被阎军杀害于下曲镇汤王庙西。

文水县政协1987年12月编印的《文水文史资料》第6期刊载的《王懋斋先生传略》一文说，1945年秋，晋绥文联文工团的一支宣传队在文水县下曲村一带演出，队长携团长亚马（真名李汝山）信函拜见革命人士王懋斋，与他一起分析抗战胜利后的革命形势，并邀请到晋绥边区首府访问，了解到其长子以及两个女儿好学上进，建议他将孩子们送到晋绥解放区学习，对此王懋斋慨然应允。就这样，王之荷和哥哥、妹妹一路跋涉来到了兴县，王之荷和妹妹王之戎安排在了文工团，哥哥王之兴则上了贺龙中学，从此参了军。王之荷兄妹从下曲出发半月后，王懋斋便动身前往晋绥解放区参观访问；在兴县，边区领导带王懋斋参观边区各个工作部门，协商中国未来命运等革命大事，安排他参与边区法律修订等各项工作，嘱托他回乡后为革命多做有益工作，遇到问题时要和亚马取得联系。一年多之后的1947年5月，王懋斋肩负重任从晋西北回到下曲。

王之荷从小受到父母思想的熏陶教育，1945年奔赴晋绥边区参加革命时，年仅16岁。《山西文学》编辑部的记者2010年专访了当时81岁高龄的王之荷，对于兄妹三人奔赴兴县一事，王之荷说：

我是1945年8月从家里出来的。那个时候并不知道国际形势是什么，农村也没有报纸，比较闭塞，真是过一天算一天。晋绥文联文工团来村里招人，也就是招八路军文艺兵，我们是村政府党支部批准推荐的。之前我们并不知道村里有地下党，但我父亲和他们有联系，知道了这个消息就把我、还有一个妹妹和哥哥推荐上去了。

我们一起走的有十二三个人，只记得我们一路走高粱地、玉茭地，不停地走。没有交通工具，都是步行。终于在一个晚上到了兴县，有两个穿军装的女同志接待我们，发了衣服和铺盖。那一年我16岁，第一次离开老家，成了公家人。

就这样到了文工团，主要任务是学习文化知识和搞宣传工作。在根据地，实行供给制。所有的吃喝穿戴都是公家给。上到领导，下到勤卫兵，没有工资，没有个人生活，都是集体的。训练、学习、工作都在一起。生活很艰苦，可是大家很愉快，在工作上从不讲条件，叫干什么就干什么；在生活上更不讲享受、待遇。这种乐观和团结友爱的精神，今天还记忆犹新。

到了1945年初冬，孙谦他们临时成立的文艺工作团，已经不适合露天演出了，奉命解散后，像孙谦这一部分同志，要到各县继续开展反奸反霸斗争；而另一部分，像孙谦紧急调来做女演员的王志强，就回了文联总部加入了随军艺校，也就是王之荷所说的文联文工团。

刚刚和孙谦在汾阳、文水搞宣传演出工作的王志强，回到兴县驻地后，却和此时已在文工团的王之荷住在了一个宿舍。

王志强在接受笔者采访时说："1946年初我回到兴县，因为文联恢复建制，我被分在了文联文工团，沈毅担任团长，我和王之荷住在了一个窑洞有两年多。不久文工团解散，我们都分到文联文学部，就住在兴县城的一个大地主院，十几间房，两进院，由文学部主任卢梦辅导我们学习和写作。我1945年在汾阳演戏，1946年回到兴县在戏台上还是演戏，前后我一共演了一年多，我和王之荷曾唱了一个歌子，叫《姐妹摘棉花》，男主角是张鲁，就是延安鲁艺演出的《白毛女》的作曲，当时他是文联的音乐部长，我和王之荷我们两个不会唱，张鲁就一句一句地教，我们就是这样的情况下上台演出的。"

王之荷和王志强被分在文联文学部，孙谦在晋中平川的反奸反霸工作结束后，也返回了文联。孙谦和王之荷、王志强，不仅同在文联工作，又都是文水老乡，加上住的窑洞又是隔壁，三个人几乎天天见面。

王之荷娇小貌美，一看就是大家闺秀，气质与众不同，让孙谦一见钟情，二见倾心。经过打听，孙谦很快知道了王之荷的身世，不久前还在下曲村检查反奸反霸工作，原来她是下曲德高望重、高小校长王德昭的千金。

接触渐渐多了，关系更近了，对王之荷的喜欢也越来越强烈，孙谦谋算着一步一步的求爱计划。而此时王之荷的眼里，孙谦年轻显老，但耿直实在，会写剧本，人有才华，所以，不论这个给她写纸条，还是那个想找她谈话，包括文学部主任对她有想法，但她始终"咬定青山不放松"，"我的梦里只有你"。

爱慕之意，暗恋之心，在两人的心中同时涌动升腾，可以说不约而同，心心相印。在孙谦的频频进攻下，他俩的关系快速升温。王之荷回忆说：

根据地男同志多，女同志少，男生把女生当做妹妹看，女生把男生当做哥哥一样关心。当然，如果有好感，男生也会写"情书"。有一个工会的男同志给我写了一封信，我看后就哈哈大笑，因为什么，我看到信里有好几个错别字。后来我告诉了关系最好的女朋友王志强，还把信交给了指导员。

1946年初，根据地的建制没有批下来，文工团就撤了，我被分配在晋绥边区文联，还有王志强和两个搞音乐的男同志也留了下来。其他人有的分配到机要部门，有的到了剧社。晋绥文联下设有音乐部、文学部、戏剧部、美术部。我被分到文学部。我和王志强住在东面的一个窑洞。我们大部分时间就是看书，晚上有时候会到蔡家崖看文艺演出。

七月剧社、人民剧社、战斗剧社的同志经常有演出，种类很多，有山西梆子、京剧、话剧等，剧目有《血泪仇》《打勾子》《王德锁减租》等。我跟孙谦就是这个时候认识的，他住的窑洞跟我们挨着。晚上十一点看完演出，没有电灯，需要点着煤油灯走十几里路，我们两个女同志就经常结伴和孙谦一起回来。这样接触的比较多，就成了好朋友。

有一天，团长把我叫过来，说："卢主任想和你谈话了，让我问问你愿不愿意。"我说："谈话就直接找我，还用你告我？他要是谈我愿意听的我就去，不愿意听的我就不去了。"我那个时候还小，不知道怎么回事，我就没去。

又过了一段时间，在看完演出回来的路上，孙谦跟我说："卢主任找你谈话，去了吗？"我说："我不知道他要跟我谈什么，我就没去。"孙谦说："没告你？他想要跟你交朋友，让我跟你说。"我就说："我没去。""为什么？"我说："怕领导了。"孙谦后来把我的意思告诉了那个主任，他回来跟我说："主任让我追你吧。"我听后笑了，我问："那你说什么了？"他慢慢地说："前车之鉴。"当时也没有多想，还是好朋友，就是觉得在那样一个环境下有一个可以互相倾诉交流的朋友挺好的。

一次孙谦告我，他参加工作以前，他妈在老家给买了一个童养媳，但他没见过，想请假回家退婚。我当时还奇怪为什么要告我啊。过了几天，同屋的王志强告我："老孙说你答应他了。"我不知道什么时候算是开始，但我们也就是那个时候确认了关系。

王之荷的这一段话中，对于两人关系是怎么确定的，一语带过，含糊其辞，没有讲明细节，"我不知道什么时候算是开始"。为了深化感情，进一步明确关系，其实，在王志强对王之荷反馈"老孙说你答应他了"之前，孙谦借机制造了一次"碰头事件"，对王之荷做了一次心的拷问，爱的加深。

　　王志强对笔者说："孙谦当时 26 岁了，人长得丑，还有一点白头发，他和我们住的窑洞紧挨着，他看上人家王之荷了，就提出让我们给他揪白头发，我说我不给你揪，他就让王之荷给他揪。1946 年过年的时候，孙谦找了一副麻将拿到他住的窑洞里，他们就打麻将，那时候孙谦写过《王德锁减租》等一些剧本，已经很有名气，他单独住一个小窑洞。我早早睡觉了，王之荷就去看人家打麻将了，那个窑洞里头有只大老鼠串来串去，孙谦在追赶捉老鼠的时候，不知怎么的就和王之荷的头碰了一下，王之荷不仅没有不高兴，反而冲孙谦笑了。王之荷在碰头笑了后，两人又有什么交流我不得而知，反正第二天孙谦就告诉我，他跟王之荷好上了，王之荷已经答应他了。就这么简单。"

　　今天看演出《王德锁减租》，明天看演出《打勾子》，那可都是孙谦写的剧本啊，借着孙谦住的窑洞和王之荷、王志强挨着的便利条件，孙谦常常是陪着她们晚上十一点看完，点着煤油灯走十几里山路，最后一起回到住地。如此的贴心和关爱，这王之荷能不心动吗？重要的是，孙谦没有像有的男同志写"我喜欢你"的条子，也没有通过领导提出谈话的请求，而是在贴心关爱的硬核里，来了个前后三次、步步为营的大胆示爱。

　　"主任让我追你吧"，他借领导之口向王之荷求爱，这是孙谦借篷使风的第一招；第二次他编造了"我要请假回老家把童养媳退掉"的谎言，使出了借镜观形的第二招；第三次，他有意制造了捉老鼠的"碰头事件"，借水推船，助澜推波，并让王志强从中传话，进一步撮合定型。在王之荷看来"我不知道什么时候算是开始"的，平时貌似老实巴交的孙谦，却"因为爱，所以爱"，三次机智的"投石求爱"，一次比一次深入，一次比一次明朗，步步都在孙谦的精心设计中。

　　孙谦在晋绥文联时的两位战友侯恺与杨娜，相互倾心，萌生爱情。

1946年春天，侯恺调往《晋绥日报》社，他与杨娜商定举办一场热闹而简约的婚礼，在选定婚礼主持人的时候，思来想去，他俩邀请文联时的好友孙谦出任担纲。婚礼主持人，自然是铁哥儿们才信得过，由此也能映证孙谦在大家心目中人品的分量。

婚礼那天，在兴县《晋绥日报》的驻地，还未成婚的孙谦热情大方地为侯恺和杨娜主办了热热闹闹、红红火火的一场婚礼。孙谦与王之荷，侯恺与杨娜，两对青年战友、革命恋人，在革命队伍大家庭里，没有轰轰烈烈，却彼此炽烈相爱。有趣的是，侯恺和杨娜这两只比翼的爱情鸟已经共浴爱巢，而孙谦和王之荷的恋情，就如同泛着涟漪的湖水中默默地生长着的连根藕、并蒂莲一样，正含苞欲放，散发着芬芳……

9. 毛泽东对崞县土改工作团的批示

1947年6月，正在热恋中的孙谦、王之荷，被抽调到土改工作团，按照中共中央晋绥分局的统一安排，来到了新解放区的崞县下薛孤村，参加那里的土地改革工作。

抗日战争时期，中国共产党领导的解放区一直实行减租减息政策。抗战胜利后，毛泽东的打算是：如果没有特殊阻碍，我们准备在战后继续实行下去，首先在全国范围内实行减租减息，然后采取适当方法，有步骤地达到"耕者有其田"。

耕者有其田，这是中国农民两千多年来的热望。在抗战终于结束之时，推行土地改革正是民心所向。中共中央决定召开一次由各个中央局、中央分局和解放区主要领导参加的工作会议，研究土地政策。

1946年5月4日，会议在延安召开，刘少奇拿出了历时一个多月起草的《中共中央关于土地问题的指示》，这个指示的核心要点，就是把抗战时期的减租减息政策，改变为没收地主土地分配给农民的政策。毛泽东说："国民党不能解决土地问题，所以民不聊生。这方面正是我们的长处。现在有了解决的可能，这是我们一切工作的根本。"

因为会议日期是5月4日，此后这个文件又被称为"五四指示"。它的现实意义在于，是在解放战争激烈进行的背景下发动的，有直接支援解放战争取得胜利、唤起普通老百姓心向共产党的作用，也就是"前方打老蒋、后方挖蒋根"的效果。因此，"五四指示"发出一个多月，蒋介石便悍然撕毁停战协议，向解放区发动全面进攻，新的全国内战爆发，国内形势随即发生了重大变化。

1947年6月19日至7月中旬，为了贯彻"五四指示"，中共中央晋绥分局书记李井泉召开分局高干会议，对土改工作作出部署，决定抽调几千名干部组成土改工作团，混合编成了十几个队，分别下乡入村，要在晋绥边区全面铺开土改运动。

土改工作团的第一期任务是，分散到各地先搞试点，时间约五个月左右，然后全体人员集合进行总结，年底时，全体人员再分散到各个区继续推进土改。根据安排，西戎和束为分到临县土改工作团，胡正分到兴县土改工作团。卢梦、孙谦、马烽以及像王之荷一样的女同志等来自文化单位的，被安排到了太原北面新解放区的崞县土改工作团，其中文联的部分干部由卢梦带队，七月剧社二队则由林杉带队。

这个时候的马烽，刚刚编辑出版了他的《吕梁英雄传》，升任了由《晋西大众报》改名为《晋绥大众报》的主编，并主导吕梁文化教育出版社出版了孙谦写的小秧歌剧《闹对了》《闹嘴舌》，汇集了束为的民间故事集《地主和长工》，还翻印了赵树理的《小二黑结婚》等书，胡正也从文联调到了由《抗战日报》即将改名的《晋绥日报》。这时，马烽奉命抽调到了崞县土改工作团，他在《扎根吕梁山》一文中说：

晋绥机关抽调大批干部下乡参加土改，我们在最后一期《晋绥大众报》上刊登了一篇报纸暂时停刊的启示，然后就背起背包，分别到各个工作团去了。我被分配到六专署工作团，团长是公安局长谭政文。……首先是集中学习了几天有关土地改革的文件，然后就确定去崞县（今原平县）十八村水地各村进行土改试点。

工作团混合编成了十几个队，分别进驻各村。我被分到了大牛堡工作队。……工作队进村后,首先是进行社会调查,整天和贫下中农们同吃同住同劳动,访贫问苦,扎根串联,启发他们的阶级觉悟;然后就是组织贫农团,讲解土改政策,划分阶级成分,召开大大小小的诉苦会,和地主们清算剥削账,进行面对面的斗争,最后就是分配胜利果实。……我在大牛堡住了将近四个月。各村土改试点结束后都集中到了团部住地砂城村,进行工作总结,经验交流。……崞县土改很快大面积铺开了。

张稼夫做为晋绥分局副书记,他在《庚申忆逝》一书中,谈到了对当时土改中的一些情况:"运动初期是比较健康的,但是很快的便出现了明显的左的偏差,为这一伟大的运动造成一些严重的不良后果。大约是在春初,康生由陕北来到晋西,到临县的郝家坡蹲点搞土改。……有一部分地主、富农的土地数量远远超过平均数,还在依靠出租土地和高利贷剥削农民,还有相当的资财。但是,同样也应当看到,……相当一部分的地主占有的土地和资财已经不多了。例如,晋绥边区的第一流的地主牛友兰。……在土改中,牛友兰成了主要斗争对象,死得很惨。"

战斗剧社前几年编演的话剧《一万元》中的主人公牛友兰,1909年入北京京师大学堂因病返乡,一直热心教育、支持革命,为抗日救亡竭尽全力。1937年秋冬,贺龙率领的八路军寒冬时节穿不上棉衣,牛友兰将自己店铺库存的布匹、棉花等物资慷慨捐出,还自筹资金一万元创办晋西北纺织厂,直接向抗日部队提供布匹等紧缺物资,并响应晋西北行署"献粮、献金、做军鞋"的号召,带头献金 8000 元白洋,粮食 125 石;后将纺织厂白白送给抗日政府。但在土改的时候,开明绅士牛友兰被残酷揪斗,被人们称为"斗牛大会",并逼着他的儿子牛荫冠用铁丝穿进牛友兰的鼻孔,游街示众。时为《晋绥日报》记者的胡正,当时就在"斗牛大会"的现场。山西作协的鲁顺民,在《晋绥土改与牛荫冠》的调查报告中是这样写的:

那一天,(胡正)胡老作为《晋绥日报》的记者,被派到蔡家崖斗争牛友兰大会现场采访,上午九点多,晋绥分局书记李井泉到达现场巡视大会准备情况。……胡老随李井泉进去之后,李井泉即对牛荫冠说，你要和牛友兰划清界限。

主持大会的是晋绥分局宣传部长周文，还有兴县专区行署书记马林，和胡老是老相识，……牛友兰和一群被斗的地主、富农和一些"坏干部"跪在会场前面，他们跪的地方都均匀地撒着料炭。斗争到高潮，要押着一群斗争对象游街，当时一些人将牛友兰按倒在地，把一根铁丝穿进牛友兰的鼻孔里头，并说：牛荫冠，过来，牵着老牛游街。

牛荫冠也没有办法，就过去把铁丝牵在手里。……胡老说，他就站在跟前，看得清清楚楚。当牛荫冠接过贫农团的人递过来的铁丝，牛友兰也很吃惊，当然也很生气，看着牛荫冠就摆了摆头，鼻翼下面的骨头相当的薄，也相当的脆，一下子就拉断了。

群众都知道牛友兰先生对抗战的贡献，心里早就憋着一股子气，斗争在这个时候再也进行不下去了，而且会场开始乱了起来，马林马上让人放掉牛友兰，去掉手脚上的镣铐，扶老人回家休息。结果，牛友兰回家之后就开始绝食，好多人都劝老人进食，但谁劝也不起作用。老人在绝食三天之后愤然弃世而去。

值得赞许的是，晋绥边区土地改革中的左倾偏向，很快引起了党中央和毛泽东主席的重视，叶剑英主持召开临县三交土改工作会议迅速纠偏，晋绥分局也采取了强力措施及时纠正，整个土改工作及时走上了健康发展的轨道。毛泽东《在晋绥干部会议上的讲话》中，对晋绥边区土改出现的偏差做了总结："在划分阶级成分中，在许多地方把许多并无封建剥削或者只有轻微剥削的劳动人民错误地划到地主富农的圈子里去，错误地扩大了打击面。……在土地改革工作中侵犯了属于地主富农所有的工商业；在清查经济反革命的斗争中，超出了应当清查的范围；……在某些地方的土地改革中不必要地处死了一些地主富农分子……"

需要反思的是，这次的偏差是继"抢救运动"之后的二次"左拐"、再入"左"道，仍旧是由康生一手造成。好在瑕不掩瑜，毛泽东说："在这方面曾经发生的偏向，现在也已纠正了。……晋绥解放区的土地改革工作和整党工作，我认为是成功的。"

充分发动群众，与群众打成一片，依靠贫雇农，团结中农，让底层受苦的群众得到实惠和利益,是这次土改工作的制胜法宝和工作基础。孙谦在这次土改中,被下派到崞县的下薛孤村试点。因为和孙谦两人相恋的特殊情况,王之荷被批准随孙谦到了下薛孤村。他们首先进行了社会调查,然后讲解土改政策,划分阶级成分,进行剥削清算,最后分配胜利果实。他和贫下中农同吃同住同劳动,按照规定程序和步骤有效推进土改工作,作为有觉悟的一名共产党员,孙谦的工作主动积极,非常扎实。

下薛孤村所在的崞县,现在改名为原平市。1956年盛夏,文学青年杨茂林,应山西省文联邀请,住到文联客房修改中篇小说《新生社》。每天上午工间操期间,都干"爬格子"营生的作家马烽、西戎、束为、孙谦、胡正等人,都要从办公室走出来,聚集在二楼小花亭,一边伸胳膊踢腿,一边谈天说地。到这时杨茂林也搁下笔来,很有兴趣地参加这种聚会。孙谦听杨茂林说的是满口崞县话,就问他:"你是崞县人吧?""是的。我是崞县的。""哪个村的?""下薛孤村的。"

"啊,你是下薛孤村的?"孙谦目光一亮,兴致勃勃地说:"我参加晋绥边区土改工作团,就在你们村搞过土改。那时候,你恐怕还是个儿童团吧?唉?那个姓狄的农会主席,现在还当干部不?"一连串的问答和交谈,杨茂林一下子就感觉,这个孙谦老师太了解农村、太熟悉下薛孤村了。在一篇题为《孙谦敌对挠羊汉》的文章中,杨茂林这样写道:

(在和我交谈的时候)孙谦说:"你村有个外号叫'老母猪'的挠羊汉,你认识吗?"

我说:"当然认识。他的本名叫刘明忠。我可以说是从小看着他摔跤长大的。"

孙谦充满豪情地说:"我还同'老母猪'摔过跤哩!"

从旁走来的马烽风趣地说:"快别吹牛了,听说以后吹牛要征税的!你跟'老母猪'摔跤,恐怕人家连眼皮子也不抬吧?"

孙谦说:"不,我几乎把他摔倒呢!"

马烽说:"几乎摔倒,还是没摔倒嘛。人家没倒,肯定是你倒了!"老马说罢,就朝楼里走去了。

孙谦看看老马的背影，对我说："老马那时候也在崞县搞土改，他在离下薛孤十多里的大牛堡村。我跟'老母猪'摔跤的事，他并不知道。"

我蛮有兴趣地说："'老母猪'身高力大，摔跤又稳健又有股巧劲，连着几年在原平七月二十二古会上挠羊，简直成了无人匹敌的跤王。老孙，您真的同他摔过跤吗？"

孙谦吸了一口烟，说："当然是真的。那时候，我刚刚二十七八岁，年轻气盛，经常与村里的年轻人摔跤。地头摔，街头摔，习个空儿就摔。我曾经连着摔倒过三四个小伙子，心中最大的愿望是想同挠羊汉较量较量。'老母猪'恰好跟我住的很近。有一天，我串联了几个年轻跤手，谦恭有礼地走到'老母猪'面前，请他教我们几招。'老母猪'说：'行啊，咱们一个个交手，你们要各自使出浑身解数往倒摔我，谁能摔倒我，我就拜谁为师。'几个年轻跤手相互看看，谁也不肯首先出马。于是，我就第一个站出来，同'老母猪'准备交手。这时，正与我谈恋爱的女工作员王之荷，急忙制止我说：'老孙，别逞能了！'我朝她挤了挤眼说：'没事！'就正式同'老母猪'交了手。"

我赞美道："您的勇气真够可以的！"

孙谦神气十足地说："我不仅有勇气，也有招数。一交手，我来个'饿虎扑食'，扳住他的一条腿，一直拥着他倒走了三四步。场外的年轻人高声喊着：'孙老谦，加油！孙老谦，加油！'眼看我就要把他摔倒了，不知他怎么一借力，却把我放倒了！"

我说："你真要把'老母猪'摔倒，那可就出名了。"

孙谦笑了笑说："不过，输给名家不丢人。好坏我是敢同名家较量。"

这故事我既不是听别人讲的，也不是从报刊杂志上看到的，而是他亲自对我讲述的"原版"故事。

深深扎根于人民群众之中的孙谦先生，正是靠着这种"敢与名家较量"的精神，从晋绥根据地走向全国，从一位普通文艺工作者终于成长为电影、文学两界的大名家！

是啊，具有丰富农村工作经验的孙谦，不论搞文学创作，还是做具体农村工作，都是一把好手，和干部群众打成一片，处出感情来，那是他的长处。轰轰烈烈的土地改革和解放战争，孙谦感受到了共产党的英明，感受到了人民力量的伟大，感受到了伟大变革中文艺工作者肩上的使命。1946年2月，他独立完成了三幕十场表现反奸斗争的秧歌剧《红手帕》，后由林杉执导七月剧社二队在各地巡演。1946年10月，与关雨亭合写了报告文学《穷朋友》。1946年11月，创作了两篇短篇小说《村东十亩地》《胜利之夜》，还创作了报告文学《土地回来了》；1947年1月，创作了五场秧歌剧《我又来了》。特别是《民兵歌》《土地回来了》，发表在7、8月间的《晋绥日报》上。同时，短篇小说《胜利之夜》《村东十亩地》等，还在《人民时代》等其它刊物上陆续发表。

当年孙谦作为一分子的崞县土改经验和晋绥土改运动，成为了共产党人的一项伟大壮举写入了历史，它不仅创造了伟大的人民，也创造了一个伟大的时代。七月剧社的副社长林杉，时任崞县土改工作团秘书，他受土改工作团团长兼中共崞县县委书记谭政文之命，为工作团起草了《山西崞县是怎样进行土地改革的》的长篇报告。之后的1948年3月12日，毛泽东在报告上做了长篇批示，肯定了崞县的经验：

这是山西崞县的一篇通讯。在这个通讯中说明了那里的群众斗争业已展开，群众对于分配土地业已完全酝酿成熟，在一个农民的代表会议上完成了平分土地的一切准备。那里对于划分阶级成份，曾经划错了许多人，但是已经公开地明确地经过群众代表的讨论，决定改正。对于不给地主以必要的生活出路，不将地主富农加以区别，侵犯中农利益等项错误观点，作了批判。总之，在这篇通讯中所描述的两个区的农民代表会议上所表现的路线，是完全正确的。……应当注意收集和传播经过选择的典型性的经验，使自己领导的群众运动按照正确的路线向前发展。……领导者的责任，就是不但指出斗争的方向，规定斗争的任务，而且必须总结具体的经验，向群众迅速传播这些经验，使正确的获得推广，错误的不致重犯。

错了的就改，正确的坚持，领导者不仅要把方向，也要出经验。

谭政文的报告和毛泽东的批示全文，在当时的《新华日报》上全文发表。1996年的时候，又重新发表在《毛泽东文集》第5卷第79页、80页上。毛泽东在批示中还要求，这些经验"值得印成一个小册子，发给每个乡村的工作干部。"崞县经验成为了全国土改的先行示范和有益借鉴，一定程度上推动了解放区的土改工作。这其中，也有孙谦以及文联土改工作团的一份劳动和汗水。

1947年10月的一天，正在崞县砂城参加第一期土改工作总结的孙谦，接到一项新的命令，他忙从崞县赶回了兴县。

第五章　东北触电

1. 西北电影工学队向东影进发

在电影界,常常把圈外人开始接触和从事电影工作称为"触电"。

孙谦是新中国著名的电影剧作家,许多人以为他的触电是从1948年5月进入东北电影制片厂开始的。其实,他的触电时间应该是从1947年10月的西北电影工学队算起。

1938年8月18日,上海电影制片公司的袁牧之和吴印咸从上海带着电影器材到达延安,在中共中央和八路军总政治部的组织和领导下,成立了"八路军总政治部延安电影团",拍摄了《延安与八路军》《陕甘宁边区二届参议会》《南泥湾》等新闻纪录片和《白求恩大夫》《延安各界纪念抗战五周年》等新闻素材;拍摄了数以万计的反映陕甘宁边区和延安各方面活动的照片;巡回放映了十几部苏联早期优秀故事片。抗日战争胜利后,延安电影团人员扩展到36人,共有一个摄影队和一个放映队。孙谦在"部艺"的时候看过两场电影,那就是延安电影团的放映队为他们放映的。

1946年7月底,以延安电影团留在延安的部分人员为主体,组建了延安电影制片厂。中共中央西北局书记习仲勋担任该厂董事会主席,董事有陈伯达、安孜、李伯钊、李卓然、江青、鲁直。电影厂人员有翟强、冯白鲁、程默、凌子风、钟敬之、高维进、石联星等。9月,该厂开始拍摄由陈波儿、伊明编剧的《劳动英雄吴满有》的故事影片。

1947年3月19日,国民党派大军占领延安,中共中央首脑机关坚持留在陕北与敌周旋，延安电影制片厂撤离延安随军转战陕北，电影《劳动英雄吴满有》停止拍摄。这个时候，孙谦已经随土改工作团住在了崞县的区里和村里。

转战期间，延安电影厂拍摄了蟠龙战役实况等战地资料，随军摄影小组拍摄出党中央机关转战陕北以及记录毛泽东、周恩来、任弼时等在行军中的镜头，累积影片素材十四本，数量很大，十分宝贵。这些影片资料，后来被辑入纪录影片《红旗漫卷西风》和《还我延安》之中。但由于当时物质和技术条件有限，他们只做了一般性的保管工作，这些胶片在未做冲洗的情况下，稍有不慎便会毁于一旦。

1946年4月14日，东北民主联军解放了长春，东北解放区已经派人接收了敌产满洲映画株式会社（简称"满映"），在此基础上成立了东北电影公司。1946年6月东北电影公司北迁至合江省（今黑龙江省）兴山市，也就是现在的鹤岗市。1946年10月，东北电影公司更名为东北电影制片厂，至此，"东影"已经初具规模，具有了一定的基本设备和洗印制片条件。

1947年八九月间，战局急转，延安电影团的钟敬之、凌子风、程默从保卫陕甘宁边区战场来到当时的后方晋绥边区机关的驻地，他们得知了"东影"成立的情况，还获知华北解放区也有晋察冀军区政治部电影队，并开始摄制了纪录影片《自卫战争新闻第一号》。经过商议后，他们向中共中央宣传部提出建议：对于目前我们已有的大量急需洗印加工的电影资料，因西北地区无法完成，应该把这部分底片尽快送到我党的东影厂做冲洗加工并编制成片；同时建议带一些有专长的青年文艺工作者同去东北，学习电影的各种专业技能，为将来建立西北地区电影基地作前期准备。

这个建议经得中央同意后，指明由西北局和晋绥分局负责筹办，在习仲勋和贺龙的关怀支持下，由分局宣传部副部长周文同志直接指导，决定成立以工作、学习为主要任务的西北电影工学队，并于1947年10月20日制订了《西北电影工学队简则》，明确了方针任务，调集了参加人员，确立了组织机构，明确了工学队宗旨，之所以名称叫做工学队，是从"兼有工作与学习双重任务"之意而来的。

由周文主持制订的《西北电影工学队简则》，对工学队队员的基本条件、人员安排、各项职责也做了详尽规定：

（一）本队是"西北电影厂"未正式建厂前一个作为研究与学习的团体，凡西北有志于电影事业的同志，经本队队务委员会同意及组织上允许便得参加本队，集体赴东北电影厂学习电影各部门技术。学习期暂定为二年。学习期满后，计划再吸收一部分专门人才，回西北开始拍摄工作，正式建厂。

（二）队员一般以陕西、山西籍人为限，但在陕、晋二边区工作多年而又决心从事西北电影工作者，亦有参加资格。

（三）一般队员年龄须在30岁以下，但以曾经参加数年边区文艺宣传工作，并有过下乡或部队工作的经验者为合格。

（四）队员人数暂定为20名，依据所学部门的需要，学习分工与名额暂定：编导六七人，摄影五六人，美术二三人，音乐三四人。

（五）队员参加后，对将来的学习问题，当依据电影工作的需要决定其学习项目。但以不全部脱离原有的业务基础为原则。

（六）队员的学习任务以电影各部门的技术学习为主，但不是单纯学习技术，应随时提高自己的思想认识、政治时事和理论文化等，以养成真正能为人民服务的新的电影技术工作者。

（七）本队学习计划：在行军期间除应随时组织队员进行观察各地的人事、景物及斗争事迹并采集某些材料外，尚应随时进行时事政治及一般电影知识的讲座和普通摄影技术的学习。到东北之后，整个学习计划则须按东北电影厂的规定进行，但以尽量多争取分散参加实际工作，而不以集中学习为主。

（八）每个队员在二年学习期满后，不一定都能具有单独工作的机会和能力，必需将来回西北工作中参加见习，以期逐渐培养成熟技术。

关于工学队的人员组成，在中共七大上当选为中宣部长的陆定一对凌子风说，你来组队吧。于是，凌子风招兵买马，工学队抽调名单很快开列出来了。最后，从西北地区的"抗战剧团""绥德文工团"，晋绥地区的"战斗剧社"、晋绥文联、"七月剧社"等单位调集有各种不同专业的人才达到 20 多人。成员有凌子风、程默、赵伟、孙谦、王炎、刘西林、石联星、高维进、申伸、张琪、郝玉生、张沼滨、李秉忠、林景、苏云、杜生华、苏坚、朱革、高田、高振寰、王岚、张璞（张清人）、杜万英、彭虹、拓新等。

队务委员会五人的分工为：队长钟敬之，党支部书记为战斗剧社的副社长成荫，教学部为凌子风，技术部为程默，队秘书赵伟，队委由队长定期召集会议，下设教学、技术二部，负责全队的工作与学习，协助执行日常行政工作。

1947 年 10 月中旬，由当年鲁艺教师钟敬之率领的程默、凌子风、石联星等工学队队员，先期到达晋绥分局所在地的兴县北坡村，成为首批集结的队员。

这时，正在山西崞县砂城参加第一期土改工作总结的孙谦，接到了到兴县西北电影工学队报到的命令。孙谦说："1947 年，我正在原平县搞土改，一个命令：调西北电影工学队到东北电影厂当编剧。当时我对电影艺术完全是陌生的，甚至连电影是怎么一回事也搞不清，让一个只看过两次露天电影的人去当电影编剧，除了好奇之外，能谈到什么爱好和自愿吗？""我有一种莫名其妙的威胁和恐慌心理。"在这项从没干过的陌生工作面前，他有严重的畏难情绪。

王之荷说："孙谦编过好几部大型秧歌剧、道情剧，所以让他加入西北电影工学队是让他做编剧工作的。他很惊讶，之前只看过两三部电影，对电影剧本的写作常识了解很少，对电影的拍摄制作程序，更是一窍不通。接到任命，他心里没有一点思想准备，作为一名军人出身的文艺工作者，服从命令是天职，经过考虑，最后还是接受了组织的安排。"

真是"有人欢喜有人忧"，和孙谦截然不同的是，苏云听到参加工学队的消息后喜出望外。《苏云传》一书中是这样说的：

1947 年 10 月下旬，第一期土改工作正在沙城进行总结。"七月剧社"的同志们因为参加土改工作团好久不在一起了，见面之后都特别亲热，抢着介绍自己工作中的一些新闻。"七月剧社"的社领导和二队的队领导高禹、林杉、鱼讯找苏云谈话，说："西北电影工学队要从晋绥抽调一批干部,赴东北学习电影,分局已经批准了。现在决定从剧社二队抽孙谦、你、张其、李秉忠、张清人、王之荷、王之戎参加西北电影工学队去东北。"苏云一听,真是喜出望外。原来他只敢想将来的哪一天能学会照相,没想到组织上现在就要调他去学习电影,电影比照相要高级多了,听说出来的人都是活的,像真人一样会动。乐得他嘴都合不上了。

1947年10月,在晋绥分局所在地北坡村集结待命的西北电影工学队,首先在思想上和组织上作了必要的整顿,学习培训了《西北电影工学队简则》。对于肩负着特殊历史使命的工学队员,领导们既讲组织原则,又做思想动员,阐述重要意义。孙谦在1982年6月的时候回忆说:"记得我刚调到西北电影工学队时,领导上曾说:东北有个电影厂,西北也准备搞个电影厂;我们要用这种最现代化的、最大众化的艺术武器,为工农兵服务,为解放和建设新中国服务。你们去东北的任务,就是学习、学习、再学习,一定要把全套技术学回来。"

临行前,工学队在物质上补充了全副行军装备,工作人员提前对护送的电影资料进行了初步整理,进行了分类、编号和登记,没有防潮设备,就用自己钉的木箱,在内侧糊上一层纸勉强当作装具。完成了行军的一系列准备工作,1947年10月24日,孙谦与工学队一行人马,从兴县的北坡村出发了,开始向东北新解放区进军。

这是一次面临艰辛和生死考验的长途跋涉,他们要途经晋察冀的阜平、冀中深泽、石家庄、平西游击区、冀热辽边区、赤峰、通辽、齐齐哈尔等地,才能到达目的地。

整个队伍继续向东北方向行进,路经山西省的代县、繁峙,1947年11月到达了晋察冀边区的首府——河北省阜平县。此时已近隆冬,北方的天空飘起鹅毛大雪,覆盖于地面之上,白茫茫一片,偶有几处零星微弱黑点。孙谦的帽檐上、棉大衣上覆满白雪,他深一脚浅一脚地踏在雪地上,刺骨的寒冷从脚底直直钻了上来,冻得瑟瑟发抖,行进已是十分困难。

晋察冀区党委宣传部长周扬在阜平接见了工学队队员。工学队的领导钟敬之、成荫向周扬汇报了工作。工学队同行的同志中,不少是周扬在延安鲁艺当副校长时的学生。周扬说，这里有汪洋领导的电影队，集中了不少由满映来的电影专家，他们正在拍摄冀中大平原上的火热战斗，并能很快由放映队放映。

孙谦这些对电影一无所知的人，听了周扬部长的话都坐不住了，齐声要求让他们这些老学生到冀中汪队长的电影队去学点启蒙知识。当晚，周扬请他们看了一场电影，对于这些将要以电影作为自己未来武器和职业的年轻人来说，这是最好的款待、最高级的享受了。

鉴于天寒地冻，行军困难，而且国民党在东北寸土必争，战势严峻，去途关口处处受国民党军队控制，加上工学队为一支非战斗队伍，缺乏战斗经验，倘若继续往东北行进，学员的安全难以保证；特别是他们去东北要经过的赤峰当时正流行鼠疫，周扬决定工学队到河北省深泽县东北马村，与汪洋的晋察冀军区政治部电影队（简称"华北电影队"）一起休整学习，等待度过冬天后再走。

华北电影队于 1946 年 10 月在河北省涞源成立，由原晋察冀军区抗敌剧社社长汪洋任队长，队员三十多人。为适应当时动荡不安的战争环境，华北电影队把电影设备、器材经过改装，全部安置在一辆胶轮大车上，以流动方式在冀中平原开展巡回放映和新闻电影摄影工作，此时他们驻扎于深泽县东北马村。把工学队也驻扎在东北马村，是周扬特地选定的，为的是来自不同地区的两支电影队伍，便于一同安排休整，统筹各项工作。

孙谦从崞县赶赴兴县参加电影工学队时，有一件让他十分挂念、特别不放心的事。王之荷和妹妹王之戎，两人是和孙谦一起派到了崞县参加土改工作团的，在下薛孤土改试点工作结束后，在开展的"三查三整"运动中，王之荷姐妹被下放劳动了。

"三查三整"，是指 1947 年至 1948 年间，中共为了纯洁革命队伍，确保土地改革所进行的整党运动。"三查"是指查阶级、查思想、查作风。首先审查本人的出生日期，审查直至祖父母的家庭出身。王之荷和妹妹王之戎对祖上的成分，随口报了个富农，这就出问题了。在土改中，富农地主是革命的对象，查出问题后只有两条出路，一是听从发落，二是送回老家。可下曲村已被国民党控制，她们回不去了。

就这样，土改工作团就把她俩下放到了崞县纺织厂。在那里，她们的工作就是纺线线、缠线线。

在首批出发的队员当中，有不少夫妻队员。像凌之风和石联星是夫妻，钟敬之和高维进、成荫和申伸等等，也都是夫妻队员。当时革命队伍中，对结婚有个"3725团"的限制条件，就是只有1937年参加工作、年满25岁的团级干部，才能被准许找对象的。孙谦三条都符合，所以工学队在深泽休整的时候，他特地向队务委员会提出申请，希望

1947年冬孙谦随西北电影工学队赴东影途中

能带上王之荷、王之戎一同赶赴东北，一来能一同学习电影技术，二来生活上相互有个照应，况且自己也应该成家了。

领导很快答复批准了孙谦的申请。喜出望外的他立即赶赴崞县纺织厂。正在厂里车间缠线线、苦度光阴的姐妹俩，看到孙谦的突然出现十分意外，孙谦说明来意后，她们赶忙收拾东西，高高兴兴地随孙谦上了路，昼夜星辰往深泽方向前进。

华北电影队里有两位日本的照相技师，华北电影队和电影工学队两支队伍，在驻地东北马村照了合影以志纪念。两队合影之后，好多人也都分别以小组或者单独谦和王之荷并肩站在一起也照了合影。

做过导演的孙谦还摆了一个英武潇洒的姿势，让日本照相师给照了一张单人照，只见他穿着棉衣棉裤、披着棉大衣，左脚蹬着土坡、左腿弯曲，目视前方，特别有范儿。照片洗出来后，他给马烽寄了一

张，自己口袋里装了一张。

2011年4月，笔者拜访了马烽夫人段杏绵，她深情地回忆起了孙谦和马烽两个人的深厚情谊，她说："老孙在去东北的路上，照了一张像：大冬天，他披着个棉大衣，一条腿蹬在土坡上；他在照片的后面写了一行字：'你千万不要忘了我这个老兄弟'。他把这张相片寄给了老马。就这张照片，后来老孙手里没有了，老马还很好地保存着呢。老孙去世后，我们把这张照片放进了《孙谦纪念集》里。"

好多人都说，孙谦在西北电影工学队途中的这张相片，是孙谦一生所有相片中，最有风度、最有气质的一张。

2. 在敌人的封锁线上连夜突围

西北电影工学队在冀中深泽县东北马村与华北电影队汇合了，来自不同地区的两支电影队伍，从此到1948年的新年和春节，他们在一起共同度过了近四个月的时间。趁着这段休整的时机，工学队按照《简则》上原定的计划，在华北电影队的支持下，抓紧开展了一系列的知识学习，让休整期变成了学习期。

一开始，孙谦和大家参加了队里的"三查三整"运动，在这个过程中，钟敬之作为队长注重引导学员们在学习与反思的过程中，将自身的立场、态度与艺术观点结合起来，进一步明确党的文艺工作者在面对专业领域时必须具备的正确观念，大家提高了对土地改革、解放战争的认识，提高了阶级觉悟，也提高了做好电影工作的信心。

对于电影事业将来的一支专业队伍，目前队员们对电影的陌生是面临的第一大问题，学员大多从未接触过电影，电影知识与经验严重匮乏，所以要了解电影，就要先感受和认识电影，看电影便是他们一开始的必修课程，其中有华北电影队自己拍摄的《自卫战争新闻》一号至三号。

晚饭后，放映的同志把白色的幕布挂在农民打粮食场院的树上。村子里的男女老少也都来了。一道银色的光束投射在幕布上，上面就出现了活动着的人，还能够出声说话，大家感到非常的惊奇，放映时都看得目瞪口呆。孙谦之前只看过两次电影，而苏云以及其他的队员，却是有生以来第一次看电影，放映完后围着幕布和放映机看个不停。

有一次，电影放映了一会儿，幕布上就黑了，原来是发电机有了毛病，只好把汽车的后轱辘支起来，用汽车的后轮带动发电机发电。由于发出的电不稳定，幕布上亮一阵儿，暗一阵儿，照出来的人动作也有时快，有时慢，停停放放，一部影片看了一夜。即便如此，工学队员们谁都没有一句怨言，大家都坚持到看完。

在感受电影的基础上，队里组织技术专家开始讲电影课，进行初步的技术培训。电影专业基础方面，来自华北电影队的日本技师高敏为工学队讲授电影的历史、光的知识、音的知识、录音的方式和种类、胶片化学等。另一位日本技师肖野则讲授画面构图、关于线的基本图形及摄影构图等。当时华北电影队聚集了一些来自"满映"的日本技师，包括秦彦、左山等，他们都是颇具经验的电影技术人员，给予华北电影队很大帮助，也给工学队员们做了电影方面的启蒙。

除此之外，由工学队的摄影师程默主讲摄影的技术基础以及新闻摄影与战地摄影等。利用当时队中唯一的照相机，学员们逐步掌握了基础的摄影知识。钟敬之负责讲授电影的心理与生理的基础，彭虹则讲机械知识、电磁知识和放映原理等。

对于文化程度不高，没有学过物理、化学的孙谦、苏云等这些队员来说，要掌握这些声、光、化、电的科学知识是非常困难的。每次上课，孙谦学习得极其认真，他和大家一样，做了学习笔记，详详细细地把每一个知识要点记下，逐一标出疑问之处，过后再向两位日本技师和其他讲课老师请教。闻所未闻、见所未见的新鲜知识，让孙谦从中受益匪浅。

孙谦和队员们还参加了照相的实习。程默、张沼滨搞过新闻摄影，现在则成了他们的老师。孙谦、苏云和李秉忠等几位对摄影是完全的白丁，以前从来没有接触过。老师告诉他们照相机的一些基本原理以后，就带着他们去照相，每个人只能拍几个画格。拍完照片以后，自己配显影和定影的药水，然后冲洗底片，再用印相纸印照片。照片印好后，再根据照片来研究摄影、冲洗底片、印制相片中存在的问题。

在学习专业知识的同时，队员们还安排了基础文化知识的学习。由钟敬之讲授数学的基本概念和一些基础知识，从浅显的加减乘除到勾股定律、概率计算。每次上课，孙谦和大家都埋头在纸上沙沙算着，甚至有的人捡起身旁的石子、杂草，既能用来计算还可拼图，真正发挥了艺术家的想象力。

由于当时可用的教材有好些是英文书籍，所以队中英文较好的高维进便负责讲英文字母、简单语句及英语中的电影常用字。从最基本的"ABCD"到简单的会话，一时间孙谦和大家日常见面碰头，便偶尔横插几句英语，虽然腔调尚未纯熟，但亦颇有几分洋韵。

工学队带来的西北战场上的很多重要资料，如果送到东北电影制片厂再冲洗，那就还要等很长时间，而时间长了胶片就可能出问题。领导经过反复权衡，慎重考虑，决定在华北电影队冲洗底片。虽然这里条件比较简陋，但只要细致操作还是能确保无误的。

暗房实际上就是个不见光的普通民房。用老百姓的水缸配好药水，用特制的木槽做显影、定影水的洗桶，把底片缠绕在一个木架上冲洗。因为冲洗底片用水量很大，需要到三公里外的地方挑水冲洗底片，孙谦就和大家一起走马灯似地挑水才满足了需要。就这样，在最原始最困难的条件下，完成了这批珍贵历史镜头的底片冲洗。

1948年的脚步悄然临近，热热闹闹的春节过后，在东北马村停留了四个月的西北电影工学队与华北电影队挥手道别，就要继续踏上前往东北的旅途了。华北的三月，已是春回大地，桃花、杏花开了，正是农民下地春耕生产的季节。工学队员王炎在他的自传中，回忆了1948年3月3日离开东北马村驻地时的情景：

1948年的春节，西北电影工学队和汪洋电影队一同过了个十分热闹的除夕，张琪和我还唱了西北著名的民歌《五更鸟》。但领导当天就接到命令，要求西北电影工学队赶快把反映西北战局和边区生活的4000多尺电影资料送到东北电影制片厂。

第二天一早，工学队的人都起来了，有的在打扫院落，有的在给老乡挑水。有经验的老乡一眼就看出来了，工学队要走。当我把挑来的水刚倒入缸中,慈祥的房东大娘就一把拉住我,悄声问:"孩子,是要走了吧?"

我没有回答,只是轻轻地点点头。

"我知道。"大娘抹了把脸,从过年时穿的红里子黑棉袄里掏出了一个红布缝制的小包,硬塞给了我:"拿着,到了生地方不服水土就用它冲水喝,这是家乡土,听见了吗?"

年已20多岁俨然一条大汉的我,再也抑制不住自己的激动。我哆哆嗦嗦地接过小包,紧贴着大娘的前胸,深深地鞠了一躬。这是我这一生离开母亲后又一次领受不能忘却的母爱。

锣鼓响了,汪洋电影队和全村的人都来送行。上级为了照顾西北电影工学队,还破例让我们全体队员到任何人都不准进入的新解放的石家庄市,在那儿参观学习了两天。

到了石家庄以后,凌子风的爱人石联星要生孩子,因为到东北要过几道封锁线,因此石联星留到了华北电影队,凌子风留在了石家庄文联,担任了三个电影院的总经理;王之戎因为身体的原因,留在了石家庄的一个八路军军事学校,后来和一名军人结婚了。程默也因工作上的原因留在了华北电影队。其余的所有工学队员,又踏上了奔赴东北解放区的征途。

从冀中转入冀西,继而北上,工学队一路跋山涉水,途经平西游击区,住在宛平门头沟东西斋堂和傅家台、青白口等村子里休整,等待通过国民党占领区的时机。当时,北平、南口、昌平还都被国民党傅作义的队伍占据着。要去东北解放区,必须通过平绥路(南口段)国民党军队的封锁线。这是通往东北的必经之路,工学队只能依靠武装的人民子弟兵部队护送,才能穿过这条封锁线。

在停留的二十来天中,钟敬之带领队员们做好了"过路"准备:打草鞋、磨炒面、喂饱牲口、储存食物、收拾背包、分配人员照顾小孩,将电影胶片细细收好。同时,在紧张的准备之余,工学队时刻不忘学习电影知识。

1948年4月,掩护过路的部队通知工学队和其他几个非战斗单位出发,要过敌人的封锁线了。工学队携带的延安电影团拍摄的西北解放战争的纪录片底片，是珍贵的历史资料，而且是易燃品，只要一点火星就能在几秒钟内化为灰烬。钟敬之的目标提得很清楚，就是不管遇到任何险情，唯有将全队人员和已摄成的十四盒电影胶片安全地冲过路去。

队伍里不但有一些女同志，而且还有一些婴幼儿随队行动。这都给安全通过枪林弹雨的封锁线增加了很多困难。工学队的同志们进行了明确分工：每个男同志都分配了任务，有的负责背胶片，有的负责照顾女同志，年轻力壮的小伙子负责背孩子。说起过封锁线的生死场面，王之荷在《风雨人生八十年》一文中说：

过封锁线需要做些准备，上面派出战斗部队掩护我们，还教我们如何过封锁线，号召大家轻装上阵。除了身上穿的，只背着粮食。我还记得干粮是把面切成小方块炒出来，叫面豆。那用什么装啊？我们什么都没拿，也没钱，就剪开演出的帷幕缝制成袋子，把干粮装在袋子里，系在身上。马的嘴和蹄子都用棉花和布包起来，以免被敌人发现。孙谦有一个老战友是医生，给留了一些药，孙谦也随身带了。

过封锁线保证不留下一个人，女同志就由男同志配合帮助过。我是由孙谦和另一个男同志保护着。我们的代号叫"电二团"，不敢写"电影"，怕敌人看见了，前面的人就写这个代号在关键路口作为记号。那个时候身体不太好，过封锁线之前还挺怕的，我就自己做心理准备工作。我想要是被敌人俘虏了，就说什么都不知道，绝不投降。

出发的那个晚上，我们连大气也不敢出，静悄悄地等着。天很黑，时间是约定好的。终于出发了，前面部队开始跑，我们在后面跟着。路上不能停，如果谁掉了队，非常危险。刚开始还可以，没什么情况。后来跑得上气不接下气，突然一个敌人的铁甲车开过来，漫无目的地扫射，队伍就散乱了。我们跑着要过一个封锁沟，可我一点力气都没有了，说："不行了，你们走吧，别管我了。"孙谦架着我，掏出万金油（清凉油），在我鼻子和嘴上抹，一刺激我就有精神了。

第二天早晨，我们顺利通过了封锁线。二十几个人都活着过来了，但护送我们的部队中有一名战士牺牲了，我们很难过，举行了哀悼。过封锁线时，有一个女同志把不到一岁的小孩扔掉了，还是部队的战士帮着捡回来的。

在掩护部队和敌人交火的时候，枪声、手榴弹声乱作一团，过路的干部队伍中带的孩子们哇哇大哭。他们就用毛巾或口罩把小孩子的嘴堵住，避免哭叫声。钟敬之、孙谦等年轻力壮的队员，每人肩背一盒或两盒胶片，同时照顾女同志及病号，在一片"只要人过去，影片就过去"的呼应声中，跟随护送部队冲过了刺耳的枪声，全队一刻也不敢松懈，纵然疲倦，他们依然疾步行进，一夜之间穿越了五六十里敌人占据的"封锁面"。

曙光初现，工学队全体人员精神为之一振，眼前出现了熟悉的军队，摆着冒着热气的水桶，此时的众人已是汗流浃背，却高举起装有电影胶片的盒子大声欢呼。

工学队在此休息一阵之后，便沿着十三陵的山间小路，进入怀柔，到了残暴的日寇制造的无人区"人圈"边缘，一个围着土墙的居民点里，不论男女老少都被武力圈在以土围子为墙的"人圈"里，都像原始人似的赤膊、光腿，或因没有裤子下不了炕，白天都坐在阴暗的墙角里。工学队员们把携带的仅有的或要换洗的衣裤、破床单、腰带都找出来，留给了那些深受苦难、惨不忍睹的兄弟姐妹。看着这些，王之荷和其他女同志哭了。这里距北平也不过几天的路程啊！

过了无人区，孙谦和大队人马路经丰宁、土城子，跨过敌人最后一道封锁线——郭家屯，到达了围场和赤峰。在赤峰坐上了开往通辽的汽车。到通辽后，孙谦第一次吃上了东北的高粱米饭、大苤子饭。第二天大家登上了疾驰的火车，直奔东北的首府哈尔滨。

钟敬之带队向中共东北局宣传部凯丰同志报到之后，遂即随同专程来哈尔滨接待的田方、伊明、钱筱璋、罗光等同志直接去到兴山鹤岗矿区东北电影制片厂。大家登上了北去佳木斯和兴山的火车，于1948年5月底到达目的地兴山。当工学队到来时，厂长袁牧之、党总支书记陈波儿率队热情地迎接了他们，并命令他们把身上那些杂七杂八五颜六色的服装脱掉，换上了清一色的东影新制服。从此，西北电影工学队全体队员分别参加到东影厂的各个部门，开始了新的学习和工作。

3. 未能拍片的剧本处女作《盐》

1948年5月底，孙谦随西北电影工学队到达了合江省（今黑龙江省）兴山鹤岗矿区的东北电影制片厂。工学队的队员来东北之前，原计划经过二年的学习后，再回本地筹建的西北地区电影机构工作，但这时的东影正是最困难、最艰苦的初创起步阶段，各方面的人才甚至人手都十分紧张，所以工学队来到东北后，东影请示中央宣传部批准，便将工学队人员全部归属了东影。

东北电影制片厂首任厂长为舒群，孙谦他们到达东影时，厂长已由袁牧之接任。在东影最初建厂的这段时间里，正值紧张的战斗岁月，主要的工作重点忙于筹建厂房，整顿设备，训练新老干部队伍，充实新闻编辑、摄影队和放映队等基本人员，这个时候也只能生产一些新闻纪录片《民主东北》和几种短片，还没有故事影片的创作生产能力。

当时的厂领导机构是：厂长袁牧之，副厂长吴印咸、张新实，秘书长田方。下设一室三处十八科，秘书室、艺术处、制作处、管理处。艺术处处长陈波儿、副处长钟敬之，下辖编导、新闻、音乐、演员、编译五科，制作处处长张新实，下辖摄影、洗印、录音、美工、修理五科。陈波儿任中共东影党总支书记。工学队到东影后，孙谦被安排在了艺术处编导科，王之荷安排在了制作处洗印科。

当时的东影，设备十分简陋，生活上也极其艰苦，全部实行供给制，每人每月发给津贴费折合二斤高粱米，发给生活用品：肥皂每月一块，毛巾四个月一条，牙粉两个月一盒，牙刷四个月一支，吸烟者每月烟末五两。条件艰苦可以克服，孙谦最难忍受的是吸烟受限，所发的烟末不到几天便吸完了。

来到东影不久，孙谦、王之荷便正式结婚，开始了他们的新婚家庭生活。像大多数那个年代的年轻人一样，他们没有隆重的婚礼，看重的只是双方共同的革命志向和事业追求。结婚那天，他们来到东影大门口，以上方"东北电影制片厂"字样的大门为背景，以两个不同的角度照了两张合影，照相师就是当时东影的副厂长吴印咸。对于在东影的工作和家庭情况，王之荷说：

那时东影生产刚刚恢复，为了适应解放战争的需要，厂里最初的任务主要是拍纪录片。我给分配了一个技术性的工作，刚开始学习印片子，就是一大盘胶片翻印在另一个胶片上。

电影有一些专用名词是用英文的，我在教会学校念过书，还认识一些简单的词。结果第一次操作就捅了篓子。怎么回事？教我的是一个叫大岛的日本技师，他说东北话，我也听不大懂。第一天他在暗室里教了一遍，第二天就让我自己上手了。但我之前从没有碰过这些技术性的仪器，程序都做了一遍，机子开了，也拿出盘子印了，但却忘记了最重要的一个步骤——开灯，结果把一个盘废了。那时候厂里条件不好，胶片是很珍贵的，大岛害怕了，我说处理我好了。后来也没有追究。

我和孙谦到了"东影"就结婚了。那个时候基本上没有准备什么，只要组织上知道就算结婚了。我们住的宿舍只一间房。公家给发了一个被子，记得是粉色缎面的。具体哪个日子结的婚已经记不清楚了。我们在电影厂门口拍了张照片，算是结婚照吧。有朋友问我看上孙谦什么，我觉得他诚实，对人真诚。结婚后我们很融洽，无话不谈，那么单调的生活都过得挺愉快。后来我怀孕了，就不做这个工作了。孙谦到了"东影"后就不断地看电影、编电影，也下乡、上前线。1949年冬天，我的大女儿在兴山出生了。

自从1945年冬孙谦回文水与家人匆匆一面后，父母对战后余生的长子更牵挂了。孙谦的四弟孙怀珍对笔者说："1948年打下了运城、打下了临汾，又胜利进行了晋中战役，但是我大哥怎么连个影儿也没有？私下里想，我大哥可能为国捐躯了？到冬天了，人家我大哥从嫩江兴山东北电影制片厂给来了封信，打开信一看，才知道他结婚了，还跑到合江省兴山那么远的地方。当时我还查了地图，怎么也找不到。人家在哈尔滨的东北方向，我却在西北方向找去了。后来大哥还给家里寄了一张照片，是我嫂子抱着几个月大的小侄女的照片。看了大哥的信，知道他结婚了，全家人高兴死了。"

工学队来到东影后，厂里正在开展"三化立功运动"。这项运动是袁牧之厂长部署开展的，三化即工作"正规化、科学化、统一化"，要求全厂职工以"三化"为总要求,全体党员带头,订立个人的立功、学习计划,故事片编剧、新闻片编辑和摄影、作曲、乐团等各个部门要订立保证生产目标的公约,同时制订了"七片生产计划",以保证顺利开展1949年度的影片生产。所谓七片即故事片、新闻纪录片、科学教育片、美术片、翻译片以及幻灯片和照片。七片中尤以故事片和新闻纪录片为重点。

在"三化立功运动"中,孙谦有一种咄咄逼人的压力和从未有过的苦恼,这压力来自于新闻纪录片组取得的成绩,苦恼是因为自己对电影一无所知,纯属空白,对故事片组的编剧工作毫无建树。

新闻纪录电影从一开始就是东影的生产大户和主抓项目,从1947年起摄制的新闻片《民主东北》,真实及时地纪录了东北地区的多次战役战绩、战后恢复工作、民主改革生活等重要史迹,先后共出品十余辑,其中的镜头,都是真实的战斗场面,是摄影队冒着生命危险奔波于战地和指挥部之间拍摄的,在雨淋日晒、风吹雪打、枪林弹雨的条件下,他们长期随着部队行军作战,也正由于这样,有三位优秀的摄影师——张绍柯在辽沈战役中、王静安沈阳铁西战斗中、杨荫萱在锦州巷战中,先后牺牲在了硝烟滚滚的战场上。所以摄影科的同志们以出品纪录片数量多、质量好,作为三化运动中的有功人员,受到了厂里的表彰。

相比之下,作为艺术处编导科为数不多的编剧,孙谦心里感觉非常泄气。因为当时东影厂内能从事电影导演工作的只有少数几位,能胜任编剧的仅一二人,而他本人对电影工作尚属生疏,又是新兵,而袁牧之厂长则对三化立功不断提出新要求,逼于形势和广大观众的要求,不允许等待一切条件成熟之后再开始工作。

陈波儿对故事片组采取了两项措施:一是对编剧人员提出"写工农兵"和"写给工农兵看"的编剧方向,要求从小写起,先试写小型剧本,拍小型片子;在组织人员下乡参加土改工作的同时,又派人去工厂体验生活,组织剧本写作。二是从纪录片基础上来发展故事片,对于编导干部放手培养,鼓励试拍小片或纪录片或当一两次演员,从而熟悉整个制作过程和摸索电影表演技巧,再逐步试行单独导演。

和孙谦一同刚去东影后才一个多月、和孙谦同属编导科的成荫，领导压担子让他编导《东影保育院》的短纪录片。接受任务后，成荫在不知电影为何物的情况下，苦心琢磨，写纪录脚本，编镜头计划，以生动活泼的画面，记录了东影保育院的孩子们的幸福生活，该片于10月完成后博得了大家的好评。此后过了两个月，成荫又开始了由他自己编剧的长故事片《回到自己队伍来》的导演任务，于次年5月摄制完成，由此，成荫迅速成为了东影的技术骨干。

心里没底、一片茫然的孙谦，照着陈波儿处长的要求，开始编写小型剧本。孙谦说："一开始竟然不知道电影是什么东西，到东北电影制片厂后，看了些电影，心想，就是个这？好写！一下写了十七八部，结果全扔进纸篓了。"有很长时间，他始终找不到电影剧本创作的感觉。

有个十分瞧不起解放区作家的人，当着孙谦的面嘲讽道："你以为编剧是好当的？阿猫阿狗也能当编剧？能那么容易？"连续三个疑问句的冷嘲热讽，让孙谦心里很受刺激，倍感伤害。回想着从一开始参加工学队的犹豫，到现在的不知所措，他扪心问自己：自己的这一步，难道走错了？

同样是在不知电影怎么拍、什么也不懂的情况下，为什么成荫能在短短的时间内拿出了作品，做出了成绩呢。孙谦心里清楚，成荫拍摄《东影保育院》小型纪录片的时候，那也是相当困难的，但是他的《东影保育院》居然拍成了，能看出他在片中运用了不少电影技巧，而我的个人经历和成荫是差不多的。想到这里，他去找了成荫，向他述说自己的苦恼和心事。

成荫和孙谦就走出困境、摆脱恐慌心理的问题，做了彻夜长谈，他讲了自己的创作实践体会，鼓励孙谦一定要振作起来。他说：电影是一种新的艺术形式，肯定会遇到困难，别怕失败跌倒，必须走到生活当中去，只要不半途而废，只要坚持下来，相信一定能创作出符合质量要求的作品来，你和我，还有大家，我们一定不要辜负党对我们的信任和重托。

成荫还分析了新来同志普遍存在的问题，他说：短剧、通讯、特写、短篇小说，以前写这些东西，是为了当时"解决问题"，现在写的电影剧本，与舞台剧有很大不同，既要有众多的人物，有熟悉的生活，还要有相当大的篇幅，必须按照电影的特点来进行创作。

成荫的一席长谈，让孙谦茅塞顿开，他暗下决心，一定要多学习，多观察生活，尽快走出困境，写出好的电影剧本来。他每天早早起床，不是看电影就是看书，影片库里有日本人留下的伪满片、日本片、德国片，后来又来些苏联原版片和上海的进步片，那真叫天天看、月月看；还看各种电影文学剧本，看有关论述电影的书籍。

看了书之后，他就下乡到农村，住在农民家里，还冒着硝烟到工厂去体验生活；搜集创作素材，熟悉现实的斗争生活。回到电影厂后，他就不断地自己琢磨着写，写啊写，不停地写，一个故事梗概接一个故事梗概，一个剧本接一个剧本，从一次又一次的失败中一点一滴地学，大大小小写了不少，都是不可用的剧本，但是他仍不灰心，写了又撕了，撕了重新构思再去写。

想到参加土地改革时，看见有些中农害怕土地改革，孙谦就写了个解释土地政策的电影剧本，交给陈波儿审查，陈波儿看了之后说："你写得这个题材和内容，没有情节，干巴巴的，写快板还可以，用作电影剧本是不成的。"这个剧本又被否定了。孙谦仍不气馁，想到这是党的事业，党的任务，他又继续振奋起来。文水人有一股不服输的胶泥头精神，孙谦心里想：我一定做出个样子来，给大家看看。

东影管委会成员、艺术处副处长钟敬之，在1985年6月写的《回顾在东北电影制片厂的十个月间》一文中说：当时东影"组织编写剧本则更是困难重重，甚至是难以想象的。……由集体力量编出剧本《一个武装的农民》后，又经多次改写成剧本《人民功臣》时，却因未能获得地方上的同意而被否定了。后来又派出三个小组到前方，两位同志去工厂，先后写了《孤胆英雄》《从今而后》等剧本，又都被否定了。直到1949年春，经过多数同志的努力奋战、互帮互学、反复探讨之下，才完成了八个合乎要求的剧本，如《桥》《中华女儿》和《赵一曼》等。"这八个合乎要求的剧本，其中就有孙谦创作的剧本《盐》。此时，随着前线形势的好转，东影从1949年4月由兴山搬回了长春。

《盐》写的是辽沈战役中民兵支援前线的故事。这个剧本是孙谦参加了围攻长春、组织民工队参战支前、参加辽沈战役等一系列战斗后，经过一次又一次的尝试和修改后创作完成的。工学队从兴县出发时的队员凌子风，在这个时候也来到了东影，孙谦这部列入拍摄计划的《盐》，袁牧之厂长安排由他来执导完成。

凌子风在他的回忆录中说："我到东北电影制片厂发生问题了。我到底搞什么？过去搞电影美工设计布景，还演过电影，我觉得最好的工作是摄影师。我非常想搞摄影，和袁牧之同志谈，他不同意，非让我做导演。我拍的第一部戏是《熬盐》。孙谦写的剧本。我先带着演员下去生活，后来我找政府谈，发现《熬盐》有很大问题，首先在政策上有很大出入，不能拍，放弃了。后来我就拍了《中华女儿》。"

之后，电影《中华女儿》获得了很大的成功，荣获捷克斯洛伐克卡罗维发利第五届国际电影节自由斗争奖。凌子风说："《中华女儿》是我的导演处女作，这部片子我是在诚惶诚恐中完成的，因为当时我纯属是电影的门外汉，什么也不懂，什么都全凭自己琢磨。"那时候的电影工作者，都是在一片白纸上工作，成功也好，挫折也罢，关键是要有坚韧不拔、锲而不舍的精神。

其实《盐》的停拍，还不仅仅是因为政策原因，随着整个解放战争的推进，当时党的中心工作已开始向接管城市转移，再加上剧中政策把握上的失准，《盐》不得不停止拍摄，放弃了。

孙谦说的《盐》也好，凌子风说的《熬盐》也罢，最后没有拍成，尽管留下了不小的遗憾，但是由此孙谦在他的电影创作道路上获得了鼓励、鼓起了信心、增添了勇气。这个剧本的手稿被孙谦一直保存了下来，后来他调到北京剧本创作所、山西文联工作也一直带在身边，他想把它作为个人一生的纪念来收藏和保管。不料，文革中被造反派抄走，从此下落不明。

1948年底，东影计划拍一部表现东北农民在翻身以后，年轻人都自动参军，妇女在后方生产，并积极支援前线的故事片。孙谦一直生活在农村，对农民的生活相当熟悉，领导便把这项任务交给了他。接受任务后，孙谦就到合江、松江、牡丹江三省去收集材料。在三省交界的农村里，一共住了四十几天，访问了七八个农村里的民工们和军属妇女们，仔细深入的观察了他们生产的状况和生活情形。

1948年的春天，长春已经被解放军包围了，老百姓的心里都很高兴，愉快地搞生产，热情地支援前线，本来生产支前的工作是繁重的、紧张的，但他们都充满着乐观主义的情绪。孙谦将这个素材故事化，在当地农民家里烧的热炕上完成了初稿，依照着农民们兴奋的心情处理了剧本。

后来孙谦从东影调到了中央电影局艺委会，他见到了周扬，又谈起了去年有关农民生产支前的这个剧本，感到这个故事仍有写出来的必要，便将久置一边的稿子于1949年12月第二次修改整理完成，很快被东影列入拍摄计划，摄制成了故事片，这便是1950年由凌子风导演的故事片《光荣人家》。紧接着，凌子风又导演了孙谦编剧、北影摄制的故事片《陕北牧歌》，凌子风和孙谦，说来两人还真是有难了的情缘。

孙谦凭着面对苦恼和困难不气馁、不服输的精神，使他不久便成长为东影的编剧主要力量。1949年8月，在东影工作了15个月之后，孙谦被调往急需电影编剧人才的中央电影局艺术委员会，已有身孕的王之荷此时还暂留在东影。

第六章 "花园"风云

1. "花园饭店"里的中央电影局

1949年2月,就在孙谦的第一个电影剧本《盐》即将投入拍摄的时候,东影厂的厂长袁牧之正准备奉调北平的中央电影局,厂长一职由吴印咸接任。时隔半年的1949年8月,孙谦也调任中央电影局担任电影编剧。

从1948年底开始到1949年的一年时间,从东影分若干批一共调出包括袁牧之、孙谦在内的各类电影人才多达285人。正所谓"革命工作是块砖,哪里需要哪里搬。"但是,这么密集的人员调动,究竟是为了那般?

新中国成立前,上海是中国电影的中心,但都是国民党的电影机构和一些私营电影厂。在解放区共产党领导下的电影机构中,东影是人民电影事业的一个生产基地,但目前面临的最大问题是人才严重短缺。所以,孙谦他们那一批工学队到鹤岗后,便由中宣部"扣留"为东影的正式人员。此前此后,东影通过中宣部或者同各地文艺团体协商的办法,将"比较能掌握党的政策及有一定工农兵生活体验的编剧、导演、演员等创作干部",以及音乐、美术等艺术干部,甚至港澳的进步电影工作者,调集了若干批的人到东影来工作,使东影的干部队伍迅速充实并发展壮大。同时,东影先后举办了四期电影训练班,通过压担子的办法一线锻炼、造就培养了不少人才。在短短的二三年时间内,东影便集聚和培养了一大批电影专业技术人才,成为了共产党领导下的全国人才库和电影大本营。

从 1948 年下半年开始，国共争夺的焦点转移到了大城市，随着平津战役的打响，毛泽东开始部署接管北平的各项事宜，1949 年 1 月 31 日，北平宣告和平解放。1949 年 3 月 5 日，中共七届二中全会召开，提出党的工作重心必须从乡村转移到城市。在此背景下，毛泽东正式提出定都北平，中共中央对今后电影事业的建设也开始了全盘的规划。

1948 年 9 月和 12 月，东影厂长袁牧之在爱人陈波儿的协助下，两次以书面形式向中宣部汇报东影的形势，为全面夺取政权后的电影事业献计献策。他在《关于电影事业报告（二）》中建议说："北平解放后，当奉示即于中宣部领导下，建立电影事业的统一领导机关，成为日后国营电影企业的中心，……在中心领导下，应有一直属厂，……当为重点来培养该厂为第一种国营厂中之典型，……在最初阶段，领导中心虽在北平，……可能最初还以东影为重点，或同时两个重点，最后才能将重点完全转到北平。"

根据袁牧之的报告，中共中央在 1948 年 12 月发出《中共中央对电影工作的指示》，对之前以东影为中心，向以"北平为电影事业重点"的战略转移，做出了周密的部署：

平津不日即可解放，……由东影派去干部在军管会指挥之下工作，此项接受干部应立即前来。

战争只有一年即可根本打倒国民党，应不失时机把摄影队派往各前线争取拍好许多纪录片，……

平津攻下后，电影事业的领导机关应设北平。

东影除完成本身计划外，请由牧之或印咸即准备前来中央，来时并携带：派往前线的摄影队，……建立影片公司及建立电影检查机关所必要的人员等，在中宣部管理下准备建立电影事业的统一领导机关，由牧之负责。东影所派接受北平电影事业人员应即随军南下……

东影根据中央的指示，有条不紊地进行贯彻落实，一是东影先后五批派出十八个摄影队进关随军拍摄，占东影三十二个摄影队的一半以上。二是派出秘书长田方带领 10 人，于 1949 年 1 月 31 日开始接受在北平的国民党电影机构资产和人员；1949年4月20日成立北平电影制片厂，建国后改为北京电影制片厂，田方任厂长。三是抽调新闻片组、剪辑科、录音科、摄影科等九大科组等41人进关，支援刚刚新建的"当为重点培养"的北平厂。四是随着1949年春渡江战役的胜利进展，派出钟敬之等7人进关，接收南京、上海等地的国民党官产电影，于11月建立了上海电影制片厂。

东影落实中央指示的第五项工作，便是抽调厂长袁牧之以及陈波儿、赵伟等骨干人员，于1949年2月14日奉命前往北平，开始筹建全国电影领导机构。

经过短暂而又紧锣密鼓的筹备，1949年4月上旬的5日前后，中央宣传部电影事业管理局（新中国成立后，电影局作为国家机关，划归了文化部领导）正式成立了，袁牧之被任命为局长；电影局下设艺术委员会和技术（制作）委员会，艺术委员会主任蔡楚生，副主任陈波儿、章泯；技术委员会主任史东山。此外，还设立了艺术处，陈波儿担任处长。在袁牧之调离东影上任中央电影局之后，又有包括孙谦在内的东影的编剧、导演等干部，不断被集中到北平的中央电影局工作。

中央电影局的直属单位有东北、北京、上海三个国营制片厂和六个行政区的影片经理公司以及小型的电影机械厂和感光材料厂等。此外全国还有十几家私营的电影厂。在人民革命战争取得节节胜利的时刻，在完成了对国民党官产电影的接管和改造任务后，当务之急就是组织好影片的生产和发行两大任务。

电影生产的首要环节，是电影剧本的创作。没有电影剧本，电影生产就是无源之水，而当时剧本创作人员少、力量弱，做为大厂的东影都深受"剧本荒"的困扰，在东影一个厂的基础上，又加了北京、上海两个大厂，电影生产缺本子的问题就更为凸显，编剧工作成了整个电影生产流程中的"卡脖子"环节，东北、北京以及1949年11月成立的上海等三大制片厂都在等米下锅。于是，电影局艺委会在全国开始了电影编剧的招兵买马、调兵遣将。

为了集中力量加快电影剧本的创作，电影局在艺术委员会中专门成立了编剧科。不久,又在编剧科的基础上,1951年4月1日成立了中央电影剧本创作所,为的就是集中力量完成电影剧本创作后,及时分配给三大国营厂进行拍摄生产。为了保证电影生产任务,就连题材规划、拍片进度、电影购销,都由电影局安排和管理,是严格的计划经济管理模式,连编剧、导演的编制都归中央电影局。

孙谦经过东影厂一年多的锻炼,已经成为比较成熟的一线电影编剧。在电影局艺委会向全国各大电影厂和有关单位调集电影编剧的时候,他的名字便自然地列入了第一批上调名单。孙谦就是在这样的情况下,于1949年8月来到了中央电影局艺委会的。

刚刚成立的电影局以及各单位被挤在了北平羊市大街甲71号办公,7月25日成立的中华全国电影艺术工作者协会,也就是后来的中国电影家协会,也和电影局在这里办公。这里是一处老的大宅院,单位多、人员拥挤,为了方便出入,"影协"便把单位的牌子挂在了电影局的后门——羊肉胡同24号。同时,电影局也在谋划一处更为合适、能容得下的办公处所。

11月初,局领导看中了西单舍饭寺12号的花园饭店,便由公家出资买了下来,作为电影局的办公处和宿舍,一共有房舍100间。1949年12月4日,中央电影局的编导、制作部门搬到了"花园饭店",孙谦和同事们便正式开始在这里办公。

很快地,葛琴、于敏、关露等一大批电影编剧,都在孙谦赴任前后,从四面八方聚集在了"花园饭店"。汤梦箫在2010年写的《北京电影剧本创作所史话》一文中说:"关于电影局艺委会、剧本创作所的电影编剧,从其筹备、成立到撤销,这部分人数从最初的一二十人发展到三十人左右,先后在这里工作过的有:所长王震之、副所长袁文殊(1953年王震之到东影后继任所长)、支部书记李英敏(继任副所长兼支部书记),编剧黄钢、贾霁、岳野、谢立鸣、陈戈、羽山、武兆堤、杜谈、耿西、葛琴、骆宾基、苏里、于敏、林杉、海默、孙谦、杨沫、林蓝、柳溪、胡苏、纪叶、黄若海、颜一烟、林艺、关露、周子芹。前文中提到过的这些人,大多数是有一定经验的文艺工作者,如来自延安鲁艺、抗大的教员或学生王震之、袁文殊、黄钢、贾霁、于敏、羽山等；有丰富话剧编剧、导演、表演经验的岳野、陈戈、海默、孙谦、林艺等；上世纪三十年代就开始文学创作的知名作家关露、葛琴、骆宾基等。其中除了少数人因为种种原因提前离开外，大部分人在这里工作到1956年4月剧本所撤销。"

在中央电影局开始向全国招兵买马之际，在晋绥边区长期从事戏剧编导工作的林杉，赴京参加1949年6月30日至7月19日召开的第一次中华全国文学艺术工作者代表大会，中央电影局想把他挖来电影局工作，但林杉所在的西北代表团团长柯仲平坚决不同意。文代会结束后，电影局领导打听到林杉和孙谦关系不错，便派孙谦做动员工作，并设法让晋绥分局宣传部长张子意同意放人。就这样，林杉在孙谦之后不久，也正式调入了中央电影局。林杉在《一个电影编剧的探索》一书中说：

> 我和孙谦后来分手，不曾想到我俩解放后又走到一起。我在电影界老一辈人们所熟知的西单舍饭寺花园饭店整整住了六个年头（其中两年曾担任艺委会秘书长工作）。"花园饭店"原是一个小旅馆，在五十年代上半期，全国电影创作领导中心——剧本创作所和艺术委员会这两个机构都在这里。电影界的大师蔡楚生、史东山等都和我们这些初学电影者住在一个院子里。在这里，不断召开电影学习座谈会，常常由蔡楚生、史东山等同志主讲，我们获益甚多，不啻进入一个电影进修学校。大家都有股"初生牛犊不怕虎"的劲儿，在互相切磋、相互鼓励帮助的亲密无间的气氛里，居然编出一个又一个的电影剧本，提供给全国各电影制片厂拍摄。这支编剧队伍中的人员，无疑为新中国第一代编剧。

花园饭店幽静雅致的环境，加上友好宽松的氛围，的确是相当适宜的电影剧本创作的好地方。当年曾在花园饭店工作生活的唐家仁，于1998年11月，用浓情的笔墨著文《难忘花园饭店》，向我们抒发了他对花园饭店的温馨回忆：

> 在北京，大大小小的胡同不少，舍饭寺胡同只是一条极为普通的小胡同。靠近西单，东西向。它比不上有些胡同的幽深、整齐、精致、

古朴，显得有点乱。这里除了第三十六中学，还有一个单位在文艺界颇有名气。它就是中央电影局艺术委员会，文化界电影界中人都习惯叫它的旧名：花园饭店。

坐落在舍饭寺12号的这个"饭店"，大门朝南，两侧有大槐树把守，躯干老倔，枝叶不衰。它容易让人想起这里以前也曾有过的辉煌。可是一进大门全无四合院的影子，脚下是一条长长的甬道，尽头处有个月亮门。进了这门豁然开朗，是个小小的海棠院。小院北边有座两层小楼房，有门可通后院。后院残留着一段曲径回廊，空地处是昔日遗存下来的假山杂卉，再里边靠北，一座灰白色的西式两层旧楼，很不起眼地蹲在那里。最显眼的要数紧挨旧楼西南的那座三层新楼了，是解放后不久盖起的。

这里，小房间特多，一进大门的甬道两边，海棠院的东西两侧，后院走道东侧直到后楼靠北墙一溜儿全是，楼房不算，这平房少说也有六十来间，从这大体的布局看，当年"饭店"的经营规模，依稀可见。

每逢春秋佳日，晚饭后进出大门的那条甬道，好热闹，相互见面，或点头示意，或谈笑问好，或挨肩搭背，日子一久，认识的相熟的也就多了。他们中间有爱蹲在板凳上聊天的孙谦，轩昂浓眉的岳野，有文质彬彬的林杉，衣冠楚楚的艾明之，有抗战时期受党组织遣派打入汪伪心脏、屡建奇功的女作家关露，有正在创作小说《青春之歌》的杨沫，还有爱说笑话并以写小说知名的女作家柳溪等等，也有不住在这里住在太平桥屯绢胡同四合院的作曲家王云阶、导演许幸之等。

前院，有株瘦瘦婷婷的海棠树，一到春天，花开得鲜红明艳，且有几分娇柔，十分耐看。因为有了它，大家都把前院叫作海棠院。这里原是泥土地面，据说是前任艺委会副主任陈波儿让铺上旧花砖的，漂亮平整，好让大家多一个休闲的场所。周末晚上，是干部、家属，特别是孩子们最高兴的时刻，放映室总按例为大家放电影。放映室门前，有一块小空地，职工常在这里打羽毛球、乒乓球。我国最早荣获乒乓球单打世界冠军的容国团就曾在这里为大家表演过高超的球艺。海棠院则灯光舞影，声乐可闻。有什么纪念会或者活动，有时也在这里举行。已记不起是一个什么节日了，著名演员石挥因事在京，被邀请前来助兴,他的表情、动作、谈吐,风趣简朴,看上去不动声色,却总带有某种牵引人心的魅力。

孙谦从东影调中央电影局艺委会的时候,是只身前往的,当时他爱人王之荷正有身孕。王之荷在东影生孩子的时候,孙谦也没能在身边服侍。1950年,孙谦才把爱人和孩子从长春一起接到了北京,王之荷先后在剧本创作所的秘书科、资料室上班。对这个阶段的情况,王之荷在《风雨人生八十年》一文中说:"1949年,中央电影局刚成立不久,孙谦就被调到电影局下设的艺术委员会,他先去的北京,后来接上我和孩子。这是孙谦第二次接我。1951年4月1日,电影局电影剧本创作所成立,王震之任所长,地址在北京西单舍饭寺花园饭店。我和孙谦就住在这个院里,单位和家离得很近。我被调到创作所的资料室,从事资料的收集、整理,做处理文件方面的工作。我记得那时候江青开始插手电影,负责审查电影剧本,她会时不时来电影局看影片。"

孙谦的四弟孙怀珍,1951年到北京找工作,大哥孙谦给联系了北京电影洗印厂的一份公差。孙怀珍说:"我是1951年去了北京的。我大哥介绍去了北京电影洗印厂。我去了那儿搞电影胶片洗印。我1951年5月5号去北京上的班儿,5月1号还参加了游行。从兴山到北京后,我大哥原来是在阜成门内一片的那个地方住的,后来他们移到了花园饭店,他楼上是电影《智取华山》的女主角黎莉莉他男的住那儿,人家是中国电影器材公司的总经理,另外还有一间房子,是我嫂子和保姆的房子,但是我大嫂住还是住在我大哥的工作室。后来新盖的楼又弄了一个里外间,外间是我大哥写剧本的地方。"

舍饭寺胡同内与12号临近的8号古建院落,便是这个胡同真正得名由来的"舍饭寺"。舍饭寺胡同,因为批判"封资修",1965年改称为民丰胡同。舍饭寺胡同的12号花园饭店,便因此变成了民丰胡同31号。花园饭店百余间的办公楼房,在文革期间的1971年5月,因电影局被"扫地出门"而上缴分配给了中央水产部做了干部宿舍。

如今,虽然民丰胡同的名称幸存,但胡同两旁的建筑物已被拆除,胡同内的 36 中原址成为中国银行的大楼，民丰胡同也沦为中国银行与君太百货两座高楼大厦之间的一个过道，胡同的建筑与文化荡然无存。现在的民丰胡同属二龙路街道办事处辖界，东起西单北大街，西至小磨盘胡同，东西走向，长 325 米，均宽 6 米，沥青路面。

对于在这里曾经工作、生活、学习的人们来说，舍饭寺、第 36 中学、中央电影局，都已化为虚无缥缈的过眼烟云，支离破碎地残存于人们的记忆中……

2. "三板斧"后的声名鹊起

在共和国已露万丈曙光的夏秋之际，位于羊市大街的中央电影局办公院内，繁花盛开，绿枝摇动，孙谦正背着行李、精神饱满地环视院内，深情驻足，半年前还是东影党支部书记的陈波儿，现在已是电影局艺委会的副主任，她赶忙从房间内走出来，伸出双手向一身风尘的孙谦迎了上去，紧紧握着。孙谦接到电影局下达的调令后，已经从东影赶来报到了。

这年的孙谦刚刚 29 岁，此时抑制不住的激动和兴奋，在他那张年轻的脸庞上洋溢，他肩负着的是中国共产党和即将新生的共和国赋予他们这一批人的一项光荣使命。就在十年前的这个时候，孙谦在壶关紫团洞前，正式成为了一名共产党人。十年后的今天，又一项光荣而艰巨的任务等待着他担负。

此时，电影业面临的严重问题是缺剧本，陈波儿《故事片从无到有的编导工作》的文章中，对这时编剧队伍现状的认识非常清醒，她说："目前阶段就是我们正在执行 1950 年度计划的时候，由三个厂集中到电影局及从外吸收的已有基本编剧二十人，其中没有写过电影剧本的占半数。"

为了推动和鼓励剧本创作，电影局及时采取了一些相应的措施，一是制定了"三反"（反帝、反封建、反官僚资本）、"三不反"（不反苏、不反共、不反人民民主）和"无害于人民"的较为宽松的创作原则，并在经济上给予其一定的照顾；二是分派电影编剧人员深入农村、进入工厂，让他们在体验生活的过程中，加深理解和充分把握"为工农兵服务"的文艺方向。

政治过硬、出身农村的孙谦，在1949年8月调入艺委会后不久，满怀着信心来到北京郊区农村，他在村里吃住，生活了一段时间，走访了一些机关，了解了农村政策，确定了教育农民生产发家、提高生产、支援工业的创作主题，从他的生活记忆中调出了一些人物，安排了一些故事情节，很快创作出了农村题材的剧本《农家乐》，经过电影局领导审阅后，第一时间交付了刚刚成立不几天的上海电影制片厂投拍。

著名电影演员秦怡在《农家乐》中担任女主角，时令已是寒冬腊月，《农家乐》摄制组奔赴老解放区胶东莱阳深入生活，秦怡回忆说："导演每天都要求大家结合生活谈人物形象的塑造，男女主角要分头到村里体验生活，从中获取与工农兵在一起的感情。我被分到靳头村，住在一位贫农女青年家。这部影片的编剧孙谦同志，我们关系很好，不仅表现在创作上，我们还曾一起出国访问呢。"

著名演员仲星火进入上影拍的第一部片子，是在《农家乐》里饰演村长，此时他对电影一无所知，所以在出演角色的时候闹了不少笑话，如何做案头工作，如何适应电影镜头，如何表演，他都感到茫然，好在摄制组里有张伐、秦怡、卫禹平这些早已成名的演员，他便虚心地向他们学习。他说，《农家乐》是他艺术人生的第一步。

《农家乐》很快在1950年秋天全国公映。孙谦第一次看到自己编剧的剧本拍成了电影，进入了电影院，与广大观众见面，心里特别的高兴，他终于真正迈进了电影事业的行列中。

当时，《农家乐》创造了新中国电影史上的多个第一：新中国第一部反映农村生活的电影，上海厂成立后拍摄的第一部故事片，电影剧照登上《大众电影》杂志封面、封底的第一部中国电影。无论是作品本身，还是剧中演员，在中国电影史上都留下了难得的一笔。

更有历史价值的是，莱阳是著名的梨乡，这部电影在表达主题内容的同时，还展现了莱阳优美的田园风光。所以电影上映后的60多年来，梨乡莱阳的知名度大为提高，不仅带动了很多人来这里旅游观光，还进一步提升了莱阳梨果的品牌。由此，人们把乡村田园风光、乡土民俗文化与现代旅游度假、农家生活体验、餐饮休闲娱乐相结合的乡村旅游这种形式，就以孙谦编剧的这部电影的片名叫做了"农家乐"。

就在《农家乐》开拍不久的1949年12月，孙谦很快又完成了一部旧作的修改。1948年底，孙谦在东影体验生活的时候，在东北三省交界的农村里，一共住了四十几天，在农家的热炕头上，以乐观主义的笔调，创作了老百姓愉快搞生产、热情搞支前的剧本《全家光荣》。在电影厂急需剧本投拍的形势下，孙谦向周扬谈起了一年前农民生产支前的《全家光荣》这篇旧作，周扬觉得题材不错，鼓励他做进一步修改，孙谦便又将久置一边的稿子做了加工整理，把它修改成了通过一个家庭来体现人民解放战争、歌颂东北农民支援战争的新喜剧，充满了质朴幽默的乡土气息。

1949年12月17日，身为文化部长、《人民文学》主编的沈雁冰，在看了《全家光荣》剧本手稿后，在手稿的封页上批注："故事穿插颇见匠心，题材亦佳。"电影局艺委会主任蔡楚生看了这个本子后，在1950年1月25日的日记中写道："阅孙谦之《全家光荣》剧本，此剧写得生动而又幽默，作者用字遣词，亦别具风格，故至为可喜。即函导演凌子风，我提议改题《光荣的人家》。"

蔡楚生最后将片名定为《光荣人家》，并很快拉起了凌子风为导演的东影摄制班子。1950年1月16日《光荣人家》摄制组成立，2月27日开始到吉林和沈阳去拍外景，两地共用31天，即将外景工作告一段落。从4月21日起开始拍内景，一连气工作了20天，其中包括了16天的通宵工作；前前后后共花了62天，也就是说62天拍完这一部影片。

各大电影厂都在等米下锅，孙谦在短短的时间内，便有两个剧本投入拍摄，这在当时是非常了不得的成绩。因为在电影局的编剧队伍里，不少人到现在也没有丝毫的进展。著名电影剧作家白桦在《我的仲夏夜之梦》一文中写道：1951年上任剧本创作所所长的王震之1953

年对我说:"别看所里这么多编剧,整天都关在自己的房间里,进度很慢,有的人来了一年多还没有个提纲,有的人有一个提纲,却永远没法形成剧本。还有的,一个剧本写了三年,仍不能通过。写作是个人的事,又不能像打仗那样,你既当过兵,又写过文艺作品,应该知道,写作不是喊一声冲啊就能把'碉堡'拿下来。"可以说,当时孙谦一鸣惊人,开局良好。

1949年11月29日,电影局召开了首次行政会议,确定了1950年影片生产的任务,讨论了故事片编剧、导演完成规划任务的时间安排及其定额,并明确提出,今后的剧本和已摄成的电影,一概由文化部统一集中审查。为此,1950年5月30日,电影局成立了影片审查委员会,由袁牧之、蔡楚生、史东山、陈波儿等14人组成。

电影剧本提交审查委员会要进行一审、二审、三审,很难通过。当时编剧们见面打招呼时常问:又被"轰炸"了?或者"过关了"没有?"轰炸"就是大家集中讨论剧本,对剧本提意见;"过关"就是同意下厂投拍;审查后最不愿意看到的结果,就是辛苦创作的作品被"枪毙"。当时很多的电影剧本都被"枪毙"了。

1950年2月,已经创作过《农家乐》《光荣人家》剧本的孙谦,信心满满地接受了改编《王贵与李香香》的任务,他到了陕北体验生活,于7月创作了剧本《陕北风云》,在蔡楚生的建议下改名为《陕北牧歌》。孙谦说:改编《王贵与李香香》,"但是因为自己的能力不强,改来改去改成了现在的《陕北牧歌》。"《陕北牧歌》顺利通过了审查委员会的审查,仍由熟悉陕北生活的凌子风导演。

《陕北牧歌》外景队在1950年8月24日由北京出发去延安。由于当地政府和群众的大力支持,影片仅用了四个月的时间于1950年12月摄制完成。随着影片的放映,根据陕北信天游改编的插曲《崖畔上开花》《刘志丹》风行全国,立刻被人们接受并传唱下来,当时的大街小巷都能听到人们学着王昆演唱的、孙谦作词的歌声"崖畔上开花崖畔上红,受苦人盼着那好光景……""正月里来是新年,陕北出了个刘志丹……"。作为一部革命历史题材的影片,《陕北牧歌》以其抒情性的视听处理在当时的同类影片中独树一帜。

初来乍到的孙谦砍了"三板斧",连推《农家乐》《光荣人家》《陕北牧歌》三个剧本,在中央电影局和全国电影界迅速声名鹊起,奠定了一线实力编剧的位置。而且这三个剧本分别由上影、东影、北影拍摄,一家各拍一部,也从侧面看出了当时电影剧本、导演资源实行计划分配、集中管理的端倪。

在电影局提高制片质量、加强剧本审查的情况下,为了能让剧本尽量一次通过,孙谦不仅在创作上付出了心血,而且非常注重听取专家和大家的意见。电影局艺术委员会主任蔡楚生,是新中国前后电影界最活跃、最有成就的编剧和导演艺术家,他的代表作《渔光曲》《一江春水向东流》,分别创造了三四十年代国产影片最高上座纪录,其1935年执导的《渔光曲》是中国第一部在世界上获奖的电影,他被誉为"中国进步电影的先驱者"。在这样的大师面前,孙谦不厌其烦地谦恭好问,虚心请教。这一点,从蔡楚生的日记中,就看得十分真切。仅1950年的日记中,就有若干处有关孙谦的记录:

1950年1月7日　星期六　晴

上午在局听周扬同志关于创作问题之谈话,到者百余人,有数问题使我获较明确之认识。午后去艺术处谈《白衣战士》之修改方案。续在我之办公室与孙谦谈其《我们的乡村》之改作意见。

1950年1月25日　星期三　晴

阅孙谦之《全家光荣》剧本,此剧写得生动而幽默,作者用词遣句,亦别具风格,故至为可喜。即函导演凌子风,我提议改题《光荣的人家》。

1950年5月6日　晴

阅完孙谦《王贵与李香香》文学剧本并提供意见二十余则。……

1950年5月8日　晴

孙谦兄约我与谈《王贵》剧。八时半和孙谦兄谈《王贵与李香香》之改作问题。……

第六章 "花园"风云

1950年6月6日　晴

我正事研写《无限的潜力》意见，忽得孙谦同志便笺，欲我为其赶看《陕北风云》（或《陕北情歌》），即改而读此，一直至下午四点，将意见写妥，即招孙来，首为改其题名曰《陕北牧歌》，并进而谈改作之意见，一直至五点半始竣事，自觉对其有甚大的贡献，因之心情亦甚愉快。

1950年8月25日　星期五　晴

晚七时半，丁部长、江青、李伯钊、翰老等来，共审上影之《五一》《救灾》两部新闻及《农家乐》。放映后谈修改方案，至十一时余散会。

1950年8月26日　星期六　晴

……孙谦来谈《农家乐》的修改方案。

围绕孙谦在1949年、1950年创作上映的三部影片，百忙之中的蔡楚生对孙谦给予了热情的指导，倾注了大量的心血。从另一个角度，也反映了孙谦为了创作一部优秀的电影剧本，所付出的刻苦勤奋与不懈努力。从日记中我们不难看出，蔡楚生和孙谦两人的关系，就像学校里的老师和学生一样，一个诲人不倦，另一个学而不厌。

不可避免的是，在新中国之初，故事片的创作刚刚起步，由于在如何为工农兵服务等方面尚在摸索，所以国营厂、私营厂的故事片在意识形态等方面出现了这样或者那样的问题，如1950年东影出品的故事片《内蒙春光》和《荣誉属于谁》。

《荣誉属于谁》上映不久就因歪曲中国革命历史、丑化党的干部以及将革命荣誉归于学习苏联经验等政治问题而停映，成为新中国第一部因内容有问题而被禁映的影片。《内蒙春光》在1950年4月初映时还在《人民日报》得到赞扬，一个月后因为对共产党的民族政策有不正确的描写而受到批判。此外，私营厂的《关连长》因为歪曲了解放军和英雄形象，《我们夫妇之间》因为歪曲了革命干部形象以及小资产阶级立场等原因，先后被批判停映。

5月11日，孙谦与陈波儿、蔡楚生、吕班、岳野、袁牧之等参加了电影局召开的"政策与艺术结合"座谈会，座谈检讨影片《内蒙春光》存在的错误，研讨电影工作者加深理论和政策学习的问题，研究接受《内蒙春光》所犯错误的教训，加强党对电影创作思想与政策的指导和管理问题。

为接受《内蒙春光》的教训，1950年5月24日，文化部成立了"电影指导委员会"。文化部部长沈雁冰、中宣部的陆定一、文化部副部长周扬、中宣部副部长胡乔木以及工会的李立三、青联的廖承志、剧协的田汉、团中央的蒋南翔、电影局的蔡楚生、民族事务委员会的刘格平、文联的丁玲和赵树理，还有一直在家闲赋的江青等，为指导委员会的委员。文化部的文件说，这是一个电影工作最高顾问性质的机构，成立这个机构，其作用就是要在政治上、政策上"把关"，确保文艺作品不出任何问题。

孙谦在这一时期的创作中，他的政治敏锐性、文学表现力和艺术上的灵性都很出色，不过他的创作思想和方法大体上仍未摆脱以往的窠臼，一定程度上还是延续了解放区文艺的创作思路，重视了作品的宣教功能，与大多数同行一样，孙谦并不能准确把握并呈现纷繁复杂的生活现实，拍摄的影片还算不上是优秀作品。

比如他的《农家乐》，这个剧本不是来自于生活，是他从报纸、文件上得来的一些概念，确定了教育农民生产发家、提高生产、支援工业的主题，然后根据主题编了一个适合于表现这一主题的故事。影片上映之后，《大众电影》组织了市郊农民谈《农家乐》，有的农民说："土改后的农村看不出活跃的气象，《农家乐》并不感觉到快乐"等等。电影界内部也批评这部影片鼓吹"发家致富"、走资本主义道路等。也有人说影片带有明显的图解政策的痕迹，在戏剧冲突及人物性格塑造等方面还显得粗糙。

孙谦在他初创作品中出现的这些问题和不足，是他在电影创作不断学习、不断进步的过程中不可避免的。对此他在1952年2月《衷心的感激》一文中做了自我反思："自以为有了生活的积蓄，就是不再去生活，也可以写个几年，更错误的认为：只要有了生活，就是不学习，也可以写出东西来。因为这样，我写了些失败的作品，有的是

'可有可无'的，如《光荣人家》；有的是'不痛不痒'的，如《陕北牧歌》；有的则犯了严重的错误，如《农家乐》……如果自己仍满足于过去的生活积累，仍满足于浮光掠影的'采访'，仍满足于不钻研政策，仍满足于不学习马列主义，那么，我的创作将会从《农家乐》开始，而以《陕北牧歌》告终。"

面对前进中出现的问题，中央电影局于 1950 年 9 月 16 日至 30 日，召开第二届扩大行政会议，提出为共同完成 1950 年总的生产任务而努力奋斗的号召，东影、北影、上影三厂掀起了生产高潮。会议还就提高影片质量、扩大剧本供应，提出了下年采取的两项措施：一是在艺委会属下成立"电影剧本创作所"，二是在已经由陈波儿主持开办的"电影表演艺术研究所"内，增设编剧班，吸收青年文艺工作者入学进修，培养专业的剧本创作和编辑人才。

前途是光明的，道路是曲折的，成绩是主要的。为了展示新中国电影事业的初期成就和丰硕成果，1951 年 3 月 8 日开始，文化部电影局在全国 21 个大城市举办国营电影厂"新片展览月"（当时有私营电影制片厂），展映了 1950 年以来的东影、北影、上影三厂出品的故事片《白毛女》《翠岗红旗》《刘胡兰》等 20 部故事片和 6 部纪录片，孙谦编剧的《陕北牧歌》参加了展映。"新片展览月"活动受到人民群众的热烈欢迎，总共映出 6300 余场，观众人数达 495 万人次，至 4 月 30 日才结束。为此，新华社发表社论《人民电影事业的光辉成就》，称赞这是中国电影史上的创举。

正像孙谦的《农家乐》成为上影厂拍摄的第一部故事片一样，林杉根据马烽、西戎的小说《吕梁英雄传》改编的《吕梁英雄》，也成为了北影生产的第一部故事片，在 1950 年 3 月 12 日北影开拍此片的时候，孙谦把这个好消息告知了在北京中华文学工作者协会的马烽，也告知了早已随军南下四川成都《川西日报》的西戎。

更让孙谦高兴的是，1950 年 7 月 8 日，是老战友马烽和段杏绵结婚的大喜日子，被朋友们一直牵挂的老大难问题，终于有了圆满的答案。平时衣冠不整的孙谦这天穿戴得整整齐齐，他携王之荷参加了设在文协机关食堂的婚宴，说是婚宴，实际上就是平常的食堂饭菜又加了两个菜而已,孙谦作为老战友代表,和丁玲、艾青、沙可夫等来宾们,在马烽的结婚证书上签名证婚。

马烽结婚后,孙谦和马烽他们两家的来往更多了,当时马烽家住北京后海,孙谦常到马烽家看望,后海那边有个"烤肉记",馆子不大,但在北京是很有名的,烤肉完全是很土的方式制作,一个大桌子,中间是火、锅,肉端上来以后自己在火上烤,旁边放着各种调料,吃着非常香,马烽请孙谦吃了一次后,每次孙谦来都要马烽请他吃烤肉,老哥俩自然少不了来两樽,便是其乐融融,真叫亲密无间!

有一次,马烽照例请孙谦吃烤肉,各自将上衣脱下挂在衣架上,就坐入席,酒罢饭毕,马烽从衣架摘下上衣,前去同饭店结账,平常装钱的口袋里却分文没有:"糟了!怎么忘了带钱?"又掏另一个口袋,有了:"怎么把钱装这个口袋了?"

马烽点了钱,算了账,送走孙谦,顺手到衣袋里掏香烟,不意却掏出一个笔记本:"噫?我啥时候装了这么个本子?"一看,皮子上却写了"孙谦"二字。

恰巧那天孙谦和马烽穿了同色的中山服,马烽恍然大悟:"糟了!错穿了老孙的衣服了,那就是说,前头在烤羊肉馆结账,我竟是拿老孙的钱结的账?!"马烽把本子装回口袋里,立马追了上去。

3. 《葡萄熟了的时候》与批判《武训传》

电影编剧水平的提高不是一朝一夕的。对此,陈波儿在1950年1月《故事片从无到有的编导工作》一文中就有清晰的认识:"我们的创作水平是低的,表现在对于政策的掌握和实际生活的体验往往还不够全面和深刻,但欲提高又必须是逐渐的。""按定额每人一年两个剧本,共需三十个编剧,但现在只有二十个。因此我们目前的任务是繁重的。"

1951年3月24日在中南海西花厅,周恩来总理召集茅盾、陆定一、胡乔木、阳翰笙、周扬、夏衍、包括江青,以及电影局的主要领导,专题研究电影工作,也提出了"电影编剧力量需加强,以便组织两个梯队轮替,一个写作,一个深入体验生活。"

1950年7月间,孙谦未雨绸缪,提前开始了1951年的创作课题,着手编写"农村供销合作社"题材的电影剧本任务。由于有过《农家乐》匆忙上阵、没有深入生活的教训,这一次,孙谦先从研究合作社政策和理论入手,听取合作社干部讲解农村合作社的问题,在主题思想弄明确之后才进入收集具体材料阶段。

为了体验生活,他回到了离家乡三十里地的葡萄产区清源县,具体体验了解农村的现实生活和农民的真情实感。

清源是全国著名的葡萄产地和山西老陈醋的发源地,素有"葡乡""醋都"之称。歌唱家郭兰英五十年代就唱过一首山西民歌《夸土产》,歌中唱到:"平遥的牛肉太谷的饼,清源的葡萄甜格盈盈,榆次太原祁县城,拉面削面香煞人……"1952年7月,清源、徐沟两县合并,取两县县名首字,称为了清徐县。

孙谦在《衷心的感激》一文中说:"那时在秋天,农民正在摘葡萄。这地方的风景绝美,农民的生产情绪很高,它虽然不是老区,但是经过两年多的建设,农村的生产基本上已恢复了战前水平,只可惜还没有建立起供销合作社来,农民仍然受着商人的严重剥削。在这个地方,我住了一个月,我和农民一块儿摘葡萄、采棉花,参加他们的会议,跟上民兵巡田。从农民的言谈中,我更明确了合作社的重要性,也更明确了合作社要解决农民的土特产销路问题是如何的艰巨和困难。"

从清源体验生活回来后,孙谦创作了电影剧本《葡萄与嫁妆》,定稿时改名为《葡萄熟了的时候》,讲述的是1951年南沙村的葡萄丰收,合作社帮助农民出售葡萄的故事。对这个剧本的创作,电影局以及江青等指导委员会的领导特别重视;对剧本的多次修改讨论,江青每次都会提出一些意见。

江青过去在上海当过电影演员,对电影界相当地熟悉,但毛江延安结婚后,江青主要负责照顾毛泽东的起居生活,一直是毛泽东"生活秘书"的身份。开国之初,江青在政治上仍是个"普通党员",走出家门、找份公差的首选，自然是轻车熟路的电影工作了。所以早在电影局成立不久，她就十分注意和电影圈的交往。蔡楚生在他的日记中，就记录了1949年11月18日，江青宴请他们的事：

> 波儿告我今晚毛主席夫妇邀宴，被邀者有彼及牧之、东山、翰笙与我共五人。……即随车往中南海。至时江青已候于室中……约六时半，江青陪毛主席来，即与毛主席共作谈话。……主席又关切地垂询了东山兄的工作，和翰笙兄的关节炎。……七时余，在会客厅外面一间仅能放一饭桌的窄小的"饭厅"里吃饭，菜很丰盛，做法也很好。主席频向我们敬酒，并祝我们的健康，我们也回敬了。……席间尚有一值得笔之于此者，即主席与夫人均自起盛饭，绝不假手服务之同志；我于进第二碗饭时因亦自往盛之，不敢再做"客人"状了。……至九时余始告辞。江青后以其自备汽车送我等返华文学校。

蔡楚生在日记中说，江青还特意给他带了两条香烟让他抽。刚刚来到北京的江青，吃饭也是自己起身来盛，延安时期的作风还在，和大家的关系十分融洽，对电影界有声望的领导、曾经的同事也特别地敬重。

1950年5月，文化部成立"电影指导委员会"，作为毛主席的夫人，一直闲赋在家、无公职无单位的江青，便跻身于电影指导委员会，以委员的身份开始走出家门，涉足国家政务。

1950年底，上海昆仑影片公司完成了电影《武训传》的制作，1951年初上映。这是一部早年由陶行知建议、孙瑜编剧导演，从国民党时代开拍，共产党时代完成，历时三年拍摄的影片，反映的是清末武训"行乞兴学"的故事。影片上映后最初的三个月，《武训传》得到一片赞扬声，各大报刊纷纷发表文章给影片以好评。《大众电影》还把该片列为1951年最佳国产片之一。就连片中主演赵丹也自我感觉这是一部有生以来拍得最好的影片。

时隔不久，舆论形势起了变化。1951年4月25日，《文艺报》发表了贾霁对《武训传》的批评文章《不足为训的武训》。5月15日、16日，《人民日报》转载了贾霁等人的文章并加了编者按，号召大家对这部影片开展讨论。

四天之后，异乎寻常的情况出现了，《人民日报》在第一版醒目位置推出社论《应当重视电影"武训传"的讨论》。社论措辞严厉，行文高屋建瓴，有点见识的人一看，便觉是非等闲之辈手笔。

社论指出《武训传》的问题是，"狂热地宣传封建文化"，"污蔑农民革命斗争，污蔑中国历史"。一通批判的数落之后，社论剑锋直指："电影《武训传》的出现，特别是对于武训和电影《武训传》的歌颂竟至如此之多，说明了我国文化界的思想混乱达到了何等的程度！""资产阶级的反动思想侵入了战斗的共产党，这难道不是事实吗？"社论还开列了长长的名单，点名批判了43篇赞扬武训和《武训传》电影的文章和48位作者。于是，全国解放后文学界大规模的批判运动开始了。

时隔33年后的1994年7月16日，夏衍在《文汇电影时报》上发表了题为《"武训传"事件始末》的文章，他在文章中说："《武训传》事件之所以会惊动党中央毛主席，这和江青的插手有关。孙瑜、郑君里、赵丹这些人三十年代都在上海电影、戏剧界工作，知道江青在那一段时期的历史，这是江青的一种难以摆脱的心病。加上赵丹、郑君里等人都是个自由主义者，讲话随便，容易泄露她过去的秘密，所以《武训传》就成了她打击老伙伴的一个机会。这一次事件由于周恩来的保护而没有被整垮，但是江青对他们是不会甘心的。'文革'开始，上海首当其冲的是电影界，就是郑君里和赵丹。"按照夏衍的说法，江青便是公报私仇了。但是我认为，江青借此争取她在电影界的话语权，这应该是无疑的。

在批判《武训传》的高潮中，江青作为电影指导委员会委员，她向毛泽东提出，要组织一个调查团，去山东调查武训的历史，她以"李进"的名字出现并且带队。1951年6月，由《人民日报》社、中央文化部组成了一个"武训历史调查团"，到武训家乡堂邑县进行了实地调查，调查团包括江青、中宣部的袁水拍和钟惦棐，以及中共聊城地委宣传部长司洛路、堂邑县县长赵安邦等共13人，共做了20多天调查。

1982年10月，钟惦棐阔别47年回到家乡四川江津，在谈起当年参加"武训历史调查团"的时候，钟惦棐说："那算什么调查？！完全是先入为主带着框框去罗织武训的罪名罢了。她（江青）根本就不相信世上还有这样的傻子，走千家串万户地讨几个钱来兴办义学？她也富于想象，既然武训终身未娶，那么结论是他一定会乱搞女人。"

调查团返京后，由袁水拍、钟惦棐、李进三人执笔，写出了《武训历史调查记》，最后调查团做出了武训是"大地主、大债主、大流氓"的结论。调查报告初稿出来后，毛泽东在1951年7月11日致函胡乔木："此件请打清样十份，连原稿交江青……"毛泽东对初稿做了修改后，于1951年7月23日至28日在《人民日报》上连载。

在《武训传》批判正热火朝天的时候，也正是孙谦的剧本《葡萄与嫁妆》紧张的二三稿修改时候。此时，电影界急迫需要尽快出品一批现代题材的电影，来反映新民主主义制度下人民的新生活，从政治声势上压倒封建文化的《武训传》。孙谦的《葡萄与嫁妆》，此时正好暗合了这场斗争的需要。所以，《葡萄与嫁妆》的创作，电影局的领导格外重视，孙谦就更不敢马虎了。

在《人民文学》1952年3、4月号上，孙谦写了一篇这个剧本创作心得的文章《衷心的感谢》，他在文章中说："这个剧本起草于1950年10月，完成于1951年8月，中间进行了五次以上的修改和重写。……主题、人物、事件逐渐形成以后，我即开始了编写阶段，这个阶段并不长，前后只用了一个月工夫，但却从此走上漫长的修改和重写阶段。"

这一次又一次的修改，是因为电影指导委员会、电影剧本审查委员会在一审二审的时候，对剧本还有一些不满意的地方，孙谦对供销社政策和农村生活变化还吃得不透、把握不准。孙谦一方面研究大家提出的问题，一方面思考修改完善的思路。

《葡萄与嫁妆》的一次次修改，也让江青十分挂心，在剧本审查讨论的时候，她非常认真地提了若干条修改意见，会后还主动带孙谦到全国供销合作总社拜访了总社主任程子华，两人就政策上的问题与程子华当面讨论请教，还带走了不少的文件资料以供研究阅读。之后江青又带孙谦拜访了中央财经委主任,参加了由财经委领导组织的小型座谈会,就财经方面的具体问题进行了交流。

江青如此重视,为的是使剧本既符合政策,又反映生活,指导孙谦创作出一部反映新中国人民生活的时代佳作。孙谦在《衷心的感谢》一文中说:"我读了毛主席和列宁、斯大林有关合作社问题的论著,同时我又研究了大量的剪报以及合作总社供给我的大量书面资料。一方面我在啃书本,另一方面我又请中央、省、专区、县各级的合作干部给我讲解农村合作社问题,这种请教,不仅包括方向和方针问题,而且包括了业务管理和经营技术问题。……经过了两个月的研究以后,我对所要表现的主题明确了。当我开始研究剧本中所反映的问题的时候,我得到了中央财委会与全国合作总社领导同志的具体帮助和指导;在剧本的创作和历次的修改中,我得到了文化部、电影指导委员会、电影局艺术委员会和导演同志的具体帮助与指导……"

给予孙谦热情帮助和关怀的领导、专家,前前后后、上上下下不在少数,孙谦没有一一点出名字来,但这其中,对他支持帮助最大的,有为此事与他一起奔走的江青,还有一直对他指导关怀的蔡楚生。

在江青主持武训历史调查团返京后,江青、蔡楚生密集参加了《葡萄与嫁妆》的剧本审查研究会。这一点,从蔡楚生当年的日记中看的就很清楚:

1951 年 7 月 10 日　星期二　晴

三时在文化部讨论《这就是证据》及赵普琳所作之《罪恶的黑手》,沈、周二部长、江青同志、罗瑞卿部长与几位公安同志均出席。次谈《葡萄与嫁妆》等问题,至近七时散会。返与家乙谈《葡萄与嫁妆》。

1951 年 7 月 12 日　星期四　晴

五时余江青来,未久波儿同志来,谈《我们夫妇之间》及《葡萄与嫁妆》等剧,至八时余始在此共进牛肉粥,至九时江(江青)辞去。

1951 年 7 月 28 日　星期六　晴

下午二时赴文化部参与电影指导委员会会议,此会与剧本有关之孙谦、孔厥、袁静、金山等同志均列席。前通过《葡萄与嫁妆》,次通过《无坚不克》，又次为讨论三个中朝剧本；会至六时余结束，进餐后始返。

1951年8月9日　星期四　晴

下午三时在局开全体电影指导委员会，但至三时三刻仍只到近十人，其他同志则多为列席者，想见召开一次全会之困难。……拟组"长征""解放战争""抗美援朝"三个大作品之创作小组，初步负责者有廖承志、江青、刘白羽、波儿诸同志及我。

孙谦的四弟孙怀珍在2014年3月，向笔者讲了一件他记得十分真切的事情："五十年代初，电影剧本要经过电影局的领导们多次研究才能定稿。有一次，大哥急急忙忙说要去开会，说是和江青、蔡楚生他们一起研究剧本，可不一会儿又折回来了，说是江青的女儿突然生病了，会不开了，改期了。"

江青参加执笔的《武训历史调查记》初稿，完成于1951年7月11日，从蔡楚生日记中可以看出，7月11日前后两天的10日、12日，以及半个月之后的7月28日，对于孙谦的剧本《葡萄与嫁妆》，不论是文化部的讨论会，电影指导委员会的审查会，还是江青、陈波儿、蔡楚生三人的诸葛亮会，江青她一次不落，那段时间正是《武训历史调查记》撰稿、改稿、定稿的百忙之中，足见江青、蔡楚生和其他领导对于这个电影剧本的重视。

电影文学剧本《葡萄熟了的时候》发表在1951年第11期的《人民文学》上，这是《人民文学》第一次刊登电影文学剧本。剧本发表后在文学界和读者中受到广泛好评，《人民文学》及其它文学刊物陆续发表了若干篇文学评论，全国范围内很快掀起了一股"葡萄"热，纷纷把《葡萄熟了的时候》改编成各种连环画和地方戏曲。

电影局和东影对这部电影的拍摄十分重视，东影摄制组20多人在导演王家乙的带领下，于1952年3月底来到青岛崂山外景地，开始体验生活和拍摄准备工作。在为期半年多的时间内，剧组的大本营驻扎在位于城阳夏庄源头村外的法海寺内。《大众电影》一直关注并介绍这部影片的拍摄情况。

1953年初,《葡萄熟了的时候》刚刚摄制完成,对电影政治性高度重视、极度敏感的毛泽东,在日理万机的百忙之中,在他的住所菊香书屋调看了这部电影。那段时间,毛泽东经常和秘书胡乔木加班赶写文稿,身体极其疲惫。为了调剂休息、放松身心,缓和紧张的工作节奏,也出于对身边工作人员的关心爱护,一天的傍晚,毛泽东特意给胡乔木打电话,在他的住处"菊香书屋"安排了一场电影,邀请他到家里观看当时全国正热映的《葡萄熟了的时候》。2009年第48期《中国经济周刊》上,有一篇对胡乔木女儿胡木英的专访:

1949年6月,毛泽东离开香山双清别墅进驻中南海丰泽园,作为毛泽东秘书的胡乔木,亦随之搬进中南海。

8岁的胡木英跟着父亲进了中南海。胡乔木的家在春藕斋西边的静谷。胡木英至今记得1953年的一天去毛泽东家看电影时的情景。"那天傍晚,家里的电话铃响了,父亲接电话才知道是主席打来的,邀父亲到他家看电影。父亲带上我去了丰泽园"。

放映的影片名叫《葡萄熟了的时候》,这是一部刚刚摄制完的国产片。胡木英跟父亲去毛泽东所在的丰泽园"菊香书屋"看电影这是仅有的一次,更多的时候是胡乔木接到电话后就去领任务。

银幕上"编剧:孙谦"和其他演职人员的字幕之后,故事在歌曲《收葡萄之歌》的音乐声中展开,毛泽东和胡乔木看得非常专注、非常认真。

毛泽东在五十年代看电影,多数是在中南海的含和堂和春藕斋这两个地方,而且是出于娱乐和大家一起观看,但是,在住处"菊香书屋"专门调看《葡萄熟了的时候》,是他老人家住进中南海后的第一次,应该也是仅有的一次。所以我觉得,这次在菊香书屋看电影,和江青对这部电影的倾心付出,以及她向主席的"枕边"吹风推荐,应该是有极大关系的。

江青身为"电影指导委员会"委员,她对电影事业的指导、关心和关注,自批判《武训传》和创作《葡萄熟了的时候》起才刚刚开始,蔡楚生上述"1951年7月28日"的日记中,说"下午二时赴文化部参加电影指导委员会会议"，未列出参会者的名字，对于是否有江青参加以及会议的其它情况，我们从叶永烈《四人帮兴亡》一书222页找到了答案："1951年7月28日，在电影指导委员会会议上，江青再次点名批判了电影《荣誉属于谁》。"对于电影事业这块阵地，江青从此拥有了话语权，开始占领了制高点。

新中国成立之初，执政的中国共产党一切尚在摸索前进阶段，对于领导文学艺术工作更在积累经验之中，所以，文化部以及发挥临时审查作用的"电影指导委员会"，对于确保文艺作品的"政治过关"，十分敏感也十分重视，这是再也正常不过的事了。特别是批判《武训传》之后，委员们一旦觉着政治上出现问题、受到损害的时候，就会毫不客气地予以纠正或者进行批判。为政治服务是硬道理。所以就连一些文学大师写的剧本，也会毫不留情地退稿或者"枪毙"。老舍写了一个剧本《人同此心》，电影局领导和艺委会都觉得是个好本子，已经决定拍摄的当口，江青只说了一句话，就被判了"死刑"。

电影指导委员会，由各界高层领导和著名人士组成，人员也庞大到竟有35人之多，每个人都有自己的本职工作，加上每次都是讨论审查电影，所以到会者难以集中，渐渐寥寥无几。1951年8月9日召开的全会，通知开会的时间已过了45分钟，到会的仍然不足十人，唯江青等少数人按时到会，坚守始终。后来只剩下极个别人参加这样的会了。

之前中宣部设有若干处，文艺处处长是丁玲，宣传处处长是陈克寒，科学卫生处处长是赵沨。1951年年底，为了在党的宣传层面加强电影工作的领导，中宣部又增设了电影处，由江青担任处长。因成员庞杂、各有所营的"电影指导委员会"，渐渐失去了"指导"作用，1952年7月被撤销解散了。

据罗学蓬在《钟惦棐与"电影的锣鼓"》一文中披露，钟惦棐说："1951年，我随周扬由文化部调到中宣部文艺处，丁玲任处长，当时正准备成立电影处，已经决定由陈波儿任处长，可陈波儿却因心脏病发作突然死了。江青对管电影有兴趣，便主动向主席要求下凡，当上了这个电影处的处长。"

江青因武训历史调查中的表现，毛泽东夸奖她"在政治上很敏锐"，并在 1951 年 11 月 16 日一份胡乔木的报告上批示："乔木同志：此件很好，可照此执行。……江青是否适宜做处长也值得再考虑一下。"陈波儿 11 月 9 日猝死，一周后的 11 月 16 日，毛泽东以"是否适宜"的口气批示，为电影处长之事指名道姓。

在《武训传》出现问题并受到公开批判后，中宣部领导、文化部电影局，包括中宣部电影处处长江青，感到在中国共产党政权刚刚建立不久的情况下，文艺界不仅鱼龙混杂，而且问题十分严重，有必要来一场正本清源、触动灵魂的文艺整风。1951 年 11 月 24 日，全国文联召开了北京文艺界整风学习动员大会，胡乔木、周扬在大会上作报告，明确强调：文艺是党的工作的一部分，每个人都要认真地进行思想改造。就这样，由批判《武训传》为由头的全国性文艺整风，从 1951 年 11 月 24 日开始了，直到 1952 年 7 月才结束。

在 1952 年 1 月电影局的文艺整风学习会上，袁牧之大范围批评了国营厂故事片创作上政治思想的不足，还特别点到了孙谦创作上的政治问题：有的作品实际上是表现了农民阶级的"发家致富""要发家，种棉花"思想，如《农家乐》。

因《荣誉属于谁》受到批判的该片导演成荫，则在整风中说出了中国电影史上让许多影人共鸣、令人心酸的名言："不求艺术有功，但求政治无过。"剧作者不敢写了，厂长们不敢拍了，大家都说：拍片找麻烦、不拍保平安。当时就这种消极低沉的心绪。

由于这次的文艺整风，1950 年、1951 年全国年产故事片二十五六部，1952 年全国电影产量则大幅滑坡，国营和私营将近二十家制片厂出品的电影只有《南征北战》《龙须沟》等 9 部影片，其中国营厂骤减到两部。

从批判《武训传》开始至文艺整风结束，除了一部只有 30 分钟的短片《鬼话》外，整整一年半的时间，三个国营制片厂没有出一部长故事片，在刚刚举办"新片展览月"活动之后，电影创作很快出现低潮萧条的局面。孙谦的《葡萄熟了的时候》也被胡乔木批了个稀巴烂，1951 年、1952 年孙谦两年的创作也减了产，他只写了两个剧本。

4. 葡萄烂了后的"人干论"反思

为了加强电影局的编剧工作,在艺委会编剧科的基础上,1951年4月1日成立了中央电影剧本创作所,王震之担任了首任所长。

从艺委会成立以来,编剧人员享受着艺术创作的自由空间,同事之间保持了朴素的同志情感,相互的交流、建议甚至批评都十分真诚融洽,与领导的上下关系也平等随意,人们戏称花园饭店为"王(王震之)家大院"。花园饭店的宽松氛围,随着后来《武训传》的批判和由其引发的整风运动,空气变得骤然紧张起来,建国初期电影事业蓬勃发展的局面很快消退。

在《葡萄熟了的时候》拍摄期间,文艺界已经开始整风,不少著名的导演、电影编剧和演员都在检查思想,创作完全处于停滞状态。受到批判的私营厂电影《我们夫妻之间》的导演郑君里,1952年5月26日在《文汇报》以《我必须痛切地改造自己》为题,对自己存在的严重错误和阶级根源、思想根源,进行了深刻反思和认真检查。上影厂长于伶于1952年6月26日,谈了自己在整风中的思想收获,发表了《对上海电影制片厂领导工作的检讨》。史东山则以《认真学习,努力改造自己》为题解剖了自己。

孙谦在1942年就经历过文艺整风运动,他重新学习了毛主席在延安文艺座谈会上的讲话,对照自己进行思想改造。在《人民文学》1952年3、4月号刊登的《衷心的感激——〈葡萄熟了的时候〉创作心得》一文中,他反思了自己以往的创作,回馈了读者的诸多意见,阐明了剧本创作的过程。

这时候的剧本审查更严了。剧本创作所编辑罗艺军说:"自《武训传》被批判后,电影剧本要通过江青把守的审查关口,难上加难。但孙谦仍然是剧本创作所里电影剧本成活率最高的少数个别编剧之一。他的政治敏锐性、文学表现力和艺术上的灵性,是很出色的。(《电影艺术》2008年第2期)"

此间,孙谦与林杉到晋东南农村深入生活,合作完成了讲述农村兴修水利、旱地打井、增产丰收的剧本《丰收》。因为《丰收》有政策宣传的因素，剧本审查时比较顺利。剧本交由东影拍摄。

《丰收》的导演沙蒙将分镜头剧本编出来后，蔡楚生将剧本印发给各制片厂的导演，作为供大家学习借鉴的材料。1953年，史东山在电影编剧班讲课，在谈到电影结构问题时，还以《丰收》作为成功的例子作了分析，他认为剧本中有一段挖井的场面，表现了"人物情绪的各种变化"，具有"鲜明的层次和起伏性"。

天津文联副主席王林，是早在1932年就参加左翼戏剧家联盟的知名作家，他在1952年5月14日的日记中写道："今读完孙谦同志新作《丰收》，……党支部书记写得强多了。……中心矛盾是支书和青年们的丰产信心和勇气，对保守主义间的斗争……"在两天后5月16日的日记中他又写道："孙谦同志等昨下午到芦台去了……研究大陈庄全村合作化的情况……孙谦同志虽然成了红作家，可是仍没有失去朴素的农民风度，前途真不可限量。昨下午谈了很久，他又传达了陈伯达等同志对文艺的意见，又谈了他个人在抗日期间的历史。"

在剧本审查更严的文艺整风形势下，《丰收》反能很快下厂投拍，在大家的眼里，孙谦"前途不可限量"，是创作所的"红作家"。但在孙谦看来，每有一部新作完成，就有一种资源枯竭、源泉断流的感觉，而剧作家的"前途"，就在于到人民群众中去，从现实生活中获取新的灵感，所以这段时间，他去了河北省芦台等地，住在那里体验生活，还传达中央领导对文艺整风的意见。

1952年11月20日，东影完成了《丰收》样片，正在东影参观访问的苏联电影代表团，还同孙谦、林杉等编导人员观看了样片，就《丰收》的创作和摄制进行了广泛座谈。在座谈中，孙谦和林杉主动征求苏联专家对电影《丰收》的意见。

在《丰收》后期制作的时候，《葡萄熟了的时候》与观众见面了。《大众电影》1953年第3期刊登了孙谦的文章《我所想到的》，他一方面表达了自己的兴奋之情，另一方面，对自己的创作做了再次反思："我被自己关在葡萄园里，忽略了外面广阔的世界，因而也就不可能全面地深刻地表现我国农村中的巨大变化了。……我的生活体验确实不够丰富，而且差得太远，……自己的政治与艺术的修养都太差了，在生活的实践中，不能够真正的认识生活、理解生活。我对自己的缺点并不悲观，我会克服它的；我相信我不会辜负了大家的希望。"孙谦主动进行自我批评的时候，这部电影在社会上得到了褒贬不一的评价。

与毛泽东在"菊香书屋"看了这部电影的胡乔木，首先发表了否定意见。胡乔木在一个规模较大的会上讲话，认为《葡萄熟了的时候》孤立地写一个农村，周围环境与背景没有写出来。还在电影摄制以前，《葡萄熟了的时候》的文学剧本已经得到了读者的赞扬和刊物的好评，所以胡乔木这样的评价让不少人感到出乎意料。

从1953年3月2日起，全国文协和中央电影局召开了第一届电影剧本创作会议，会议明确批评了电影创作中公式化、概念化等反现实主义的倾向，《葡萄熟了的时候》成为会上批评和研讨较多的一部电影，也是孙谦会上发言自我反思最多的电影。大家的众多批评，仍是围绕着人物塑造、矛盾解决等问题。有人开玩笑说，《葡萄熟了的时候》成了"葡萄烂了的时候"。

在4月7日的总结会上，周扬做了关于学习社会主义现实主义问题的报告，报告中周扬把《葡萄熟了的时候》作为了一个反面例子："先进人物应该，也必须从矛盾斗争中去表现，就是反对无冲突论。……（苏联专家）看了我们《葡萄熟了的时候》以后，他们说是广告画的宣传，描写新生活画成了一幅广告画：你看这生活很美吧！但里面没有矛盾没有思想或是缺少思想。《葡萄熟了的时候》是否写了矛盾呢？它是写了矛盾，……问题是作家没有在这个矛盾上展开，他是在这个矛盾上轻轻滑过去了。"大家的批评都是真诚的、善意的，都希望通过不客气的批评，达到把剧本写好的目的。

这次会议上，编剧们联系各自的创作实践，人人发言，相互交流。孙谦重点谈了《葡萄熟了的时候》的创作体会剖析自己，提出了一个在文学艺术界经久不息的话题："人干论"，引起了与会者的极大共鸣。电影评论家孟犁野为此接受了笔者的采访，他说：

孙谦的这次发言的时间是在1953年3月5日的上午，也就是第一届全国电影剧本创作会议和第一届电影艺术工作者会议期间，会议召开的地点，是在北京西单舍饭寺 12 号剧本创作所院内的一个拐把子二楼的会议室。

当时会议上发言的有水华等好几个人，孙谦是当天上午发言的最后一个。发言中，孙谦除了反思近年来自己在文学创作上的经验教训外，还提出了著名的"人干论"，引起了与会作家们共鸣。

孙谦说，这些年，住在北京写反映农村题材的电影剧本，任务总算完成了，但凭的是过去的一点生活积累；可是脑子里积累下的那些人物，早已变成"人干"了，只能是拿水泡涨了使用，这就不可能写出有血有肉、活生生的人物形象；只靠泡"人干"搞创作，创作必然要枯萎了。

当时，我还只是北京电影学校编剧班的一名学生，学校安排我们几个学生到场做会议记录。中央电影学校，也就是后来的北京电影学院，学校是1951年成立的，我是在1952年插班进去的。会后会议记录应该交给学校的，但也不知怎么的，整理家里的东西时，发现了这本笔记。

孟犁野先生也是文水人，他的家乡韩弓村离南安村仅五六里路。当时他是电影学校的学生，孙谦作为学校外请的教师，还给他们讲过课呢。他为我提供了他当年的孙谦发言记录原稿，根据这个记录我做了认真整理，现把它全文抄录如下。孙谦在会上说：

我最基本的毛病是：立足政策，概念出发。这是有历史原因的。以前，在抗日战争时期，就是就问题解决问题，而且得到一些好评。这样就肯定了这种错误的创作方法。

1948年以来写了二十多个剧本，差不多失败了。主要的是写问题，如：土改中中农生产情绪的稳定，我就写了一个剧本，陈波儿同志说：这写个快板还差不多。写《葡萄熟了的时候》时，已有些改正。当前，我对合作社还是有些熟悉的，下过些功夫，吃过苦的。

在学习政治上，写啥看啥，对自己"灵魂工程师"这个责任认识不高，我和农民谈话，只是想从中发现问题。有人说：我有个仓库，装着一些"人干"，放在水里一泡就成作品了。

《葡萄》写成时，沈部长说人物有些神经质，如周大妈，以前很好，后来葡萄卖不出以后，就那么沮丧，以致给女儿乱找爱人。在写时，我根本没有想到，对农民有什么教育。看来，我的作品中也写了一些远景，拖拉机……这种见解很肤浅，没有领会到人怎样改变现实。

但我还有个问题，一是政策到底能不能写呢？写，怎样写？写政策在农村中发生了什么作用，人们怎样正确地执行了政策，我的错误在于：只解释了政策。《被开垦的处女地》你看了并不感到写政策，但其中却真心写了政策。

二是怎样预见政策？"提高现实，美化生活。"吃一顿饺子，多唱一个歌子，这是空的，这种行动和现实不符合，诚如穿上坎肩去抗美援朝。

我没有研究新的人物。写《丰收》时，极力想塑造一个正面的支部书记，写孙富贵时，我设想了他的许多语言，行动……而描写陈初元时则干巴巴的。到集体农庄时，感到很好，但一时就发觉很多缺点，但要我发现优点好的经验，却感到很迟钝，即便是新的东西过来了，一滑就过去了，熟视无睹。

要想成为工程师，首先必须是一个探险家，探险是需要艰苦的。

缺乏生活，但任务又逼得急，又担心政治上"有过"，创作者便成了"人干"，孙谦作品中的这些问题，在其它人的身上也普遍存在，是当时文艺创作中的普遍性问题，尤其是从解放区成长起来的作家，很少有避免了这种毛病者。然而，只有像孙谦这样真诚的作家，才有勇气坦然表达出自己的思想，进行严格的自审，为的是能够在以后的创作中不断进步。

在孙谦"人干论"的引发下，周扬在这次电影剧本创作会议闭幕时的讲话中，引述了孙谦的观点："现在的剧本创作所，由一些专业的电影编剧进行剧本的创作工作，这是一种不得已的请长工、'封建劳动'、手工作坊的办法，这个办法如果不改变，很多有写作才能的同志都会被慢慢压干了的，正如创作会议中同志们所提的那样，他们已经只有'人干'而没有'人物'了。但是在目前，当全国的创作情况没有好转时，还必须继续维持这种办法。"

只有"人干"没有"人物"的问题，是由现阶段我国电影生产的体制形成的,一方面暂时维持现状,正视问题,另一方面逐渐努力纠偏,设法改变。"电影局全部编剧仅 12 人,实习编剧 8 人,可以组织的外稿也不多。这些编剧干部由于担负着经常的迫切的创作任务,以致很少机会深入群众体验生活。"所以,此次会议明确要求,所内的编剧一律深入实际生活,下到乡村亲身体验。陈荒煤在《文艺报》第 4 号上发出号召:《作家要为创作电影剧本而努力》。

会后,于敏继续到了鞍钢,柳溪去了河北大名县,关露去了小学去熟悉儿童生活,杨沫到了北京通县的田家府村参加了那里的统购统销工作,张学新到了山西平顺县的刘家村。

孙谦对于所里安排的此次下乡,地点上计划不局限于一个地方,时间上也做了比较长期的打算,想的是从 1953 年 4 月到 1954 年 4 月,用一年的时间体验农村生活,先到山西农村住半年,秋季再到江南农村、大工业地区,最后再回到原来的生活根据地。他在 1953 年 5 月 5 日写给所里领导的一份信中说:

"我在文水地面停留了十天以后,我就到了长治专署的先进县黎城。……昨天,我来到一区北桂花村,这是一个山村,50 来户人家,这村有一个农业生产合作社,有社员 35 家,社长是退伍军人。……我就住在他的家里。这地方主要食粮是苞米,土地不多,且又多山,老百姓有不够吃的人家。我在老乡家里轮流派饭,生活倒还可以过得去。……我准备在这村里住两个月,重点了解这位社长。……在文水,县委书记告诉我,有个农民对他说:'你们只报告毛主席说我们的增产、生活怎么好,为什么不把我们的苦痛也告诉毛主席呢?'……这真是使我非常痛心的事情。……关于学习,计划读实践论与矛盾论。我还带了马列学院的两份讲义。"

在 1953 年 11 月 15 日"在京编剧座谈会"上,电影局副局长的陈荒煤说:"剧本创作所,若按原来生产进度计划来讲也是没有完成任务的,前半年几乎没有一个剧本下厂。……这也不能过急,如对孙谦同志,只希望他 1955 年交剧本就可以了。时间限制可以宽一些,但也不要去压制自己的创作冲动和欲望。"

在讲话中,陈荒煤还针对孙谦做了具体指导:"我们到生活里以后，所看到的不全是像《葡萄熟了的时候》《丰收》里那么样样全新，而今天农村中也还存在着某些贫困现象，……一个作家他就是应当透过现象去研究，分析和理解生活的本质。"

著名美学家王朝文，在1953年4月4日的《人民日报》上，发表了专题评论《评电影"葡萄熟了的时候"》，他在文尾说："孙谦同志在电影编剧工作上历史不久，但已经写了好几个剧本，他的努力是有成绩的，有前途的。我们希望他能在今后的工作中，从《葡萄熟了的时候》更前进一步。"

脑子里积存的材料干枯了，就必须到生活的大河里，做长时间的"浸泡"，决不能为了任务赶任务。领导们没有"鞭打快牛"，都对孙谦关怀备至，积极鼓励，希望他多多"充电"，多多"吸氧"，沉下心来体验生活，不要急于搞创作写剧本。

1953年9月，第二次全国文学艺术工作者代表大会召开，孙谦被选为作协和影协理事。会上，周恩来总理给参会的代表做了"过渡时期总路线"的报告，会议明确提出倡导社会主义现实主义的创作方法，反对"公式化"和"概念化"的创作倾向。王震之在《电影剧作要为宣传总路线而服务》的讲话中说："深入到现实斗争中去，以期电影剧作在宣传当前国家的政策和任务上，发挥出更大的作用。"

孙谦在这个时候，下乡转到了山西平遥县，参加那里的粮食收购工作，亲身体验那里正在开展的农民合作互助。在12月初参加完平遥县委扩干会后回到村里的路上，正遇着大雪，孙谦给创作所的领导写信说："今年的冬季比往年要冷，可是我的心里可是热烘烘的。"

到1954年1月7日他又写信汇报说："平遥的征购工作已结束了，任务完成的挺好。过去我下乡着重在村里，这次我有意参加了县委会的工作，发现当个县委书记真不容易，说明我过去写的县委书记实在不真实，不像县委书记。……我刚参加区上的讨论会回来，抽出时间汇报一下，字迹潦草请见谅。"

这几年，孙谦几乎是在不断反思、不断自我批评中度过的，在热情与现实的矛盾中，面对这些批评甚至指责，孙谦一再反思自己生活积累很不够。在1953年他甚至说："这样的情况必须改变，否则就不可能再写作了。"文艺整风和对《武训传》的批判，使孙谦对于现实生活有了全新的认识。

但是，用政治批判的方式，代替正常的学术讨论，使得电影创作和生产严重下跌。大家都和成荫一样，抱着"不求艺术有功，但求政治无过"心态，小心谨慎地按照意识形态权威话语的要求来创作，1952年全国仅投拍了一部电影《南征北战》，成荫导演的这一部电影，不仅符合政治要求，也获得了社会好评；此后直至1956年，处于低潮的电影生产才逐渐恢复到1950年时的水平。

在当时和国营厂并存的有十多家私营电影制片厂，国家主张公私合营，私营电影企业不愿意，但是，一批判《武训传》，就全都愿意了，它们出品的《武训传》，也包括《关连长》《我们夫妇之间》《太太问题》等一大批电影，因为政治问题几乎出一部被批一部，私营厂再也维持不下去了。1952年2月，国家收购了岌岌可危、逐渐停滞了的最后一部分私营电影厂，新中国的电影事业实现了完全国有化。

为培养电影文学人才，1951年时在电影剧本创作所增设了编剧班，在此基础上后来创办了中央电影局电影学校，1956年升格为北京电影学院。余倩当时是电影学校的一名学生，他在《关于北京电影学院我的一些回顾》一文中说："那时学校校长是马列主义理论家白大方，在编剧班是既学理论知识，又进行创作实践，包括下厂下乡体验生活。因为缺乏师资，那时来讲课的，主要是外请的各方面的专家学者。我入学之初，一起听过蔡楚生、孙谦等讲关于电影创作的课，记得孙谦被邀请讲了《葡萄熟了的时候》的创作体会。此后请到编剧班来讲课的专家学者有：胡风、艾青、秦兆阳、冯雪峰、聂绀弩、俞平伯、陈荒煤、宋之的等。"孙谦能和当时赫赫有名的文学、电影方面的专家同台授课，担任电影学校的专家老师，也是电影界对其电影文学创作态度和创作成绩的一个肯定。

受到热议的《葡萄熟了的时候》，在那几年为数不多的电影产量中，仍然是具有代表意义、比较优秀的电影作品。1953年4月，中国赴朝慰问代表团带去了四部新摄制的电影，到前线慰问中国人民志愿军和朝鲜人民军。这四部电影是故事片《葡萄熟了的时候》《南征北战》《龙须沟》和纪录片《一定要把淮河修好》。

《葡萄熟了的时候》还被发行到境外放映。据1953年12月的《大众电影》报道："9月29日至10月15日，作为香港观众看到的新中国第一部电影，《葡萄熟了的时候》在香港的"国泰"和九龙的"景星"两家影院同时上映，受到了爱国观众的热烈欢迎，先后共放映149场，影片的主题歌——《收葡萄之歌》很快在群众中流行起来。"

不仅如此，1953年12月5日，文化部向全国发出了《关于开展春节农村文艺活动向农民宣传国家过渡时期总路线、总任务的指示》，要求1954年春节期间，各地电影放映队必须放映两部故事片《丰收》《葡萄熟了的时候》，以及5部国产纪录片、3部苏联译制片，并要求在放映前做必要的口头解说和政策宣传。而这两部规定必放的国产故事片，都出自孙谦一人之手。

5. 电影圈内的两个外号和两个笑话

对孙谦最关心、最熟悉的领导，当数陈荒煤了。据中央电影局剧本创作所《电影剧作通讯》1953年10期，陈荒煤在1953年11月15日的"在京编剧座谈会"上嘱托：剧本创作急不得，"如对孙谦同志，只希望他1955年交剧本就可以了。时间限制可以宽一些，但也不要去压制自己的创作冲动和欲望。"孙谦在整风中也说："我最近的计划是下乡，今年，我不准备进行创作，好好地生活一年。因为从1949年以来，我已变成像一个搜集新闻的人了。"

但是，1954年没有剧本任务、原本下乡的孙谦，终于没能守得住寂寞，他翻阅了前两年在乡下写的日记，创作的冲动和欲望又被唤起。他在《大众电影》1956年第1期上的一篇文章中说：

我写过几个电影剧本，我也因为电影剧本写得不好，受过一些批评。可是这门工作对我是有诱惑力的，去年（1954年）春天，我又起了想写电影剧本的瘾头，瘾头来势挺凶，好像我若不马上开始工作，便会憋出要命的病来（偏偏我那时正在害病）。我这样想写电影剧本的瘾头，不是平白无故地发起来的。在病中，我翻阅了我前年在乡下写的日记。日记唤起了我的记忆，那些我所接触和曾见过的人物，突然又在我的脑子里活动起来。他们吵我、闹我、像什么灵魂一样的揪住我不放。就在这时候，忽然又接到了我那调皮妹妹的来信：她已接手了供销社的见习会计，不准备投考初中念书了。这封信带给我很多感触，使我那想写电影剧本的瘾头真正的发作了！

孙谦以自己亲妹妹投身农村建设为启发，结合乡下所见所闻，创作编写了《夏天的故事》，这个故事，孙谦写了两个体裁，一个体裁是小说，另一个是电影剧本，都完成于1954年。这一次他尽量克制了以往主题先行的老习惯，以着力塑造人物为重点，讲述农村的新人新事。小说版本由中国青年出版社1955年5月出版；电影剧本出版后，《大众电影》1955年第1期做了专门介绍："这些人物都使你感到亲切，通过这些人物可以使人感到新的一代在幸福的成长，感到生活的可爱"。在孙谦看来，自己的妹妹就是剧中田金生和高二妞的原型。这是反思"人干"、文艺整风之后，孙谦吸取以往教训，在"人物""吵我、闹我"，文思泉涌、"瘾头"发作之下，真正源于自己生活的一次创作。

1954年第11期的《大众电影》，刊登了孙谦的老上级、时任北京电影学校副校长的卢梦撰写的文章《电影剧作家孙谦同志》，将孙谦的情况详细地介绍给广大观众和读者。大家对孙谦把目光对准中国农村现实的创作方向给予肯定。

此时卢梦在京任职，也事出有因。1952年，在颜一烟创作的《一贯害人道》拍摄完成后，电影局长袁牧之想以山西反对一贯道取得胜利为题材，再拍一部电影，在林杉的推荐下，他把山西的卢梦召到了北京写剧本，卢梦在剧本创作所写了大半年也没有写出来，正好1952年底电影局要加强北京电影学校的领导力量，卢梦走马上任就当了副校长。就这样，孙谦和他的两位老领导林杉、卢梦，因电影事业先后齐聚北京。

就在1954年年初的1月12日，《人民日报》公布了《政务院关于加强电影制片工作的决定》，这个决定，针对"电影剧本严重缺乏""数量和质量都还不能满足广大群众的需要"的问题，提出了新的一年的制片方针和任务，要求"影片的题材内容和表现形式应力求多样"，"特别表现人民的新生活"。在这样的电影生产形势下，孙谦的《夏天的故事》顺利通过了初审，经过数次修改后，11月定稿，12月文化部审查通过，进入了下厂拍摄阶段。

电影局剧本创作所1954年10月号的《电影剧作通讯》介绍说："孙谦以通过描写一个初中毕业学生暑假回到家乡参加农业生产的故事，来揭示新中国青年一代的热爱生活，对建设新的生活具有强烈的责任感为主题的电影文学剧本《夏天的故事》，已于七月间交出初稿，经创作所编委会讨论后，认为这个剧本题材新颖，现实意义较大，已经肯定。"1955年2月东影更名为长春电影制片厂，《夏天的故事》由长影的于彦夫导演，于1955年底拍摄完成。

1955年11月23日，为了宣传农业合作化，电影局局长王阑西、副局长田方，剧本创作所所长袁文殊，带《夏天的故事》主创人员孙谦、于彦夫等，到北京南郊红星农业合作社，为社员们放映了《夏天的故事》，专门听取社员们对这部电影的意见。从后来的上映效果看，有的人说，这部电影中，孙谦没能进一步去反思现实，使得作品多少带了新中国农村宣传画的特点，而且针对主人公田金生放弃读高中参加农业生产还引发了社会讨论。

备受关注、备惹争议的《夏天的故事》，让孙谦再次成为当时红火的编剧。有的说："我们绝不会因为这些缺点的存在而降低了这部创造了鲜明的人物形象、对我们有极大鼓舞作用的作品的现实意义和它的成就。从它的思想内容和电影艺术技巧，以及这里面好几位年轻演员的努力上来说，《夏天的故事》在电影创作上是有新的收获的。"

《夏天的故事》的创作收获，对孙谦来讲就是积累了现实题材创作的新探索和新经验。但也有人从中得到了别样的收获。比如大家熟知的著名戏剧家、被誉为巴蜀鬼才的魏明伦。

1955年，当时只是小剧团小演员的魏明伦，在四川自贡看到了影片《夏天的故事》，漂亮的女主角李萌扮演的米玉兰给他留下了极其美好的印象，影片对米玉兰采取了批判态度，安排了非常悲惨的命运，对米玉兰的遭遇，当时15岁的魏明伦深感同情和愤愤不平。于是魏明伦提笔给李萌写了封长信，一是对影片观点提出批评，二是表达对李萌的好感和"追星"，在信中魏明伦还寄去了自己主演川剧的照片。李萌也很快回信，并回赠了自己的照片。可是半年后两人就失去联系了。

2007年，距那时50多年过去了，川剧演员魏明伦成为了全国著名作家，时光流逝，但他对这段感情仍然铭刻在心。当时央视的名嘴崔永元正热心搞电影收藏，在电影界门路亨通，魏明伦就通过崔永元在上海联系到了李萌。65岁的魏明伦见到73岁的李萌时，显得有点不好意思的说："有点朦朦胧胧，如今看来是深藏在记忆里的一段年轻时的美好回忆。寻找你，就是想追寻记忆中的真善美。如果我那时年龄比你大，并有日后成就，一定会来追你。"魏明伦因孙谦电影而"发萌"、而"痴情"。

《夏天的故事》也有励志的光辉在熠熠散发。曾任烟台市文联主席的戴恩嵩，1953年秋，因为山东掖县闹洪水颗粒无收，父亲安排15岁的他到齐齐哈尔投奔伯父继续求学。1954年的时候，戴恩嵩读了中国青年出版社出版的孙谦小说《夏天的故事》，小说赞扬了田金生初中毕业不考高中不上大学，一心扎根农村的故事。戴恩嵩想：在齐齐哈尔我如果考不上学，我就上农村去。他一气呵成两千多字的《夏天的故事》读后感，投寄到了《齐齐哈尔日报》，不久就见诸报端，并很快收到了一笔稿酬。戴恩嵩从此就以文养学，买个文具啥的不再伸手向伯父要钱了，顺利地考上了齐齐哈尔三中，并开始在报刊上发表文章，逐渐走上了文学创作的道路。戴恩嵩说："是《夏天的故事》改变了我的人生，我非常感谢孙谦先生。"

孙谦年年都有剧本投拍的成绩，自然惹人关注、引人瞩目、让人羡慕。当年剧本创作所的同事们送了他两个"外号"，一个是"快手"，一个是"富翁"。

孟犁野在2018年1月对笔者说："孙谦在剧本创作所写的剧本不少，拍的电影也多，而且写的速度也很快，人称'快手'，大家都很羡慕他，那时候实行剧本审查制度，只有通过了的剧本才可以投入拍摄，好多人的本子早早就被枪毙了，当时连茅盾、老舍的本子也有不少枪毙了的，但是孙谦写的剧本，写一个成一个，很快就拍成片子，产量非常高。那时候一部电影的稿费两三千块钱，最少两千元，没有低于两千的，像 1958 年的《海魂》，稿费达到八千五，当时在北京三四千块钱就能买一个四合院，所以孙谦稿费收入非常高，当时人们称他是'富翁'。但不知为什么孙谦在北京没有买房子，因为赵树理在北京都买房子了，不过后来回山西的时候捐给国家了。一定程度上当时孙谦也是很招人羡慕、嫉妒、恨的。"

在五十年代，为了激励电影编剧出作品，电影局积极执行国家政策，对电影编剧给予较高的经济待遇，而且逐年都有提高。这在蔡楚生的日记中，都有记载：

1954 年 12 月 23 日　星期四　雪、晴

昨夜大雪，今晨全城屋顶积雪皑皑，如一银装世界。上午在局讨论影片奖励办法及音乐创作工作者的今年酬金事。下午看苏联影片两部。返已七时，饭后续阅孙谦的剧本《夏天的故事》。

当时编剧的收入由工资和稿酬两部分构成，稿酬从开始的几百元涨到后来的万元左右，尽管这些工资制度在当时并不稳定，也未能完全按照标准实施，但仍对编剧创作起到了一定的鼓励作用。于敏就提到他当年拿到一笔万元左右的稿费，瞬时钱包鼓胀但不知如何消费。罗艺军对《电影艺术》杂志的记者回忆说："当时创作能力比较旺盛的编剧都有着较丰厚的经济收入，很多都被他们这些没有稿酬的编辑称为富翁，孙谦就是其中一个。"

为了鼓励电影剧本的创作，到 1955 年 8 月间，文化部电影局连续公布了一系列意图改革工资制度、提高创作人员酬劳的政策，对电影故事片的编剧所创作的文学剧本稿酬为三千到一万元，改编的稿酬为两千到六千元，并规定 1955 年 1 月起，编剧人员一律取消工资制，在 1957 年未写出剧本者，仅领取原工资数为标准的津贴。

在电影局奖优罚劣、工资与实绩挂钩的措施之下，孙谦在自己本职的"责任田"里,"葡萄"熟透,连年"丰收",欢唱"牧歌",尊享"光荣",日子过得很是滋润。在完成自己剧本创作任务的同时,他也热情帮助同志们看本子、提意见,争取大家都能按时完成任务。

女编剧杨沫,后来发表了长篇小说《青春之歌》,成了全国著名作家,可在《青春之歌》发表之前,她还是个完不成电影剧本任务、常常受领导批评的"丑小鸭","好几年了,啥也没有,光秃秃的零蛋!十分自责,(杨沫自己)感觉压力特别大。"有人私下里议论她光写小说、不写剧本,只顾种自己的"自留地"。

杨沫1954年3月到4月,她用一个月的时间写了一个农村合作化剧本的梗概,提交所里的领导审查,所里领导便把这项任务交给了孙谦,因为孙谦对这类题材有经验,而且政治上敏锐,方向把握得好;孙谦认真看过杨沫的剧本梗概后,密密麻麻旁批了他的看法和意见。后来杨沫根据孙谦的意见做了修改,在审查的时候仍没有通过,被枪毙了。

杨沫的儿子马波笔名叫老鬼,2011年出版了《我的母亲杨沫》一书,对母亲创作上的"零蛋",老鬼在书中说:"从1958年1月3日起,《北京日报》开始连载长篇小说《青春之歌》。就在大功告成的时候,想不到单位领导却突然点名批评了母亲,他说:杨沫同志几年没有写成一个剧本,可是却写了一部40万字的小说……言外之意,母亲只顾个人成名成家,不搞好本职工作。当时也有人写大字报,指责母亲拿着国家的工资,不写剧本,却给自己写小说。这是母亲参加革命以来,头一次在大会上被点名批评。"

和孙谦、海默、林杉等这些"高产"的同志相比,完不成剧本任务的杨沫承受了相当大的工作压力,而被人们称为成活率最高的快手孙谦,名利双收,赢得了领导们的表扬,也赢得了出国学习交流的机会,这在当时也是非常难得的一项荣誉。

针对我国电影事业的不足和差距,为了有计划地向苏联电影学习,1954年6月,以电影局代局长王阑西为团长的中国电影工作者访问了苏联。在3个月的时间里,代表团对苏联电影事业作了全面的访问,参观了各种制片的主要制片厂、学校、研究院、演剧院,并和

孙谦1954年12月访苏前留影

许多电影艺术大师进行了会谈。通过这次参观学习，中国电影事业以苏联为榜样，走苏联电影之路的方向进一步明确。

9月19日，文化部从电影局、东影、北影、上影、北京电影洗印厂等部门，调集创作人员、技术人员共20人，组成中国电影工作者实习团，前往莫斯科国立电影学院学习，汪洋为团长，成荫为副团长。经过一年多的学习，赴苏实习团全面掌握了彩色影片制片艺术和技术，于1956年1月回国。

1954年12月，中国派电影代表团，赴苏联参加在莫斯科举行的中国电影周活动。根据电影局的选派，1953年开始担任剧本创作所所长的袁文殊、剧本创作所编剧孙谦，上影的作曲葛炎，导演张骏祥、郭维，演员秦怡等一行近20人，作为团员前去参加电影周活动。出国前，平时衣着随便的孙谦，置办了一身西装，还和代表团成员一起，到照相馆照了一张衣领笔挺的中山装照。

中国电影周期间，苏联各大城市轮流放映《智取华山》《鸡毛信》《葡萄熟了的时候》《龙须沟》等中国影片。那时斯大林去世一年，苏联文艺界已经露出人道主义和平主义的思想，当时陪同我国代表团的苏联电影编导，在看到我们影片里的战争场面时，竟然低下头不看电影画面。当时，我国派去的电影实习团在苏联学习，见面时实习团成员也向代表团谈起了这个问题。《智取华山》的导演郭维因为自己导演的影片人家低头不看，就说："以后再不敢做战争贩子了，再也不拍战争题材了。"随后陪同的我国留苏学生，也要求代表团成员转告国内，以后少拍战争影片，说苏联、波兰这些国家战争创伤很重，遇到有打仗、炮轰等镜头时，观众都低头不看；并写了一封信，要求回国后转给文化部。

代表团成员张骏祥在《他教我们事事想到将来》一文中，披露了代表团回国后受到周总理的批评一事。情况是这样的：回国后代表团进行总结时，包括孙谦在内的代表团成员，重点提出了"一多一少"两条参考建议，一是"以后少拍战争片"，二是多拍我国新面貌，苏联人看了《龙须沟》对北京有错觉，以为中国人民还在过着阴暗的生活。

总结报告交上去刚两三天，周恩来总理就通知全体代表团到中南海开会，他直截了当地指出，少拍战争片这条建议是十分错误的。周总理说：苏联人民经过残酷的卫国战争，几乎家家有惨痛的损失，他们怕看战争场面，情有可原。但是我们却千万不能因此就不拍战争影片；帝国主义还在封锁我们，蒋介石还在梦想反攻大陆，我们不能放松战争的准备，尤其不能在思想上丢弃战争的警惕性。我们今后不是不拍战争片子，而是要多拍。

周总理还严厉批评了郭维"不当战争贩子"的错误思想，他说："我们拍电影首先是为了中国观众，只有为我们的工农兵所接受的影片，对国外观众才有教育意义。我们不能去迎合外国观众的某些趣味，至于在什么电影节上得奖或者不得奖，更不要多考虑。"听了周总理的讲话，孙谦和大家一样，顿觉茅塞顿开，深受教育。

在苏联期间，代表团访问了莫斯科、塔什干、基辅等城市，会见了苏联的功勋艺术家、建筑专家，参观了乌兹别克、乌克兰的集体农庄，还到农民家庭作客访问。孙谦在莫斯科见到了担任访苏实习团副团长的老战友成荫，两人见面后一起交流访苏收获，还一起参观了红场和列宁墓、斯大林墓。那时候，中苏两国友好往来，中苏人民情谊深厚，代表团成员享受了很高礼遇，宴请频仍，住高级宾馆。

习惯了大炕头、硬板床的孙谦，晚上睡觉时，平生第一次躺在软软的席梦思床上，感觉晕晕乎乎，一翻身子顿觉上下颤动，天旋地转，真不舒服，同室的同志早已安然熟睡，而他却眼巴巴地望着天花板，辗转反侧久不成眠，万般无奈下的孙谦，猛地翻身坐起，把被子和枕头从床上抱到地板上，把地毯当作褥子，他"席地而卧"来，不一会儿，便呼声一片了。此后每晚睡觉，孙谦便都在地毯上睡觉。第二天，孙谦对人说："这种床怎么可以睡觉呢，人躺在上面就像进入棉花垛，不见了，腰也受不了。"

受不了席梦思不说，更可笑的是，孙谦还"享受不了"宾馆卫生间的水冲坐便。以前的人都知道，农村大便的时候那就是蹲茅坑了，在露天的地方垒一截矮墙，中间地下埋一大瓮，两块石板或者木板架在上边，大便时人要蹲在石板上。到北京工作了四五年，孙谦已习惯了蹲简易厕所，在莫斯科的宾馆里，水冲坐便孙谦可是第一次见识，只见他脸憋得通红，脖子上青筋暴起，坐上去好长时间，却一直拉不下来，后来孙谦"坐"不住了，他干脆脱了袜子，赤脚圪蹴（蹲）在了马桶上，立刻神情自然，闸门洞开，一气呵成，顺畅完事。事后孙谦对人说：那些高级的东西咱享受不了。

孙谦在莫斯科宾馆"睡地板"和"蹲坐便"的故事，当时在代表团、后来在电影界一直传为笑谈。每当人们提起时，秦怡总是咯咯地笑个没完，边笑边说："笑死个人了，笑死个人了。"

6. 今夜雨疏风骤下的史东山与关露

随着剧本创作实践的不断积累，在对生活更深入的体验和反思中，孙谦的创作开始进入了一个新的状态。1955年，一直坚持剧本原创的孙谦，选择把高珉的短篇小说《谁是凶手》改编成电影文学剧本，这是一部以农业生产合作社题材来展现曲折惊险情节的反特片，影片由上影厂的方偟导演，1956年拍摄完成。

此前不久的1954年11月20日，受苏联"写真实""干预生活"创作思想影响，他完成了一篇讽刺现实的短篇小说《奇异的离婚故事》。小说主要讲述新中国初期共产党员、机关干部于树德，在革命胜利进城不久便腐败堕落、见异思迁、抛弃发妻的故事。

在1955年，比这"离婚故事"更奇异惊心的，是一场风云突变、

第六章 "花园"风云

电闪雷鸣的暴雨。这场雨，卷着呼啸的狂风，夹着落地致命的冰雹，把剧本创作所的许多人打得劈头盖脸，非生即死，无处躲闪。也正是：昨夜雨疏风骤，只见绿肥红瘦，"花园"岂能依旧。

王之荷说："五十年代以后，各种政治运动风起云涌，整风、镇反、肃反、反右，一个接着一个。反胡风整风运动开始后，我被抽调出来搞运动，在办公室管理材料。查什么？比如历史上做过什么事情不利于政治，是不是国民党等。在这些个运动当中，有些关系挺好的朋友或同事就互相揭发；甚至有一些是被诬蔑陷害的。我和孙谦在这个问题上是偏右的，很同情那些同志。"被孙谦夫妇首先同情不解的，是所里著名的大导演史东山。

1955年2月24日的早晨，剧本创作所的党员紧急集合，在所长室302房间开会。孙谦来到会议室的时候，只见电影局王阑西局长已经坐在了主席台上，所里的会连局长也来参加，看着个个神情凝重，一定是发生了不同寻常的事情。会上通报说：史东山自杀了，他喝了大剂量的安眠药，躺在花园饭店后楼自己的小厨房里死去了。听到这个噩耗，孙谦和大家一下子都惊呆了。

史东山是《八千里路云和月》的导演，电影局技委会的主任，他和艺委会主任、《一江春水向东流》的导演蔡楚生，是电影局的两大台柱子。在当年的上海滩和电影圈里，史东山的名头之响，比之现在张艺谋，有过之而无不及，是中国第一个在国际电影节上得奖的导演。

史东山心高气傲、个性分明，上世纪四十年代在上海，他给学生上课时赞扬延安文艺界自由讨论无拘无束的风气。五十年代从上海到了北京，史东山却发表文章说，文艺为工农兵服务，应该"不止是写工农兵"，对工农兵之外的同盟军如小资产阶级，是不是也"应加以鼓励、表扬"。这样的观点，整风时被指为与延安文艺座谈会唱反调。1951年他导演的《新儿女英雄传》被批为"破坏抗日干部的英雄形象"。

1955年2月初，江青带着两名持枪警卫夜访史宅，单独谈话时究竟谈了些什么，大家不得而知。但是之后的史东山一下子变得沉默寡言了。几天后，江青又突然来访。江青走后，史东山双眉紧锁，呆呆地坐在书房里。妻子华旦妮问他出了啥事，他说"她说主席要她来关心一下电影方面的事……"沉默了好一会，他才蹦出一句话："我怎么能受一个女人的摆布！"在纸篓里，妻子找到一页揉成一团的信笺，上面只有一行字："对胡风是人身攻击。"

仅一周，史东山的眼窝便深深地塌陷，史东山对妻子说，胡风等人已被内定为"反党集团"，行将在全国铺开清查运动，江青说他参与了胡风文艺小集团的活动，要他"不可执迷不悟"，马上起来揭发胡风。江青还严厉地说："胡风三十万言书中的电影部分就是你写的，是反党反人民的，你必须反戈一击。"此前，毛泽东讲过"对二老（指蔡楚生和史东山）要客气一点"，所以江青两次找他，是要给他一个"客气"的警告。

史东山与胡风同龄，两人有过交往。20世纪30年代初，史东山在上海参加左翼电影文化运动，胡风是"左联"宣传部长，史东山担任电影文化协会的执行委员。史东山与胡风交情深厚，文艺思想也与胡风有相似之处，比如两人都有表现工农兵"不止于歌颂"的观点。

1952年文艺界整风，有人要求对胡风的文艺思想展开批评。6月8日，《人民日报》转载了胡风派主要成员舒芜在《长江日报》上的检讨文章：《从头学习〈在延安文艺座谈会上的讲话〉》，编者按语中指出胡风的文艺思想"是一种实质上属于资产阶级、小资产阶级的个人主义的文艺思想"。对此，胡风表示异议。中共中央认为他坚持的错误文艺理论，在一些文艺工作者中有不良影响，决定对其文艺思想做公开批判。胡风不服，1954年7月，向中共中央政治局递交了一份30万字的报告，对批判一一进行了反驳。

1955年1月20日，中宣部向中共中央提交一份报告，报告请求对胡风"反党反人民的文艺思想""展开讨论和批判"，并对胡风小集团中"可能隐藏的坏分子""加以注意和考查"。26日，中共中央批发了中宣部的报告，认为胡风"披着马克思主义的外衣，在长时期内进行着反党反人民的斗争，对一部分作家和读者发生欺骗作用，因此必须加以彻底批判"。

史东山作为胡风的老朋友，对江青登门对他的威胁以及要他揭发胡风的要求，十分不解，坚决不从，经过一段时间的思想斗争后，1955年2月23日，他服食过量安眠药自杀了。史东山的遗书很快上交，华旦妮清晰地记得遗书里的一句话："整风是为了救人而不是把人整死"。刚毅如山的史东山，没有对老朋友落井下石，但又无法摆脱一而再的逼迫，以自己的生命，为"宁为玉碎、不为瓦全"做了一个注解。

在剧本创作所通报史东山自杀的会议最后，王阑西局长讲了话，他引证史东山的遗言说："他死前写了这样的话：'马克思固然伟大，但也应该给弗洛伊德一个小小的位置。'我们认为他的自杀是属于政治性质的。"意思就是他是属于抗拒思想改造而坚持资产阶级立场的。最后，他以局党委的名义，要求党员对史东山的自杀情节严加保密。

就在史东山自杀后的第二天，《人民日报》刊登一则消息："我国著名电影导演、全国人民代表大会代表、中国文学艺术界联合会委员、中国戏剧家协会常务理事史东山，23日逝世于北京医院，享年52岁……"史东山的死因，消息中没有明说。

史东山在孙谦的《丰收》等多部剧本创作过程中，曾给予认真的研讨和热情的指导，并多次在创作所的剧本创作业务会议上，对孙谦剧本节奏处理等可圈可点之处给予表扬，让孙谦受益匪浅、深受鼓舞。而此时的花园饭店的大院里死一般的沉寂，经过史东山住在后楼的房前，再也看不到他伏案工作的身影了，对这位大师级同事的离世，孙谦的心里既难过又惋惜，在史东山的追思会上，他泪湿眼眶，心情久久不能平静。

之后5月13日的《人民日报》，发表了《关于胡风反党集团的一些材料》，全国立即掀起了声讨"胡风反党集团"的运动。5月18日，经过全国人大常委会批准，胡风被捕入狱。1955年5月第11期的《大众电影》，集中刊发了来自花园饭店批判胡风反革命罪行的文章，赵丹的《我们的愤怒已达极点》、蔡楚生《披着人皮的豺狼》、钟惦棐的《扑灭胡风蒙面党》等等，铺天盖地，剑指胡风。

在"胡风反革命集团"的清查中，全国2100余人受到牵连，其中92人被捕，62人被隔离审查，73人被停职反省。在花园饭店一个小小的单位，也揪出了两名"胡风分子"，都是孙谦的编剧同事。一名是黄若海，解放后举家从香港投奔大陆，不久在肃反中自杀。另一名是骆宾基，也是左联时期老作家，曾做共产党地下隐蔽活动，在国民党南京监狱中关押受刑，这次却因胡风遭受牵连。

史东山自杀三个多月后6月初的一天，电影局对十三级以上的党员开了一次内部传达会，说潘汉年是隐藏在党内通敌叛变、为台湾搜集情报的内奸"反革命分子"。在参加完传达会走出会议室的时候，孙谦与不少的党员一脸的沉思与茫然，相互间默默无语。

潘汉年是上海市委第三书记兼统战部长、上海市常务副市长，三十年代还是著名的左翼作家。1955年3月21日，潘汉年赴京参加了中国共产党全国代表会议，这次会议的一项重要议题是解决高岗、饶漱石反党联盟问题。毛泽东在会上要求高级干部本人历史上有什么问题，应主动向中央讲清楚。一些与高、饶有过牵连的人先后在会上做了自我批评。由此触发了潘汉年长期埋在心底的一件往事，那是1943年，潘汉年奉命到上海寻找汪伪特工头目李士群，与李见面后，李突然提出汪精卫现在很消沉，想见潘汉年。潘汉年明知是圈套，但权衡当时的实际情况，从大局出发，决定答应李士群的要求。事后，潘汉年回到淮南根据地没有马上向组织报告。

经过反复考虑，1955年4月2日，潘汉年向陈毅详细汇报了1943年会见汪精卫的来龙去脉，和自己长时间未向组织说清楚的原因，并将书面情况说明和一份检讨交给陈毅转报中央。毛泽东看过材料后批示："此人从此不能信用。"并做出了立即逮捕审查潘汉年的决定。

紧接着的6月15日，因受潘汉年案的牵连，剧本创作所的女作家关露被公安局逮捕，当公安干警开着警车来给她戴手铐时，她抖开一只手中握着的纱巾，盖住戴手铐的双手，神态镇定地随公安人员下楼，安详地走出了花园饭店的大门。孙谦和花园饭店的同事们，呆呆地站在院子中间，一脸的惊愕和不解，眼看着关露被塞入吉普车载她而去。

关露生于山西省右玉县，1932年加入中国共产党，同时加入"左联"。上世纪赵丹主演的电影《十字街头》主题曲《春天里》，"春天里来百花香,浪里格朗里格浪里格朗……"这首歌的歌词就出自关露之手。对这位三十年代的才女,创作所里的人都肃然起敬。在关露面前,孙谦他们只能称得上是文学晚辈。1951年春,陈波儿提议把关露的中篇小说《苹果园》改编成电影,为此她被调入电影局剧本创作所。平时,关露在花园饭店的院子里碰到孙谦抱着他的女儿时,常常和蔼地抱抱,亲亲脸蛋,摸摸小手,做个鬼脸逗逗孩子。

1939年冬,关露受中共地下党潘汉年派遣,到汪伪特工总部策反特务头子李士群,后在日本大使馆与海军报道部合办的《女声》月刊任编辑做特工,她以此做掩护,收集日伪机密情报,是一名共产党的"红色间谍"。关露曾和中共老资格外交家王炳南有过炽热的爱情,王炳南曾向周恩来坦诚请示,周恩来沉思片刻说:"关露有'汉奸'的名声,你在外交界工作,恐怕多有不利。"之后,两人便忍痛割爱地分手了。

关露受潘汉年案牵连入狱二年,1957年3月26日出狱时,公安部内部的一份对关露问题审查报告中,竟然说"关露在接受组织任务到敌伪机关期间,……公开地为敌人工作。"把地下党特工应有的本职工作,荒唐地定为关露的一条罪状。出狱不久,她接到了电影局劝她退休的通知,理由是这么多年她没有写出电影剧本来。后来,她的组织人事关系被强行转到了北京香山街道农业大队。文革开始后,她第二次被捕,又坐了八年监狱。两次蹲监狱,在单人囚室里,被人拳打脚踢,受尽了折磨。

潘汉年被逮捕后,先是八年幽禁,文革后的1967年5月被重新收监,在秦城监狱又经受了长达5年折磨,1972年被永远开除出党,改判无期徒刑,与妻子一同发配到湖南劳改农场,多年折磨使他患了多种疾病,生活不能自理,在没有看到自己问题得以澄清的1977年4月14日,离开了这个世界。

为了不暴露自己的"间谍"身份,潘汉年曾郑重地要求关露,不论遇到怎样险恶的处境,受多大的委屈,都不许为自己辩解。在1982年3月23日中组部为关露正式平反后的12月5日,在写完回忆录以及她的老上级潘汉年的纪念文章之后,关露用一把安眠药把自己送往了另一个世界。这个世界给予她的委屈、蹂躏和磨难，她都不计较、不申辩了。

关露的悲惨结局，让作为同事的孙谦悯怀不已。1977年，山西省派下一个创作任务，让写一个煤矿题材的电影文学剧本，由孙谦领衔主笔，年轻作家周宗奇来打下手。为此孙谦和周宗奇到煤矿体验生活，在矿区他们采访了42岁的计划科长苏景云。

苏景云是位知识女性，抚顺煤校毕业，是阳泉矿务局有史以来的第一位女采煤队长，在井下指挥着一百多个男人们干活儿。采访完苏景云，孙谦叹了一口气，冒出一句在旁人看来纯粹不着边际的话："都是好女人，可这命运不大一样啊！"孙谦触"今"生情，给周宗奇讲了一个故事。周宗奇在当时的日记中这样写道：

我追问一句：孙老师您这说谁呢？

他停了一会，说：来，我给你讲一个人。于是孙老师讲出一段动人故事：

关露是孙老师在中央电影局时的女同事，中等个头儿，小鼻子小眼儿，年轻时比较漂亮。30年代在上海读书，是地下党员。抗战开始前夕，她接受党组织指示留在上海，由潘汉年领导。上海沦陷后，她听从上级决定，公开投敌，发表诗歌文章吹捧"大东亚共荣"，争取日本侵略者的信任。但日方对她还是不放心，派一个日本男人给她做秘书，实际上是监视她的特务。此人相貌堂堂，也懂得文学。两人相处日久，互相产生了爱慕之情，遂同居。

关露一时挺红，在全国各大战区周游，又去日本访问（实际上是党组织派她去的，要给日共送一封信），引起民愤极大。有次去整容，不明真相的爱国医务人员故意让手术失败，给她鼻眼间留下一处永久性的伤疤。抗日战争胜利，蒋军接管上海，通缉汉奸关露。她请示党组织后逃离上海，回到解放区。

不久受潘汉年案的牵连被捕入狱，一关两年。以后随着政治风云变幻，又坐了快十年的监狱。出来时已然进入老年。一生无丈夫，无子女，无亲无友，无家可归，要说还曾过过一点家庭生活，享过一点天伦之乐，就是与那个日本男人同居时期。退休后，在香山脚下租一农舍，里头到处摆放着用补发工资买来的各色香水，日夕把玩，孤寂中打发着自己的风烛残年。

听完这个故事，我说此人白活一生。孙老师半天才说，总算给革命作过贡献。

关露冒死为党的事业隐名埋姓，忍辱负重，一生奉献无果，最后含冤自杀殉道，她的悲惨命运，孙谦每每念及，总是无法释怀，不尽地感伤。

苏景云与关露，一个是煤矿采掘面的"地下"挖煤人，一个是打入敌伪内部的"地下"共产党，暗处工作的性质极度地相似，苏景云"面目端庄秀丽，温柔动人，笑起来更好看"的外形，办事果敢利落的内质，关露竟也与之高度神合，怎能不让人由此及彼？孙谦发出了"都是好女人，可这命运不大一样啊"的悲悯，道出了"此人白活一生，总算给革命作过贡献"的感慨，这份念念不忘的情感，一直埋藏在他的心里。

给周宗奇讲完故事的当晚，孙谦喝了双份安眠药，他思绪万千、难以入睡。也正是孙谦这次关露传奇的讲述，成为了几十年后周宗奇创作长篇纪实文学《三个红色殉道者》的最初牵引。

7. 肃反中一碗救命的"面疙瘩汤"

中共中央曾在 1953 年 11 月 24 日发出了《关于审查干部的决定》，就是审查干部中存在的隐瞒政治问题、历史问题的一些人。胡风、潘汉年事件的接连出现，发生在审干工作一年之后，这让新生的共产党政权十分的不安，共和国的最高领导人再一次被高度警醒，打击、清除、镇压遗漏的反革命分子及其破坏活动，看来还任重道远。

1955 年 7 月 1 日，中共中央发出《关于开展斗争肃清暗藏的反革命分子的指示》，8 月 25 日，中共中央又发出《关于彻底肃清暗藏反革命分子的指示》，全国各地先后开展了肃清一切暗藏在内部的反革命集团、反革命分子的运动，人们简称为"肃反"。

中央关于肃反的指示发出不久，孙谦的一位女同事、编剧柳溪被列为了肃反审查对象。柳溪曾在解放前接受中共授命进入大汉奸、时任华北行政委员会委员长王荫泰的家中做家庭教师，借机搜集情报，从事地下工作。她是因这段历史成为重点审查对象的。

所里根据上级的安排，成立了肃反审查小组，审查小组的组成人员，当然要历史上无疑点、组织上信得过、政治上过得硬的人了。王震之、海默、孙谦，他们三人都来自延安，又都是共产党员，自然是审查小组的首选了。柳溪在她的自传《往事如烟》一书中，向我们讲述了那段充满震惊和伤痛的经历中，永久留存在心里的一份对孙谦的感恩：

一天的上午，党支部通知我去谈话。地点在302所长室对面的会议室，我推门进去，屋里有三个人：王震之、孙谦和海默。

阵势是严肃的。先由王震之开头对我讲话，他对我花言巧语地说："柳溪，经过党支部的研究，决定对你的历史进行审查。你本着忠诚老实的态度，详细地写一份自传交来，我们三个人就是你的审查小组……柳溪，你必须明白，受党的审查是好事而不是坏事，经过党的审查，党就更信任你了，也更会重用你了。"

王震之这番话，哄得我非常高兴。我是一个没有什么政治阅历的人，当时满脑子里是成名成家的名利思想，能够得到党的信任与重用是多么重要！王震之跟我的谈话，确实切中了我思想的要害。那一天上午我始终是欢喜雀跃、蹦蹦跳跳的。

当我把认真写出的自传交给肃反小组的第三天，就在放映室给我开了第一次规模不小的批斗会。会上，王震之一反跟我谈话时那副"老妈妈"的形象，他简直变成了一个凶神恶煞，他横眉立目用鼓动的口气说："柳溪，一直伪装得很巧妙，实际上是潜藏在党内的一名敌特分子，现在该把她这张画皮揭下来了……"

在他的煽动下，年轻的同志对我拍桌子打板凳，呜哇乱叫。对我的批斗会更加紧锣密鼓地进行。一场比一场严厉，一次比一次紧逼。这时对我实行了"隔离审查"，也就是剥夺了我回家的权利，把我囚禁在花园饭店里水塔楼子顶尖的一间小屋里，有一条小铁梯通到楼下，楼梯口昼夜有人站岗看守，有几回我被人押解着到中山公园等处去参加"宽严大会"，不但上厕所有人跟着，就是在大会进行中，我身旁左右也安排看守对我进行察颜观色。后来以致对我进行"车轮战""熬鹰战"，对我轮番批斗，根本不给时间睡觉，困得我两眼发黑，天旋地转，头疼得就像钻子钻、凿子凿，走路都要摔跤。每次从批斗会上下来，我都心膈疼痛，肠胃胀饱，不思饮食，只想自杀。我想到与其这样活着，还不如死掉。

就在这节骨眼上，孙谦看我瘦得鸠首鹄面，便发了慈悲善心，有一天午后，他给我端来一碗面疙瘩汤，规劝着我说：

"你总不吃饭还行？"

"吃不下。孙谦，我怕熬不过去了。"

"怎么熬不过去？可别这么想，我们在延安审干的时候，也折腾得这么凶，还不是也熬过来了吗？……好多人都整成了特务，有的人挺精，一逼他，他就承认是特务，承认了以后就不'熬鹰'了，还把他'解放了'，改到另一间伙房去吃小灶了，大伙一看都学这样。后来一调查，全无对证，都是胡说。后来毛主席听说了这件事，赶紧召集大会，给大伙儿赔礼道歉，他说：'大伙儿都是热血青年，跋山涉水投奔延安革命，怎么都搞成了特务？'听了这几句话，整个大礼堂都哭成了一个声音。"

最后他更开导我："柳溪，你别犯傻啦，你如果寻了短见，谁给你甄别这些问题呀？……再说，扔下你的儿女，他们那么小，谁管他们呀？为了你的名声，为了孩子，你也得活着！"

孙谦是个大好人，他是农民出身的作家，如今是我们创作所的大编剧。在批斗我的整个过程中，他和海默都很少发言，肃反小组其实就是王震之一个人折腾得欢。

我喝了孙谦给我端来的面疙瘩汤，激动得热泪迸溅，在我被斗得像一滩臭狗屎的时候，他对我这样关心，怎能不使我激动？我终生感激他对我的救命之恩。

柳溪为了换取睡觉的时间，几次妥协承认自己是混入共产党队伍的特务，最终由于一个善良的公安人员的介入，才结束了这段严酷的岁月。后来她被打成"右派"下放农村，也因此被丈夫抛弃，与一对儿女分别了十几年。多年之后，当柳溪得知"右派"事实上是有名额摊派潜规则的时候，也稍稍理解和原谅了王震之当初的行为。是啊！在新中国刚刚建立、执政基础尚不牢固的阶段，根据政治形势来制定治国理政的大政方针，出现了一些矫枉过正的行为也是能理解的。1979年，柳溪的"右派"摘帽平反，并任天津市作家协会副主席。

在这其中，最让柳溪感激的，是孙谦。

一碗面疙瘩汤，一席语重情长的话，挽救了一个女作家的生命。也许只有从那个年代走过来的人，才能掂量得准这碗面疙瘩汤的斤两，才能体会到这一席话得冒多大的政治风险。在这种对敌斗争短兵相接之际，对审查对象任何细微的显示，点个头，打声招呼，都是被视为丧失立场的表现。作为专案组成员的孙谦，竟然对柳溪作这样推心置腹的谈话，仅凭这一条，马上就会从座上宾变为阶下囚。

孙谦这么做，当然是经过深思熟虑的。他看过柳溪有关的全部材料，又经过复杂审讯和内查外调，完全能判断柳溪当年从事的是党的地下工作而绝非敌人特务。真正秉承实事求是、治病救人原则的人，才勇于冒这种政治风险。

剧本创作所里"左翼"时期的老作家，在此次肃反中受到冲击的何止柳溪一人。在多次政治运动对人性的扭曲异化下，孙谦"众人皆醉我独醒"，依然能保持善良本性、怀谦之心，这是那个年代罕见稀有的人性美光彩在熠熠闪烁。

粉碎"四人帮"后的1978年，胡风被释放出狱。1965年11月26日，胡风被监禁了10年之后，北京市高法判处他有期徒刑14年。10年已经过去，还有4年监外执行。文革开始后，胡风夫妇被送到四川芦山县苗溪劳改农场监护劳动。1967年11月再度入狱。1970年1月，胡风在报纸的空白处写了一首诗，以"在毛主席像上写反动诗词"的罪名被加判无期徒刑，戴上手铐押至大竹县第三监狱。

中共十一届三中全会后的1980年9月，中共中央做出审查结论，所谓"胡风反革命集团"案件是一件错案。1988年6月18日，中共中央办公厅发出《关于为胡风同志进一步平反的补充通知》，进一步澄清了这一历史冤案。1982年8月，中共中央发出《关于为潘汉年同志平反昭雪、恢复名誉的通知》，随之作出了《关于关露同志平反的决定》。

人们在整理关露遗物的时候发现，她的身边还一直保存着一张心爱人的照片，照片的背后有关露写的两句诗："一场幽梦同谁近，千古情人我独痴。"关露死后，文化部为她举行了隆重的葬礼，喧哗的人群与生前孤寂的晚境形成鲜明的对比。

1982年12月16日，关露的骨灰安放仪式在八宝山公墓举行。有细心人发现，在那次骨灰安放仪式上，有一个并不属于文艺界队伍、神情极其沉郁的老人，带着口罩，自始至终都未与任何人说话，他一直默默地站在人群的后面。他，就是王炳南。

阳光总在风雨后。发生在1955年的那场狂风暴雨很快就结束了。

1955年，是新中国"一五计划"的第三个年头，这一年，中国人民银行发行了新版人民币；在新疆黑油山南侧，克拉玛依油田钻出的1号井开始喷油；农业合作化运动更是在这一年里轰轰烈烈；兰新铁路上的黄河大桥建成通车。崭新的人民共和国正日新月异、蒸蒸日上。

为了提高剧本的创作质量，中央电影局召开了编、导、演创作会议，之后，剧本创作所提倡用社会活动的方式开展剧本创作的研究讨论。1955年4月1日，孙谦写了一个讽刺喜剧，他很想听到同志们的意见，所以他就用自己的名义邀请了十几位编剧同志，举行了一个小型的座谈会，应邀参加的同志，都是按时到来，在会议上，孙谦朗诵了作品，同志们毫不敷衍地、热烈地发表了意见。孙谦对待编剧工作严肃认真的态度，得到了所里、局里领导的肯定。

为了庆祝新中国1955年的伟大成就和第一个五年计划的提前完成，文化部邀请各界著名人士、战斗英雄代表、各行各业做出突出成绩的模范，于1956年2月11日，举办了1956年的春节大联欢。

参加春节大联欢也是有名额的，电影局对于这个仅有的名额没有任何悬念，不论写出的剧本数量，还是平时的工作表现，首屈一指当数孙谦了。作为电影编剧的唯一代表，孙谦与著名作家老舍、巴金以及郭沫若、钱学森、华罗庚、侯宝林、荣毅仁、郭兰英等参加了这次

1956年2月孙谦（左一）与老舍（右一）巴金、周立波、杜鹏程参加春节大联欢

大联欢。主办方安排他和巴金、老舍坐在一起，同组的还有周立波、杜鹏程。文学界的这几个大家，乃是如雷贯耳、高山仰止，周立波还是孙谦在鲁艺时的老师呢，在他们面前，孙谦是个新生代、年轻人，所以，对这样的安排，他还有些不习惯、不自在呢。

晚会是由著名演员郭振清、安琪报幕主持的。当郭振清介绍"这位是电影编剧孙谦同志"的时候，只见他站起来，向到会的朋友拱手作揖致谢。孙谦在这样隆重的、露脸的大场合，能有这样的机会和巴金、老舍坐在一起，说穿了，其实就是领导给予他的一项荣誉，也反映了当时他在电影界的位置，说明了文化部以及圈内人对他工作的认可。

至于孙谦得到领导和大家认可的原因，在春节大联欢之后不久的1956年3月，陈荒煤在中国作协第二次理事扩大会议上的报告，就说得再明白不过了："孙谦同志在几年中间写了十来个剧本，可拍的有八部，他并不是在写作电影剧本之前很熟悉电影剧本的创作，并且在他从事创作以前也并不是在其他的文学样式上面有很成熟的经验。"但是，孙谦的成绩是显著的，"广大群众期待着我们不断有表现新人物的作品。群众是敏感的，（孙谦的）《夏天的故事》上映后，演田金生的演员立即接到许多农村青年来信，向他检讨自己不安心农村工作的思想。""孙谦、成荫新创作的剧本《未完成的旅程》，表现一个农民战士如何在战争的锻炼中，成为领导战争与政权斗争的干部，这是一个有典型意义的题材。"而且"孙谦和成荫正在合作改编《万水千山》。"

陈荒煤在上述报告中还说："特别应该提出的是，去年开始在全国范围内展开的肃清暗藏的反革命分子的斗争，是我们电影剧作反映得非常不够的一个方面。"而此时，孙谦改编创作"肃反"题材的《谁是凶手》，正由上影投入拍摄。所以，孙谦在1955年一年的工作，不论是剧本创作的数量，还是观众对上映作品的反映，以及完成电影局提出的选题任务，都是符合"先进生产者"荣誉要求的。

孙谦在1955年9月1日写给中国青年出版社文学编辑室副主任陶国鉴的一封信中说："……只有忙、乱、跑。（作品）我是在午睡和会议间隙改的，我觉得还费了点心思，好与坏，请你们鉴定、指正。我是尽我的力量办了。另外，请你们把存在编辑部的读者来信寄给我，我想研究研究。"

这么多年，孙谦在创作上就是个日夜连轴、日程满满的大忙人。以孙谦为例，陈荒煤总结说："事实证明，作家掌握电影剧本的创作并不是十分困难的事。"在这里，孙谦就是一个"剧本创作并不难"的范例。

8. 剧本创作所撤销后的海南岛之行

1956年，伴随着共和国前进的脚步，在电影生产滑坡、电影创作疲软的几年沉寂之后，如何摆脱低迷压抑的电影创作局面，决策者们在不断反思，也在采取积极措施，试图努力打破僵局。

1956年1月，电影访苏实习团学成归国，团员们在苏联收获丰硕，对国内电影事业的发展想法很多，正跃跃欲试，以苏联电影为模板打造全新的社会主义制片厂的一条条建议提了出来。

访苏实习团成员本来是从各电影厂抽调人员组成的，实习团一年多学习回国后，团长汪洋被任命为北影厂的厂长，他提出把实习团成员全部留下来充实北影的建议首先得到采纳。

实习团还提出了这样的建议，可学习莫斯科电影制片厂的做法，建立各制片厂自己的创作集体，由一些导演、剧作家和摄制组的主要创作人员自愿结合，从剧本创作到影片完成均由他们负责，苏联的电影局不负责剧本创作，也不审查剧本电影，这一点也应该是我们学习的重点。

就这样，改变编剧的集中管理模式，将剧本创作所人员转入各制片厂的一场改革，被提上了议事日程。经过一番讨论研究，文化部迅速拍板，从1956年4月1日起，电影局撤销剧本创作所，在北影、上影、长影各厂分设编剧处，所里原有的编剧全部分配到各厂去。

电影局说干就干，孙谦和张海默、岳野、葛琴、杨沫、杜谈、林艺、邢野、颜一烟、陈明等经验丰富的编剧，作为重点加强力量调入了北影厂。所长袁文殊调任上海电影制片厂厂长兼党委书记，陈戈、武兆堤、苏里、于敏、林杉、胡苏、纪叶去了长影，羽山（先在长影）、林艺等去了上影。

紧接着的1956年4月28日，毛泽东主席在中共中央政治局扩大会议上，提出了"百花齐放，百家争鸣"的方针。5月24日，中宣部部长陆定一在怀仁堂向文艺界和科学界阐述这一方针时说："题材问题，党从未加以限制。只需写工农兵，只许写新社会，只许写新人物等等，这种限制是不对的。"

许久压抑的知识分子尤其是文艺界的知识分子，在中央提出"双百"方针后，奔走相告，欢欣鼓舞，兴奋不已，原有的文艺规范被放宽，电影创作环境开始解冻，许多作家突破革命历史与工农兵题材的片面狭隘，选择将现实题材作为创作方向，一时出现了此前七年从未有过的生动活泼的创作局面。

一贯以《在延安文艺座谈会上的讲话》为指导的孙谦，他的创作思想在此之前已有一些明显的变化，他力图突破过去那种对政策进行形象图解的老路子，要用自己的眼睛去观察生活，反映生活，甚至干预生活。就在毛泽东提出双百方针的前后，孙谦将讽刺现实的小说《奇异的离婚故事》改编成电影文学剧本，此时呼吸到双百方针气息的孙谦，对反映生活腐化、抛弃发妻的忘本干部的这个剧本，有了既是揭露现实的尝试，又符合双百方针的得意。

1956年4月，孙谦与同事张海默被人民日报聘为特派记者，他俩去海南岛、云南、四川等地做了将近一个月的访问，访问归来后，两人于1956年6月、1956年11月，合写了多篇杂文发表在《人民日报》，《会爆炸的副食品》《不管小事的税务局长》和《油漆的优缺点及其他》等，这些杂文写了现实中的一些矛盾与问题，批评了一些不良的社会现象，是他俩对现实生活的一次大胆"争鸣"。以前听命领导安排和上级方针指引的孙谦，这次带着无所顾忌的创作思想，抱着发现现实生活问题的态度，用我言我行的作品，抒发自己的所思所想，呼吸着宽松文艺政策带来的自由创作的新鲜空气。

这次海南之行和孙谦结伴的海默，是一位才华横溢、爽快耿直、快人快语的山东汉子，对他编剧的电影，一般人可能有点陌生，"十五的月亮升上了天空哟，为什么旁边没有云彩，我等待着美丽的姑娘哟，你为什么还不到来哟……"这首脍炙人口的《敖包相会》，歌词作者就是海默，作为电影《草原上的人们》的插曲，这首经典的爱情歌曲，此后一直久唱不衰。

当年海默和孙谦几乎同时来到电影局艺委会，1951年到抗美援朝战场慰问，负伤后回国。1953年加入中国共产党。他和孙谦一样，被人们称为"电影快手、高产作家"。可能是志趣和性格相近的缘故，在工作和生活各方面，海默和孙谦是一对难舍难分的好朋友。对于海默的为人和性格，著名作家白桦在《我的仲夏夜之梦》一文中说：

海默的年龄和我最接近，大我七岁。这个山东籍的北京人，在少年时期就投身革命了，毕业于华北联大，在冀中军区火线剧团当过演员，写过一些话剧和秧歌剧。我们一见如故，可以说，他是我唯一的一位诤友，他每每见到我，总会给我泼点冷水，从长相到作品。他时不时会突然当面讥讽我。

"你真够浅薄的了，瞧你买的都是些什么书，都是些新出版的翻译作品，而且是'一边倒'的苏联小说，你注意到我买的书没有，全都是旧书、破书、杂书，这些旧书、破书、杂书比那些新书更珍贵，对创作更有用。"他把一本很老的电影画报抽出来扔给我，指着一张女明星的剧照对我说：

"你看，上帝留给茶花女的只有一条夜路，可是，当革命一旦代替了上帝，那就另当别论了！"

"她是谁呀？""蓝苹呀！""蓝苹是谁？"

"年幼无知，蓝苹是谁你都不知道！还想当作家，附耳过来。"他这才在我耳边说出蓝苹是谁。"今年你来得不巧，她可能不在国内，不然，你在这个院子里就能碰到她，她是电影艺委会的副主任之一，偶尔会来开开会。"海默在要好的朋友中间，是有名的口无遮拦。对我，他只补充了一句话："小屁孩，知道的事少，也好。"

那天我突然问了他一个问题："所里的编剧全都是来自各个战场的老同志，他们的经历本身就很丰富、很精彩，为什么还要东奔西跑去体验工农兵生活呢？"海默长叹了一口气，说："你提的这个问题还确实值得咂摸，说明老弟开始动脑子了！可是，你应该从批判电影《我们夫妇之间》悟到点什么。知识分子上银幕？悬！"

海默被白桦称为口无遮拦，也正是这样的性格特征，容易在"争鸣"的环境下说实情、吐真言，并通过自己笔下的电影剧本、随笔杂文，毫无掩饰地表达所见所闻、所思所想。包括孙谦、海默在内的电影人，在这一百花时代的全部作品、所有言行，却为他们此后的人生命运埋下了不曾预料的伏笔。

"百花齐放、百家争鸣"的方针提出来后，便让大家感觉很温暖、很振奋，电影局在此后便不断酝酿、研究繁荣电影创作的各项措施和改革方案。

1956年4月至10月，电影局派由蔡楚生、司徒慧敏等5人组成的中国电影工作者代表团赴法国、意大利、英国、南斯拉夫、瑞士、捷克等欧洲国家访问和考察。1956年9月电影局在上海举办苏联专家讲课的"电影剧作讲习班"，这期讲习班为期20天，电影局和各电影厂的文学部主任都来参加，北影派海默、孙谦、成荫、鲁彦周、公刘、黄宗江、徐怀中等人参加，讲习班半天看电影，半天研讨剧本。1956年9月1日，由北京电影学校改建的北京电影学院，举行建院开学典礼，设导演、演员和摄影三个系。王阑西兼任院长，章泯、钟敬之、吴印咸、卢梦任副院长。

1956年10月26日至11月24日，电影局在花园饭店召开制片厂厂长会议，史称"舍饭寺会议"。会议讨论如何落实"双百方针"和中共八大会议精神，听取了蔡楚生等人赴欧考察汇报。会议决定对故事片的组织领导方式与制片管理体制进行重大改革，并提出"三自一中心"主张，即自由选材、自由组合、自负盈亏和以导演为中心。同时决定，一些三四十年代的进步影片，如《桃李劫》《马路天使》《十字街头》《一江春水向东流》等重新公映。

此前，编剧直属电影局，导演则受各厂控制，电影局与电影厂之间存在着相互妨碍的问题。所以以导演为中心，将编剧人员转入各厂，不仅有利于编剧、导演、演员间的沟通交流，更能够使编剧接触到更广泛的生活。对于电影厂尽快推行"三自一中心"，改革当下不合理的审查制度，孙谦是深有感触的。他在1956年2月27日至3月6日召开的中国作协二次理事会上有一个发言：

> 现在我讲写作电影剧本的难处，我认为大家绝不是害怕不懂电影剧作的技巧，而是被电影剧本的审查制度以及和电影导演的合作关系闹烦了。……一个剧本审查的关口太多，而每个关口的负责同志又确实太忙，剧本可以在他的办公桌放上一个月、两个月、三个月，直到催的扛不住了，他才在晚上躺下来看一看。由于关口太多，因而意见也不一致，你叫往东，他让往西，就是把作家夹在当中受罪。另外一个麻烦，就是当剧本已被通过了，你还得经过导演和演员的关口，有时领导通过了，导演通不过了也不行，你还得修改。修改完了，当电影拍摄的时候，导演还有权任意修改。往往当影片拍出来以后，连你自己也认不出是谁写的剧本了。我觉得，电影剧本的审查是应该的，但是，我们必须有个制度，有个限制，不能让作家呆在那里等半年。好在电影局领导方面已经重新订出了制度，……也规定了导演改动剧本的职权范围，我认为这是好的。

深受审查太慢、关口太多之苦的孙谦，说出了所有编剧们的心里话。在舍饭寺会议之后，出台了《关于改进电影制片工作若干问题》

的文件，提出了落实"三自一中心"的具体措施，并经中央批准后下达。12月22日，文化部宣布，自1957年元旦起，废除"审查影片"的决定，提出"摄制组以导演为中心，而其他创作人员……以自愿原则，与导演订立合同，共同从事一部影片的拍摄。"上影、长影开始了落实推行舍饭寺会议精神，尝试以导演摄制组为中心的各项具体改革措施。

在剧本创作上，孙谦和成荫接受了拍摄《万水千山》的任务，孙谦执笔将陈其通编剧的舞台剧《万水千山》改编成电影文学剧本《红军万岁》。原来的舞台剧共分六幕八场，孙谦和成荫根据电影的特点，改编时采用了四、五两幕的内容，企图通过几个普通的红军干部和战士，从他们所经历的事迹中局部地反映出长征途中的艰难困苦。然而，这个剧本的二稿并没有通过，成荫便去改拍《上海姑娘》。

《上海姑娘》是成荫从苏联回国后的第一部作品，此前他以革命战争题材影片而知名，在苏联实习期间，反映现实生活的苏联影片对他产生了影响，回国后他在寻找机会，有意运用从苏联学到的新观念，拍摄反映现实生活同时在艺术上有所创新的影片，现在又恰逢"百花齐放"的创作暖春，他无疑想通过这样一部现实题材的影片，在艺术上有所突破，同时展示赴苏实习的成果。从电影片名中的"上海""姑娘"两个词，便可看出成荫疏离当时主流的现实表达姿态。

而孙谦的好友海默，此时也开始创作现实题材的剧本《洞箫横吹》。影片以一个村子在农业合作化过程中发生的故事，反映了20世纪50年代中期农业合作化进程中的种种阻碍，赞扬了以刘杰为代表的农民兄弟艰苦奋斗的精神，大胆批判了某些党员干部的腐败行为和官僚作风，使影片成为一部当之无愧的现实主义作品。

"双百"方针的提出和电影体制的改革，为文化艺术界尤其是电影界带来的勃勃生机，是1949年以来所罕见的。1956年前后，整体创作气氛十分活跃，题材更加多姿多彩，出现了一大批好的影片，除了革命战争题材的《董存瑞》《上甘岭》《柳堡的故事》、革命历史影片《五更寒》、惊险片《铁道游击队》之外，现实题材的影片，有讽刺官僚主义的《新局长到来之前》，还有知识分子现实题材的《上海姑娘》《情深谊长》，运动员生活的《女篮五号》等，以及名著改编的《祝福》等等。1956年、1957年，故事片产量稳定上升，每年都达到40余部。

这个时期的电影理论批评，也真正呈现出了"百家争鸣"学术氛围，以前"谨慎说话"的紧张状态，被焕发出来的历史使命和巨大的理论勇气所淹没，1956年11月在上海《文汇报》开展了历时半年之久的《为什么好的国产影片这样少》的讨论，不少著名的电影编剧、导演、演员都参加了讨论，发表了各自很好的意见，老舍先生发表了《救救电影》的文章，电影理论家钟惦棐也在《文艺报》上发表了《电影的锣鼓》参加了讨论。

在敢于发声、百家争鸣的社会舆论氛围下，孙谦和海默在1956年11月，合写了给《人民日报》特约系列文章的最后一篇，孙谦还单独署名写了一篇《橡胶树的厄运》。对于这几篇争鸣文章，王之荷却有些担忧："海默是写电影剧本的，山东人，刚直敢言。他俩从北京出发到海南体验生活，一路走一路看，写了不少文章，都是讽刺或揭露社会阴暗面的，对他俩反映的这些问题，我是有些担心的。"在孙谦看来，百家争鸣是毛主席提出来的，按照毛主席和党中央的要求去做，能有什么让你担心的呢？

在参加了1956年2月文化部春节大联欢之后，4月23至27日，孙谦和汪洋厂长作为北影的先进代表，出席了文化部召开的文化先进生产者会议，聆听了郭沫若、沈雁冰等领导的致谢讲话。紧接着的4月30日至5月10日，全国先进生产者代表会议在北京举行，当时人民大会堂还没有建，开幕式在刚刚落成的北京体育馆举行，毛泽东、刘少奇、周恩来、朱德等中央领导都出席了。孙谦被文化部推选为出席这次全国大会的先进生产者代表，因海南岛之行他没能出席这次会议，便写了一份书面发言递交了大会。

在发言的最后，孙谦用表决心的语气，非常激动地写道："我会努力学习的，我要更刻苦、更虚心地学习，我要把我的全部心血献给我的母亲——社会主义祖国。"会后他收到了大会发给的三件纪念品：一支金星牌钢笔、一个闹钟、一条毛毯；他还采写了全国先进生产者、鹤岗兴山煤矿采煤组卢令长先进事迹的报告文学《吃苦耐劳、找根挖地的卢令长》。

在1956年这样一个百花齐放的年代，欣喜的是花香袭人，暖意融融，未料的是乍暖还寒，雪霜即至。

9. 亏钱的获奖影片与引蛇出洞的右派

"双百"方针的提出，让电影界争鸣的气氛顿时活跃起来。钟惦棐以文艺报评论员的名义写的《电影的锣鼓》，不仅在1956年12月15日第23期《文艺报》刊出，也在12月21日的《文汇报》全文转载。之前，报纸对新中国拍的新片都是溢美之声，在"争鸣"精神的鼓励下，钟惦棐态度鲜明地批评国产影片，恰似一石激起千层浪，引起了各个阶层的注意，成为了这次讨论中最全面、最有勇气的一个声音。

钟惦棐在中宣部电影处工作，电影处成立的时候仅有两名干部，除他本人之外，另一位就是处长江青。《电影的锣鼓》全文3000余字。钟惦棐根据他手中的权威统计数字，证实国产影片已经相当的不景气，绝不可以把电影为工农兵服务理解为"工农兵电影"；钟惦棐从理论的高度批评了电影领导者们的教条主义做法，强调领导必须尊重电影创作和生产规律；艺术创作必须保证有最大限度的自由，必须充分尊重艺术家的风格。

20天之后，钟惦棐又以朱煮竹的笔名，在1957年1月4日《文汇报》上发表了《为了前进》的文章。在《为了前进》一文中，钟惦棐还以"知名的电影艺术家""这几年来写电影剧本最多的孙谦同志"为例，对当前的电影现状提出批评。钟惦棐在文中说：

（我国电影这几年来的问题）不仅有大家所指摘的影片为证，而且还有知名的电影艺术家的谈话记录可查。这几年来写电影剧本最多的孙谦同志在中国作家协会第二次理事会扩大会议上的发言，便这样说："如果说，我在文学上是个白丁，那么在电影知识方面，我更是一窍不通,完全是个门外汉。"那么,还是"能够写出可用的剧本已经是一种胜利"的秘诀何在呢?秘诀在于不要为电影文学的写作技巧吓住,"只要你写出了动人的生活","就是好的影片的基础了"。……但是当1956年3月,孙谦同志再讲这些话的时候,令人怀疑"前进"的太远了。据发行部门统计,近年来由孙谦同志写的《丰收》和《夏天的故事》,前者亏本194502元,后者亏73591元,这也很可以作为孙谦同志的创作经验加以记取的。

在电影剧本长期"等米下锅"的情况下,孙谦"新作频频"的优点被凸显了出来,尽管不时有"概念化""无冲突""图解政策"的批评,但这些批评意见夹杂在一片赞扬声中,孙谦总能虚心听取、诚恳接受。没想到在《为什么好的国产影片这样少》的讨论高潮,孙谦成为钟惦棐文章特别举例、点名敲打的对象,语言这么尖锐,味道这么呛人,说什么给国家造成了经济损失。这些逆耳的话让孙谦非常恼火,有一种当众被羞辱的感觉,他很快写了一篇题为《改进不是否定》文章,发表在1957年《电影艺术》第2期上,他对钟惦棐的两篇文章和这场讨论提出了自己的看法:

> 文汇报的讨论开始时,我在乡下,不知道。回来才看了一大堆剪报。……虽然文汇报上有的文章不适当地骂了我,但不能全部否定那些文章的正确性,因为,几年来,我们的电影事业无论在组织领导上,还是在影片的数量、质量上,都有许多值得研讨的问题,为此,展开一些讨论、研究,我认为是很必要的。现在,从上海的讨论看来,似乎只是埋怨领导、埋怨过去写过电影的人。……文汇报上《为了前进》这篇文章,除了标题正确外,其内容却是荒谬的,根本不能解决我们当前电影事业中存在的问题。……1948年6月我到了东北电影厂,那时只有伊明、于敏、波儿和牧之搞过电影,剩下我们这些人都是'野台子'货,但因此就说解放以来的一切都不好,公式化概念化都是我们这些人搞出来的,那是冤枉的。理论家的职责是帮助作家,而不是向作家打闷棍。……可是遗憾的是,有个别的我的同行,在他刚刚脱离了'襁褓'状态,就自封为'专家'了。

对于他的电影"票房低"和"倒退的太远了"的批评，孙谦以"高教部从来就不赚钱"做类比、打掩护。能看出，孙谦在写这篇文章的时候，是带了点情绪的，那位"刚刚脱离了襁褓""自封为专家的同行"，文中未指名道姓，但知情的人都清楚指的是钟惦棐。他这篇文章的标题是《改进不是否定》，但是他在文章中却对钟惦棐《为了前进》的批评，却来了个全盘否定——我不接受。他对钟惦棐的非议憋了一肚子的怒火和怨气。

毛泽东主席对于这场讨论和批评，开始是持欢迎和赞成态度的。据 2006 年 6 月文化艺术出版社出版的《中国电影研究资料》一书，1957 年 3 月 8 日、10 日，毛泽东主席在同全国宣传工作会议的部分代表谈话时说："（苏联）教条主义也厉害得很，……开头几年还可以唱反调，有些言论自由，以后就只许讲党和政府的好话，不许讲坏话。"在这次的谈话中，毛泽东明确地讲，我们的双百方针是长期性的基本性的，就是放手让大家讲话，使人们敢讲话、敢批评、敢争论，目前我们还放的很不够。

1957 年 3 月 11 日，《文汇报》总编徐铸成向钟惦棐传达了毛泽东在全国宣传工作会议上接见了新闻出版界著名人士时，关于肯定《文汇报》电影讨论的一席谈话。毛主席说："这次对电影的批评很有益。但是电影局开门不够，人家一批评，又把门关得死死的。……批评凡是符合实际的，电影局必须接受，否则电影工作不能改进。（《毛泽东新闻工作文选》，第 188 页）"徐铸成传达毛泽东的这些谈话内容时十分兴奋，钟惦棐也很受鼓舞。

为了进一步鼓励优秀电影的创作生产，1957 年 4 月 11 日，文化部在位于虎坊桥的北京工人俱乐部举行了第一次优秀影片奖授奖大会。大会奖励了 1949—1955 年的 69 部优秀影片和 396 位创作人员。来自全国包括香港的电影工作者约 1400 人参加了大会，真是盛况空前。和钟惦棐的批评正好相反的是，孙谦却因为《丰收》荣幸地参加了这次盛会，他和林杉合作编剧、东影 1953 年上映的这部电影获得了故事片三等奖的表彰。这是孙谦人生获得的第一个电影奖。

孙谦这部在艺术创作上并不十分成功的作品之所以获奖，其中一个原因是在题材上占了优势,因为获得一二三等奖的故事片共有《钢铁战士》《渡江侦察记》等16部电影,其中绝大部分是革命历史题材,只有《丰收》《伟大的起点》分别是唯一的农业、工业题材的影片,《丰收》是基于这一考量才入选的。

与此同时,4月11日至16日,第二届中国电影工作者代表大会在北京举行,出席会议的代表共350人,大会宣布成立中国电影工作者联谊会,选出175位理事,并选举蔡楚生为主席,汪洋为主席团秘书长,孙谦当选为联谊会理事。中国电影工作者联谊会也就是后来的中国电影家协会。

4月14日,大会传来消息,毛主席、周总理要来接见授奖大会的与会人员和联谊会代表,并通知大家要求服装穿着整齐。平时不修边幅的孙谦赶忙回到家里,从家里的衣柜里拿出了去苏联时订制的高级西服穿上,还特意扎了领带。代表们静静地等候在怀仁堂后面的草坪,足足等了两个小时后,毛泽东、朱德、周恩来、邓小平以及李济深、彭真、陈叔通等党和国家领导人来了,现场顿时欢声雷动。毛主席和大家合影留念后还和前二排的同志们一一握手。孙谦作为联谊会理事,享受了和毛主席同坐第一排的待遇,就坐在毛主席左手不远的位置。合影后毛主席和大家握手,快要握手到孙谦时,孙谦开始砰砰砰地心跳,毛主席宽大、有力而温暖的手和他握在一起时,他激动万分,心潮翻滚,感到无比地幸福。这是孙谦第三次见到毛主席。

参加完授奖大会之后的五月初至六月间,孙谦应马烽之约,二人结伴来到了当年晋西北老根据地的宁武、神池、河曲、保德、兴县访问。他俩搭乘供销社拉货的大卡车或马车,有时是骑拉脚的毛驴,一路走一路看,会老熟人,交新朋友,访问了老解放区山上的老劳模、抗日英雄和老房东,象张初元、邢四娃等,了解那里解放后的发展情况,感觉老区的老百姓生活依然艰苦,农村干部存在不少问题,他们眼中的老区,既有新变化给他们的欣慰,又有仍然穷困令他们的心忧,他俩计划在空闲的时候写写访问的见闻和感受。通过这次访问,孙谦思想上最大的触动是:北京离农民太远了。

在这个时候,除了孙谦还在北京外,他的老战友胡正、西戎、马烽，一个个早已经都陆续调回了山西。先说胡正，《重庆日报》推荐他到北京参加了丁玲主办的文学讲习所，1953年结业后，本来是从哪里来回哪里去，但胡正要求从重庆调回山西，理由是他熟悉山西的生活，便于文学创作，于是第一个调回了山西。西戎，1952年调北京中央文学研究所创作辅导组任副组长，他和马烽1954年写了电影剧本《扑不灭的火焰》后，决心要离开北京文讲所创作组，主要考虑是每年北京和乡下来回跑，不如就扎根到家乡去。1955年，西戎如愿回到了山西。

1955年8月，中国作协对丁玲、陈企霞反党集团进行批判，马烽受牵连被迫做了检查，1956年初夏，马烽向山西文联主席李束为报告了自己想回山西工作的愿望，也请调从北京回了山西。马烽说："其实回山西的想法早就有了，以前和孙谦、西戎也交换过意见。我们都是些土生土长的小青年，能写了些作品，主要原因是熟悉农村生活。如今住在北京城里当专业作家，每年只是下去走马观花看一看，就像只鸡一样，刨一爪吃一嘴，长此下去，创作必然枯萎。西戎已先走了一步，孙谦也有这样的打算，但他知道电影剧本创作所正在招兵买马之际，绝不会放他走。这次批斗丁陈事件，促使我下了走的决心。"

为了进一步营造敢说话、说真话、"大鸣""大放"的社会氛围，1957年4月27日，中共中央发出《关于整风运动的指示》，部署在全国范围内开展大鸣、大放、大字报的大民主。1957年5月4日，中共中央发出《关于继续组织党外人士对党所犯错误缺点开展批评的指示》，除了各民主党派、无党派人士外，全国各矿山、企业、机关、学校也都开展了大规模的鸣放运动。

访问晋西北一个半月后回到北京，孙谦向北影厂领导汇报了个人想法，也按照厂党委关于鸣放的要求，参加了相关整风活动。他觉得，对党和政府甚至农村的工作，党外人士尚能积极提意见，自己作为一名党员，以一个党员的名义向党提意见、反映情况，开诚布公，袒露心扉，实事求是，这是一名老共产党员应有的职责，就应该党叫干啥就干啥。这个时候，孙谦给中南海写了一封反映官僚主义问题的信，给《山西日报》发了一篇题为《言大必空》的稿子。孙谦靠着自己多年的"政治敏锐性",作为最火当红的先进生产者,现在他是要通过这一封信和这一篇稿子,表达他对中央要求的对党所犯错误进行批评的积极响应。

对于孙谦给中南海写信一事。王之荷在《风雨人生八十年》一文中说:"他跟马烽那次到晋西北,看到老百姓生活得很苦,非常苦恼。他说下去走了一趟,看到农村不关心民生,干部官僚主义,心里很不舒服。他那个时候就有看法,'就是胡说八道,生产那么多粮食,骗谁去呀,棉花摆得一片,在地里,没人去收,最后还不是苦了老百姓。'他是看到了现实和宣传中的距离,他晚上睡不着,我睡一觉醒来,看见烟头还在那儿亮着呢。他躺在床上睡不着,一支接一支地抽烟,到后来就得了神经官能症。后来他写了个材料,一万来字,把当时农村工作中存在的问题和农民的要求都写出来。我说要不匿名吧。他说我是正大光明的,把单位、姓名、住址、电话都写上。我把材料让剧本创作所的公务员交给中南海。他心里却不踏实,给中央写信反映,那时候谁敢写啊,送到中南海的信,后来就转到山西。那一段可把我吓坏了,吓得我就睡不着,多久都睡不着。有时候孙谦回家晚了,我就很紧张。"

孙谦和马烽的晋西北之行之前,孙谦顺道回了一趟老家文水,父亲已经在1954年春去世,他回乡特地看了母亲,也和南安村里的乡亲了解了一些情况,加上他平时留意文水、掌握的一些情况,针对文水县委官僚主义、不实事求是的作风问题,以《言大必空》为题做了批评,发表在了1957年6月6日的《山西日报》,算是个人在"鸣放"风潮中的一个政治表态。他的本意是,一家人不说两家话,给政府提意见和给家乡提意见就应该有啥说啥,爱之深才责之切。

正是这个时候,全国的大鸣大放形势却发生了逆转,逐渐地情况复杂了起来,矛盾的性质和矛头的所向,出现了极大的偏差,一些人的言行触及到了社会主义性质和共产党执政底线。其实,仅有少数人知道的是,就在《电影的锣鼓》发表不久的1957年1月15日,《香港时报》转载了台湾大道通讯社所发的题为《重重压迫束缚下,大陆电影事业惨不堪言》的通讯。这篇通讯大量引用了《电影的锣鼓》中的材料。还在结尾处写道:"身陷大陆的全体电影工作者,被迫害压抑得太久了,现在居然敲起了反暴的锣鼓。"

钟惦棐的《电影的锣鼓》成了"反暴的锣鼓"。当时台湾和大陆是纯粹的敌对关系,政治公式就摆在那儿,凡是敌人拥护的,我们就反对。钟惦棐得到了敌对势力的赞赏,这还了得?!

何止这点!更有"无法无天"的情况是,钟惦棐在《电影的锣鼓》中说:"国家也需要对电影事业作通盘的筹划与管理,但管理得太具体,太严。"关键是接下来的这一句:"管的人越多,对电影的成长阻碍也越大。事实证明,当 1951 年文化部门成立电影指导委员会时期,领导力量比任何时候都强大,但结果,却是全年没有一部故事影片!"电影指导委员会的实际操盘人是谁,你钟惦棐明目张胆地要指责谁,不是昭然若揭吗?!

"获罪于天,无所祷矣。"不久之后的 1957 年 2 月 27 日,在最高国务会议上作《关于正确处理人民内部矛盾的问题》的报告时,毛泽东点了钟惦棐的名:"中宣部有个干部叫钟惦棐,他用假名字写了两篇文章,把过去说了个一塌糊涂,否定一切,引起争论了,但是台湾很赏识这篇文章。"不过此时反右的锣鼓还没有敲响,而且毛泽东的讲话还没有公开发表,这个讲话经过毛泽东本人多次修改和补充后,是在后来 6 月 19 日的《人民日报》上发表的。

面对严峻的局面,5 月 15 日,毛泽东写了《事情正在起变化》的一封信送党内高级干部内部传阅,信中首次提出"右派"这个概念。6 月 8 日《人民日报》发表了毛泽东撰写的社论《这是为什么?》,党内整风转向了反击右派,整风运动开始由正确处理人民内部矛盾转向了对敌斗争。北影开始组织对反党错误思想的各种批判,包括对孙谦的《言大必空》也发动了猛烈的批判。

就在《这是为什么?》发表的这一天,毛泽东亲笔起草的《组织力量反击右派分子的猖狂进攻》的党内指示,在内部层层传达贯彻。《中国电影研究资料》一书收录了毛泽东的这个指示,指示中说:"要组织每个党派自己开座谈会,左中右的人都参加,正反两面意见都让其暴露,派记者予以报道。……高等学校组织教授座谈,向党提意见,尽量使右派吐出一些毒素来，登在报上。……这是一场大战，不打胜这一仗，社会主义是建不成的。"

因为受到最高领导人的点名批判，反右开始后，钟惦棐的言论被认为是向党进攻的先声，被划为中国电影界的"右派首领"。1957年8月4日至9月27日，在文化部新落成的大礼堂里连续召开了15次对他的批斗会，他被勒令"规规矩矩，老实交代"。钟惦棐沉默着接受了对他的批斗，全家也从中宣部机关宿舍被赶到振兴巷6号，一个几户人家合住的破烂的小院里。而他本人则被开除党籍、罢官、行政降四级，被"安排"到渤海边上的唐山柏各庄农场"劳改"，专司厕所管理。

在起初挨批的时候，钟惦棐说了一句话："将来这笔历史怎么写，现在还很难说哩。"这句话成为他打算将来翻案的新罪状，受到了陈荒煤的狠批。没想到的是，陈荒煤在九年之后成了"夏陈反党集团"的二号人物，文革开始后五年牢狱，三年下放，被发落到重庆市十年多，属于受管控的"黑帮分子"，落了个和钟惦棐一样的境地。

参加过《文汇报》"为什么好的国产影片这么少"讨论的许多人也成了右派分子。按照《组织力量反击右派分子的猖狂进攻》中"组织开座谈会、让其大吐毒素、让其暴露"，从而"引蛇出洞"的党内指示，文化部、电影局召集在京知名人士举行了四次座谈会，孙谦在会上默不作声，只是认真地听别人提意见，倒是北影的罗静予、陈卓猷、李景波、管宗祥、郭允泰、项堃等，一个个被蒙在鼓里，他们在会上纷纷发言，本着"帮助党整风"的善良愿望，他们就反对官僚主义、电影工作的领导作风、电影审查制度提出了意见，有的还对本厂的具体工作提出批评。

让大家谁也想不到的是，这四次座谈会"提意见""吐过毒素"的人，会后忽然变成了"向党进攻"，都被划为右派分子进行批斗，有的送往专政机关法办，有的送往外地农场劳改。舍饭寺会议提出的"三自一中心"的改革措施，也被作为"资产阶级自由化"，而偃旗息鼓，很快夭折。而《武训传》的编导孙瑜，在"百花齐放，百家争鸣"的背景下，自认为文艺界的春天又来了，在鸣放整风中"放肆"

地写了一篇文章，说自己当初是怎么出于好意拍《武训传》的，结果在不久又受到猛烈的批判。

1957年8月9日，电影界反右斗争进入高潮，上海、长春和北京的制片厂先后多次召开批评本厂"右派言论"的大会。田方还带领水华、陈怀恺等到长影参加中宣部、文化部召开的批判会。在中央反右指标的压力下，诸多鸣放期间公开发表过批评言论的人员难以幸免，被扩大进来、沦为"右派"，如吕班、吴永刚、石挥等。原剧本创作所所长、后调到长影的王震之，在反右高潮时的1957夏天卧轨自尽。离职养病离开电影局六年之久的袁牧之，也被召回北京就有关问题写检查报告。被称为影帝、上影厂的石挥也打成"右派"，赵丹、张骏祥等人纷纷揭批他的"罪行"，带着对人性的失望，为了自证清白，石挥纵身一跃，含冤沉江。

孙谦的楼上住着剧作家杜谈，杜谈常到孙谦家里逗他的三个女儿玩，两家几乎每天见面。在反右开始后因为想不开要自杀，他把自己手腕上的动脉给割开了，地上流了好多血，有个从上海来的一个女的，有事去叫杜谈，一看这种情况，被吓得也倒在了那里，孙谦发现情况后赶快背起杜谈，出了花园饭店往西走有一所医院，背去进行了抢救包扎，医生说问题不大，但以后落下了精神半失常的毛病。

在《大众电影》任编辑的唐家仁在《难忘花园饭店》一文中说："花园饭店的温馨和欢乐显得短暂。不久，疾风暴雨终于到来，那就是难忘的1957年'反右'。一时风云突变，大会小会，斗争批判。一大批有才华的人被打成反党集团、右派分子、现行反革命。"孙谦的文水老乡、《中国电影》编辑部的孟犁野，因写了电影剧本《有眼无珠》，被打成"右派"后发配到了青海。

因《言大必空》最早接受猛烈批判的孙谦，最终却没有打成"右派分子"，算是有惊无险，让人捏了一把汗。

在1957年4月14日，有700多人参加了毛主席等国家领导人与授奖大会、联谊会代表的合影，仅仅四个月后，其中的不少人即被打成"右派"。据《中国电影编年纪事》记载，文化部电影局直属单位共划右派133人。北影的反右派斗争，以大部分人员留厂整改，百余名干部下放江苏兴化农村、吉林通化农村劳动锻炼为结束。叶永烈《反右派始末》一书说,1957年席卷全国的"反右"运动,正式戴帽的"右派分子"至少达55万之巨。

10. 回晋前悔恨一生的两篇文章

反右刚刚开始的那一段,因为在鸣放中批评文水县委的那篇《言大必空》,孙谦在北影遭受了最猛烈的批判,批判会上人人表态揭批,万炮齐轰齐炸,会一开就是一个整天,有时好几天连着开,往往后半夜了,还不见孙谦回家,王之荷在家就提心吊胆的。

至于让王之荷担心的给中央写的那封信,尽管反映的是地方和农村官僚主义的问题,但采用的是书信建言的方式,不属于公众场合的"攻击"言论,因而没有列入批判内容。

作家毕星星曾这样说:"反右开始后,《言大必空》被批的那么厉害,奇怪的是孙谦最后竟然没打成右派分子。真是奇了怪了!"

其实很多人有所不知的是,孙谦因《言大必空》挨批,也因《言大必空》受"益"。在进入反右高潮的时候,正因为《言大必空》刚刚被批,反倒让孙谦在"吐毒素"的会上,只是规规矩矩,没敢乱说乱动。尤其让孙谦避害趋利的是,这个时候他提出了回山西工作的请求,还发表了一篇针对"右派分子丁玲"的批判文章,关键时刻一脚刹车、"回头是岸"、将功折罪的做法是起了作用的。可以说,批评文水县委、批判丁玲夫妇的这两篇文章,在反右命悬一线的生死关头,最终真正地"挽救"了孙谦的命运。

但是,此后的几十年来,孙谦却对这两篇文章,一直心感不安,后悔不已。

孙谦除了在北京写作之外,他就下乡到各地农村走家串户,体验生活,与农民吃在一起,睡在一块。田间地头,茅屋土炕,都是他与农民聊天的地方。采访中,他获取了大量的创作素材,也看到了很多的农村问题。他在回文水、回南安的途中,看到了浮夸风在家乡的严重情势。正好当时的 1957 年 4 月 27 日，中共中央发出《关于整风运动的指示》，而这次整风的指导思想，就是要求在全国范围内开展大鸣、大放、大字报的大民主，文件的本意就是要求大家说真话，反映真实情况，对工作中的问题不回避、不遮掩，要实事求是地对党所犯错误缺点开展批评。孙谦按照厂党委关于整风和鸣放的部署，向厂领导汇报了个人思想，以积极整风的态度，提笔写了一篇《言大必空》的杂文。孙谦在这篇杂文中说：

上月7日，山西日报登了一则电话新闻：5月6日晚，文水县委决定干部参加劳动，下乡的县委书记、县长和其它干部实行半天劳动、半天工作的制度；同时还号召每个干部自备锄头、铁锹、镰刀，作为随身三件宝……

5月9日，山西日报又登了一则电话新闻：文水县委成立了整风办公室，决定立即在全县开展整风运动；同时还确定半天工作、半天整风，以便做到整风、生产两不误……我也为这条新闻欢呼，文水农民有幸：今年的农业丰收有盼望了。据我所知，去年文水有不少农业社减产了，减产的主要原因是干部的主观主义和官僚主义，干部们整风以后，农民再不要为那些悬空的规划和那些虚假的数目字苦恼了！

文水县委在对参加劳动和开展整风运动的问题上，仍存在着不实事求是的作风。两个决议（参加劳动和展开整风运动）之间有着明显的矛盾，文辞和具体做法上都显得浮夸。

比方，文水县委决定下乡干部半天劳动、半天工作；又决定整风期间县级各机关半天整风、半天工作，试问，这是切实的吗？……据我所知，文水各农业社去年的生产和分配计划大部分都落空了。……应该问问那些农民去年的生产计划为什么没有完成？去年的分配计划为什么比原计划少了许多？为什么各种作物一定要实行密植？为什么棉花不让打顶？为什么要农民多种不好吃的玉茭，而不让农民多种喜爱吃的高粱？为什么高高兴兴地参加了农业社的农民会在秋收以后，对他自己喜爱的农业社有了各种各样数说不尽的意见？

这篇文章在 1957 年 6 月 6 日的《山西日报》上发表，孙谦是出于"关心故乡"的目的，按照中央整风文件的要求而写的。文水县委两个决议,一个关于整风的决议要求说真话、办实事,另一个关于劳动的决议却又脱离实际、言行不一,明显的空话连篇、自相矛盾。"每个人都爱他的出生成长地——故乡",爱之深才会责之切,所以,他写文章的目的,就是通过鸣放把家乡的问题搞清楚,把不良的工作作风纠过来。

不料这篇文章立刻在文水引起了轩然大波。文水县委的第一反应,没有从整风的意义上去正面理解孙谦的好意,反倒觉得是孙谦别有用心在告家乡政府的状。当时中共文水县委书记毛联珏,是从《山西日报》的副社长的职位刚来到文水任职的,他迅速组织县委写作班子一条一条回复反驳孙谦。有的家乡人说:孙谦不止是诽谤社会主义,作为文水人告文水县的状,他是在给家乡的脸上抹黑。很快就上了纲上了线。

就《言大必空》一事,我采访过时任文水县委副书记的霍润堂,这位老领导说:"你做为文水人在报纸上讲文水的问题,而且他讲的情况也站不住脚,根据县委书记毛联珏的安排,县委办公室的几个笔杆子李国权他们以县委的名义起草了答复信,一条一条反驳了孙谦。县里对孙谦的答复和反驳是有理有据的。"

中共文水县委刊登在1957年8月17日《山西日报》上的这份答复信,主要段落是这样写的:

是不是不少农业社减产了?这一点就不大符合事实。文水县去年有没有减产呢?有。但不是不少社,而是只有个别的几个……比1955年增产30%以上的社,有神堂、上河头等55社,占总数的39%;增产30%以下的社,有乐村、信贤等59社,占总数的41%;不增不减的有宜儿、西庄等17社,占总数的11.8%;减产的社只有东北安、文倚等10个社(其中7个社是由于遭受涝灾和雹灾而减产),占总数的7.3%。这样的结果,能说是不少社减产了吗?

农民们是不是不喜欢农业社了?我们说这是没有根据的说法,不知道孙谦同志的根据是从哪里来的。有些人对农业社有意见,这是肯定的。但毕竟是少数人,绝大部分的农民对农业社还是衷心热爱的。据我们对章多农业社的考察,全体社员中,积极拥护农业社的占41.

95%，对农业社基本满意的占 51.2%，对农业社意见较大的只有 14 户，占 6.83%，而且这 14 户中就有 9 户富裕中农，两户地主，1 户富农。

可以看出，文水县委的答复信避重就轻，不正面回应孙谦提出的言行不一、言大必空的问题，倒是用了一连串我们认为掺了水分的数字，在农业社是不是减产了、农民们是不是喜欢农业社的问题上为自己做惨白的辩解。文水县委骨子里特别不满的是，当时的浮夸风在全国范围内非常盛行，从"情感"上讲，你孙谦搞鸣放、说问题不该单指家乡文水县，而且还把白纸黑字的文章登在了报纸上。

在文水县和孙谦唇枪舌战交锋的同时，北影多次组织对孙谦的批判，矛头直指他的《言大必空》，批判他公然发泄对党的不满，攻击党的领导。每次揭批后回到家里，孙谦就熬夜写所谓深刻的检查材料。第二天继续批判时，针对他的检查，大家再集中火力揭批。

在之后的"吐毒素"会上，由于电影局领导"勇于向党提意见，要敢于讲真话"的鼓动，一些同志对本厂工作提出意见，还对孙谦说了几句同情理解的话，意思是孙谦写《言大必空》本意是帮助党改进工作，属于正常的鸣放，而且说的有些是实情，动机是好的，对他的批判应该适可而止、不可过火之类的帮腔。

令孙谦想不到的是，到了运动的高潮阶段，因为下给各个单位的右派有了指标，这些人都被戴了"右派分子"的帽子。这样的结局，绝不是孙谦写《言大必空》的初心，他觉得，这样一来，不仅得罪了文水的县委书记，无颜再见家乡父老乡亲，闹得他再也不想回文水，也对不起那些因他深受其害的同志。孙谦觉得自己凭良心办事，工作热情有余，政治经验不足，为搬石头崴了自己的脚，最后还堵了回乡的路，想一想也真是太天真了。

笔者在 2011 年 4 月底就此事采访了王之荷，她说："老孙一生有个最大的遗憾，就是觉得没给家乡文水做过什么贡献，五十年代虽写过一个短篇《言大必空》，却是批评的，批评县委假大空，批评的也是事实，但他觉得给家乡添了麻烦，他很后悔，这是他的一个最大遗憾。他很在意这件事，觉得不好意思再去面对老乡们。"

是啊，这样的思想顾虑，对于薄脸皮的孙谦来说，除了深深的自责之外，他担心再回到文水的时候，是否会有人当面责怪他、非议他。这时的孙谦，对故乡文水保持着一份"敬"之情和一份"畏"之意，这两种感觉交织着，让他就像在母亲面前犯了错的孩子，不敢抬起头来，不想再见到县里的领导和乡亲。甚至在之后的历次政治运动中，《言大必空》都是被攻击的目标。直到孙谦埋骨何处的临终时刻，《言大必空》仍然是他心头的一块疮疤。

《言大必空》发表一个多月后的1957年7月底，正是反右如火如荼、即将进入高潮的时候，孙谦对北京不宜久留、走为上计的想法越来越强烈，他找到了北影厂的汪洋厂长做了一次诚恳的长谈。当时正是全国作家协会动员作家到工农兵群众中，去长期落户参加基层工作的时候，为此北影也在编剧中作了动员，海默计划到"包钢"去参加基层工作，葛琴计划去江苏宜兴窑厂去，长影编剧于敏已在鞍钢落户。孙谦在厂长面前，首先检讨了自己作为一名共产党员，在《言大必空》一文中犯了的严重"错误"，然后把他在1953年的"人干论"那一套说辞"回放"了一遍，以深入基层、长期落户、改造思想为由头，恳切地提出了要回山西长期下乡的请求。

孙谦他自己清楚，像马烽、西戎那样直接调回山西，目前来看仍然是不可能的，因为北影厂缺编剧的问题可不是一时能解决得了的，所以他用了一个折中的办法，人先下去便于深入农村，编制还留在北影，我还是北影的人，汪厂长，您看怎么样？孙谦的主动请缨，在北影算是带了个好头，汪洋厂长不仅立马答应，还在大会上表扬了孙谦。

就在孙谦此时"急着闹着调工作"，准备很快"搬家回山西"的时候，原是剧本创作所、现任职北影的一位领导找上门来，请他和海默到新侨饭店共进西餐，同时向孙谦交代了一项任务：你们要尽快写一篇批判揭露丁玲的文章，孙谦你的《言大必空》，还有你俩去年写的那几篇杂文，其中的问题我们暂且不论，现在的形势你们也看到了，目前面临的是，党的一边和反党的一边，作为一名党员，你们要清楚自己究竟应该站在哪一边，我们怎么样过好这一关！

正如这位领导暗示的那样，反右开始后，孙谦对他和海默去年合写的那几篇杂文，也是有些担心的："文章批评了党工作中的不足和问题，这事儿如果现在'抖'出来，可就雪上加霜了，我和海默两人都得吃家伙，那可是要吃不了兜着走的。"看来，这次的吃请，注定了好吃难消化。

回到家里后，孙谦在"留守北京"和"回到山西""吃敬酒"与"吃罚酒"之间，做着艰难的抉择和反复的权衡。他心里非常清楚，就在此前不久，中国作协召开了党组扩大会，对深入推进反右运动做了进一步动员部署，北影正在层层传达贯彻，要求人人过关。而自己正处于屁股下面不干净的自身难保状态，加上正在办理回晋诸事的节骨眼上，此时过不了关，此前的一切努力化为泡影不说，随之带来的严重后果可想而知。他皱着眉头楞了好一阵子，在五味杂陈的矛盾挣扎之后，打着尽快过关回晋的小算盘，万般无奈地坐在了书桌前。

不论延安的革命经历，还是文学界的成就影响，孙谦对丁玲肃然起敬，从来仰视。但对丁玲的零距离接触不是很多，也从没听到她有什么反党言行，所以奉命写批判揭发丁玲的文章，对孙谦来说，是无"风"可捕、无"影"可捉，唯一可以牵强附会的是，丁玲的丈夫陈明，是孙谦在创作所和北影厂多年的编剧同事，要写丁玲，也只能以他俩夫妻关系的角度，从陈明的身上开膛豁肚，鸡蛋里挑骨头。

就这样，孙谦开始"昧着良心"地"搜肠刮肚"，空话连篇、生拉硬扯地编造了自己的感受，重点对陈明做了上纲上线、用词尖锐的揭发批判。第二天，他将题为《丁玲夫妇的丑恶灵魂》两千多字的稿子，送到领导手中，算是交了一桩差事。

很快，这篇署名"孙谦、海默"、攻击丁玲和丈夫陈明的文章，发表在了1957年8月下旬的《教师报》上。孙谦在文中写道：

对于陈明，我们是了解得更多的，他和我们在剧本创作所供事七八年之久，平常我们从他身上很少能找出一句错误言论，找出一件错误行为，他从来都像是个正确的人，其实，他原来是个最恶毒的两面派。

每逢我们机关内有任何会议和工作，只要分配给陈明任务，他都会完成。可是完成的不是他本人，而是他能设法推给别人代他完成。……我们大家送了他一个尊称，把他叫做泥鳅，泥鳅就是抓不住的意思,你即使抓住了他,他也能溜滑掉。原来不是泥鳅,也不是鳝鱼,而是毒蛇。

他是一切反党活动的策划者,他不仅为丁玲出主意定计划,而且还帮助起草向党进攻的文件,这都是些恶意挑拨作协党组和中宣部关系的文件,是想把作家阵营搞乱从而达到他们不可告人的目的的文件。同是一个党员,在党的支部会上小组会上表示一切都不知道,可是一切又都是他亲手谋划的。……他的原则是什么,是搞垮党的领导;他的党性是什么,是推翻共产党的领导。……我们真要问你,你这一切所作所为是为了什么?你们不是正常的夫妻关系,你们是玩弄的什么阴谋,你们的政治目的究竟何在?

《教师报》是1956年由《文汇报》并入而诞生的一份有政治分量的大报,由于孙谦、海默在当时电影界的影响,这篇文章在《教师报》上发表后,1957年8月29日的《新民报》等各大报刊纷纷全文转载,尽管内容空洞浮肿,仍然产生了"一石激起层层浪"的"井中落石"效果。就这样,在这篇文章发表后的1957年8月底,属于"将功折罪"、已经排雷除险的孙谦,在行政关系仍然留在北影的情况下,拖家带口、无奈又如愿地搬回了山西文联。

文革后期,丁玲、陈明夫妇被秘密押解到山西长治劳动改造。1977年6月,孙谦在长治潞安矿务局体验生活,打听到丁玲夫妇住在长治市北郊老顶山林场樟头村,趁机便和市委宣传部提出要去看望,市里答复说他们夫妇属于中央要案,如去看望需要上级批准才行,孙谦想当面向丁玲表达愧意未能遂愿。

1987年,武汉大学两位教师为了研究孙谦的创作,收集到大量他过去散发在各种报刊上的文章,将这篇文章复印了一份特地寄给了他。再次看到当年自己的亲笔文章,孙谦顿时深感羞辱,良心万分自责,奋笔写了一篇表达真诚忏悔的短文:

这是一面镜子,照照自己在左的路线下的所作所为!
1957年夏,我从晋西北回到北京,正闹着要调工作,搬家回山西。某日,×××同志(愿他在天之灵安息)用汽车把海默和我接到新侨饭店吃西餐。席间，他布置我俩揭发丁玲和陈明同志。我和海默都属于马大哈派，从不关心创作所的机关事务，对于丁陈更不知其内幕，而我们"屁股上"又不干净，1956年曾写过杂文，这事儿"抖"出来，我俩都得吃家伙。于是，只好搜肠刮肚找"事儿"，然后无限上纲，昧着良心写了这篇无端攻击丁玲和陈明的文章！

这是耻辱，这是永远也不能忘记的教训！共产党员，正直的人，在任何风浪面前都必须讲真话，坚持实事求是。我已向丁玲、陈明同志道过歉，但我的良心永远也不会平静！

1987年12月8日夜 孙谦忏悔

这是孙谦人生道路上一次对自己信念的重大坠失和反叛。《教师报》的复印件摊在写字桌，孙谦夜不能寐，许久沉思，对自己当年一时糊涂、懦弱失节的"所作所为"痛彻心扉。

老婆孩子留在北京，只孙谦一人回山西长期下乡，无疑给家庭生活带来诸多不便，对此王之荷刚开始有些不情愿，她说："对于从北京回山西，刚开始我不太理解，不想回。这时我的大女儿笑雅7岁多，二女儿笑宓不到5岁，老三笑非刚生不久。我觉得孙谦不能一个人回山西，谁照顾他，怎么生活啊。我说北京的东西我都可以放弃，只要一家人在一起就好。这样我们就下决心，说办就办。想赶在秋季开学之前搬回来。于是先让大女儿住在北京的一个山西老战友家，怕耽误上学。1957年8月份的时候，我们带上孩子、保姆一起搬回到太原。"

人常说，旁观者清。对于孙谦离开北京回山西的主要原因，孙谦的老战友胡正可能看得更清楚。胡正在接受《马烽无刺》一书作者陈为人采访的时候说："孙谦他了解文水的情况，就针对当时文水的县委书记写了一篇杂文，叫《言大必空》，很有名的一篇文章，为此他在北影就首先受到了批判，他在北影感到受了一场冤枉，才跑回到山西。"应该说，胡正的话只说对了一部分。

孙谦作为常常得到陈荒煤表扬的电影编剧，在当时电影成活率很低的情况下，奇迹般地平均每年都有一个剧本投产，自然引起了社会人士的关注和研究。中国人民大学新闻系的教授甘惜分，在1957年第5期的《中国电影》上，发表了题为《论孙谦的电影剧作》。在2011

年出版的《新中国电影艺术史》一书中,作者孟犁野说:"(此文)开创了新中国电影理论批评史上'艺术家专论'的先河,从五十年代中期到八十年代初期的二十多年中,如此严肃认真、细致全面、态度真诚地分析一位剧作家的文章,可谓仅此一份。"

甘惜分在文章中说:"孙谦同志对农村生活是比较熟悉的,这几年又常到农村体验生活,这是孙谦同志的优越之处;比起有些只熟悉知识分子生活的作家来说,孙谦同志有他的可以骄傲之处。但是有了生活,为什么还写不出动人的作品来呢?"甘惜分既肯定了孙谦努力描写工农兵的政治热情,又对他把电影创作改变为时事政策宣传提出质疑。他在文章的最后说:"孙谦同志在电影工作的道路上,我以为是又走对了,又走错了。(他走的)不是一个艺术家的阳光大道。"

此时的孙谦大口吸着香烟,内心焦躁不安。在 1957 年 6 月到 8 月前后两个月的时间里,先在《山西日报》上发表了讲真话、被人批的《言大必空》,又在《教师报》上发表说假话、批同事的《丁玲夫妇的丑恶灵魂》,由此,我们看到了孙谦敢于直言、反遭批判的委屈,灵台无计、身不由己的摇摆,以及失却自我、内心煎熬的无奈。

面对《言大必空》给自己带来的厄运,品味着甘惜分对他创作上"路在何方"的警示提醒,回想着钟惦棐与甘惜分"异口同声"的敲打批评,再看看《文汇报》上一些人"不适当地骂了我"的恶语文章,孙谦明白自己目前的处境,既有政治上的险恶,又有生存上的艰难,惹不起咱躲得起,北京不是自己的久留之地,回自己熟悉的家乡山西,是改变现状往前走的最好选择,是该下决心的时候了。

第七章　离京回晋

1. 列为"白旗"被禁映的反腐题材片

1957年下半年的8月，孙谦全家从北京搬回了山西。既是山西人、也是北影人的双重身份，让孙谦有时不得不太原北京来回跑、两头颠。除非有重要的会议和活动要去北京，大多的时间还是住在太原，或在山西农村蹲点下乡。

从抗战初期参加山西新军到延安学习结束后来到晋绥文联，马烽、西戎、束为、孙谦、胡正五战友，一直是一起的生死弟兄，在新中国成立前后的几年时间，他们分别在各地工作，这下又都回到了老地方重聚，使得山西文坛一下子活跃起来，具有"山药蛋"泥土芳香的文学作品，在全国引起了广泛影响和极大关注，以孙谦最后回归山西为重要标志，"五战友"为骨干代表的山西文学创作，从此进入了硕果累累的全盛时期。

经过刚刚的一场反右清洗，"现实"成为一个很难掌控的题材；作品如有政治偏向之不慎，就会无意间成为批判对象。风声正紧的8月前后，孙谦只好创作了几篇顺风之作。他和马烽就刚刚的晋西北之行，在《写给关心晋西北的人们》的总题目下，各写了两篇歌颂晋西北新变化、符合"主旋律"要求的散文，发表在《山西日报》。孙谦写的两篇为《翠绿的山谷》《闲话保德州》；马烽写的是《兴县城今昔》《宁武散记》。

从他俩之前对此行感受的谈话流露，也从孙谦给中南海那封信的大致内容，能看出孙谦在这两篇中似乎言不由衷，因为当时处于反右高潮，形势所逼，被迫无奈，也只能那样说一些顺水顺风的话了。他俩在这四篇散文的前言中写道："未动身之前，听到有些人说晋西北这二年闹坏了，工作搞得乱七八糟，简直有点民不聊生。……现在把我们看到的一些情况写下来，写给关心晋西北的人们，也写给别有用心的人们。"在反右鸣放中，这应该是很正面的声音了。

在 1957 年的 10 月，孙谦拾起了三年前的访苏见闻，写了访问乌克兰、乌兹别克感受的《在乌克兰农村做客》《友谊的种子》两篇。在《在乌克兰农村做客》一文中，孙谦这样写道："列宁集体农庄主席同志，热情地站在积雪的村口迎接我们！……我们访问了三家农民。天黑了，我们实在不想离开这里，但又必须离开。我们紧紧地和特士林科同志拥抱。……转眼之间，离开列宁集体农庄已经将近三年了。……我遥祝列宁集体农庄更富裕、更美丽！"两篇文章都歌颂了中苏人民的友谊，属于歌赞的正面文章。题材上应算是"吃老本、立新功"了。

就在批判《言大必空》仍有隐痛的 12 月份，孙谦写了赞美文水的散文《故乡及其它》："如今，故乡变样了。……比起我童年时候的故乡来，确实已经变得如同天堂，而且她还在大踏步地向着更美好的方向前进！……故乡，我的母亲，我会回去的！"在孙谦的笔下，不再议论故乡干部官僚和农民埋怨的诸多问题，"已经变得如同天堂"一般，让人感觉他似乎在有意回应着什么，针对性地更正着什么。

宅在家里短暂的调整期过后，孙谦走出山西文联的大门，又往乡下去了。他选择交城、平遥、文水等地蹲点体验生活，这个县，那个村，走家串户，在农民家里吃，在农民家里睡。《大众电影》1958 年第 1 期报道了孙谦的这次深入生活："编剧孙谦今年（1957 年）夏天已经到山西去落户了，目前已经完成了一个取材于农村生活的电影剧本的初稿。他表示他将继续在山西农村深入生活，作更长期的准备。"这个剧本就是 1958 年 1 月完成的《春山春雨》，讲述了 1956 年一个刚由学校毕业的青年崔琦，被派到一个农业社开展水土保持工作的故事，人物性格鲜明，故事不乏生活气息。

同时，孙谦完成了短篇小说《伤疤的故事》的创作，1958 年 4 月又改编为同名电影剧本,长影于当年年底摄制完成。这是一个关于农村合作化运动期间弟弟动员哥哥入社的故事,孙谦在人物性格刻画和叙事技巧上下了功夫,由导演《葡萄熟了的时候》的王家乙担任导演。1954年底他写的小说《奇异的离婚故事》,1956年4月时改编为电影剧本,在1958年4月被上影拍摄完成,易名为《谁是被抛弃的人》。

这几个剧本,其思想性和艺术性都达到了一个新高度。尤其表现在人物形象塑造上,克服了过去以人造物、以人写事的平面化缺憾。更可喜的是,孙谦的第一个小说集《伤疤的故事》也于1958年7月正式出版。《伤疤的故事》还被晋南蒲剧一团改编为蒲剧《骨肉之亲》,并于1959年首演成功。

共产党干部进城以后换老婆,看似个别却又普遍的腐败现象,在《谁是被抛弃的人》中得到了充分揭露,敢于对现实存在的腐败丑恶现象发炮,把笔触伸向了从未有人走过的禁区,把有的共产党干部写得这么坏,孙谦敢这样写,不仅是难能可贵的,也是需要勇气的。

孟犁野在接受笔者采访时说:"《谁是被抛弃的人》是一部很好的现实主义题材作品,经过历史的检验,现在看得更加清晰的一点是,孙谦是新中国最早写出反腐败题材作品的一位作家,在这一点上,他是先知先觉的。在建国之初,孙谦看到干部腐败的问题,并用文学作品的形式反映出来,很了不得。孙谦的作品时代性很强,但他的'胶泥头'劲儿来了后,也有不听话的时候。应该说,这是一部超越时代的作品。《谁是被抛弃的人》,这是孙谦电影中最深刻的一部。"

正当孙谦现实题材的作品有所突破、各种体裁的创作正丰的当口,一封召他回北京开会的电报,送到了他的面前。文化部召开电影工作全面大跃进大会,北影要他按时赶回,务必参加。

大跃进的说法,最早源自1957年10月27日的《人民日报》,当天的社论发出了农业生产"大跃进"的先声。1958年2月2日的《人民日报》社论,把大跃进思想扩展到国民经济各领域,甚至"文教卫生事业也要大跃进"。于是,电影局局长王阑西号召电影工作者"也要来个大跃进",还向全国电影工作者发出了一封号召大跃进的公开信。

1958年3月，文化部在北京举行有800多人参加的电影工作全面跃进大会，正式拉开了电影系统"全面跃进"的序幕。孙谦和北影的领导以及主要创作干部参加了这个会议。会上，文化部要求文艺创作要"行行放卫星，处处放卫星，层层放卫星"，要求各电影制片厂全面贯彻多、快、好、省的总方针，大力完成并超过各自的跃进指标：制片上1958年要完成大型艺术片80部的生产任务，放映上要完成四百万场的指标；并提出"省有制片厂、县有电影院、乡有放映队"，并决定各省、市、自治区年内都要开始生产电影。

北影积极响应会议精神，纷纷筹措拍摄"大跃进"的影片，并在拍片速度上争取"放卫星"，不仅要和长影、上影等其它厂打擂台、比数量，还要在厂内人人比进度、天天比进度。

一些省、市、区也成立了文化卫星指挥部，开始大放"文艺卫星"，提出了很多不切实际甚至荒唐的口号和要求，诸如什么"两年就要超过鲁迅"，"一个夜晚写60个剧本"，"每个县都要出一个郭沫若"等等。

如火如荼的大跃进形势下，孙谦的下乡活动和创作计划被挤得满满的。这年的五六月份，孙谦先来到交城的横尖林区伐木工地体验生活，还到了蔚汾水库建设工地参加劳动，又去了平遥县66个水利工地和平地水库，以及红土沟万宝山人民公社参加炼铁劳动。孙谦还以平遥挂职县委副书记的身份，参加平遥县的有关活动和会议。

1958年5月中共八大二次会议正式通过了社会主义建设的总路线，不久中共中央在北戴河通过了《全党全民为生产1070万吨钢而奋斗》的决议，从此掀起了轰轰烈烈的全民大炼钢铁运动。山西文联干部子女到处捡废铁，然后把捡到的废铁交到学校炼钢铁，有的孩子情急之下把家里家具上的小铁扣、铁合页也撬了下来。王之荷因小女儿交不出废铁很着急，便买了一口新铁锅，砸烂后当废铁，让小女孩交到学校充当了任务。

就在电影大跃进紧锣密鼓的时候，1958年4月18日，文化部、电影局在北京召开了各电影制片厂厂长会议，在4月21日的会议上，中央政治局候补委员康生在会上发表讲话，他一口气点射批判了一大批影片，批评一些电影编导"头脑不知何处去，渣滓依旧笑春风"，将成荫导演的《上海姑娘》、王炎导演的《寻爱记》、郭维的《花好月圆》等一批电影一棍子打死，宣布禁演了26部电影，提出要在银幕上彻底清除资产阶级思想和修正主义思想。电影界顿时阴云密布，前路泥泞。

紧接着，在1958年5月8日中共八大二次会议上，毛泽东主席提出在社会主义建设总路线下，"我们要学习列宁，要敢于插红旗，越红越好……。红旗横直是要插的，你不插红旗，资产阶级就要插白旗。资产阶级插的旗子，我们就要拔掉它，要敢插敢拔。"毛主席一句能顶一万句，全国各地很快开展了声势浩大的"拔白旗、插红旗"运动。

"拔白旗"作为1957年反右派的延续，实际上就是把大跃进中一些反对浮夸的人，污蔑共产党形象、一些具有资产阶级思想和观点的人，都作为"资产阶级白旗"加以批判、斗争甚至处分。有的单位刻意在未成"右派"的人中，再度搜寻可作为"白旗""灰旗"拔除的人物，使一大批人因此遭殃。电影界的"拔白旗"运动，伴随着大跃进的飓风，很快在各行业弥漫开来。

就在这个时候，北影厂又一封加急电报，送到了正在交城县横尖林区体验"大跃进"生活的孙谦面前。孙谦在1981年2月写的《怀念与祝愿》一文中写道："1958年初夏，我骑车到了交城县横尖林业所，……我跟着陈双槐和崔铭贤两位技术员去验收和勘探林中巷道。但是，召我参加文艺整风的电报来了。我不得不惜别了关帝山林区，匆匆赶到长春去挨整。"

孙谦所说长春挨整的文艺整风，是指1958年5月9日至19日在长春召开的创作思想跃进会，实际上是文化部电影局落实毛泽东"拔白旗、插红旗"指示的一次揭批会。参加会议的有北影、长影、八一共三个制片厂的负责人和相关的创作人员。除了参会的领导外，参会的相关创作人员，大部分是这次会议上准备挨批需要拔掉的"白旗"；孙谦这位未被打成右派的漏网分子，经过这次的过滤搜寻，被列入了这次接受挨批的"白旗"对象。

第七章　离京回晋

这次的长春会议，北影除了孙谦之外，参会领队是田方，水华、陈怀凯等干部也参加。会议对1957年和1958年第一季度生产的大部分现实题材的影片进行了批判，重点是孙谦的《谁是被抛弃的人》，还有《寻爱记》《情长谊深》《上海姑娘》《花好月圆》等影片。会上传达了康生4月18日制片厂厂长会议上的批判意见，号召要深入开展"拔白旗"运动，电影作品要及时反映大跃进，各制片厂要打擂台、比进度，跃进式拍片。

《谁是被抛弃的人》是孙谦触及现实生活负面现象、属于当时敏感禁区的一部作品，在内部放映后，立刻遭到了电影界权威人士的强烈反对和坚决批判。《谁是被抛弃的人》和《探亲记》在拍摄时已经做了修改，放弃了原文学剧本的讽刺样式，尽管这样，陈荒煤仍然十分的不满，他说："这两部影片尽管没有按原来剧本拍摄，然而却有着一个共同倾向：站在反动的立场，滥用讽刺，夸大生活中的个别现象，歪曲生活，形成对党对社会主义的攻击。"陈荒煤还说："采用群众路线的办法对创作思想展开自由辩论，应看作是两条道路斗争的继续，必须寸土必争，遍插红旗。"长春会议之后，《谁是被抛弃的人》《花好月圆》等影片，被作为银幕上的白旗，受到了诸多报刊杂志万炮齐轰的批判。

1958年11月号的《中国电影》，发表了针对孙谦的批判文章《作家与忘本》，作者耿西给孙谦的《谁是被抛弃的人》戴了两顶政治帽子，一是直接攻击党和新社会，反对党的领导，把共产党污蔑为衣冠禽兽；二是制造党的分裂，歪曲党的生活作风。

在1958年12月2日的《人民日报》上，陈荒煤发表了《坚决拔掉银幕上的白旗——1957年电影艺术中错误思想倾向的批判》的文章，再次点名批判《谁是被抛弃的人》："《谁是被抛弃的人》完全歪曲了我们的生活环境，于树德这个在新社会为非作恶的坏人，简直如入'无人之境'，影片根本没有表现党和群众对他的斗争。老党员老干部进了城，就都变质了，这是对党的攻击和污蔑。"还说这是"反党、反社会主义的作品""根本不能放映"之类的话。

和"白旗"名单中的电影《探亲记》修改"整容"后，可以和观众见面相比的话，《谁是被抛弃的人》连这样修改整容、重见天日的机会也没有，被彻底判处了死刑，最后对它的定性是"反党作品"，从此封存，彻底禁映。

受此牵连、倒了霉运的不仅是孙谦，也包括该片的导演黄祖模。新中国成立初期，在高度集中的电影管理体制下，以黄祖模区区一个上影的副导演，怎么可能容易得到独立拍片的机会？好不容易到了1956年底"三自一中心"改革，拍片权力下放了，导演自己可以选择创作题材了，黄祖模1957年才拿到了孙谦的剧本《谁是被抛弃的人》，1957年8月开始赴浙江拍摄外景，1958年4月拍完，片子还没上映，不久就被作为"银幕上的白旗"枪毙了。黄祖模从此被靠边站，冬眠了二十多年后，1979年好不容易才遇上导演电影《庐山恋》的机会，他才终于大器晚成。

导演过《智取华山》《董存瑞》的郭维，把赵树理的名作《三里湾》改编为《花好月圆》，这次拔白旗被康生定为"毒草"后打成"右派"分子，推煤拉车，打扫厕所。他说过的一句话"再也不当战争贩子了"，在文革中又被翻出旧账，遭受毒打关押，发配到长白山六道沟的原始森林劳动改造。

拔白旗运动让电影界的空气再次沉闷，人们剧本也不敢写了，片子也不敢拍了。1958年4月至5月，周恩来总理两次约见故事片厂厂长，对参会的会议代表提出，在一时不能生产好的故事片的情况下，是否可以多拍摄一些"带有艺术性的纪录影片"，用现实题材、身边真实的故事，反映生气勃勃的时代面貌。陈荒煤却错误理解成了"纪录性艺术片"，便在大会小会上强调，对"纪录性艺术片"盲目推动予以提倡。

对于经历了反右运动、心有余悸的许多创作者来说，拍摄高喊跃进口号的艺术性纪录片，有着相当的政治安全系数。所以在反右和拔白旗中接连饱受人生挫折和批判的创作者们，只好纷纷投入到鼓吹跃进的洪流中。

经历了《谁是被抛弃的人》的批判，在长春作为"白旗"对象的孙谦，为了以实际行动"改过自新"，他必须比别人表现的更为积极。

在一面被批判轰炸，一面被擂台跃进的双重压力下，他仅用五天时间就完成了名为《一天一夜》的电影剧本。星期一上午才开始动笔列人物表，星期五就写完了初稿；小修小改的润色，加上重抄的时间，星期日他就匆匆乘火车去北京送审剧本了。这样神奇的速度，不仅给厂里争了荣誉，也是自己的一次将功折罪。

这部电影的片名就充满了大跃进的味道，讲述了一天一夜之间发生的很多事情：矿区找到了铁矿，八小时内建立了炼铁高炉，铁工厂制造出了炸药……在拍片速度上争取"放卫星、打擂台、比进度"的创作环境中，这部剧情粗糙不合逻辑、人物性格一般化的电影，成了图解政治、浮夸风、共产风的应景之作。

这时候的电影审查也流于了形式，一来大家谁也不敢写涉嫌"白旗"的东西了，二来赶进度打擂台都在争分夺秒，所有工作都要为"纪录性艺术片"让路，哪容得有细审喘息的时间。赵元，是新中国为数不多的女导演，1964年担任《烈火中永生》副导演；1958年她正准备拍摄《林家铺子》，为了尽快完成《一天一夜》的拍摄，北影厂让她马上到《一天一夜》剧组，协助导演欧凡任该片的副导演。

《一天一夜》开机拍摄时已近初冬，在密云水库完成了部分外景拍摄后已是隆冬了。在当时的拍摄条件下，冬天已经不能在室外拍摄了，但是，在大跃进政治形势的裹挟下，《一天一夜》的导演和演职人员冒着严寒，坚持着在野外拍戏。这部电影的摄像是李文化，文革期间电影《侦察兵》的导演。1955年9月，他进入北京电影学院专修班主修故事片摄影，1958年毕业后来到北影厂，在北影厂首次担任摄像的电影就是《一天一夜》，在他的自传《往事留影》一书中说：

1958年冬夜，黑暗中的一座小高炉，焦炭在炉中闪着红光，几个身穿厚重大衣的身影，围着高炉，搓着手，呵着气，不时地背过脸，让后背也享受炉火的烘烤，他们都在那里等待天亮。这是《一天一夜》摄制组的人员。

50年代，电影胶片的感光度非常低，天黑下来，胶片对天空完全不能感光。黄昏和黎明是唯一可拍的两个时段。每段半小时，《一天一夜》所有夜景都是在这两个'半小时'的时段里完成的。

大家围着小高炉烤火，等待黎明。拍摄一天，大部分时间都围着焦炭烤火了。导演欧凡、摄影师钱江和我，以及演员田方、车毅等，为了拍摄《一天一夜》，在焦炭火场度过了许多个寒冷的夜晚。

孙谦的《一天一夜》是用了五个晚上写成的。其实还有比这还神奇的。上影厂要打擂台，导演凌子风声称要一个月拍一部新片，于是带剧务、场记三人赴京，请海默一夜之间写出剧本《深山里的菊花》，凌子风在身兼导演、摄影两职的情况下，果然一个月拍出了片子。

那时的电影生产到了无比狂热的程度，长影为了打擂台，一下推上了 30 多部影片，孙谦的《伤疤的故事》也被充数匆忙投拍，著名演员浦克一年内竟被安排了包括《伤疤的故事》在内的五部戏，他在《伤疤的故事》中饰演哥哥陈修德，由于这些影片的剧本粗糙，而且都是匆促上马，拍出后几乎都成为废品。

在片面追求速度的情况下，1958 年出品的故事片高达 105 部，数倍于各年平均产量，其中包括刚诞生的新样式"纪录性艺术片"49 部，绝大多数是粗制滥造的宣传品。105 部故事片中，有一半是艺术质量拙劣的影片，人们把这类影片叫做"跃进片""卫星片"。当电影不幸成为政治附庸，而无视电影生产规律的时候，像孙谦《一天一夜》的出现也就不足为奇了。

对于 1958 年的跃进片，孙谦在 1981 年说过一段反思的话："在那大跃进年代，我像喝了迷魂汤一样，把假象当现实，跟上'时代'发昏，写了《一天一夜》鼓吹'冒进'，而老赵（赵树理）当时却在写《实干家潘永福》《套不住的手》。赵树理他知道吹牛皮要饿肚子的，他根本不相信眨眼之间便奔入了所谓的共产主义。说得再远一点，老赵并非为了配合政策，才写《小二黑结婚》和《地板》的。"但即便孙谦这么卖力地为政治服务，也没能逃脱无情的政治批判。

孙谦在体力的超负荷消耗、精神被严重摧残的双重折磨下，为了将功抵罪，在接受批判之余，他拼了命地熬夜创作，废寝忘食和大家在跃进中比速度，在 4 月创作了电影剧本《伤疤的故事》后，接连创作了四篇小说《腊月二十九》《大门开了》《半夜敲门》《大红旗和小红旗的故事》，还写了两篇报告文学《水库之谜》《一封感谢信》，散文《平遥新地图》等。大密度、高强度的熬夜劳累，使他几次昏倒在写字台上。 在赶写人民公社一大二公题材的电影剧本《通天路》时，因疲劳过度再次昏厥，苏醒后只觉天旋地转、头晕耳鸣、全身无力，一时连报纸都不能看，几乎成为被"抛弃的人"。

1958年11月29日，山西省委宣传部因为"省有制片厂"的要求，为了省级电影跃进的创作和生产，召开电影剧本创作座谈会，邀请作为专家的孙谦回来给做些辅导。孙谦拖着病体刚从北影参加创作会议回来，立马赶到山西的会场，给到会初入门的创作队伍讲自己苦不堪言的创作体会。

2. 被"炒了一次回锅肉"的反党分子

在连轴转的跃进工作状态下，孙谦极度疲劳，几度昏厥，头晕的连书也不能看了，只好躺在家里乖乖地养病，整天闷闷不乐的。他说："（长春会议挨整后，）我便在跌倒爬起来、爬起来又跌倒、跌倒又爬起来中挣扎……"唯一让他稍感欣慰的是，1956年他和成荫被搁置的《红军万岁》被重新启动，作为国庆十周年的献礼片，北影和八一两厂正联合在野外拍摄外景。

孙谦、成荫1956年被搁置的《红军万岁》，反映的是红军二万五千里长征这一重大革命历史题材，任务最初下达给北影，指定由成功执导过《钢铁战士》《南征北战》，擅长革命战争题材的成荫担当，当时成荫在北影赴苏电影实习团，正在莫斯科电影制片厂潜心专攻宽银幕立体声影片制作，回国后的1956年5月，成荫邀约孙谦共同改编，很快写出电影文学剧本《红军万岁》，但连续修改两稿都未通过，成荫便改拍了《上海姑娘》。

1958年1月的时候，《红军万岁》的拍摄重新启动，经总政治部与文化部商定，由八一厂和北影厂合作拍摄，剧本在孙谦执笔的《红军万岁》基础上做了进一步修改，并改名为《万水千山》，北影派成荫，八一厂派华纯，由二人联合担任导演。

1958年下半年，中共中央决定由周恩来、邓小平等人主持，组织文化部拍摄一批好电影向国庆十周年献礼。之后的1958年11月和1959年1月，文化部两次召开全国电影制片厂厂长会议，研究安排国庆十周年献礼影片和电影大放卫星影片，要求在内容上既要有重大历史题材，也要有现实生活的工农业题材。北影汪洋厂长和韦明副厂长在会上表态说："要把现有已拍的电影加工成为'卫星'，如：《万水千山》《飞越天险》《一天一夜》《山里来的人》等。"就这样，孙谦、成荫的《万水千山》被列为北影的献礼片、卫星片，而马烽创作的《我们村里的年轻人》，列为了长影的献礼片。

　　说来，马烽的《我们村里的年轻人》，也多亏了孙谦的指点和帮助。1957年冬天，马烽到汾阳下乡并兼任县委副书记，1958年初他写了个水利建设题材的中篇小说，当时在交城下乡的孙谦，却劝他写成电影剧本，孙谦说现在缺电影剧本，电影比小说的受众多。过罢1958年春节，马烽回到汾阳就开始改写电影剧本，写完后骑自行车一百多里路去交城找孙谦提意见，孙谦随后将剧本推荐给了长影。剧本的题目琢磨了很久，一直定不下来，最后孙谦给起了个《我们村里的年轻人》。

　　在电影拍摄上，《万水千山》比《我们村里的年轻人》难度要大得多，因为当时没有现在的电脑特技，所有战争镜头都需要实景拍摄，加上动用力量过于庞大，作为北影战争题材的"跃进卫星片"，虽然早在1958年就开始拍摄了，但影片的完成时间却排在了1959年。

　　彩色宽银幕立体声在国内还是个空白，所以成荫在莫斯科电影制片厂学习宽银幕立体声的制作特别专心。这次的《万水千山》，是新中国彩色宽银幕立体声故事片的第一部，北影和八一两厂都十分重视，投入了很大力量，国防部副部长、中央书记处书记谭政还特批四架飞机，配合影片的实景拍摄。成荫带领摄制组人员，沿着红军长征的路线，跋涉四千多公里，在气候瞬息万变的恶劣环境中，付出了长达15个月的艰辛劳动。

　　孙谦在《万水千山》剧本改稿的时候，也曾遇到了麻烦的。当时在创作上正面接触重大党内斗争尚属禁区，并对反映红军长征有"不成文"的规定，在世中央领导同志不能上电影，并且只能写到团长一级，这样涉及路线斗争最为集中的"遵义会议"就很难反映。为了扬长避短，孙谦和成荫研究商定，只选取话剧《万水千山》中"毛儿盖"和"草地"两个板块，通过飞夺泸定桥和过雪山把重场戏串连起来，充实李有国、赵志芳、罗顺成以及老炊事班长父子等红军指战员，以及长征中三四个战士英勇牺牲的描写，以此来真实展示长征壮举的悲壮气魄与史诗色彩。

在《万水千山》样片出来的时候，江青对影片中严酷环境和战士的牺牲情节提出了意见，指责影片"过于低沉""悲观主义"。所以在影片正式送审的时候，孙谦是捏了一把汗的，他担心如影片通不过，反让大家徒劳无功。到9月24日，周总理视察八一厂时审看了《万水千山》，称赞"这部影片是乐观主义的"，真实表现了红军艰苦奋斗的精神。周总理的肯定，让孙谦长长地松了一口气，一颗悬着的心终于落了地。孙谦对成荫说：要不是周总理说话，这下可能又被毙了。成荫则感言道：这叫"一句话救了一部影片"。

1959年9月25日至10月24日，文化部在全国各大城市举办的"庆祝建国10周年国产新片展览月"获得巨大成功。陈荒煤在《创造无愧于时代的新英雄人物》一文中，高度评价了《万水千山》："这是一部好影片，一部反映红军的英雄史诗的影片，它把震撼世界的二万五千里长征搬上了银幕，使我们亲眼看到强夺大渡河、过雪山、走草地这些惊心动魄的伟大场面，影片真实地、具体地再现了那一典型环境，反映了红军在长征中所表现的史无前例的英雄气概。"

由长影苏里导演的《我们村里的年轻人》，在展览月中也引起了极大的轰动。后来又拍摄了《我们村里的年轻人》续集，其插曲"人说山西好风光，地肥水美五谷香，左手一指太行山，右手一指是吕梁"，被山西人民当做了"省歌"，几十年经典传唱，回声嘹亮。

展览月共展出《万水千山》《我们村里的年轻人》《林家铺子》《青春之歌》《林则徐》等影片35部，其中故事片17部。孙谦抱病和成荫参加了11月文化部、中国影联在北京饭店举行的庆贺新片展览月招待会。回到太原后，孙谦高兴地特意请马烽到家里喝酒，为这两部电影的成功上映和获得好评举杯庆贺。

但是，天有不测风云，一声响雷乌云笼罩、大雨滂沱。1959年7、8月份，中共中央在庐山先后举行了政治局扩大会议和八届八中全会，本应纠正左的错误的会议主题，却因彭德怀写给毛泽东质疑大跃进的"万言书"转了向，彭德怀被打成"反党集团"的首领和右倾机会主义路线的代表人物。

北影不失时机响应和紧跟庐山会议精神，在全厂开展了"反右倾"运动。1957年反右时下放农村的北影干部已在年初回厂，这时候也被勒令参加反右倾运动。孙谦拖着病体从太原赶到北影，从9月份起，和全体党员参加了反右倾交心运动，在小组会上汇报各自对于三面红旗及1958年形势的看法，然后厂党委根据这些谈话记录，一一过滤每个人之前的作品以及言行，筛选列为"重点批判"和"重点帮助"的对象。

虽然这是一次党内的路线和思想斗争，却全部在群众中公开进行批判，因为私下有任务指标，所以形式上与前两年的"反右派"斗争毫无区别，孙谦作为之前网疏遗漏的"问题人物"，这一次终于逃脱不了了。根据这几年来反党作品、反党言行的问题清单，北影错误最严重的是海默、伊明，被划为"右倾分子"，其次是水华、史平，属于"重点批判"对象。

再次是孙谦和杜粹远，在被处分的这些人当中，他俩被列为"重点帮助"对象。对孙谦的处理结论是：定为"反党分子"，留党察看两年，行政降级两级。和海默被开除党籍的处理结论相比，孙谦的错误确实要轻得多。每个人的处分结论，还分别存入了个人档案。

对孙谦的这次处分，他给自己起了个"名堂"，叫做"炒了一次回锅肉"。他在1979年11月写的"自传"中，说明了情况：

1954年冬，我写过一篇叫做《奇异的离婚故事》的短篇，发表在《长江文艺》上，1956年，我把它改编为电影剧本，影片完成后，导演改名为《谁是被抛弃的人》。1956年夏，我和海默同志合写了杂文《会爆炸的副食品》《不管小事的税务局长》《油漆的缺点及其它》；我自己在1956年和1957年，又写了杂文《橡胶树的厄运》和《言大

第七章 离京回晋

必空》。为了那一篇小说、一部电影、五篇杂文和我在1957年写的另一个短篇《有这样一个女人》，在1958年召开的长春电影创作会议上，我受到了批判。1959年反右倾，我又被"炒了一次回锅肉"，好几家报纸和杂志发表了批判我的文章。……1959年和1960年，我是在病中接受批判的。1961年和1962年，我在疗养院养病，头晕的连报纸也不能看，哪能再写文章。

孙谦作为"反党分子"的错误在哪里，要对他"重点帮助"批判的理由是什么，在孙谦来看，就是他在"自传"中所说的那两篇小说（包括《有这样一个女人》）、一部电影、五篇杂文。但从问题的严重性上来看，重点还是他的那部电影《谁是被抛弃的人》。

1960年2月2日《人民日报》上《为电影事业的继续大跃进而奋斗》的文章说："党外右派向党的猖狂进攻是在1957年的春季，而钟惦棐的进攻则早在1956年的冬季，1957年我们的电影中出现一些毒草和有错误思想的影片，例如《谁是被抛弃的人》等，这些电影剧本多数是和《电影的锣鼓》同时写成。"其实，孙谦《谁是被抛弃的人》作为对党"进攻"的先声，时间上比《电影的锣鼓》还要早，这才是孙谦错误的要害和实质，其严重性不言而喻，事实在那儿明摆着，在这次"反右倾"的二次筛选和过滤中，你孙谦还能躲得了吗？

正所谓"躲得了初一，躲不过十五"，反右时自觉安全无恙的孙谦，这次终难逃脱戴上"反党分子"帽子的魔掌。北影为此组织了对孙谦的各种批判会、检查会。每次孙谦都拖着病体接受大家对他的批判，会后则要从灵魂深处和世界观改造上，写对自己"深刻剖析"的检查材料。

那时我们对上级制定的方针和路线，是不应该有半点怀疑的，每个人需要做的，就是要"坚决捍卫""永远紧跟"，谁都知道逆风说真话的后果、跟风说假话的好处，即便是朋友、同事，也要及时划清界限，绝不能手下留情。所以，发起批判的人，往往就是自己身边的人。

迫于政治上的压力，为了避免陷于被动，孙谦在山西文联的老战友李束为、马烽、西戎以及陈志铭，首先在《火花》杂志1960年第

2期上，发表了以《危险的道路》为题的署名文章，对孙谦的错误思想和问题作品做了上纲上线的批判。文章说，《奇异的离婚故事》是"歪曲和诬蔑共产党员形象、攻击社会主义的毒草"，《言大必空》是"为地主、富农、富裕中农向党请命了。"

对于孙谦"反党分子"的错误思想，正因为是战友，更需要及时表态、明确交割，否则自身难保、不进则退。这段时期，《火花》等其它杂志，多次开辟孙谦的批判专栏，《山西日报》也不时刊发批判专稿和群众的"揭发"来信。

在孙谦所在的北影，除了大家直接面对面的批判外，也有同事撰写批判文章，以笔做刀枪。孙谦在剧本创作所最早的同事，低头不见抬头见的女编剧葛琴，分别发表在1960年《人民文学》12期和1960年《电影艺术》11期杂志上，分别发表《从人性论到写真实——评孙谦的三篇小说》和《论孙谦创作的错误道路》等多篇檄文，针对孙谦带有错误思想的文章，葛琴历数罪状，逐一剖析批判。

葛琴在文章中说，孙谦的《伤疤的故事》《有这样一个女人》"以人性论的观点代替阶级观点"，"对劳动人民和党员形象进行歪曲描写"；《农家乐》《葡萄熟了的时候》《夏天的故事》以及《春山春雨》有庸俗低级的恋爱描写；"在反对资产阶级右派进攻的胜利中，他却写下了诽谤社会主义、直接向党进攻的《奇异的离婚故事》与杂文《言大必空》等。"饶有意味的是，葛琴后来在"文革"中被长期羁押，遭受残酷迫害，最后双腿致残。

从反胡风、肃反、反右历次运动以来，揭发斗人的时候，或主动或被迫，或自表忠诚讨好邀功，或保护自己不被牵连，这些人不一定都是坏人，但最后，在"互害"运动的天罗地网里，批人者被批，整人者被整，这样的结局，几乎无人例外。要维护自己的良知，除非甘当异类、以死抗争，就像史东山。

在不计其数的单位小会批判、同事媒体批判之外，也有集中炮轰的大会批判。1960年8月，北京市召开了"批判文艺上修正主义倾向"的文艺系统大会，除了大家给孙谦罗列的问题之外，他又罪加一桩，他的《伤疤的故事》和海默的《洞箫横吹》遭到大会的点名批判，罪名是"揭露了社会主义的阴暗面",宣扬了"人性论"和"人道主义"等。孙谦被批判为宣扬"资产阶级人性论"的代表人物。

马烽、李束为、西戎,是孙谦从战争年代一路走来的好朋友,葛琴则与他是新中国早期的电影文学同路人,他们对孙谦无情的批判,让孙谦万分心痛,自己竟成为知己朋友炮轰的对象,而且这仅仅是眨眼间的突变。孙谦的思想一时难以接受,为此身心憔悴。

在当年对胡风的大批判中,早在抗战时期就与胡风结下深厚友谊的老舍也曾口诛笔伐。处在特定的政治环境下,我们都无法逃遁现实,来做一名政治的局外人,很多人的灵魂不得不被迫扭曲,早已失去了不说话、不表态的权利,大灾大难、大是大非面前,不得不选择暂且自保。孙谦在反击右派的时候不也写过批判丁玲的昧心之作吗?同事战友们在那个时代一时不慎的、违心的言行,应该是出于政治压力的不得已而为之,所以孙谦在事后也是释然谅解了的,其实,当年对他的这些批判,其实也是一剂良药,让孙谦对无情政治、生活现实与艺术创作之间的关系有了更深的体会。

1960年7月22日至8月14日,中国文学艺术工作者第三次代表大会在北京召开。按照常理,如此重要、如此规格的盛会,是绝对不允许正在接受革命批判,甚至戴着"反党分子"帽子的人,以代表身份参加的。考虑到全国"反右"和"反右倾"结束之后的一些特殊情况,这次会议在筹备召开之前,就有一条从宽处理的规定:凡上届委员与各协会理事,都是这次会议的当然代表,反右后不管甄别的和尚未甄别的,都允许参加。因为孙谦的人事关系还在北影,所以,孙谦抱病不但以北京代表的身份参会,而且还被连选为作协的理事。

这一次会议召开的时间不短,整整22天,到会的人数也多,共2444人。大会举行的第二天即7月23日,孙谦和全体与会代表,在中南海受到了毛泽东、刘少奇、朱德、邓小平等中央领导人的接见并合影留念。

因为1959年中苏关系的全面恶化,会议提出了反对帝国主义、反对现代修正主义和批判资产阶级人性论和人道主义,表现我们的伟大时代,塑造这个伟大时代的英雄形象的历史任务。孙谦自始至终参加了听取大会报告、小组个人发言、界别分头讨论等各项议程。马烽还在会上作了题为《谈短篇小说的新、短、通》的交流发言。

1961年马烽接受了山西省委有关领导的建议，开始创作长篇传记小说《刘胡兰传》，他先后数次到刘胡兰的家乡文水县，收集有关资料、采访和刘胡兰一块工作过的干部，因为文水是孙谦的家乡，所以一开始回文水的时候，马烽拉上孙谦陪着走了几趟。

当时处于三年困难时期，山西省委对作家、艺术家还是比较优待的，专门安排作家们去晋祠宾馆的干部疗养院疗养。晋祠宾馆，是山西省条件和服务最好的地方，西戎有名额但没有去，李束为只去了几天便回去了。孙谦由于身体极度虚弱，他是真的需要疗养的，这样从1961年起有一年半的时间，孙谦便住进了晋祠疗养院，完全封笔养病。马烽则一边疗养，一边写他的《刘胡兰传》。

孙谦身上始终保持着农民后代的敦厚质朴和共产党的优良作风。在山西文联，孙谦属于文艺二级，他的工资最高、资格最老，但他不自恃清高，不论老的还是小的，他都能融洽相处，没有一点架子，大家都亲切地叫他"老孙"。住在晋祠疗养院的病友，不是局长，便是处长、厅长，大都是患病疗养的老革命，唯独孙谦无官无职。

有一次，山西文联机关给他去了电话，那时候固定电话还没现在这么普及，疗养院的服务员叫他出来接电话，推开他的房门时不知该叫什么，觉得这位名叫"孙谦"的一定是什么大官，直呼其名不太礼貌，站在门口楞了一下后叫到："孙谦长，有您的电话。"接了电话回来后，孙谦叮嘱服务员："以后有事，叫我老孙就行。不要加上'长'，我也不是什么'长'。"服务员纳闷了："住在这里疗养，还能啥官也没有？"表示很不理解。

新中国的电影银幕是政治气候的温度计和风向标。北影地处北京、背依中央，自然成为了新中国文艺的主战场，因而受政治的波及和影响，要比地方上大的多。经过"反右倾"冲击后，孙谦想要彻底摆脱北影回山西避风躲雨的念头更加强烈起来。

由于1960年起连续的自然灾害和左倾错误对国民经济的危害，中央试图通过"调整、巩固、充实、提高"的方针，来纠正大跃进以来经济上以及文艺界的左倾错误。1961年1月和6月，电影局和中宣部、文化局先后在上海锦江饭店、北京新侨饭店召开会议，讨论贯彻双百方针、繁荣文学创作的具体措施，周恩来亲自出席并讲话；电影界开始出现新的转机。3月2日文化部和剧协召开的广州会议上，陈毅副总理到会并发表讲话，在他的过问下，孙谦好友海默及其《洞箫横吹》得到平反。

1962年1月11日至2月7日，中共中央在北京举行扩大的工作会议，决定给批判处理错了的人甄别平反。4月27日，中共中央下发了《关于加速进行党员、干部甄别工作的通知》，要求"凡是在拔白旗、反右倾、整风整社、民主革命补课运动中批判和处分完全错了和基本错了的党员、干部，应当采取简便的办法，认真的、迅速的加以甄别平反。"

经过北影认真的甄别，孙谦留党察看和行政降级的处分被撤销，戴在他头上的"反党分子"帽子也被摘掉，但留下了"不仅犯有创作思想错误，而且犯有政治立场错误"的尾巴，属于平反不彻底。

正是春暖花开之时，刚刚"摘帽"的孙谦以养病为由，要求将人事关系彻底调回山西，北影汪洋厂长这次非常爽快地批准了孙谦的请求，顺着当时大规模压缩城镇人口的"六二压"高潮，孙谦将他的行政编制办回了山西文联，从此彻底结束了"人事在京、人身在晋"的"两地生活"。

随后的1962年5月22日，首届《大众电影》"百花奖"在北京举行颁奖大会。7月，曾被批判禁演的《探亲记》《上海姑娘》等一批"白旗"影片恢复公映。但孙谦在"拔白旗""反右倾"中被列为毒草禁映的《谁是被抛弃的人》，却始终未予解禁。

3. 《大寨英雄谱》与"农业学大寨"

孙谦调回山西不久的1962年8月，毛泽东主席在北戴河会议上提出了"千万不要忘记阶级斗争"的口号，在随后的中共八届十中全会上，又提出了阶级斗争要"年年讲、月月讲、天天讲"的告诫，"以阶级斗争为纲"的左倾思想在党内占了上风。

此时，胡正的长篇小说《汾水长流》正在被北影搬上银幕，为了影片能审查通过，胡正不得不狗尾续貂，通过副社长之口，在影片的结尾讲了一句呼应政治的话："目前，我国出现了严重的阶级斗争……"由兴县籍作曲家高如星作词作曲，王爱爱、孟贵彬演唱的《汾河流水哗啦啦》，为影片大增了异彩。

住在疗养院一年半的孙谦，身体仍有不适，稍有好转的他便躺不住了，拖着病体跑到了乡下，在农村转了几圈后，创作的欲望重新被点燃。此时的孙谦已经不是北影人了，电影创作的压力被解脱，而现在坐在写字桌前，沉思了好久下不了笔，以前写惯了电影剧本的他，心里在想：接下来可能要以写小说为主了，今后的路也该彻底转型转向了。

1962年年底孙谦创作了短篇小说《元老社员》，发表在了1963年第一期的《火花》杂志上。《元老社员》发表之后，孙谦便一发不可收拾，创作完成了一系列短篇小说，1963年4月的《南山的灯》、6月的《入党介绍人》、9月的《后山王》、10月的《队长的家事》、11月的《拾谷穗的女人》，孙谦统统结集为《南山的灯》，由作家出版社出版了。

高密度创作的这么多短篇小说，孙谦在挖掘人物的性格上有了深度，叙述上不再像以前的剧本语言那样短促简洁，充满了生活个性，思想上几乎都是表现合作化时期的集体主义精神，与资产阶级思想或者行为进行斗争。《队长的家事》发表在当年的《人民文学》12期上后，山西省阳高县民间歌剧团将其改编为二人台现代戏《两次广播》，参加了当年山西省现代戏调演，在阳泉展演后调入省城演出，原计划只演7天，结果演了40天仍场场爆满，引起了轰动。

1963年2月，孙谦和马烽、胡正、西戎参加了《电影艺术》《电影创作》主办的"农村题材创作作家座谈会"，座谈会由陈荒煤主持，中宣部副部长林默涵以及玛拉沁夫、孙谦、李准等在会上发了言，孙谦和其它与会者共同呼吁：电影题材要多样化，不仅要反映阶级斗争、路线斗争，也要着力塑造农村优秀党员、干部形象。

1963年3月5日，毛泽东发出了"向雷锋同志学习"的号召，全国掀起了读毛著、学雷锋的热潮，好人好事不断涌现。同时国家的经济形势略有好转，工农业生产在"大跃进"之后，开始逐步走向正轨，各地涌现出了一批先进典型。山西省委倡议作家们用文学作品的形式，去宣传工农业战线的先进人物。

西戎在《怀念与哀思》一文中，谈到1964年文艺整风前常和孙谦在一起交心；他说："当时那样的政治形势下，在一次喝酒闲聊中，我们商定暂时不写小说，都先到生活中寻找陈学孟式的英雄人物，把山西各条战线涌现出的英模，都写出来，出一本报告文学集，书名初步定为《数风流人物》，请大书法家郑林同志题写书名。"陈学孟是安徽凤阳人，1955年农业合作化高潮中，被毛泽东誉为"合作化的带头人"，评为全国劳动模范，受到毛泽东主席的亲切接见。

孙谦天天离不了酒，每天都要咪两盅，现在因病又天天离不了药，1963年夏，山西文联派病恙在身的孙谦、西戎、苏光到北戴河休养。回到太原不久的一个早上，孙谦从山西广播电台的广播里听到昔阳县大寨大队党支部书记陈永贵，遭灾后带领干部社员苦干实干事迹的报道，耐心地听完广播后，孙谦既深受感动，又眼前一亮：前几天还商量写各条战线英模的事呢，咱就去写写这个陈永贵。

关于孙谦和大寨的情缘，山西作家协会的作家陈为人，既采访过孙谦的爱人王之荷，也在孙谦生前采访过孙谦本人。王之荷对陈为人说："老孙那个时候是在生病期间，他那时候就不能看东西了，一看就头晕，神经官能症，看人都是无精打采、痴痴呆呆的那个样子。一天，他无意间听到广播，说大寨遭了灾，就是山西日报的那篇文章，说大寨怎么怎么样抗灾。他听后就激动得不行，眼睛发亮。那时候大寨还没像后来宣传得那么厉害，许多人还不知道昔阳有这么个小山村。他听了广播，躺不住了。"

动了念头写大寨陈永贵的孙谦，简单收拾了一下行李，给文联主席李束为打了声招呼，带了几瓶药又带了一箱子酒，独自乘了公共汽车上大寨去了。孙谦的这次行动，可以说是没有领导指派、完全自主的个人意愿。

1963年8月，晋中地区昔阳县一连下了七天七夜大雨，降雨量高达500多毫米，超过了前一年全年的降雨量。作为小山村的大寨，山洪暴发，房倒屋塌。全村一百多间房和一百多孔窑洞，塌得只剩下12间房和5眼窑洞可以住人。360多口人无处安身。村里泥泞不堪，陈永贵带领大寨人苦心经营了11年的梯田，也毁了个一塌糊涂。山沟里到处是稀乎乎流下来的泥滩，玉米地倒成了一片。十年来垒下的一百多条石坝也塌了。苹果园里，不少果树东倒西歪地露出了树根。人们被突如其来的灾难打击得垂头丧气、悲观失望。

沧海横流，方显出英雄本色。陈永贵此时此刻表现出他是鼓动农民的天才。陈永贵是很有演说口才的，灾害发生时，他正在县里开人大会议，出乎所有人的意料，陈永贵回到村里见到愁眉苦脸的乡亲们时，拱起双手说："我回来是给大家贺喜哩！"啥？乡亲们都愣住了。陈永贵扫了一眼呆呆望着自己的乡亲们，反问一句："人在还不是大喜？自古常说，留得青山在，不怕没柴烧。山是人开的，房是人盖的，有人就甚也不怕！刮了地我们能修，塌了土窑我们修瓦房，塌了瓦房修新房！坏事能变成好事！"

在毁灭性的灾害面前，大寨人在陈永贵的带领下，表现出虽然天已塌下来了但勇于战天斗地的气概，提出了"五年恢复土地，十年修建房屋"的重建家园计划。陈永贵召集党支部会议，分析了有利条件和不利条件，研究了政治影响和经济利益，最后坚定地提出"救灾三不要"的口号：即国家的救济粮不要，救济款不要，救济物资不要。大寨在三次拒绝了国家救济之后，又第四次谢绝了国家拨给的恢复土地和修建房屋的款，把这笔钱转给了水泉大队和孟山大队。继提出"三不要"之后，很快又提出了"三不少"，即社员口粮不少，劳动日分值不少，卖给国家的粮食不少。

大寨人用自己的实际行动兑现着自己的誓言，他们"先治坡后治窝"，苦干两个多月，冲毁的庄稼被扶了起来，冲塌的房屋又被修缮一新。秋天，大寨的粮食平均亩产达到372公斤，总产21万公斤，向国家交售粮食12万公斤。除留足种子、饲料外，社员人均口粮200

公斤，实现了"三不要三不少"的目标。

曾经在很长时间里，我们有不少的县，把能申请成为"贫困县"，吃上国家的救济粮，享受国家的财政补助，认为是能干有本事。因为，一旦戴上了贫困的帽子，就可以伸手要救济款，这样就可以躺在温暖的怀抱里不劳而获。在大寨人的精神境界面前，孰高孰低，大家都看得清清楚楚、明明白白。孙谦为陈永贵的人格魅力所打动，为大寨的这种精神所感动。孙谦和陈永贵在精神力量上发生了共鸣！所以在广播里听到大寨抗灾的报道后，孙谦"激动得不行，眼睛发亮，精神也好了许多，他躺不住了。"在对大寨十几位有代表性人物作了深入采访后，写成了长篇报告文学《大寨英雄谱》。

这个时候，"千万不要忘记阶级斗争"的口号已如雷贯耳，在反映农村大变革的过程中，阶级斗争、路线斗争动辄就与"历史问题""出身"之类联系起来，而《大寨英雄谱》却没有这样写。《大寨英雄谱》有个副标题，叫"陈永贵抗灾记"。这篇报告文学，通过大寨这个不足百户人家山村遭受严重水灾后三个月的救灾活动，具体描绘了大寨精神的代表人物陈永贵带领大寨人自力更生、艰苦奋斗、治山治水、夺取农业生产丰收的共产党人形象，表现了大寨人的坚强意志和高尚精神，同时还穿插了各色人物的描写，有像愚公一样开山不止的老石匠贾进才，有行动缓慢、干起活来赛过猛虎的赵大和，有勤快耐劳的梁便良，有妇女带头人宋立英、郭凤莲……孙谦用文学的笔调写这些朴实的农民，字里行间充满真挚的感情，把大寨人栩栩如生又真实可信地描述出来，让读者看到了中国农民敢教日月换新天的精神风貌。

1964年1月，《大寨英雄谱》在《火花》杂志一发表，立即引起了极大的轰动。全国所有媒体争相转载孙谦的文章，《文艺报》很快发表了评论，并有5家出版社相继出版单行本。一时间，登载《大寨英雄谱》的样报、样刊、稿费单、读者的来信，纷纷寄到了孙谦家里。

1964年2月10日《人民日报》发表了《大寨之路》的长篇通讯，并配发了社论《用革命精神建设山区的好榜样》。之后，孙谦的长篇报告文学《大寨英雄谱》，由中央人民广播电台在每天中午的时段连续广播，每次半个小时的时间，播讲人用抑扬顿挫的声音，讲述着大寨人那些劈山凿石的故事。红色电波让《大寨英雄谱》走进了亿万人的心里；同时，陈永贵、贾进财、郭凤莲、宋立英等英雄的名字，也被广大听众所熟知。

随后，大寨和陈永贵的名字，引起了中央最高领导人的关注。据2011年10月11日《北京日报》上题为《大寨春秋》一文记述，1964年3月28日、29日，毛泽东外出视察，专列停在邯郸，要河北、山西省委领导汇报工作。山西省委第一书记陶鲁笳汇报了大寨自力更生建设山区的事迹，毛泽东尔后饶有兴趣地问："陈永贵是哪几个字？他识不识字？"陶鲁笳在纸条上写了"陈永贵"三个字，说："他42岁扫了盲，今年50岁了，现在能读报，还知道什么叫逻辑。不久前在太原作报告，赵树理听了佩服至极，他说陈永贵的讲话没有引经据典，但他的观点完全符合您的思想和辩证法。"

在刚刚经历了三年自然灾害和苏联赫鲁晓夫的封锁之后，奋发图强的中国人需要一种精神，更需要解决问题的办法。毛泽东听完汇报，又看了大寨和陈永贵的有关材料，赞赏陈永贵坚持自力更生的精神，还说"要解决中国的粮食问题，没有大寨精神不行啊！"。

1964年5月，周恩来总理派农业部部长廖鲁言到大寨和昔阳县调查了20天，写出了调查报告。周总理在同年12月召开的全国人民代表大会上所作的《政府工作报告》中确认"大寨是依靠人民公社集体力量，自力更生发展农业生产的典型"。1965年1月毛泽东亲自主持制定的《农村社会主义教育运动中目前提出的一些问题》（简称"二十三条"），第一次以中央文件形式向全党发出"农业学大寨"的号召。从此，参观学习的人潮水般涌向大寨。

原本想的是宣传一位陈学孟式的劳模，不料效果比预想的搞得还"大"，宣传出了比陈学孟更火、更瞩目的人物。谈到《大寨英雄谱》的轰动，孙谦对采访他的陈为人说："我搞了多年创作，电影、小说、剧本都写过，没有料到一篇小小的报告文学《大寨英雄谱》，会打得这么响。"的确，孙谦建国前以创作短篇小说为主，写过《村东十亩地》《胜利之夜》，也创作过在解放区引起好评的《王德锁减租》《大家办合作》等剧本。新中国成立后，陆续发表了一批描写农村题材的短篇小说，结集出版过《伤疤的故事》《南山的灯》两部小说集，甚至包括他写过的那么多电影，都没有像报告文学《大寨英雄谱》这样打得响。

孙谦去大寨的时候，打听到陈永贵也好喝酒，所以下去采访时，他特意带了一箱子汾酒。夜深人静时，孙谦和陈永贵干杯对酌，一来拉近和陈永贵的感情距离，二来让陈永贵"酒后吐真言"，向他讲述自己的心里话。之后两人渐渐熟了，一进陈永贵的家里，孙谦就盘腿上炕，想吃什么就问陈永贵要。孙谦说："我完全是把陈永贵当做一个朋友来相处。他也是把我当朋友，心里有什么憋闷的话，也愿意对我说。至于陈永贵当政治局委员、国务院副总理，那是后来的事。"

别的干部、记者到大寨采访时吃派饭，而孙谦却自己"讨"饭吃，他想了解谁家的情况，就到人家家里，人家干什么他就搭把手帮着干，边干活边拉家常，到吃饭时候想走人家也不放他走，在干家务、吃饭当中感受和了解社员们的真实思想；吃饭时间，社员们端着饭碗在大柳树下围成圈，他也端着碗挤到圈里听大家拉家常，说闲话；下雨天或晚上社员们在大队办公室里下棋、打扑克，他也挤进去参加，同他们一起嬉笑怒骂；地里谁家婆媳、兄弟、夫妻吵了嘴，他主动去劝说，有的人还误认为他是"公社派来的调解员"。因为他对大寨家家户户的情况都了如指掌，写起每个人物来自然就得心应手，《大寨英雄谱》就写得那样真切感人。

通过《大寨英雄谱》，孙谦一方面和大寨人建立了深厚的感情，大寨成为了全国农业的典型；另一方面孙谦因这篇报告文学赢得了文学界的极大好评。文化部副部长、著名作家刘白羽在1964年第五期的《文艺报》上，发表了题为《英雄之歌》的文章，对孙谦写的《大寨英雄谱》一文赞扬道："读了孙谦同志的《大寨英雄谱》，禁不住想把自己激动喜悦的心情写下来。这是充满时代精神、革命精神的文学作品。这是我们殷切期待着的作品，它以强大的现实生活内容感染着你，这也以与生活相适应的豪迈的艺术力量感染着你。你读着它，就觉得浓郁的生活气息扑面而来，你就看着一个个亮堂堂的人在大踏步行进。我们很久以来注视着，寻找着，总没能从文学作品中发现陈永贵这样高大的社会主义时代新型农民形象。现在他做出了革命文学所应该做的：为英雄的时代，谱出了英雄之歌。"

《大寨英雄谱》对于孙谦来说，有一个更为特别的意义。从孙谦走上电影之路以来，他的每部作品几乎都受到不同程度的批评、批判，不是"概念化""图解政策"，就是"白旗"对象，炒"回锅肉"，甚至戴了"反党分子"的帽子等等。每次新作品发表，总让人条件反射般地心惊肉跳，总怕不小心写错了什么，莫名地惊动了哪路神仙，因而从没有心情顺畅过、心里踏实过。但这次却截然地相反，通过写大寨，他从命运的困厄中走了出来，让他有了从遭受批判到受到赞誉的巨大转折。这是上世纪四十年代创作《王德锁减租》以来，孙谦受到的少有的不论圈内圈外、高层和民间的一致推崇，他的心情在这一时段那是难得的轻松欢快。可以说，孙谦在大寨 40 多天的生活和创作，成为了孙谦文学创作命运中的一个转折点。

在《大寨英雄谱》发表不久，中共中央华北局通知，1965 年春节后，在北京举办华北地区话剧歌舞剧现代戏观摩演出。山西省决定，请孙谦将他的报告文学改编成话剧，由山西话剧团排演参加华北地区观摩演出。剧本由初稿到定稿，由连排、彩排到公演，孙谦每一次都要听取各方面人士的意见，进行修改。他着一身旧的蓝制服，头发蓬松着，脚底下穿着一双布底鞋，一进门把鞋一蹬，盘腿往沙发上一坐，不停地吸着烟，请别人给他提意见，翻来覆去地琢磨。很快剧本就改定，名字叫《太行高风》。山西话剧团在京演出一炮打响，获得了首都观众的一致好评，也拿到了观摩大会的大奖。

大寨因为毛泽东主席"农业学大寨"的号召，也因为孙谦写的报告文学，成为了当时中国农业的圣地。《中外文摘》2012 年第 5 期上一篇题为《学大寨轶事》的文章，这样写道："来到大寨，不用人领路指点，我便到了村口那棵大柳树，认出了白驼沟、麻黄沟、后底沟、狼窝掌，认出了贾进才、贾承让、梁便良、宋立英，认出了那块二十亩大的人造平原，认出了因公牺牲的社员赵小合的墓地。因为《人民日报》的《大寨之路》、山西作家孙谦的《大寨英雄谱》，早已成为亿万人民的课本,烂熟于心。"

改革开放之后,大寨走上了共同富裕的康庄大道,到大寨旅游的人,在虎头山上孙谦纪念碑处,总会听到当地导游这样的解说:"在他笔下二十多位有名有姓的大寨人,一个个栩栩如生,光彩照人。这部报告文学当年就发表在山西文联主办的刊物《火花》上,1964年又由作家出版社出版单行本,三次印刷,总印数达 215000 余册,仍供不应求;以后又有 4 家出版社再版。他是以报告文学的形式宣传大寨的第一人。后来,大寨人回忆起孙谦来,都说他是个精精瘦瘦的好老头,跟俺们吃一样的饭,说一样的话,站在一块堆,分不出谁是谁。"

4. 因批判大连会议而扭曲的战友情

就在孙谦发表《大寨英雄谱》的 1964 年,山药蛋派五战友中的其他作家,也陆续创作了歌颂先进典型的报告文学,马烽写了《雁门关外一杆旗》,李束为写了《南柳春光》等。

1964 年暑期的 7 月底,身为山西省文联主席的李束为约请巴金与夫人萧珊到山西访问。当时正是《大寨英雄谱》发表正火、大寨刚刚名扬全国之时,巴金携夫人到了山西太原,访问的第一站便径直去了大寨。在去昔阳的路上,巴金听说陈永贵已在昨天去晋南开会,错过了与他见面的机会。来到大寨时天色已近傍晚,陪同的西戎约巴金趁晚上社员在家去串门子,参观了大寨展览馆,了解了好多劳模的事迹。第二天早上,巴金又与萧珊跟着西戎上山去看大寨的庄稼,先到康家岭,然后到合作沟、"教育沟"、狼窝掌,他们来回走了两个钟头。

巴金从大寨回到昔阳县城,之后又访问了山西的一些工厂和矿井,还顺便在山西游览了五台山、大同云冈石窟和上下华严寺。8 月 18 日山西省文联特地举办了一次读书会,请巴金在太原坞城路的铁路学校为青年作家们讲课,中午 11 时许,在李束为和孙谦、马烽等人的陪同下,巴金来到了"读书会",同全体学员见面并合影。那年巴金已年届60岁，穿着银灰色的制服，红光满面，健步如飞，讲课时热情洋溢。他说，作品要上去，作家要下去。那次一个半小时的课上，他传递了他最闪光的创作思想，

8月22日巴金参观了杏花村汾酒厂，还给酒厂题了词："酒好人好工作好，参观一回忘不了"。汾酒厂出来后，巴金参观了文水的刘胡兰纪念馆，之后去太原看了晋祠。

巴金访晋期间，李束为以及孙谦、马烽、西戎、苏光等分别陪同。至8月25日，巴金在山西生活了一个月，到九月初才回到上海，十月下旬，他才腾出时间，把一篇长达两万六千字的《大寨行》写了出来。萧珊则在第二年的1965年10月23日，从北京到云周西村再次瞻仰了刘胡兰纪念馆，下午采访了刘胡兰的继母胡文秀、妹妹刘芳兰和公社武装部长屈宝元，于1966年5月写了《在刘胡兰烈士家乡》的散文，发表在6月22日的香港《文汇报》上。

巴金离开山西不久，因为毛泽东主席对文化部的第二个批示，刚刚得以宽松的文艺界骤然又变得紧张起来。在当时处于阶级斗争天天讲的形势下，意识形态领域内文学艺术的一举一动，一刻也没有离开毛泽东主席的视线。

毛泽东的第一个批示，发生在《刘志丹》被批判为反党小说后不久的1963年12月12日，毛泽东在中宣部上报的柯庆施主持整理的关于上海故事会和评弹改革的材料上作出批示："社会主义改造在许多部门中，至今收效甚微。许多部门至今还是'死人'统治着，……许多共产党员热心提倡封建主义和资本主义的艺术，却不热心提倡社会主义的艺术，岂非咄咄怪事？"这个批示，人们称之为毛泽东的"第一个批示"。批示下达后，文化部布置全国文联和各协会立即开始文艺整风。

到了1964年的6月，中宣部就半年来全国文联和各协会整风的情况，起草了给中央的报告，实质上就是一份检讨。本来，这个报告还是个未定稿，但是，想在文艺界大有作为的江青，却急忙将这个草稿交给了毛泽东。6月27日，毛泽东在报告草稿上又做了"第二个批示"，批评大多数的文联和所属各协会"他们所掌握的刊物的大多数

（据说有少数几个好的），十五年来，基本上（不是一切人）不执行党的政策，做官当老爷，不去接近工农兵，不去反映社会主义的革命和建设，最近几年，竟然跌到了修正主义的边缘。如不认真改造，势必在将来的某一天，要变成像匈牙利裴多菲俱乐部那样的团体。"这次的批示比上次的措辞更为严厉。毛泽东对文化部的整风运动是极为不满的。

两次批示其实是一个意思：文化部面对全国的文化"乱象"，工作不作为，整风没效果。批示下达后，文艺界哪敢怠慢，不得不被迫再次进行升级式的整风和批判运动，夏衍和陈荒煤成为整风的重点对象和众矢之的，对"中间人物论"的深入批判也随之开展，一大批影片被列为毒草，两年前以"中间人物"为主调的"大连会议"被说成是文化界的一次"黑会"，遭到了疯狂的批判。

所谓"大连会议"，是1962年的8月在大连召开的全国农村题材短篇小说创作座谈会，中国作协的赵树理、山西文联的李束为和西戎等参加了这次座谈会。这次座谈会的基调是，强调"现实主义深化"，提倡人物形象多样化，写新时代的英雄固然是我们的主要任务，除正反两类人物形象外，还应该写中间状态的人物。在会上，赵树理的小说《锻炼锻炼》以及李束为的《于得水的饭碗》、西戎的《赖大嫂》，作为"写中间人物"的佳作，受到与会作家们的一致好评，大家都赞扬赵树理"不随风倒"的精神，称他是写农村题材的"铁笔""圣手"。

自然地，因为在"大连会议"上的得宠，此次文艺整风，赵树理作为"中间人物"的代表作家，在北京首当其冲受到批判，山西文联更成为了"写中间人物"的重灾区、文艺整风的重点区。在文艺整风的政治风浪冲击下，山西文联的"五战友"之间的关系，便因此也渐渐地有了不和谐音符，在斗争的冲撞中出现了裂缝。

就此事，五战友之一的胡正曾接受了作家陈为人的采访，据《马烽无刺》一书的记述，胡正这样对陈为人讲：

李束为听到风声，要批判大连会议，这就紧张了起来。出于一种自我保护吧，先下手为强，后下手遭殃。李束为就写了个材料，向省委宣传部打了个报告。说文艺界思想状况很不好。把马烽的《三年早知道》、西戎的《赖大嫂》、孙谦的《葡萄熟了的时候》（甚至有胡正的《七月古庙会》）一大批作品报上去，作为批判材料。可他自己的《于得水的饭碗》却只字不提。这就做得有点过分。

在这之前，大家的关系处得还挺好，我们都支持他工作，我们回来就是搞创作来了。1962年困难时期，李束为写了一篇文章，叫《于得水的饭碗》，过去是没碗没饭，穷得叮当响，旧社会。现在是有了碗了又没饭了，三年困难时期又回到旧社会了。写完在《火花》发表以后，北京那时'左'的风气又来了，当时在北京开一个文化工作会议。我们去参加了，李束为没有参加。马烽消息灵通，因为他和北京上层熟悉，回来就说，上边《文艺报》对咱们注意了，《于得水的饭碗》要掀起批判。这可怎么办？我们几个人就商量了个主意，让李束为修改一下，把它改过来，反面题材正面写，于得水的饭碗又好了，稍微一改几句话就行。饭碗里又有米有肉了。怎么办呢？电话不好说，老胡，你给咱跑一趟吧。

我就从北京赶回太原来跟他说了。他挺感激，说好好好。我又出个主意，你改好以后，写个编者按，作者对作品的修改，叫自我检查自我完善。连夜改好，连夜发排，《火花》上很快出来。出来以后，没说的了，人家已经自己改了。所以那一段挺好啊。

后来到1964年初文艺整风的时候，空气就紧张了，又要搞四清，又要搞阶级斗争。空气紧张以后，关键是中国作协，要执行上面的意图。毛不是有批示么，什么裴多菲俱乐部，什么帝王将相，才子佳人，十七年来没办好事，文艺界整个一条黑线。中国作协就得按这个口径来。就给大连会议定了个'黑会'。李束为也是舍卒保帅，好保自己过关吧。

李束为给省委宣传部写了个报告，把我们几个一个个批点一回：说马烽是肖洛霍夫似的人物，当时不是要反对修正主义吗，肖洛霍夫就是修正主义文艺的祖师爷；说西戎是光顾种了自己的自留地，荒了公家的田。也就是说西戎把刊物甩给陈志铭，自己下乡写作品；说我是老毛病老问题，吃喝玩乐生活作风不好；说孙谦是玩物丧志，孙谦那时候在他家院里挖了坑养蚯蚓，喂乌龟。还连带着把韩文洲、刘德怀几个也说上了。

第七章　离京回晋

这个报告到了宣传部，宣传部有一个人就把报告透露给马烽、孙谦。啊呀，这下子可气坏了。……孙谦火了，说，我哗哗地写东西吧，说我是宣传资产阶级生活方式，是老右倾。我养病，不球写了，又说我玩物丧志。怎么弄球也不对，怎么做也是个挨批。火得不行。西戎也火了，马烽也火。

对于贯彻整风精神、批大连会议的上级要求，作为担任省文联主席一职的李束为，那是绝不敢有半点迟疑的，查找出文联"不去接近工农兵""修正主义边缘"的具体问题来，向省委打报告进行"反映"，既要按图索骥、交代上头，又要顺应政治、平衡下头，至少是通过"自罚三杯"，减轻即将落在自己人身上的打击，也是变被动为主动的无奈之举，人常说"当家三年狗还嫌"，风口浪尖上把舵定向，这一把手不好当啊。孙谦虽然被李束为气得够呛，可又一时找不到向李束为出气的把柄。

孙谦虽然生就一副憨厚朴实的老农形象，但那一股犟劲儿上来后，就会发作他的"孙土匪"脾气。一段时间李束为下乡搞四清不在家，看见有个男同志进了李束为家里，孙谦便拿了一把晨练的七星宝剑，和文联副秘书长程曼上楼，两人原想捕捉个难堪的画面，谁知李束为的爱人敲门即开，只见那位男同志正在椅子上坐着，孙谦见状，一时尴尬手足无措，拿着的剑"嘭"的一声就掉地上了。对于《马烽无刺》一书中披露的这件事，有人说孙谦是兔子急了也咬人，马烽则批评这事干得太荒唐，实实不应该。

孙谦大发"土匪"脾气的事，1957年初在北影时也发生过一次。孟犁野说："当时有一位年轻的转业军人名叫王海安，是电影出版社的团委支部书记，无中生有编造孙谦的闲话，孙谦知道后，找见这个小伙子，上去就是一个拳头。孙谦打人了，这件事当时在花园饭店传得很凶。"该出手时就出手，孙谦的眼里揉不得沙子。

五位著名作家少年相识，年龄相当，都出身农村，都是高小文化程度，都是自学成才，差不多同时发表处女作，成为独特的文学流派"山药蛋派"的主要代表人物，解放后又都在同一个文化单位供职，战友、文友加朋友。本来在古今中外的文学史上可说是绝无仅有，无疑应该留下一段"高山流水话知音"的文坛佳话。但历史和现实，却与他们开了一个无情而残酷的玩笑。

之前马烽、李束为、西戎等人合写过批判孙谦的文章，而此时，孙谦和李束为之间有了摩擦，马烽也与李束为有了过节，胡正也是一肚子的牢骚，原本温情脉脉的五战友，阶级斗争的弦一绷紧，顿时弥漫起了火药味。

五战友的每个人不可能摆脱当时的阶级斗争环境，在政治风浪的无情涌动下，都把人的道德规范、理性思维颠倒了、紊乱了。文革中刘少奇的女儿刘涛不仅贴出了批判父亲的大字报，还表示断绝父女关系；这一池子的水都浑了、缺氧了，谁都难以做到"出淤泥而不染"，也做不到"千磨万击还坚劲，任尔东西南北风"。

对于这一时期"五战友"关系的变形和扭曲，胡正在晚年反思时说出了十分深刻的话："一个接一个的运动，把人性都扭曲了，没有了。没有温情，用政治对待一切了，把人搞得没有正常的关系了……就说文革中斗赵树理，把肋骨打断了好几根，有什么人性？……仁爱精神几乎在所有人身上都快泯灭了。就说我们五个人的关系，原来多么亲密，五十年的情谊，同志加兄弟，愣是一次次的政治运动，把人和人的关系搞得紧张到这种程度。这能叫好？"根源在哪里，说的已经很清楚了。

孙谦的脾气，被马烽形容为"麦秸秸火"，点着了猛地一个大火苗，但很快就着完了、熄灭了。为五战友的关系不和，人本善良的孙谦曾骂过人，但藏在骨子里的战友情，那却是永远也磨灭不掉的。作家毕星星，在一篇《大家小忆》的散文中谈到一件事：

1987年纪念赵树理诞辰，山西美协在文化宫举办了一个赵树理作品插图展，"五战友"又一次会聚在一起，看展品，忆旧情。在展览会的会标前，他们又合了一张影。孙谦回家以后，他把1945年的五人合影和1987年的第二张合影夹在一起，做了个玻璃镜框镶嵌好。两个历史时期的两张照片下面，他特意配了一首小诗："当年五战友，如今已白头，往事宜忘却，残年如水流。"

他要忘却什么？无疑是半个世纪风雨历程中的种种矛盾和不

快。……但隔了几天我再去看望，老人改了诗。原诗第三句，他改成了"剩勇宜拼搏"。全诗成了"当年五战友，如今已白头，剩勇宜拼搏，残年如水流。"

你得佩服，老先生不愧文章大师。只改一句，只需要改一句，小诗的旨意全变了。前一首是求和，后一首立刻成了叫战。……用一面浩大的红旗，遮掩住历史的种种细节。个人之间的是非呢，恩怨呢，纠葛呢，过节呢，都留在红旗背后任有兴趣的后人钩沉品评吧。

在李束为生病直至弥留之际，孙谦几乎常常守在他的病床前，陪他说话，递药倒水，直到他生命的最后一刻。李束为的儿子李丁说："孙谦先生和我父亲很有感情。我父亲临终前，孙先生特地到医院与之长谈。孙先生不是官迷，是个很随性的人。"是的，孙谦说过自己"不是当官的料"，还说过："世界上即便只剩下两个人，我也是那个被领导的人。"孙谦甘于平淡，无求品高，这在山西作协大院里，是有口皆碑的。

1994年李束为去世后，孙谦饱含深情地写了一篇怀念文章《齐鲁硬汉晋地魂》，回忆了革命战争年代他和束为以及五战友之间的深厚感情，在文章的结尾这样写道："我们相处多年，在工作中难免会产生一些矛盾和摩擦，但革命的友谊之树是常青的。在我的心目中，他始终是山西文联的掌舵人。正因为他时刻都注视着'行船'方向，便不可能全身心地投入文学创作。李束为是很有文学天分的，特别是在语言方面，他是下过苦功的……李束为在五六十年代写的《好人田木瓜》《老长工》《于得水的饭碗》等作品，实乃山药蛋派中的优良品种。……在他患病期间，他还对我说：'还有一些散文，题目都拟好了，只要再能爬得起来，我还是要把它写出来的。'怎奈病魔肆虐，呜呼！故人长逝，使我心碎！"

这文章写得，既有谅解，又像道歉，不乏称赞，更觉心痛。能看出，是发自肺腑的心里话。他们是永远的朋友和知音。当然这是后话了。

由于文艺整风对大连会议的批判，"山药蛋派"五战友的关系一度扭曲，作为"山药蛋派"旗帜的赵树理在北京活的也很憋屈，闷闷不乐过完了 1965 年的春节后，赵树理便带着简单的行装率全家回到了山西，被山西文联安排在了机关附近的南华门 16 号院居住。在离开北京调回山西前，他把自己在北京买的住房，分文不要捐给了中国作家协会。回到山西后，他独自来到晋东南，在晋城挂职担任了县委副书记。

5. 山西省委交给的三项写作任务

1964 年春夏，孙谦受广西自治区主席韦国清的邀请，参加了中国文学艺术界联合会组织的"全国文联参观团"，访问了南宁、柳州、桂林等地。参观团的成员还有：诗人艾青、音乐家马可、电影学院院长章泯、导演干学伟，以及孙谦的好友海默、《水上春秋》的编剧岳野，山西籍中国作协的作家赵树理等。在各地访问的时候，当地的领导和干部因他是《大寨英雄谱》的作者，便主动与他握手问好，让孙谦处处倍享荣光。

自从《大寨英雄谱》发表后，大寨和陈永贵的名字不仅越来越响，大寨精神还因国家的政治需要，在全国范围内做进一步的推广。1964 年 12 月召开了三届人大一次会议，周恩来总理在《政府工作报告》把大寨正式作为全国农业战线上的一面红旗向全国推介。在 12 月 26 日毛泽东生日那天，毛泽东请参加三届人大的陈永贵以及王进喜、钱学森等劳模，参加了在他住处举办的小型生日宴会。第二天，首都各大报纸都以显著版面登载了毛泽东和陈永贵亲切握手的照片。1965 年春天，"农业学大寨"便在全国更加轰轰烈烈地开展起来。

就在此前不久，周恩来总理向山西省布置了一项工作：农业学大寨，大寨在山西，大寨这面旗帜，山西要带头要做好宣传，可以拍一部反映大寨精神的电影，这个电影的本子由山西省拿出来。

山西省委几个主要领导迅速碰头，不约而同地想到了一个人，让他来完成这项重要的政治任务。孙谦作为山西写电影的唯一高手，又刚刚发表了引起轰动的《大寨英雄谱》，他被省委领导电话约到了省委领导办公室。

向中央交账,向省委交账,这是太过沉重的一副担子。因为电影连年碰壁、心有余悸的孙谦,一听是一项电影创作任务,头都炸了,他连连摆手。毕竟是省委安排的工作,孙谦是没有胆量拒绝的,他只是说:我担不起,一个人担不起。

孙谦认为,写什么怎么写,一定要让作家心甘情愿。写《大寨英雄谱》时,虽然大寨还不像后来那样声名显赫,仅仅是一般的先进大队,也没有列入省委指定的写作宣传名单中,但他觉得大寨的事迹有看点,本人又特别感兴趣,所以就自愿去大寨做了采访。自愿写和被迫写,是完全不同的两个概念。凭着多年的经验,孙谦感觉,写出政治需要的遵命电影,往往出力不讨好,但现在,他只好硬着头皮上了,但是有个附带条件:一个人扛不动,至少要两个人抬。

两个人抬,那一定是要既能合得来,还能干得了活儿的人,孙谦点出了马烽的名字。就这样,1964年冬带领文联部分机关干部刚刚进驻原平县施家野村开展四清工作的马烽,被山西省委领导召了回来。对这件事情,马烽是这样说的:

因为当时我正在乡下参加"四清"工作队,春节放假回到省城后,老孙首先说服动员我,然后省委文教书记王大任同志找我谈。事已至此我也就不好说什么了。

我没有去过大寨,也不认识陈永贵。我知道这个电影剧本不是写真人真事,但我也不能不了解一下有关大寨的情况。过完春节后,我再次阅读老孙所写的《大寨英雄谱》。……我还翻阅了《山西日报》有关大寨的一些报道,打算尽快和孙谦去大寨生活一段。有一天,孙谦告我说陈永贵正好来省城参加一个座谈会,他已约他第二天到家里来和我见见,认识一下,我当即很高兴。我俩当然商定在我家与陈永贵"共进午餐"。……我特意准备了两瓶汾酒,打算三个人痛饮一番。

第二天中午,老孙果然把陈永贵约到他家来了。……孙谦给我们作了介绍,他大约是为了引起陈永贵对我的重视,把我的职务都说了,陈永贵对此没有什么特别反映,只是一般地和我握了握手。他的手像老树皮一样粗糙坚硬,好在他没有用力握我。

写电影剧本的事，陈永贵早已知道了。孙谦为了说明省委对这事的重视，告他说，我本来是一个村"四清"工作队队长，省委特意抽调回来参加这项工作。陈永贵不冷不热地对我说："那你在'四清'中一定整出了不少麻袋、票票吧？"所谓"麻袋、票票"是指村干部们贪污了多少粮食和钱。从他问话的语气中，可以听得出他对"四清"中一些做法颇有意见。

孙谦说："他们没有整干部，没有搞逼供信，差点被打成右倾。"老孙的爱人王之荷也在这个工作队，故而他对我们的情况有所了解。陈永贵又问我："你怎敢顶那股风？"说话的语气友好多了。我说："不是我有什么本事，群众没有揭发，账目清清楚楚，查不出任何蛛丝马迹。我们能强迫人家承认有贪污盗窃吗？"我告他说那是个先进大队，生产搞得好，分红比较高，干部班子也比较强。即使工作中有些缺点，甚至错误，也只能是帮助教育。搞逼供信整人无异于犯罪。

"四清"是指1963年开始的社会主义教育运动，通过"清工分、清帐目、清仓库和清财物"，重点解决农村干部贪污腐化、多吃多占的问题，后来又改为"清政治、清组织、清思想、清经济"。1964年后半年，中央下派百万干部组成"四清工作队"，到农村蹲点搞运动。开始的时候，工作队发动群众揭发检举村干部，有的工作队将村干部关押在一起，不让回家，让家属送饭，审问时和当年延安"审干"时一样搞逼供信，一些干部被迫虚报贪污事实，以求尽快过关。而不少工作队一味追求麻袋、票票的"辉煌战果"，对干部的交代信以为真，以致造成了许多假案，有的被当场撤职或者逮捕，也有的被逼自杀寻了短见。

一听马烽是"四清"工作队长，所以陈永贵对他便没有好感，说话时冷言冷语。听了马烽"没有整干部"的情况介绍，才使陈永贵对马烽有了信任，进而有了这次愉快的见面和难忘的喝酒。

1965年春，孙谦和马烽结伴来到了大寨体验生活，并把大寨所在晋中地区的作家刘德怀也联络上参与了进来，除了大寨之外，他们还先后到平定、盂县、寿阳、榆社等学大寨典型进行采访，以丰富创作素材。之后他们阅读相关材料，讨论写作提纲，两人做了编写分工，然后分头创作，最后做了统稿修改，在1965年秋天的时候，终于完成了剧本初稿，定名为《千秋大业》。冬天的时候，他俩根据北影意见做了修改，1966年春又做了第二次修改。

《千秋大业》初稿送交北影审查后，孙谦便和马烽来到了山西省河曲县，他们要给劳动模范王海元、苗二满红写报告文学。孙谦蹲点在了王海元所在的曲峪村，马烽则去了苗二满红所在的沙畔村。

写正面歌颂为选材的报告文学，是山西省委布置给文联作家们的任务，在当时政治形势下，既有十足的保险系数，又能完成省里的任务。按照通常情况，这类的创作任务，一般就看看现成的材料，再到实地访问一下，走走过场，回来文字拼凑一下也就成了。但是，孙谦和马烽的创作态度仍然是严肃的，他们既不趋炎附势、取宠献媚，也不马马虎虎、应付了事，而是扎扎实实深入生活，认认真真去写那些值得歌颂的人物。

1957年便和孙谦、马烽熟识的原平县文学青年杨茂林，这一年由原平县委调到忻县地区文联工作，他参与了这次孙马二位老师在河曲采访的接待安排工作。他俩下去过了一个月也不见回来，直到过了四五十天仍然不见回来，杨茂林心里有点不放心，就给河曲县委办公室打电话询问他俩的情况，县委办的同志说："两位作家采访的可细呢，每天不是到场头同社员们一起干活，就是坐到社员的炕头进行家访，可认真了，看来还得住一段时间。"杨茂林这才放心下来。

这次河曲蹲点采访结束后，孙谦写了报告文学《曲峪新歌》，马烽写了《林海劲松》，先后发表在了《火花》杂志。当时的文学创作，已经开始强调"三突出"和"高、大、全"，但是他们仍然按照人物的本来面目去写，尊重生活的真实，这在当时来说，是很不容易的。这样严谨、真实的创作态度，也体现在了1966年春他们合作创作的报告文学《革命生意经》上。

《革命生意经》反映的是革命老区浮山县寨圪瘩村一个革命者货郎的先进事迹。浮山县是一个半山区的偏僻小县，寨圪瘩供销社全体职工发扬"扁担精神"，挑着乡民们离不开的日用物品，走乡串户，爬山涉水，送货上门，成为这条战线的一面红旗。虽然新闻报道已有不少，但总不如用文学手段宣扬一回。于是，省委把这个光荣的任务落实到了马烽和孙谦的头上。

为了写好这篇报告文学，孙谦和马烽以及跟着他们学艺的文学青年李逸民、谢俊杰四人，他们共同在这个地方住了二十天，写成了6万字的报告文学《革命生意经》，在《火花》杂志上发表。关于这段创作经历，谢俊杰写过一篇回忆文章，专门讲到这件事：

寨圪塔供销社远离浮山县城百把十里，群山起伏，多是历年河南、山东逃荒者在此择地居住，几乎没有什么像样的大村庄，山庄窝铺撒在各条山洼洼里。我暗中猜想，这穷乡僻壤的，大作家怎么住？供销社存有不少材料，浏览一下，再开几个座谈会作点补充，几位大作家妙笔生花，大概三、两天就能结束此事。谁知刚住下来，马烽老师就召集我们开会说：'我们不能吃别人嚼过的馍，供销社现有的文字材料只能作为采访的线索用，我们要深入到山庄窝铺去，亲耳听听群众的意见，扎扎实实采访，写出一个实实在在不掺假的模范供销社来！'他把"不掺假"三个字咬得很重，我顿觉身上有了沉沉的分量。

从此，我们就跟随马烽、孙谦两位老师深入到田间地头、山庄窝铺去实地采访。两位大作家坐在小山村又乱又脏的土炕头上，像回了老家一样轻松说笑，抽旱烟袋，喝大叶茶，和老老少少的村民促膝拉家常。采访一搞就是20多天。最后还留下一个最远的供销点没去。那个供销点距离我们驻地数十里远，路还不通，要去只能顺着河滩走。马烽、孙谦老师说不能留下死角，坚持要去住两天。

我们不便硬抗，只好暗中求助于县委。县委出面，他俩才同意妥协一步：我最年轻，由省财委干部李文琴陪我去采访。临行前马烽老师严肃交代：'你要认真采访，不能走过场！'我哪里敢走过场！通过这一段跟随采访，心感身受，我心灵受到了极大震撼。以前我崇拜两位大作家，但并没有真正认识他们。他们的作品为什么写得那么好，是靠他们的聪明，还是靠什么技巧？依我看，是靠他们坚实的人生底蕴，是靠他们一丝不苟的创作态度。

孙谦和马烽两位老作家严肃认真、一丝不苟的工作作风，给年轻人树立了很好的榜样。他们不仅注重自身的文学修养，努力创作适合人民群众口味的文学作品,也注重对年轻人的传帮带,创造机会带年轻人一块下乡,一起写稿。对年轻作者的作品,不管是认识的,还是陌生的,他们总是耐心辅导、不厌其烦地亲自下笔改稿,提出中肯热情鼓励的意见。有的地方提出邀请,请他们做文学讲座,只要能挤出时间,他们从来不摆架子不推辞。

1964年盛夏,雁北地区革命现代戏的编写会议,邀请马烽、孙谦作文学创作报告,马烽从毛泽东《在延安文艺座谈会上的讲话》说起,有板有眼地讲了党的文艺方针、方向和方法,孙谦则幽默风趣地讲起了他因写《奇异的离婚故事》所犯"错误"的教训,与会同志听了都觉得受益匪浅。

晚饭后,会议组织全体同志在雁北地区小放映厅观看西班牙故事片《盲人引路》。入场后,朔县的"大身歌"编剧贾政清正好坐在马烽和孙谦的后排。得知贾政清是原平县后沙城村人,孙谦说:"我们还是半年老乡呢"。马烽1947年崞县土改下乡的大牛堡村,离沙城五里路,而孙谦下乡的下薛孤村,离沙城十里路。电影放完后,孙谦和马烽又和贾政清热情交谈,相互交流,让贾政清十分感动。分手时,贾政清说:"下午你们的报告对我们启发很大!"他俩几乎同声说:"'盲人引路',瞎说,我们纯粹是瞎说。"他俩借用了刚刚放映电影的片名,做了一个幽默而又自谦的回答,周围的同志听了都哈哈地笑了。

孙谦、马烽对扶植青年人从无保留,对扶危济困也毫不吝啬,热情大方,显示了他们高尚的人性美。1965年在山西大学中文系读书的詹进宝同学,是运城安邑镇人,在他16岁时,父亲因积劳成疾患病去世了。为了供詹进宝念书,虽有两个姐姐全力帮助,但也借了不少债。弟弟在农村已到了成家的年龄,但相亲的人家都嫌家境不好,母亲想把房子翻修一下,为的是好说媳妇。但翻修的钱从哪里来,母亲一筹莫展。

有天晚上詹进宝翻来覆去睡不着,暗自决定由自己去借钱,将来由自己来还。可是向谁去借呢?他想到了在文联相识的马烽和孙谦两位作家,于是提笔给二位写了一封求助信。这个求助,他也是抱着试一试的态度发出的。一个星期后，詹进宝意外收到了马、孙二位署名的回信和 200 元汇单。他的心情说不清是感动还是沉重。因为，200 元在当时可是一笔不少的钱了。

1971 年农历十一月，孙谦老家南安村里一位叫张卯林的，早在春天的时候就和邻村姑娘订了亲，双方说好腊月正式过门，当时家家缺吃少穿糊口都难，而且张卯林的奶奶常年卧病在床，哪有钱娶媳妇？眼看进入腊月，张卯林的父亲张润儿这下犯愁了，他想到了在省城吃公家饭的老乡孙谦，于是写信向孙谦诉苦求助，希望他能帮着解决燃眉之急，孙谦收到来信后很快到邮局汇去 300 元，并在汇款单的附言栏内嘱托："大雪将近，款已汇起，望节俭办事。"

1971 年，那正是孙谦、马烽等"五战友"住牛棚、受批判之后，孙谦被下放到昔阳县武家坪劳动改造的那段时间，要知道，那个阶段，孙谦自身都难保，却在水深火热、窘境之中帮助别人。这样的善举，尽管是生活中再也普通不过的小事，但由此我们看到了孙谦的人性光辉。

第八章　文革磨难

1. 因江青"纪要"禁映的《万水千山》

1965年夏秋之际，孙谦和马烽创作的电影剧本《千秋大业》初稿正准备收尾送审北影。此时，为了防止赫鲁晓夫式的野心家篡党夺权，毛泽东继两个批示之后，在全国文化界和意识形态领域发动一场大革命的序幕，正在徐徐拉开。北京市副市长吴晗因《海瑞罢官》被第一个开刀批判，中央党校校长杨献珍被打成"资产阶级在党内的代言人"。

在知识分子人人自危、文化艺术界一片肃杀的1966年春，正在对《千秋大业》进行第二次修改、已经躲回山西九年的孙谦，怎么也不会想到，已经上映了七年之久的电影《万水千山》，正在被江青组织的一次所谓的座谈会盯了梢、点了名。

上世纪五十年代中期到六十年代初，江青一直生病，曾一度到苏联治疗，康复后她便很快回归政坛。1966年2月2日至20日，江青根据毛泽东的指示，以受林彪委托为名，在上海召开了部队文艺工作座谈会。会后发布了《林彪同志委托江青同志召开的部队文艺工作座谈会纪要》。

"纪要"提出："文艺界在新中国成立以来，……被一条与毛主席思想相对立的反党反社会主义的黑线专了我们的政，这条黑线就是资产阶级文艺思想、现代修正主义的思想和所谓三十年代的文艺的结合。""'写真实论''现实主义广阔道路论''现实主义深化论''反题材决定论''中间人物论''反火药味论''时代精神汇合论'，等等就是他们的代表论点……"

自三十年代以来党领导的革命文艺的巨大成绩,被全盘否定。"纪要"还声称:"要坚决进行一场文化战线上的社会主义大革命,彻底搞掉这条黑线。"

江青召开的这次所谓座谈会,仅有主管宣传、文化工作的总政治部副主任刘志坚、总政文化部长谢镗忠、副部长陈亚丁、宣传部长李曼村等少数人参加。

按说江青在中央无职无权,仅是一名处级干部,由江青召集军队干部开会,更是名不正言不顺,因为林彪当时主持军队工作、是副统帅,所以标上"林彪同志委托"的字样,既表明了合符程序、并非江青个人行为,又显得名正言顺、严肃隆重。其实林彪当时仅仅是挂了个名,自始至终没有参与这次所谓的座谈会。

这次将近二十天的座谈会,既没有日程安排,也没座谈主题,大部分时间是看电影和戏剧,实际上就是江青一个人谈,她看到什么就谈什么,想起什么就谈什么,她想谈就谈,说不谈就散,看完一部电影就立马否定一部,完全是江青的"一言堂"和"乱弹琴",所看的电影当中,就有孙谦、成荫改编的《万水千山》。

据刘志坚《部队文艺工作座谈会纪要产生前后》一文记述,座谈会纪要整理后,毛泽东先后做了三次修改。1966年4月10日,毛泽东签发了《林彪同志委托江青同志召开的部队文艺工作座谈会纪要》,"纪要"以文件形式在党内一定范围传达学习。1967年5月29日,《人民日报》刊发了"纪要"全文;刊发之前,毛泽东对"纪要"又做了多处修改和补充。因此,可以这样说,这个"纪要"形式上是江青的谈话,实质上是毛泽东的思想。

"纪要"还特别指出:"不要死一个英雄才写一个英雄……不要在描写战争的残酷性时,去渲染或颂扬战争的恐怖;不要在描写革命斗争的艰苦性时,去渲染或颂扬苦难。……过去,有些作品,歪曲历史事实,不表现正确路线,专写错误路线;有些作品,写了英雄人物,但都是犯纪律的,或者塑造起一个英雄形象却让他死掉,人为地制造一个悲剧的结局;……这些都是资产阶级的、修正主义的东西,必须坚决反对。""《南海长城》一定要拍好。《万水千山》一定要改好。并通过这些创作，培养锻炼出一支真正无产阶级的文艺骨干队伍。"

当听到传达"纪要"上述精神的时候，孙谦的心里不由得咯噔一下。孙谦比谁都清楚，他和成荫改编的《万水千山》，只反映了一方面军，没有反映二方面军和四方面军，而且还写了教导员李有国等人的牺牲，再现了长征中的对敌战斗的激烈严酷，在刚上映的当年，江青就毫不客气地指责电影存在"宣扬战争残酷""过于低沉""悲观主义"等问题。

由吴迪编著、文化艺术出版社2006年6月出版的《中国电影研究资料》记载，毛泽东在1964年看了《万水千山》后，提出了这样的批评："写了分裂主义，只写了一方面军，不写二、四方面军。草地一场，凄惨低沉，一个教导员还死了。"1965年2月，江青要她的办公室秘书打电话给总政治部副主任梁必业，指出：《万水千山》的修改要按照毛主席的指示去改，写一二四方面军和陕北群众会师，否则这个戏就成了宗派主义。

之前江青和毛泽东的看法如出一辙。这次"纪要"，既是江青当年观点的旧话重提，更是伟大领袖指示的再次阐述，虽然没有直接点名孙谦和成荫，但是点到了《万水千山》，指出的问题也是对《万水千山》的量身定做，更何况已经有了要把《万水千山》改好的明确要求。此时的孙谦自感忐忑不安，觉得事情已经不那么简单了。

就在"纪要"限于党内一定范围传达的时候，1966年4月7日，孙谦在北京出席了中国作协创作思想座谈会。时任湖北省文联副主席的吉学沛，当时安排他和孙谦在一个房间住宿，他在1996年11月的一篇文章中，写了孙谦当时的状态：

每当睡觉之前的半小时，（孙谦）要吃一把大小不同的药片，那真是赤橙黄绿青蓝紫……五光十色，令人喷舌。……我一转身便睡了。睡梦中又常常被他的辗转反侧声弄醒。便问：怎么还不睡呀？他说：睡不着呀。

我说：那就再吃一把吧。他说：不灵了，脑子兴奋了，再吃得多也不管用。我说：那咋办？他说：没有别的办法，只有熬。过了一会儿，他又说：你安心睡吧，别替我担心，我已经习惯了。

……他说：我们这些人，都是吃共产党的奶水长大的，怎么能不听党的话呢。可是你瞧，动辄得咎，怎也不是，早知如此，还不如撸我的枪杆子呢。

他说这话，是有感而发，我也有同感。……就说这次会议，开得就莫名其妙。会议一开始，每人发一本厚厚的材料，里面选的都是近几年发表的所谓"有问题"的小说。没有做会议的主题报告，只要大家讨论批判这些作品。……然而令人非常不解的是，批着批着，斗争的矛头忽然集中在两位作家头上。……其实，这两位作家无论是深入生活，还是创作倾向和创作成就，都称得上是执行毛泽东文艺路线的模范。

这种是非不分的做法，使孙谦同志非常愤怒和痛苦。每次回到屋里，他就大发"牢骚"，有时甚至可笑地瞪着眼睛"质问"我：你说，这是做甚？这是做甚？像这样的搞法，天理何在？

多年后我想，领导之所以召开那次会议，恐怕也是出于无奈，企图以此来躲避、至少是减轻即将落在文艺界头上的打击。因为当时的时局已经是"山雨欲来风满楼"，甚至是"黑云压城城欲摧"了。

事实是，以林彪和江青为首的"四人帮"，当时躲在上海（2月2日至20日），互相勾结，已经造成了那把臭名昭著的罪恶之剑——妄图把几千年来的优秀中华文化斩尽杀绝的所谓"部队文艺工作座谈会纪要"。

我们只是在会议结束时，才听到一点风声，至于那个"纪要"是什么内容，仍然完全不知。

所以分手时，孙谦同志握着我的手，忧虑地说：老弟呀，看来今后文艺界仍然没有好日子过。但是无论遇到什么情况，都不要丧失信心，要泰然处之。我比你大几岁，经的多了。有位哲人说过，黑夜虽长，总有黎明；送你作"临别赠言"。

孙谦口头上说要"泰然处之"，其实他内心焦躁不安，夜不能寐，非常痛苦，也非常不解。

这次会议由中宣部副部长、文化部副部长林默涵主持，会议的最后几天,他传达了"纪要"精神并组织讨论。孙谦、马烽以及文艺界许多人士都参加了,部队也去了不少作家,如金敬迈等。金敬迈于1965年刚刚发表了创作时间仅用了28天、发行量仅次于《毛泽东选集》的长篇小说《欧阳海之歌》,被毛泽东主席誉为"这是个大作家",此时的他春风得意,正大红大紫。

在林默涵组织讨论的时候,针对"塑造起一个英雄形象却让他死掉,人为地制造一个悲剧的结局;……这些都是资产阶级的、修正主义的东西,必须坚决反对"的话,孙谦想谈一谈自己的意见和想法,也为自己当年创作《万水千山》做些必要的解释,他在发言的最后说:"我们都是共产党培养起来的作家,真想搞修正主义上哪儿去搞啊?!"

自以为"经多识广"的孙谦,把他和吉学沛两个人私下交流的观点,竟然拿到了这么正式的场合来说,在当时那个年代,常常被沦为"反党"之嫌,显然是很危险的。

刚刚被党内军内高层领导接见过的金敬迈,正37岁,年轻气盛,不可一世,听了孙谦的发言,他"腾"的一下站了起来,马上反驳孙谦道:"你搞了修正主义,自然会有人来找你,美国就会来请你。"

当时最怕抓辫子、扣帽子,"美国就会来请你",那就是说,你是美帝的代言人,受美国欢迎的人!按照"凡是敌人拥护的,我们就反对"的逻辑,金敬迈话当中的分量,孙谦是能够感觉得到的,此时的他哑口无言,脸色煞白,如果再做争论,后果将会是什么,他是再也清楚不过了,只好"识趣"地缩回去了。

就在这次座谈会后不几天,中共中央召开了政治局扩大会议,撤销了北京市长彭真五人小组的职务,成立了以陈伯达、江青为正副组长,康生为顾问的中央"文革"小组。5月16日发出了由毛泽东亲笔修订的《中国共产党中央委员会通知》,一场全国范围内史无前例的无产阶级文化大革命开始了。

6月1日,《人民日报》刊发《横扫一切牛鬼蛇神》的社论。6月14日的《人民日报》号召:"把隐藏在各个角落里的黑帮分子揪出来。"处在风暴中心的北京市各大学和中学纷纷开始了对黑帮分子的揪斗行动。《人民日报》批判"大连会议"的文章也很快公开见报，并点了周扬、邵荃麟、赵树理、李束为、西戎等作家的名字。

看到报纸后，山西省委自感被倒逼，急了。因为赵树理是中组部管理的干部，组织关系还没有回到山西，于是省委宣传部就赶快组织人先写了批判李束为的文章，以免今后工作太过被动。同样参加了"大连会议"的西戎，此时也惶惶不可终日。

秋天的时候，按照省委宣传部的要求，山西文联也很快成立了"文革"小组，按照统一部署发动群众写大字报、贴大字报。在与中央保持一致的压力下，省委决定先开展对文联主席李束为的批判。省委宣传部借调了山西大学的学生杨绍华等五六个学生，在文联一期一期检查《火花》中的不当言论。

到冬天的时候，一拨又一拨的造反派都涌进了山西文联，要批斗李束为和西戎。有一天，山西大学的学生把西戎围住，把一个用竹篾糊成的纸高帽戴在了他的头上，脸上给他用墨汁做了涂抹，纸帽子上写了西戎的名字，还用红笔打了一个大大的红叉，学生们一阵阵高呼口号，要求他规规矩矩，不能乱说乱动。这阵势，可把西戎给吓坏了。

一时，机关里到处是造反派，有本机关的，有外单位的，还有从北京来的，一来就向机关的文革小组要纸张、要笔墨，大字报贴满了机关的整个墙面。按照造反派的要求，西戎连夜写了一份厚厚的书面检查材料，第二天一早敲开了孙谦的家门，把材料交给了身为"文革小组成员"的孙谦手中，为了不给孙谦招惹麻烦，西戎把材料一递就迅速转身离去，吓得他没敢进门一坐，孙谦也没来得及问询几句。

不久后的一天，杨绍华找到马烽、孙谦，要他们带头写揭露和批判省委的大字报，对他们说"一切围绕红太阳转，谁反对毛主席，我们就砸烂他的狗头。"要求省文联带头批判修正主义的黑省委，并扬言："如果你们不写，可就挡不住这股洪流了。"孙谦、马烽迟迟未动，没有按照他们的要求去做。

不久，山西省委也被夺了权。很快，孙谦被打成黑帮分子、反动学术权威，加上他还写过"反党"的文学作品，因而他与马烽、李束为、西戎一起，受到了造反派的围攻和批斗，脖子上挂了写有被批斗人名字的大牌子，被反剪着双臂揪上卡车一次次游行。

因"中间人物论"被"纪要"点名的"大连会议"，首先波及了山西的三位与会代表；而被"纪要"点名的《万水千山》，虽然作为"当事人"的孙谦，已经经历过许多次的批判了，但他仍然是在不安中，战战兢兢等待着接受再次的"批判"和处分，甚至有了"坐牢"的准备。他这样的担心，不是空穴来风，而是已经有人在先。

组织召开"纪要"讨论会的林默涵，仅仅过了半年，反因传达"纪要"引火烧身。1963年2月，林默涵组织领导了《红灯记》的创作改编工作，之后又牵头创作了芭蕾舞剧《红色娘子军》，也参与了大型舞蹈史诗《东方红》的创作，也算是文艺战线的有功之臣。文革爆发后不久，林默涵被指责在传达"纪要"的学习讨论会上，歪曲并盗窃了"纪要"内容透露给地方，1966年12月起，林默涵被关押审查九年半，快放出来的时候家人去看他，他已不怎么会说话，嘴唇直哆嗦。还有更为蹊跷的事。在那次"纪要"的讨论会上，金敬迈毫不客气地反击了孙谦的"申论"。1967年五一节，金敬迈以"解放军负责人"的身份，在天安门城楼受到毛主席的接见，5月23日他正式委任担任文化部负责人。仅仅风光了123天后，因为他收交文化部电影资料馆里三十年代登载江青内容的电影小报，被江青以"收集中央领导的黑材料"和"企图绑架毛主席"的罪名，进了秦城一号监狱，在单身牢房里，被严密关押了七年多，天天数地上的蚂蚁。

由"纪要"作为前奏的文化大革命，使得揭发"黑帮"、批斗"反动权威"和"走资派"很快升温。大字报贴满各个角落。文化部成立了集训班，对在京文化艺术的主创人员实行集中管制。为求自保，有的互相揭发告密。所谓的"黑帮"们，期间都遭受到了"扇嘴巴""揪头发""抽皮带""喷气式""剃阴阳头""站高凳"等各种体罚和虐待。有的则绝望自杀。1966年8月23日，作为反动权威的作家老舍，被红卫兵剃成阴阳头，脑袋上淋了墨汁，戴上了牌子后推上汽车批斗，期间不断打骂，拳脚相加，绝望含冤的老舍夜间溺于北京太平湖，享年仅67岁。

此时的电影界更是天昏地暗。《草原上的人们》《关汉卿》等多部影片的导演徐韬，文革仅仅刚开始，因经受不住造反派无中生有的诬陷，纵身跳入钱塘江，结束了自己的生命，年仅56岁。

在江青看来，"十七年的电影尽是毒草，一无可取，很糟！"被"纪要"点名的《抓壮丁》《兵临城下》以及江青指名批判的《舞台姐妹》《红日》等10部影片最先受到反复批判。孙谦暂时没有因为《万水千山》受到人身攻击。但《万水千山》很快被下令禁映，因文革爆发，改写重拍一时被搁置下来。

到1968年1月，被列入禁映的国内影片一共达到200多部。文革中曾有过一份流传很广的材料，里面收录了江青对近百部影片定罪的点评，几乎否定了建国以来所有的电影作品；其中，孙谦编剧的4部电影在禁映之列，一是《农家乐》，禁映的理由是：鼓吹发家致富，宣扬农村资本主义道路。二是《谁是被抛弃的人》：暴露社会主义社会中的阴暗面，恶毒攻击党的干部，攻击党和社会主义，丑化贫下中农。三是《伤疤的故事》：描写社会主义的阴暗面，配合右派分子恶毒攻击党六亲不认，攻击社会主义制度，丑化贫下中农形象。四是《万水千山》："写了分裂主义，只写了一方面军，不写二、四方面军。草地一场，凄惨低沉，一个教导员还死了"；没写毛主席的军事路线，没写出长征是毛主席思想的胜利。

时隔不久的1968年4月14日，中央文化革命小组发出通知，要求各地不得"私自放映毒草影片"。于是，建国以来生产的影片，除《地道战》《地雷战》《南征北战》"老三战"影片外，其余一律被封存禁映。孙谦编剧的11部电影除上述4部外，其余也全部禁映。1968年6月1日，江青、姚文元等在人民大会堂接见八一厂的革委会成员，明确要求八一厂重拍影片《万水千山》。

到1975年7月14日的时候，"纪要"发表快过了十年，毛泽东主席心里仍然惦记着《万水千山》改编一事，他和江青谈话说："党的文艺政策要调整一下。我们怕什么？1957年右派猖狂进攻，我们把他们骂我们的话登在报纸上，最后还是被我们打退了。以前的《万水千山》没有二、四方面军，这不好。现在听说改好了。文艺问题是思想问题……"这段最高指示，发表在了1976年11月5日的《人民日报》上。

重新拍摄的《万水千山》，没有再让孙谦、成荫执笔改编。遗憾的是，该片拖到1977年7月才由八一厂摄制完成。重拍时，彩色宽银幕改为普通银幕，实景的故事片改为舞台话剧艺术片，篇幅拉长为上下集，增加了红二方面军和红四方面军的内容，而且李有国教导员没有牺牲，而是跟着毛泽东胜利到了陕北，片中对于党内路线斗争也有所体现。重拍片的导演严寄洲在他的自传《往事如烟》一书中说："我接受了重拍《万水千山》的任务，当时我的心情是十分矛盾的，文革前由孙谦改编、成荫导演的电影《万水千山》拍得恢弘壮丽，而且早在国内外具有很大的影响，现在指定我再来重拍，岂不是费力不讨好的事吗？……尽管我费尽心机，最后还是无补大局，拍出了一部不伦不类的拼凑片，而且还是上下集。"

重拍片受到太多的政治干涉，缺少了长征的残酷性和真实感，艺术感染力大打折扣，无论质量和内容都无法和孙谦、成荫的老版相比。就这样，毛泽东希望把《万水千山》改好的愿望最终落空了。其实这样的结果也在预料之中，因为文艺作品脱离开生活的真实，仅从政治需要出发是没有生命力的。

2. 住牛棚、烧锅炉、红裤带

1967年1月，山西省委被造反派夺了权，马烽担任组长、孙谦等作为成员的省文联"文革领导小组"也被夺了权，孙谦和马烽、李束为、西戎、王玉堂等一大批老作家、老干部，都被戴上了"资产阶级反动权威""黑帮分子"的帽子，被造反派、红卫兵一次又一次批斗。孙谦被批判为大肆贩卖反革命修正主义理论，通过"真实论""中间人物论""大胆干预生活论"等，极力丑化工农兵，疯狂地反党反社会主义，对人民犯下了不可饶恕的罪行。孙谦创作的《伤疤的故事》《奇异的离婚故事》《有这样一个女人》等作品再次遭到点名批判。

马烽在《怀念孙谦》一文中说："文革开始后，我们都被打成了黑帮、走资派、反动学术权威。一开始，我们被集中在一间大房子里，主要学习两篇文章，《南京政府向何处去》和《敦促杜聿明投降书》，造反派不断派人来训话，整天起来一起挨批、挨斗，一同关牛棚，一同劳动改造：扫院子、扫胡同，倒垃圾，打扫厕所，修下水道，烧暖气锅炉。我和孙谦对干这些又脏又累的活倒并不在乎，难以忍受的是人格所受的侮辱，精神上所受的折磨。每逢监管人员不在场时，免不了要互相发发牢骚，吐吐胸中的闷气。有时又互相安慰一番，互相鼓励咬着牙熬下去。"

孙谦在延安鲁艺"部干"的老同学、新华社记者穆青，采写了长篇通讯《县委书记的好榜样——焦裕禄》，发表在了1966年2月7日的《人民日报》，《人民日报》同时发表社论《向毛泽东同志的好学生——焦裕禄同志学习》。紧随其后，赵树理亲自到兰考体验生活，回晋城后着手创作《焦裕禄》剧本，只写了三场，就被打成"黑帮"揪出来了。

在延安时期，赵树理一直被周扬极力树为实践毛泽东延安文艺座谈会讲话的一面旗帜，《小二黑结婚》一出版，立刻震动了解放区文坛。而此时的赵树理已经罪加一等，不仅仅是因为参加大连会议、"写中间人物"的这点问题了。文革开始后，周扬被批判为"在其总后台刘少奇的支持下，干了一系列'反党反社会主义反毛泽东思想'的罪恶勾当"，很快被投入秦城监狱，从此失去长达九年多的人身自由，连他在北京的户口也被注销了，家人以为他已离开人世。而赵树理在文艺界被公认是"周扬树立的黑标兵"，自然在劫难逃。

1966年7月20日，以晋东南地委书记王尚志为首的十三名地委干部，在地委大楼的楼道里，给赵树理贴出了题为《借下乡体验生活之名，行反党反社会主义之实》的大字报。8月8日，山西省委宣传部召开座谈会，对赵树理进行批判。8月11日，山西日报发表署名文章《从赵树理的作品，看他的反动本质》，山西掀起了一系列批判赵树理的先声。

马烽在《栎树年轮》一书中说："我们都被打倒了。赵树理也在劫难逃，从晋城给揪了回来，和我们一起成了批斗对象。在我的记忆中，挨斗最厉害的一次，是在柳巷的山西大剧院。那是由整个山西文艺界造反派组织的批斗会。我和赵树理，（以及孙谦）我们四五个人一溜排跪在舞台上，每个人由两个造反派押着。他们一人一只脚踏在你的背上，一人一只手揪住你的头发，另外一只手则扭着你的胳膊，将你整个一个人弄成个'之'字形，非常难受，一会儿功夫你就汗流浃背，浑身疼痛，。我紧挨着赵树理，听见他喘得很厉害。我也快出不来气了。"

文革初期，这派来那派去，除了批斗外，红卫兵还经常来抄家，孙谦除了一些荣誉职务，并不担任任何实际行政职务，所以特别令他不解的是：这场运动分明说整的是走资本主义道路的当权派，我孙谦什么权也没掌，什么职务也没当，整我做什么？

有一次，一伙红卫兵踢开孙谦的家门径直就来抄家，孙谦站在门口，看着红卫兵把屋子里翻了个底朝天，好容易抄完，人家正要走，他却实诚地说，那边还有一间没抄。他指着楼梯转角处被一个书架挡住的库房，而且自己先去把书架挪开。后来，这件事被许多人当成笑谈，笑他主动给红卫兵制造孙谦"秘室"提供了素材。

红卫兵当然抄不出什么黑材料，倒是拿着一张孙谦养病时在青岛海边的照片，讥讽地质问他："看，你们这些资产阶级，腐化堕落，还穿游泳裤！"孙谦说："我们资产阶级穿裤衩游泳，你们无产阶级穿棉裤游泳？"对此，红卫兵理屈词穷、无言以对。

多次抄家后，在一次整理资料时，孙谦这才发现，在东影时他写的第一个剧本《盐》的手稿，以及《通天路》《千秋大业》的一些手稿，统统不见了，被红卫兵抄家带走了。

1967年下半年，孙谦被关进了牛棚。他在《红裤带》一文中，回忆了这一段苦难的经历：

我被关进了牛棚，老伴也被送到乡下去搞三秋工作和社教运动，家里就剩下三个不懂事的小女孩儿，我很为她们生命安全而担心。一天，我被揪到大礼堂去挨批挨斗，领袖像章被揪掉了，帽子的舌檐被反扣到脑后，又是罚站，又是"坐喷气式飞机"，直折腾的我气喘吁吁，衣服湿透。当我被勒令"滚出"会场，向牛棚走去的时候，却在我家小院的街门口，看见了年近古稀的老母手扶门框，一动不动地看着她这个老儿子的狼狈相。我们这班"黑帮"后边，有工宣队和军宣队的人押解，不准我们交头接耳，更不准和家人说话。我知道俺妈"眼硬"，她是不大掉泪的，而我却"眼软"，动不就要掉眼泪，甚至大声哭泣。我怕给老母亲带来麻烦，心一狠，便掉转头去走过俺妈身边，回了关我的牛棚。1967年，太原的"派战"正酣，俺妈是冒着生命危险，来照护她的三个孙女儿的。

孙谦他们住进的牛棚，并不是真正喂牛的棚，是指关押所谓"牛鬼蛇神"和"黑帮"的房子、棚舍。他们被关进了两间大房子里，集体住宿、集体生活，不准回家，不准家属来探视，也不准相互交谈，白天黑夜都由工宣队轮流看守。每天吃饭要先排队，在毛主席像前请罪，然后押到食堂，吃完饭再排着队回来。

牛棚的生活，除了学习、劳动就是挨批斗。据苏光的自传《往事漫忆》一书披露，那段时间的牛棚生活，孙谦、苏光、赵树理等同在一屋，马烽、王玉堂等同在一屋。学习的时候，要求正襟危坐，谁靠着行李了，谁就会遭到训斥。每逢召开批斗会，有时家属也要参加，每次批斗都会有一个批斗重点，其他人属于陪斗，斗完之后再回到牛棚。

除了在文联接受批斗外，孙谦还被不计其数地揪上卡车押解到别处批斗，被揪往太原五一广场的万人大会上批斗有两次，在山西省委党校批斗有过一次。1967年6月8日上午，在山西财经学院礼堂召开的"高举毛泽东思想伟大红旗，彻底砸烂反革命修正主义文艺黑线誓师大会"上，孙谦和马烽、李束为、孙谦、西戎、苏光、郝汀被揪到会，当时"革命造反派群情激奋、斗志昂扬，用无可辩驳的事实，同仇敌忾、愤怒声讨刘少奇及其伸向山西的黑爪牙的滔天罪行。"

有一次，孙谦被批斗完回到牛棚后随口叹气道："老牛力尽刀尖死，伺候君王不到头"。很快，工宣队把他叫走，一顿拳打脚踢之后，要他写出深刻检查。事后孙谦想：这一定是有人向工宣队告密报信。此后，他便缄口慎言，所有场合不敢乱说了。

一贯自封"不是当官的料"的孙谦，在众黑帮分子住牛棚期间，

第八章　文革磨难

其实是被造反派"委以重任"的，他是黑帮分子劳动、学习、批斗时的"召集人"，就是督促黑帮们集合的差事，反"常"的是，做为"召集人"，他也是挨批挨揍的对象。他们被坐"喷气式"，即被从身后架起双臂，令其弯腰，又从其身后揪扯头发，令其抬头望着台下的群众，就像一架喷气式飞机一样，腰弯得像虾米，臂膀反剪，翘得像燕子的尾巴，这些虐待把人折磨得汗流浃背、灵魂出窍。但最让承担着"召集人"任务的孙谦发愁的是，小小文联，竟前后进驻过七十多个外来造反队。

1967年夏天的一个下午，同时有五个造反队要召集黑帮们训话，这真是"时间紧、任务重"，于是孙谦就像某些影片中"皇军"治下的"维持会长"一样，向这家祈求，向那家祷告，费尽心机，好歹排定了一张"挨训时间进度表"。孙谦在《卖"罪行"及其它》一文中说：

下午二时，烈日炎炎。我召集起黑帮队伍。这支队伍真叫"兴旺发达"，其人数竟占了机关总人数的百分之二十。我向众黑帮安顿道："今天是'任务'重（要到五个造反队挨训），时间紧（不偏不倚，每家训话二十五分钟），希望大家只带耳朵不带嘴，骂你爹骂你妈，骂你的祖宗三代，千万别还口，反正是阴阳两界，他们骂得再脏，那些在阴世界的老人也不会听到。记住：打不还手，骂不还口。"

我带着队伍到了东小院，让大家排成了一字长蛇阵，让大家拿出了"语录"，眼花的戴上了眼镜，近视者脱下了眼镜。万事俱备，只等着挨训了。

谁知，船未出港，便遇上了顶头恶风。这家造反组织一反常例，不让我们念"语录"，却要我们念"纪要"！

我们谁也没有带"纪要"，只好硬着头皮挨训、挨骂。这家组织大约十二三人，他们轮番训、轮番骂。训法别致，骂的花哨，污言秽语，滔滔不绝，就像是从龙门冲出来的浑浊黄河大水……

我偷偷看了看手表，呀，不得了，已经训得超过了二十五分钟！我正想要冒险出面"维持"，说好话、赔不是、下软蛋，因为下面还有四家造反组织要等着"训话"呢！就在这时，冷不防地冲出来个短粗小伙子，一把抓住赵树理的衣襟，大声喝道："赵树理，你是文艺黑线的黑干将！"赵树理张口结舌不知所措，只听得他"我、我"了半天，竟吐不出一个实质性的字来。只见那个小伙子使劲一拉，便将赵树理拽出了队列，接着便又喝到："说！你是不是黑干将？！"我心想，赵树理把《山西日报》封给他的"干将"雅号，重复说一遍，不就结了案啦，在这种场合，何必认真呢？谁知赵树理却理直气壮地答道："我没当过……"话没落音，那小伙子奋力一推，赵树理踉踉跄跄地后退了几步，但又强挣扎着站稳了。这时候，拥上来好几个小伙子，你喊他叫，硬逼着赵树理承认有"文艺黑线"。赵树理气喘吁吁地说："那东西看不见、摸不着，我没参加过……"得，又是赵树理的话还没落音，几个小伙子便一起动手，有的按赵树理的头，有的拧赵树理的臂，有的踢赵树理的腿，赵树理腿一软，就被几个小伙子按捺的跪在了滚烫的地上，有个恶作剧的家伙，还给赵树理的头上，放了一把鸡毛掸子……赵树理就那么跪着，我们就那么站着。数伏天，骄阳似火，暑气逼人，身上如穿铠甲，直到厨房开晚饭的哨音响起，赵树理才被喝令"滚"起，我们也被喝令"滚"出了东小院。

因为我还欠着四家造反组织的"债"，晚上的日子也不好过，我们一直被折磨到夜半十二点，才勒令"滚"出了"黑"窝。队伍解散，各回各的牛棚。我拉了拉赵树理的衣襟，低声埋怨道："承认个干将，你头上能长出角来？"赵树理不服，气鼓鼓地说："我明明不是……"我怕他发作，赶忙拍了拍他的手："昏天黑地，哪里有什么'明明'？老赵，追悼会上没坏人，批判会上没好人，这你还不知道？放机灵点吧，要不，你还得吃大亏。"

真糟糕，不幸而言中：就在这年，赵树理被一群初中红卫兵小娃娃，踢断了两条肋骨！当时，我已被勒令去烧暖气锅炉，事件发生时，我没在场……

往年冬天的时候，机关的暖气锅炉都是临时雇佣太原郊区的农民来烧，1967年冬天，造反派想出了个惩罚黑帮分子的新招，勒令孙谦和马烽、西戎、和李束为四个人去烧暖气锅炉，胡正去扫大街。一贯靠笔杆子吃饭的这些"黑帮"，刚开始干不动这么重的体力活儿，又不懂烧锅炉的习性，有时候就烧灭了、停炉了，工宣队就又训又打，停炉后还得爬进锅炉里清理炉灰，爬出炉膛后整个人就像个"煤黑子"。 被他们带徒学习过的青年作家谢俊杰，偷偷跑来看他们，一见他们这副样子，抑制不住嚎啕大哭，没想到他们的老师现在沦落为这样的窘境。

烧锅炉是个苦力劳动，需要日夜两班倒，所以孙谦他们的牛棚生活，在烧锅炉期间便被解除了，造反派允许他们各自回家去吃住。但孙谦的爱人在乡下搞社教，看着这位磨难中的儿子，孙谦的母亲从乡下来到太原，不仅帮他料理家务，还给他做人生开导。孙谦在《红裤带》一文中说：

回家与老母亲见面了。饭时，我俩喝了点酒。酒下肚，话就多。俺妈说："你也不要觉得受屈。公社秘书一个月挣三十块钱，照样'坐飞机'，敲锣打鼓去游街；你们一月挣二百多块，还能不受点罪儿？"这是什么逻辑？我不同意，便和她争。

她说："这是劫数，在劫难逃。他们要什么，你就给什么，保命要紧；他们说你是什么，你就应承是什么……"我说："他们说我是反革命！"

俺妈说："反革命怕甚？刘少奇、彭德怀、贺龙这大人物，造反派说他们也是反革命，反革命还用得着拼命去打江山？我看反革命这个口号，就像是支时兴歌儿，唱几天就没人唱了。"

我不能同意俺妈的观点。但在论辩中，我发现她谙熟人情、达观而知命。在她的庇护下，女儿们得到了温暖，我烧锅炉下班回来，也能吃到一碗热饭。

"反革命这个口号，就像是支时兴歌儿，唱几天就没人唱了。""你也不要觉得受屈。公社秘书一个月挣三十块钱，照样'坐飞机'，敲锣打鼓去游街；你们一月挣二百多块，还能不受点罪儿？""他们要什么，你就给什么，保命要紧；他们说你是什么，你就应承是什么。"语言很朴素，话糙理不糙。人的一生当中，有些道理是亲身经历后的感受，有些则是磨难当中的领悟，但这些真谛不是谁都能感悟出来的。

孙谦的母亲一直是个病秧子，孙谦打小就记得，母亲今天请人扎针，明天请人开药，疾病总不离身。久病成良医，渐渐地她也学会了用民间理疗的土办法自医，也学会了给人治病，被孙谦称为是"蒙古大夫"。孙谦说：

我们烧的锅炉能装三十吨水，一天要烧五吨煤；烟囱很高，需氧量大，因此，锅炉房里冷得要命。当"清炉"耙"料结"时，我们几个人累得满身冒汗，出了汗一招风，便得重感冒。俺妈先摸摸我的额头，紧接着，便抽出了她自备的三棱针，先刺太阳穴，再刺十个指头；很快就熬出一大碗葱须、生姜、白萝卜汤，立逼我趁热喝下，紧接着，便把全家人的棉被覆在我身上，便焐得全身冒清汗。得，重感冒病好了。

有一次，我因凿被冻成冰块的烧块闪了腰，腰脊椎受了扭伤，疼得我弯不下腰来。俺妈让我脱掉棉袄、解开裤带，平趴在床上，她往一个搪瓷小盆里倒了半盆白酒，一擦火柴点燃了白酒，蓝蓝的火光向上直冒。只见俺妈两手抓火，向着我的脊背上搓揉，又在我脊骨两侧，按了两个大火罐。过了一阵，拔掉火罐，咦？腰骨不疼了，也能弯伸自如了！

有一次，马烽浑身发冷，头痛欲裂，而且还发高烧；他只得又去找俺妈。她让马烽像治我的腰痛病一样地平趴在床上，尔后我妈往小瓷碟里倒了点食油，又从她的小荷包里取出来一枚锃亮而光滑的铜钱。她用手指蘸了点食油，在马烽的脊椎两侧"噌噌"地刮了起来。刮得马烽又笑又叫。刮完以后，俺妈戴上老花镜，观察了一阵马烽的脊背，高兴地说："刮出'痧子'来了！回去多喝点水，蒙住头睡一觉，病就过去了。"马烽回家如法炮制，"烧"也退下去了。

1967年的冬天，太原的文革两派武斗混战，枪声炮声不断，夜里和母亲睡在一屋，孙谦就像小孩子在妈妈身边一样，感觉十分安全，睡觉踏实。1968年的春节眼看到了，大年三十日烧锅炉是孙谦的夜班，为了能使大家过个暖和春节，他多烧了一个多钟头，一直烧到凌晨十二点才下班回家。回家后，见母亲已经包好了饺子，还准备了下酒菜，等着他回来。孙谦说：

孩子们已经睡了，我便和俺妈对饮熬年。当我刚放下饭碗，猛然想起：大年初一，我还得连烧早班。我急忙把闹表拨到凌晨四点，便急急忙忙地钻进了被窝。我正想要关灯，俺妈却拿出了一条卷得很整齐的红裤带。她边往我的枕头旁放红裤带，边说："明天把这系上。本命年系红裤带，避邪。"俺妈随即关了灯，躺下睡了。

第二天，我睡得正香，闹钟响了。我赶着去上早班，急忙拉着了灯，急匆匆地穿好衣服就往外走；我走到门口，扭身一看，那条卷得很整齐的红裤带，端端正正放置在我的枕头旁边。我看了一眼俺妈，轻身走到床边，把那条红裤带塞到了褥子下边。从此，那条"避邪"的红裤带，便一直藏在了我家的衣箱底层。

一条红裤带，浓浓母子情。从心窝窝里发出来的爱，总让人一生温暖、充满力量。文革过去了16年的1992年3月，看着压在箱底的红裤带，孙谦仍饱含热泪，内心无限深情："往事如烟。睹物思人。母亲早已去世，可她的爱子之心，依然留存在人间！"

3. 夜审捅刺刀、横尸地下室

冬季的供暖期结束，1968年春天来到，孙谦他们四人被罚烧锅炉的苦力活也告一段落。漫漫长夜却无尽头，造反派又把他们关进了没有自由的牛棚里。住牛棚时隔不久，孙谦他们六七个文联"罪大恶极"的黑帮，又由住牛棚"提高"为隔离审查。

住牛棚，孙谦他们这六七个黑帮都不是单人独间，而是几个人住在一起，只不过是出入受限制，行动不自由。至于批斗，常常是把他们同时押上台，接受大家的声讨。而隔离审查就不一样了，隔离审查时，吃也好，住也好，类似于监狱里犯人的单人管制生活。

文联办公院南面有一排平房，原先是新来单身员工的宿舍，后来用作堆放杂物的小库房，现在则改成了隔离关押黑帮的地方。朝南的玻璃窗户用旧报纸糊住了，生怕他们和外边联系。朝北的门上的顶窗玻璃也糊上了，中间留下一小块没有糊严，外边吊了一片可以掀起来的纸帘,夜里他们睡觉不准熄灯,造反派随时要掀起小纸帘看看室内,观察你的一举一动。

之所以对他们进行隔离,目的就是单个对他们进行审讯,怕他们当面串通,造反派把这种审讯叫做"拼刺刀"。按说"拼刺刀"是双方你来我往的问答辩论。但造反派所谓的拼刺刀,却是车轮战术,不容你解释,更不许辩驳,只要求你顺着他们提问,回应他们想要的答案。

拼刺刀一般在晚上进行,把你押到一间灯光昏暗的大房间,一伙人把你围在中间,要你回答自己的"罪行",当你的回答令造反派不满意的时候,拼刺刀的主持人就会冲着你叫喊:"大家帮助帮助一下吧!"这里所谓的"帮助",就是造反派一起动手虐待体罚,揪头发,拧胳膊,几个人抓着你的裤腰带把你提起来,然后把你从高处扔下来,就像打桩一样,还要拳脚相加,把你打得鼻青脸肿。有时,还会让你站到摞起来几层的凳子上,然后拉灭电灯,造反派在黑暗中一脚把凳子踹到,把你从高处重重地摔下来,然后开灯,让你接着交代。马烽说:"最可怕的是'夜审',造反派们采用了各种残酷手段,把我押回的时候,我浑身没有一块肌肉不在抖动,连哭的劲儿也没有了。"

造反派对赵树理拼刺刀,拼了整整两天两夜,倔强的赵树理就是不承认,赵树理最后抗议道:"今晚是你们和我开拼刺刀会。既然是拼刺刀,就应该双方都有武器,你刺一刀,我回刺一刀,有来回。可现在是光你们发言,不让我说话反驳,我看这不能叫拼刺刀,应当叫捅刺刀。"造反派再次被激怒,几个人扑上去对他一顿暴揍。

有一次,造反派又要和孙谦拼刺刀,主要是提审他的党籍问题。一进审问室的门,造反派先对孙谦一声吆喝,又喊口号又是叫,目的是想把他给"镇"住,稍作停顿后,文绉绉地问他:"你是在何地入党?"又问:"紫檀洞?它在何县何州?"

孙谦说:"战时行军住宿,只问村名,谁能来得及问它在哪州哪县?"在造反派听来,这样的回答就是狡辩拒答,孙谦被"修理"了一通之后,其中一个酸溜溜的家伙,嘿嘿地笑了:"你编造的地名,军用地图上都没有!要老实交待,别想蒙混过关!这张干部登记表上,你填的是在国耻纪念日入党,对吗?"

还没等孙谦回答,又抢话问道:"这个国耻,是指'二十一条',还是指'五九'?"孙谦正想发火,转念一想:他既逗我,我何不也报他一逗;于是便答:"那两件国耻都发生在春天,可我是在秋天入党的。"

"是在签《南京条约》的秋天?还是在签《虎门条约》的秋天?"

孙谦这下沉不住气了:"那时候我爷爷还不知道在谁的腿肚子里转筋呢!"听了这话,造反派便一拥而上,把他打趴在地下,一顿拳打脚踢。

打完后,孙谦又直矗矗地站了起来,拍拍衣服上的土,说道:"我的入党介绍人还活着,他叫唐靖山……"孙谦还没说完,他们又拍桌子又瞪眼,直着嗓子吼叫:"是唐靖山,还是唐桂龄?!"

孙谦说:"两个名字一个人,他在西安军医大……"

"军医大根本没这人!"他们又大嚷着。

孙谦愣住了,过了一阵,他用带有数落的口气说:"堂堂一个上校军医教授,怎会没有了呢?或许你们没深入调查,光顾了逛雁塔、看碑林……"

这下可把造反派惹恼了,他们给孙谦来了一个"喷气后掠式"战斗飞机,把孙谦疼得"呀呀"难受,险些叫出"妈"来。

对于孙谦的入党地点,他只知道入党时的那个小山村叫做紫檀洞,造反派审问的时候,回答"没来得及问是哪州哪县",孙谦并非有意为难,而是的的确确不知道。所以,尽管造反派多次提审,孙谦一口咬定"不清楚究竟在什么地方",最终孙谦的"党籍"问题未做定论,悬而难决。

孙谦被"帮助"后押回隔离室,浑身疼痛难忍,不住地打颤,脸上一片红肿。在夜深人静的时候,他好几次从远处隐隐听到像是赵树理、李束为撕心裂肺的叫喊声,孙谦想,这一定是造反派在"帮助"他们了,自己心里一阵阵惊吓和难受。

原本以为躲回山西便躲开了风暴中心,孙谦当初的如意算盘,现在看来失算了，自己终究没能免于一难。而且这灾难深重的日子，不知何时才是尽头，深夜里的灯光下，孙谦一会儿眼盯着纸糊的窗户，一会儿盯着开裂的顶棚，从前落下了失眠的毛病，在隔离室里没有了安定药片的帮助，他就整夜整夜地睡不着，感觉人生就是一场失眠的煎熬。

更令孙谦怎么也想不到的是，他在北京的领导和同事们，正在遭受着地狱一般的非人虐待和生命迫害，其所受虐待和迫害的程度，远比他遭受的要痛苦的多，残忍的多。

1963年，蔡楚生在建国后执导的电影、也是他的最后一部电影《南海潮》上映，当他准备拍摄下集的时候，文革爆发了，他被诬陷为牛鬼蛇神，先是被送到文化部开办的"集训班"，两个月后被关在机关的一间小屋里，四处漏风的牛棚，又不准点蚊香，被蚊子咬的整夜不能入眠，头发被造反派剪成乱七八糟。"毛泽东思想战斗兵团""影协职工红色造反大队""红色造反者电影野战兵团"说他是"三反分子"和"裴多菲俱乐部主席"，勒令他天天扫地、铲煤，不断接受批斗，蔡楚生身体极度虚弱，天天头痛、咳嗽、吐血、气喘不止。

1967年6月13日，蔡楚生的夫人陈曼云以叛徒、特务、现行反革命的罪名，被公安局逮捕。1968年的7月15日，饱受凌辱的蔡楚生，被造反派勒令不许服用药物，致使病情不断恶化，生命垂危之际赶到医院，造反派勒令医院不得收治，最后眼睁睁地看着惨死在医院的走廊上。

在牛棚里，蔡楚生仍然是天天写日记。1967年5月26日，是蔡楚生写的最后一篇日记，他写道：今天还在"扫地"，并在斗争大会中"被一个工人猛击一拳，又被猛压在地"。没有人能够知道，临终之时的蔡楚生到底想的是什么，因为从这一天之后的403天，他已经没有写日记的力气了。

这就是平日里被孙谦称为"先生"和"老师"的蔡楚生，被江青请到家里吃饭待为上宾的蔡楚生，这就是他一生最终的结局。史东山和蔡楚生被毛泽东、江青称为电影界的"二老"，他俩相隔12年，一个自杀在自家的小厨房，一个惨死在医院的走廊里。

曾和孙谦朝夕相处、亲如兄弟的张海默，他家藏有三十年代登有江青剧照的电影画报，他竟然毫不避讳地给圈内人看，他曾经跟当过周总理秘书的北影副厂长韦明等人顶撞争辩，和孙谦一起写过反对官僚主义、反对浮夸风的杂文，1959年反右倾运动中被打成漏网右派，受到开除党籍、撤销编剧职务、工资降三级的处分。

孙谦了解海默的脾气，也知道他的处境。文革开始后，孙谦一直担心他再次触礁，一再叮嘱他少说话、别惹事。文革开始后，海默被红卫兵多次批斗。他的邻居、于蓝的儿子田壮壮回忆，1967年被打成"黑帮分子""黑编剧"，红卫兵抄他家时，他拿根大铁棍子，挡在门口。在一次批斗他时，一位北影厂女士在台下喊："反动作家海默低头！"海默当众回嘴道："我是反动作家，可我不是国民党的小老婆！"把这位女士气得脸色发青，跳上台去狠狠抽了他两个耳光。

1968年5月14日晚，海默造反派被骗到北影厂某处假装审问，一帮壮汉突然闯进来抓海默，海默极力挣扎，马上被蜂拥而上的人按住，用衣服蒙上他的脑袋，堵住他的嘴，强行拖上车，几个人用脚踩着他，拉到电影学院的摄影棚，用上千瓦的聚光灯照射他，在他看不清谁的情况下审讯他，海默不低头不认罪，还嘴硬跟造反派争辩，于是造反派开始乱打，边打边吼：我叫你硬，看你还硬不？直到把他打躺在地，全身是伤，半张脸都是紫黑紫黑的。

躺在地上沉默了两天一夜后，5月16日晚，年仅45岁的海默终于停止了呼吸。他的遗体横在医院的地下室里，在一张简易行军床上陈尸七天。不通风的地下室，又是五六月的热天气，所以屋子里全是苍蝇。最后单位出面火化，骨灰全部扔弃。有人说，海默如不跟造反派硬顶硬闹，不至于后来被打死。

据《北影四十年》一书披露，北影总计800多人，文革中被打成反革命的将近500人，立案审查的496人，被接受管制的近100人，被诬陷投进大牢的7人，有6人被迫害致死。此外，中国戏剧家协会主席田汉，国歌《义勇军进行曲》的词作者，遭受残酷迫害，于1968年12月10日惨死狱中。演员赵丹因扮演《武训传》中的武训一角，被抄家后关进大牢五年，劳改释放后一开始连话也不会说了。不止赵丹，《武训传》的 40 多位主创人员也受到牵连，惨遭迫害，无一幸免。改名为冠县的武训故里，文革中红卫兵竟然把武训墓掘开，武训尸骨被浇上汽油焚烧扬灰。

闻讯海默被造反派活活打死的消息后，孙谦悲痛欲绝，嚎啕大哭，满面泪流。文革当中对孙谦的管制结束后，孙谦以替补"父亲"的身份，对海默的后代给予无微不至的关心，隔一段时间就给海默的儿女写信，问他们有什么困难，需要什么帮助。听说海默的儿子小海生活困难，没钱治病，他就掏钱亲自买来药，一次一次给小海寄去。

海默的女儿默默在黑龙江上山下乡，生活非常艰苦，孙谦就不时给她寄钱贴补。1978 年，默默从黑龙江农场调回北影工作，当时身上穿得破衣烂衫，一副凄凉可怜的样子。孙谦得知后，拿出钱让她买衣服、买鞋袜。之后每逢来北京出差，总要请默默到饭店"搓"一顿，通过吃饭时间了解近况，问询她的学习工作和生活，并教育她要坚强面对，自强自立，并严厉地说："我把'坏话'说在当面，我得操心管着点你。"

1968 年入冬后，造反派勒令孙谦他们四人继续烧锅炉，旧业重操，凭着已有的经验烧锅炉，不仅驾轻就熟，还能回家吃住，少挨点批斗，比隔离审查要好，相比之下，孙谦倒更愿意烧锅炉。

进入隆冬后，"军队毛泽东思想宣传队"和"工人毛泽东思想宣传队"两队联合进驻了省文联，他们四人被军宣队、工宣队勒令撤离了锅炉房，又被关进了失去自由的牛棚。

1957 年四川大学毕业的王樟生，被分配到山西文联担任编辑，她的父亲是 1949 年去了台湾的国民党军官，因为台海特务嫌疑，她也被关进了牛棚进行审查。孙谦十分同情王樟生的不幸遭遇，在她苦恼的时候，孙谦就给她做开导工作，鼓励她坚强面对，陪她聊天开心，给了患难中的王樟生兄长一般的温暖。

长期和家庭隔离的孙谦，想念很久没有消息的爱人王之荷，造反派不在的时候，孙谦就写毛笔字，把"王之荷"写成"之何"，"之何、之何"写满了整整一张纸，他担心自己的家人，不知道王之荷现在做什么，到何处去了。王樟生逗他开心道："到何处去了？到了你老孙心里去了么！"孙谦和大家全被逗乐了。非人一般的生活，他们只能苦中作乐。

工宣队和军宣队的进驻，掀起了省文联文革的第二个高潮，两队揪斗的花样、频次多了，孙谦他们所受的罪孽重了。每次在小礼堂批斗时，彪形大汉的工宣队两臂反剪押着这几位老作家，每两位押一个，孙谦他们这些能走的，被扭住胳臂，揪住头发，揪到会场；被暴打得已经不能走路的赵树理，被架起胳膊拖着走，两腿和双脚在地上打着磨擦，到了会场先是弯腰九十度，忽然按下头，被踏上一只脚，忽而仰面朝天示众，三个小时批斗完后，主持批斗的就宣布把他们"押下去"，让他们"滚出去"。下了台出了会场后，一个个满头大汗、衣裤湿透，孙谦有几次还被斗得尿滚屁流，形象十分狼狈。

工宣队成员都是铁路局工程队的工人，抬铁轨扛枕木练就了浑身力气，让他们来押解孙谦这些儒雅的文化人，算得上是用牛刀杀鸡，不费吹灰之力。一位工宣队员揪住文联副秘书长程曼的两只手腕往上一提，程曼被腾空而起，像只提溜的小鸡不住地转圆圈甩着，程曼被甩得晕头转向，汗水淋漓，两只手腕因此伤残。

军宣队和工宣队除自己动手，还发动文联家属院的孩子"斗牛"。他们把赵树理、马烽、孙谦等老作家们挨个揪到礼堂，让他们在前面走，让孩子们在后面追着"赶"，不谙世事的孩子们忽而把他们撵到南墙，忽而又把他们撞到北墙，就像赶牲畜一样的侮辱。

批斗会一散，机关东四条两旁的墙壁上，立马贴满了声讨的大字报，写满了他们的"罪行"。今天贴，明天有人还继续往上贴，不几天，竟厚的像纳鞋的千层底。过几天，孙谦他们受命把墙上的大字报撕下来，归堆在一起，找了平车拉到废品收购站当破烂卖掉。孙谦嘲讽地说，这叫"卖罪行"。

4. 赵树理惨死在他生日的前一天

1969 年 8 月，山西的文革派仗正打得邪火，工厂停工，机关停办，为了解决山西的问题，中央组织了"中央办毛泽东思想学习班"，山西省直厅局机关干部和各派的造反派头头，一股脑儿被集中到了北京工学院内圈了起来。

山西的中央学习班被编为六个大队，大队长、政委以及连长、排长都由解放军师团营级干部担任，学习生活全部军事化。省文联的大部分人都去参加了学习班，马烽、孙谦、西戎、李束为、王玉堂还有孙谦的爱人王之荷，以及王樟生、程曼、阎天海他们通通都去了北京。

中办学习班主要是集中学习、继续整顿。其中有历史疑点和政治问题的人，是学习班实行审查管制的重点对象。对于孙谦他们来说，学习班的情况比在太原要好一些，因为在这里不再受批斗了，不再挨打被修理了。但学习班的纪律是很严格的。不准通信，不准亲属探视，不经批准不准外出，实行全封闭管理。

到了 10 月份，由于苏修大军压境，北京战备骤然紧张，林彪的"一号通令"以"疏散"为由，把"中办学习班"撵到石家庄的河北工读师范学院，在北京的时候请假后可以上街，但在这里，在陈伯达不准个人单独行动、不准串联会后交谈揭批情况、不准请假、不准家属探望、不准通信的"五不"指示下，他们被禁锢在高墙以内，每天几乎都是小会揭发、大会批判，然后是清理阶级队伍，从北京到石家庄，整整耗时一年。

1970 年 7 月，中办学习班结束，人员按照分类有三种去处：一种是造反派头头，全都回太原；一种是机关大多数群众，全部下乡插队，全家注销城市户口，下放到农村当农民。一种是像孙谦这些黑帮分子，继续留下接受审查。

省级各机关的这些黑帮，分别编了几个连，从石家庄一齐送回山西，在忻定农场学习班接受审查。等这里有了结论，审查没有问题了，才可以和机关群众一样回去插队。在审查期间，大家的任务就是，一方面配合做好审查工作，一方面学习毛主席著作，参加农场的劳动。

就在孙谦去忻定留审的时候，文联的群众全部分配下乡插队。王之荷和王樟生在中办学习结束后，被下放在阳城县演礼公社插队，马烽的爱人段杏绵被下放在了长治的沁水县。7 月 30 日，王之荷带着小女儿,由孙谦的三弟护送去阳城,从太原乘火车到晋城时正下着瓢泼大雨,所有的下放干部被安排在一个只有顶棚的库房,席地而寝,打开自己的铺盖卷在风雨中瑟缩熬过难忘的一夜。第二天清晨才乘汽车去了阳城。

王之荷在《风雨人生八十年》一文中说:"我带着小女儿到了阳城演礼公社。那时叫插队落户,我们的户口就跟着落到阳城。大女儿、二女儿已经大了,当时经过商量,她们俩想留在城里。孙谦当时被审查管制。和我一起去阳城的还有王樟生。我们每天劳动。我住的地方就是公社所在地,大家聚在一起,有时到我家吃点好的,改善一下伙食。说是好吃的,也就是挂面、猪肝之类。当然都是偷偷地吃。那时候,大女儿去了肉联厂制药车间,二女儿到了商店。我最担心她俩,没有父母在身边不知道过得好不好。我和孙谦只能通信联系,在阳城也会听到一些城里的消息。我想日子还是要过,孙谦的审查终会有结果,不可能永远是这样的,就算我回不去,我的孩子过得好就可以了。"

在忻定农场,孙谦、马烽他们所在的这个连,住在高村附近一片土丘旁。这里有一排排刚完工的简易平房。劳动项目,一开始是泥抹、粉刷房子,用椽子、苇席搭饭棚。后来是参加秋收。农牧场的大片土地是用拖拉机耕种的,收割却全靠人力。以往收获时候是雇佣附近村里的农民,如今孙谦这些黑帮成了劳动的主力军。每天起来不是掰玉茭、割高粱,就是收葵花、割稗子。稗子在稻田里是应当除去的杂草,这里却是专门种植作为牲畜的饲料。秋收劳动又苦又累,但这比以往整天挨骂受气在精神上要好过得多。劳动小憩的时候,他们可以相互聊天,说几句笑话。

这里负责审查的干部都由军人担任,全是石家庄步兵学校的教职员,还有一些从各单位挑选出来的骨干分子,没有一个造反派头头,他们的主要任务是内查外调,落实造反派给黑帮分子罗列的各种罪名。

其实马烽、孙谦在石家庄已经查明没有什么历史问题了,他们之所以来忻定农场继续学习、接受审查,是因为他们的问题还留有一点尾巴,没有做最后的结论。马烽的主要问题是因为与"丁陈反党集团"

的关系问题，需要进一步查一查。孙谦的问题，主要是他的"党籍"需要进一步核对。

孙谦的党籍问题在 1968 年造反派对他"内查外调"的时候做过审查，孙谦当时的入党介绍人唐桂龄改名为唐靖山，在西安军医大担任副院长，本来脉络和情况清清楚楚的，不知外调的人粗心还是什么原因，去了西安反正是没有找到唐靖山。这下便引起了造反派对孙谦党籍问题的高度怀疑，认为他是假党员。1968 年拼刺刀的时候，为此孙谦被多次提审，挨了不少的打骂和"修理"。就这样，孙谦的"党籍"问题，一直"挂"到了现在的忻定农场学习班，幸好的是，这里的部队外调人员很是负责，在西安第四医院找到了转业下来曾任副院长的唐靖山，孙谦的党籍问题终于彻底澄清。

几乎同时，马烽的"丁陈黑线"问题也得到了澄清。这是孙谦和马烽他们在忻定入班两个月左右的事。之后的一天，连长把孙谦叫去谈话，连长问孙谦："你什么问题？"孙谦答："文艺黑线。"连长说："我们不管什么文艺黑线，这里只解决政治历史问题，你再写个检查，等结论吧。"

不久，连里指派孙谦和马烽烧茶炉，派西戎当理发员，唯独没有给李束为安排任务。孙谦心想：这下坏了，李束为有问题了。他又纳闷：李束为能有什么问题？难道又是在前锋剧社演出《花姑娘》的"阶级报复"问题？

1938 年前锋剧社演出孙谦导演的话剧《花姑娘》，李束为扮演游击队长，当时叫唐桂龄的唐靖山扮演日本兵，演到动情处，李束为把唐桂龄的鬓角用匕首不慎划了个血口，当时李束为因此还受了批评。可在文革开始工宣队进驻文联后，有人贴出大字报，说李束为利用演戏搞"阶级报复"，是"反革命罪行"。

孙谦知道贴出这样的大字报后，心里想：当年的"舞台事故"只有马烽、李束为和我知道，我们三个都被关在牛棚，不可能去贴这样的大字报，是什么人给提供"材料"的呢？

经过了解才知道，原来一些"革命群众"已经就马烽、孙谦、李束为的党籍问题，前往西安找过唐靖山。这个唐靖山，从前就有"碎碎念""爱叨叨"的婆婆嘴毛病，本来人家向他了解"入党"的情况，他却顺口叨叨起了李束为用匕首划破他的事情来。说者好心无别意，听者有心钻空子，有人就给李束为写了"上纲上线"的大字报。

1971年3月，在忻定农场学习班住了将近九个月的时间了，孙谦、马烽、西戎"经审查、没有政治问题"的结论批下来了。审查结论是由大队部派人来当面宣布的。

就要离开忻定农场了，孙谦在临别前，约了李束为谈话："你到底什么问题？"沉默了一阵，李束为说："我能有什么问题，别为我担心，放心去插队劳动吧。这里有吃有喝、不打不骂，我相信能等出个好结果来，历史的教训太惨重了，我们都经历过抢救运动……"

原来是"抢救运动"中的老问题？当年延安因为"特务案件"进行审干，李束为当年鲁艺戏剧系的一位同学，在逼供信下编造了李束为是他发展的"特务"的"坦白"材料，当时李束为坚决否认，拒绝所谓的"抢救"，一口咬定"如拿出证据来，就枪毙我"。却没想到康生的社会部，竟把这份编造的材料转送到了晋绥边区的组织部门，塞入了李束为的干部档案。

全国解放后，李束为的这位同学改了名字，也不知道分配在了什么地方，后来组织上找啊、寻啊、查啊，费尽九牛二虎之力，终于找到了那位同学。原来他在"坦白"揭发李束为的第二年就平反了，他所说的李束为是特务的话，当然就是假的了。

不仅是李束为，当时西戎也有"特务"问题，也是当年延安"部艺"的一位同学揭发了他。以前没有整他，是因为那人的揭发材料一直没能转过来，所以在晋绥时就没有整他；现在这份材料正好转过来了，办案人员对此实事求是地做了调查研究，澄清了情况。

1971年3月间，孙谦、马烽等这些被解放了的人，都回到了太原。随后，李束为和王玉堂也回到太原了，但他俩不能回家，又进了省法院专门解决遗留问题的学习班。

在孙谦他们1969年秋去北京中办学习班的时候，赵树理本来就患有肺气肿，在一次批斗中被打折了两根肋条，病情就更重了。所以他没有被安排去学习班，一方面是身体实在不行，另一方面则是造反派有意把他留下来，有作为活靶子批斗他的险恶用意。

1970年9月，孙谦的"党籍"问题得以澄清，改造学习看到了希望，审查管制就要结束。而此时的赵树理却进入了生命的倒计时，生命垂危，奄奄一息。

1970年9月6日，在山西省法院一间阴冷的小屋里，赵树理正忍着锥心的疼痛，一笔一划地抄着毛主席的《卜算子·咏梅》，女儿被特准来看他时，他颤微微地捧起对女儿说："如果有一天，替我把它交给党……"此后不久的9月17日，山西省革委会在湖滨会堂又召开批斗赵树理的五千人大会。会前有人说："赵树理病势严重，已经不能动弹。"一位掌权者却恶狠狠地说："他动不了，爬也要爬到会场去。"肋骨踢断、髋骨摔断、奄奄一息的赵树理，被架着来到太原湖滨会场接受批斗。因他实在站不住，造反派在台上放一张桌子让他双手撑着。过了半小时，他终于支持不住了，一头栽倒在了地上。

1970年9月20日，赵树理开始拒绝进食。9月22日下午，牢房里的赵树理突然浑身颤抖，双手乱抓，口吐白沫，嗓子里"呼噜"作响。9月23日凌晨2时45分，离他64岁生日仅差一天，赵树理告别了他热爱的人生，脱离了无边的苦海。

赵树理惨死的消息，孙谦和马烽是在忻定农场期间，从小道消息中听到细节的。让孙谦无限敬佩的是，他当了两年之久的黑帮召集人，从未听到过赵树理承认他有"反党反社会主义"的罪行，一群初中红卫兵踢断了他的两根肋条，当时孙谦不在场，事后孙谦急切地询问赵树理是怎么回事，赵树理说："他们问我是什么人。"孙谦对赵树理说："你就承认你是黑帮、干将、走资派么！"赵树理说："哼！怎么能自己给自己乱扣帽子？！再说，我怎么忍心诓谝那些小娃娃呀！"

在一次批斗时，赵树理被人推下桌子，髋骨被摔断，直不起身子。从此，赵树理残废了，生活不能自理。坐不能坐，卧不能卧，通宵坐个小板凳，喘咳不止。到医院看病，医生看病历，惊诧："作家赵树理就是你？"他幽默地说："这种时候，谁还敢冒充我。"

在一次批斗的时候，主持人厉声厉色地问："赵树理，你会不会背'老三篇'？"赵树理低着头，答："会背《愚公移山》！太行王屋二山，方七百里，高万仞……"坐在四周的人，神色奇异，瞠目相视。主持人问："赵树理，你背的是什么？"赵树理从容作答："《愚公移山》！这是比'老三篇'还老的《愚公移山》！"梳着两根锅刷小辫的女青年，对准赵树理的胸口，猛击一拳。赵树理毫无防备，应声翻倒在地，然后慢慢从地上站了起来，对那位站在脸前的女青年说："刚才你偷打，我没有准备，现在你再打，肯定你打不倒了！"

赵树理在生死场上的幽默，那是血泪交流凝结成的超越生命的大美。面对屈辱和死亡，赵树理从未低头，咬定"死理"斗到底。孙谦这样评价赵树理："他那刚正不屈的气节，不妄言、不附和的态度，给我留下了永不磨灭的印象。"

1929年赵树理被国民党监狱关了九个月，1937年投身抗日工作、加入共产党，延安时期被树为忠诚实践毛主席"讲话"的旗帜，像这样一个毫无保留把一切献给共产党的人，偏偏在一场大革命中被革了命，从国民党监狱到共产党监狱，四十年画了一个圈，"终点又回到了起点"。

何止一个赵树理，甚至像周扬、夏衍、陈荒煤这些身为文化部的高官，反因文化被革了自己的命。陈荒煤为新中国的电影事业殚精竭虑，对孙谦本人有过很多的鼓励、关怀甚至批评，对他的作品，更是悉心给予热情的指导和点评。毛泽东两个批示后，对于陈荒煤的问题，毛泽东说："如荒煤不检查，就送到北大荒挖煤嘛！"夏衍1966年12月4日从家中抓走，开始了九年的"牢狱之灾"，惨遭疲劳审讯、拳打脚踢，锁骨、腿骨都被踢断，眼睛几近失明，胃肠又大出血。

在1996年7月写的一篇文章中，夏衍发出了这样的感慨："中国知识分子这样真心地拥护和支持党，而四十多年来，1957年的反右派，1959年的反右倾、拔白旗，1964年的文化部整风，以及史无前例的文化大革命，首当其冲的恰恰是知识分子。这个问题我想了很久，但找不到顺理成章的回答。只能说这是民族的悲剧吧。"

当年"肃反"审查过柳溪的三个人，王震之在反右时卧轨自尽，张海默在文革初被活活打死，三位共产党员，唯有孙谦历经磨难死里逃生，默默无语两眼泪，打碎牙齿肚里吞。他自嘲自己是名"运动员——每次运动都是批判的对象:"建国以来,从批判教条主义、概念化、无冲突论、干预生活、写个人命运到文化大革命的全面大否定,哪一次运动我都是被批判的对象。但我不灰心,也不想算旧账。"

有人笑讽他写了不少"故事",《葡萄熟了的故事》《夏天的故事》《伤疤的故事》《奇异的离婚故事》,到头来,一个个的"故事",在一次次的运动中都成为了"事故"。孙谦说:"那些死去的同志,……付出了鲜血和生命,难道我能因为受过点委屈和折磨,便耿耿于怀吗?"他还不止一次地袒露心扉:"认定'讲话'康庄道,跌倒爬起走到老。"忠心耿耿,绝无二心。

多么执著的优秀儿女啊。而无产阶级专政下的继续革命,吞噬和摧残的正是自己的优秀儿女。这是这场革命的最荒诞之处。

5. 下放大寨公社后的"精神折磨"

1971年3月,经过忻定农场的管制审查,孙谦和马烽等人终于被解放了,他们拿着"没有政治问题"的文字结论,回到了省城太原。这时候他们才发现,省文联机关早被砸烂撤销,这时候的太原一切都变了。他们被介绍到山西省革委会文教委办公室,他们下一步的安排,就是像其他文联人员一样,带上户口下放到农村插队。

因为段杏绵和孩子们已经下放到沁水县农村,有着团圆梦想的马烽,也想去沁水落户。回到太原不几天,省革委会的文教办主任召集他们开了一个会,先进行了一通思想改造的训话,要他们老老实实到农村接受贫下中农的再教育,然后宣布了每个人插队的地点,还强调了插队报到的时间,具体安排是:孙谦去昔阳县大寨公社武家坪,马烽去平顺县西沟村,西戎去运城金井西膏腴村,胡正去运城闻喜……

胡正的爱人郁波,回忆起当年被下放的情景,至今依然不堪言说:一开始安排全家到运城闻喜,人生地不熟,哪里敢去?胡正极力申请回老家灵石的北张村,批准了。就在灵石县城20里以外,山顶的一个小村庄。头一天回来,第二天就督促一家离开太原。工宣队的小战士一天几次催骂,第二天就打行李搬家上了火车,人家就一个劲儿的撵你,就不把你当人看。

一听孙谦去大寨公社的安排,大家就觉得这里面有情况,王之荷在阳城,按常理孙谦也应该去阳城,谁不知道大寨是孙谦的大本营、朋友圈啊?!不明就里、事与愿违的马烽,对于他不能团圆的安排,一肚子意见也不敢说。

大家的怀疑没有错,就在刚刚结束的中共山西省三届一次会议上,陈永贵担任了省委副书记,此前1969年4月的中共九大上被毛泽东主席提名为中央委员,此时如日中天又重情重义的陈永贵,早已获悉了孙谦回到太原、准备下放农村的消息,在大寨人心目中,孙谦早已是当然的"大寨荣誉社员",和孙谦惺惺相惜的陈永贵,哪能容知己朋友到别处落难,他毫不犹豫地点名要孙谦到大寨去,出于适当避嫌的考虑,最后确定在了离大寨仅一里路、属于大寨公社的武家坪,一里路对于山里住惯了的人来说,那就是一箭之遥,拐个弯,爬个坡,就出现在了大寨的田头村巷,就和大寨一个村无疑。

同样是劳模出身的李顺达,此时也是位高权重,山西省革委会副主任、省委常委,而且在地、县、公社都兼着职务,在那个时候他一直不服气陈永贵,时时处处都与他暗中较劲,听说了孙谦去大寨这事后,他就想你能请个大作家,我就不能?于是一心想让马烽去他的西沟村,自然也是一呼百应,没有办不成的事。

好事办到底。孙谦在武家坪刚落了脚,陈永贵又指名要孙谦的爱人和三女儿孙笑非从阳城转到武家坪落户。孙谦便坐上了陈永贵派的专车,专程到阳城去接妻子和女儿。临行前,同在阳城插队的王樟生等几个"五七"战士,都去看望送别孙谦一家。

阳城出产煤炭、铁锅与陶瓷,大家陪孙谦一同去陶瓷厂参观,看到旋转的轴上,陶泥很快成型,变为坛坛罐罐,孙谦兴奋地跑来跑去,捧起一团泥搓着,兴高采烈地,像个孩子一样欣喜。不久,李顺达也一句话,将马烽的妻子儿女从沁水县接到西沟,安排了一座小院住下。两家人先后分别从此团聚。

最初听说自己到大寨公社安家落户的消息后,孙谦的心里虽然有一丝丝的安慰，但今后的路能走多长、还有多险，惊魂未定的他，仍然觉得忐忑不安、前途未卜，他早已做了最坏的打算和安排。回想着"反右"前后发生在身边的一场场噩梦，"文革"当中海默、蔡楚生、赵树理等一个个人物的悲惨结局，回想着自己从北京"逃"回太原工作、又从太原到北京接受"管制"，这循环迂回、步步后退的人生轨迹，他无法预知今后还会遭遇什么样的人生厄运，似乎一切还在漫漫长夜之中，他看不到面前的一丝曙光。一直对母亲心有亏欠的孙谦，此时心想：既然是当农民，与其到大寨公社落户，就不如回家乡尽孝。

孙谦在文水的三弟孙怀玉，小名"元儿"，得知大哥解除管制要下放到大寨的消息后，带着自己的两个儿子，骑了四个小时的自行车，从老家文水赶到太原去看望，也帮助他打理下放时需要带的东西。孙谦见到三弟和侄儿，好长时间的默默无语，他把三弟拉到一边说："元儿啊，我回文水养老吧，咱妈在文水，十六七岁我就离了家，也该尽点孝心了；就在咱南安村当个老师，教书种地，哪怕种点树，总能生活了吧。"

三弟急忙劝着："凭你和陈永贵的个人感情，不行就找找他，他现在在中央，让他帮帮忙、说说话么。"孙谦急忙打断说："绝不给人家添麻烦，我谁也不找。不说这些了，我这里还有一点钱，你回咱村里，帮我买个房基，先盖几间房子吧。回文水定居，我们总要有个住处吧？！你给我操办吧，回去后就抓紧办，听见了吧！"

看着大哥湿润的眼眶，三弟没再继续说什么，也转过身抹起了眼泪。三弟有所不知的是，这次去大寨公社插队，就是陈永贵主动给予的关照。

带着大哥的嘱托，三弟回到文水后，在村里自己家老院子不远的地方，买了老乡的一个旧院子，旧房拆掉，然后拉了砖、添了木料，自己就是木匠高手，他又找了个泥瓦匠师傅，叫了一帮村里的乡亲，就把孙谦的新房子修起来了。这已经是1972年秋天的事了。

虽说是到武家坪插队劳动，但大寨人、武家坪人舍不得让孙谦干苦力活儿，没有让这位用笔杆子吃饭的人受一点点罪，孙谦一家在这里成为了上客，受到了全村的优待。人常说：患难见真情。在自己落难的时候，大寨人容留了他、呵护着他，这是一份多大的恩情。所以，孙谦一家人的思想情感，毫无杂念地融入了大寨人、武家坪人的生活，思想上完成了向农民身份的彻底转变。

有一次，孙谦因事从武家坪到马烽插队的西沟村小住，这时，孙谦的爱人王之荷给孙谦发来一封电报。

上世纪九十年代以前没有手机，大众异地通讯方式只有两种，非紧急的方式就是写信，信封上只要贴一张八分钱的邮票，六七天、半月十来天，总能送达对方；紧急的方式那就是拍电报，电报则要论"字数"付费，所以发去的电报内容，一般都言简意赅、字数最少。王之荷给孙谦的电报内容是："戎病故，速归。"

邮递员送来电报时，正巧孙谦刚出了屋子，马烽一见电报内容，木楞楞地了片刻后，哇哇地放声大哭起来："唉呀！老西呀！……"马烽以为是西戎去世了。孙谦回到屋子后，看了电报后知道是马烽误解了，赶忙说："这是我们家的事，王之荷的妹妹叫王之戎，是王之戎病故了。"满脸是泪水的马烽，一下就止住了哭声，赶忙机智地自我解嘲："啊？原来这样？！王之荷的妹妹也是个好人，哭哭也应该，我没白哭、没白哭。"马烽的话把孙谦也搞得哭笑不得。

原本计划死心塌地种地当农民的孙谦和马烽，到了1972年秋天，却又被山西省委和北影安排了写电影剧本的差事。事情起源于毛泽东、周恩来对当时电影现状不满的过问。

在文化大革命开始后，故事片生产完全停顿。1968年江青开始大抓样板戏电影。全国除了样板戏电影、"老三战"电影外，只剩了突出政治的"新闻简报"纪录片，电影创作生产一片凋零。1971年5月，北影厂导演谢铁骊、钱江，联名写信给周恩来总理，反映广大群众希望看到新故事片的愿望，请求让电影厂恢复生产。不久发生了林彪"913事件"，形势开始出现逆转。在周恩来的关注和过问下，1972年1月之后，各制片厂包括北影的电影主创人员，开始陆续调离五七干校回到厂里。

1972年7月中旬，毛泽东在宴请影片《龙江颂》女主角江水英的扮演者李炳淑时，流露出了对文艺现状的不满："现在戏剧、文艺作品少了"，"百花齐放没有了"。毛泽东的这番讲话，为故事片的进一步开禁做了推动。但是，恢复故事片拍摄，首先遇到的是剧本荒问题，电影剧本绝不是三天两晚就能写出来的，最快的办法便是到社会上组稿，冀求各地创作力量的支持。

在北影开始筹拍故事片的1972年春，全国掀起了农业学大寨的新高潮，"学习大寨赶大寨，大寨红旗迎风摆"正劲歌热舞，之前被搁置的大寨题材电影，自然成为北影恢复拍片的首选。北影的军宣队经过慎重考虑，选派了政治和业务都过硬的桑夫出任导演，1972年5月，桑夫等一部分人员先行进驻大寨体验生活，做拍摄《千秋大业》的前期准备工作。

北影当时筹拍的电影除了《千秋大业》，还有一个就是惊险片《侦察兵》。多年电影生产的冰凌迅速解冻，其它电影厂也进入集中创作期，上影准备拍《火红的年代》，八一拍《闪闪的红星》，长影拍《艳阳天》和《创业》；等等。这些影片内容上不外乎阶级斗争，拍摄手法上严格贯彻"三突出"原则，尽管如此，由于看八个样板戏和《地雷战》等"老三战"电影年头太久，这一批故事片的问世，仍然令全国的广大观众兴奋不已。

除了拍《艳阳天》和《创业》外，长影还计划再拍一部农村题材电影，因为和马烽有《我们村里的年轻人》的成功合作，他们便通过熟人关系，于1972年秋天，派人到平顺西沟找到马烽约稿，马烽答应创作一个反映晋东南地区人民修建漳南渠、艰苦奋斗兴办水利工程的故事。

说干就干，马烽带着两名年轻作者卢石华、张文德先后去黎城县上遥公社的水利工地体验生活，他们在黎城住了一个多月，还去襄垣、陵川等县水利工地参观访问。回到平顺后，北影导演桑夫携在大寨下放的孙谦，在这个时候找上门来了。

桑夫向马烽说明了北影和山西省委决定要拍《千秋大业》的详细情况，传达了省委《千秋大业》剧本由马烽、孙谦两人修改完成的指示；对于马烽手头已经答应长影而铺开的水利题材电影剧本，省委的意思是，由孙谦与马烽先行修改《千秋大业》，在《千秋大业》修改之余,也由两人共同承担。马烽所说给长影的这个本子,是指他和孙谦后来合写的剧本《高山流水》。

就这样,下放大寨的孙谦和下放西沟的马烽,很快回到了太原,在文革前搁置了的《千秋大业》第三稿基础上进一步完善剧本。没想到的是,《千秋大业》费尽周折、十分难产,马烽说:"从此我俩便陷入了'精神折磨'的深渊。"

经历了林彪"913事件"后,"文革"浪潮暂趋缓和,周恩来总理主持中央日常工作,解放老干部被提上了议事日程。原省委书记王谦、王大任等领导人重新进入省委领导岗位;原宣传部长卢梦结合到省委文教部担任副部长兼省文化局长。

1972年5月,是毛泽东《在延安文艺座谈会上的讲话》发表30周年。借纪念毛泽东"讲话"的契机,山西省革委文教部成立了文艺创作组。从宣传口下放的文艺创作干部陆续调回省城,由于原所在单位已被砸烂,不能各归原位,于是都安插到这个创作组内暂时安身。11月,属于原省文联的孙谦,被调回创作组任创作员,马烽、西戎、胡正等也先后调回创作组。他们的家属也随之全部调回了太原。

原《千秋大业》的手稿被造反派抄家不知下落,孙谦、马烽接受了大寨剧本的创作任务后,先就文革前第三稿的剧本构思广泛征求意见,在此基础上又连续修改了共四稿,剧中的主角由原来的"郑山花"改为了"高山花",剧本定名为《走大寨之路》,耗尽心血的第七稿改完后又定名为《高山花》。

1973年5月14日,文化部审查通过剧本《高山花》。5月18日,《高山花》筹备组成立,桑夫到山西听取省委意见。至此,孙谦、马烽他俩原本以为,修改任务到此就可结束,没想到却开始了一场马拉松式的"精神折磨"。

孙谦、马烽所说的"精神折磨",主要是因为各派政治势力的纷纷介入,对《高山花》的修改提出各种意见,让他俩无所适从、无法折中。马烽写的《大寨奇遇记》、杨孟衡写的《关于太原版"三上桃峰"》以及《北影四十年》一书,对此都有记述;1973年6月下旬的一天,山西省文化局副局长贾克传达省委核心小组审查电影剧本《高山花》的意见，指出写文化大革命以前学大寨，而且写得那么好，是不妥的，这个戏的时代背景也存在这个问题，建议避开农业学大寨的内容，将剧中涉及各社队联合修水库等情节移到大跃进年代展现更为适宜。

隔了几天，山西省委一名常委提出："故事的时间不能放到1963年，而要放到无产阶级文化大革命以后。应当写现在，写过去是不对的。"当时山西省革委实际上也是两派，反陈永贵的一派虽不好公开反对，但对剧本也提出了这样那样的问题。

1973年7月13日，国务院文化组组长吴德也打电话指示："如果那样，剧本故事可改为华北其它地区，在此基础上修改……"而文化部指示要体现出"三突出""高大全"。

所谓"三突出"，是1975年任命为文化部长的于会泳，在1965年3月28日上海《文汇报》上发表的题为《戏曲音乐必须为塑造英雄形象服务》的文章中提出的，文章说："我们根据江青同志的指示精神，归纳为'三突出'，作为塑造人物的重要原则。也就是在所有人物中突出正面人物，在正面人物中突出英雄人物，在英雄人物中突出主要英雄人物。"之后，因"三突出"的提出，于会泳得到了江青的赏识和提拔，"三突出"成为了江青评判艺术创作的金科玉律，把久已反对的公式化、概念化创作推向了极致，对当时的文学艺术创作造成了极大的危害。

1973年秋，吕梁山里正二十五六岁的青年教师韩石山，被邀请参加北影的电影文学剧本学习班，得知了大名鼎鼎的孙谦、马烽两位乡贤前辈正在这里写剧本，便前去拜访，韩石山说："我去的头天晚上，孙谦剧烈咳嗽，身子都从床上弹起来了，舞动的脚趾头竟将床头柜上的茶杯的把儿挑住了，一下子甩出老远摔得粉碎。马老指着地上还没来得及收拾的碎瓷片儿说：'你这是枪法不好脚法好。'"韩石山向马烽、孙谦请教电影剧本的写法，马烽却说："哪有什么写法，电影剧本这东西，不是人写的，你看我和老孙憋在这里多难受！"他俩身不由己，哪有不难受的？！

1973年10月4日，改来改去的《高山花》剧本再次敲定，《高

《山花》摄制组成立，全组 70 多人去了大寨。从筹备到成立，这期间，摄制组也是几上几下，几度往返于北京、山西，此时再度奔赴大寨，并派崔嵬也参加进来，增强了导演力量。

10 月 16 日，《高山花》正式开拍。12 月 21 日，《高山花》剧组被召回北京，参加批判黑线回潮，同时又被提出要进行修改。在几经修改、反复难产的情况下，1974 年 6 月 7 日，山西省委再度提出《高山花》的地点还应该放在山西。各方意见朝令夕改，无法统一，孙谦、马烽两人倍受煎熬和折磨，一时进度缓慢。对此于会咏大为恼火，公开声称"两位作者年老体衰，思想境界上不去，必须重新组织队伍"，又抽调年轻作家郭恩德、杨茂林、谢俊杰加入创作队伍。

在陈永贵意见、昔阳县意见、文化部意见、山西省委两派意见、吴德意见等各种意见的折磨下，孙谦、马烽对剧本进行了来来回回的反复修改。为了修改电影剧本，孙谦和马烽住在北影招待所，有事的话就太原、北京来回跑，至 1975 年 7 月，最终定名为《山花》的剧本已经修改了 17 稿。自此，文化部、电影局总算恩准，认为小修小补后即可拍摄。

在备受《山花》折磨的日子里，孙谦与马烽利用剧本送审的空隙，赶去晋东南体验生活，赶写应长影之约的剧本《高山流水》。马烽、孙谦和他们带徒的卢石华、张文德在长影的小白楼住了一个月。经过几天的讨论，确定全剧分四大章，四个人各写一章。卢石华、张文德对和大作家平起平坐写稿有些顾虑，孙谦批评他俩说："什么大作家小作家的，不动笔、不下水能学到真东西？"

在分头写稿的过程中，孙谦总是比马烽早一两天完成任务，之后便主动帮两位年轻人出点子，指出具体修改意见。在剧本讨论会上，马烽笑着夸奖孙谦："老孙思想比我解放，点子比我多，出手也比我快。"孙谦则半开玩笑地说："老马是当官的，比我稳当，不像我，平头白姓一个，看问题老是不把门。"说完呵呵地笑了。卢石华回忆说："在与两位老作家相处的日子里，我们不但学到了写作技巧，而且学到了精诚合作的为人之道。"

1975 年 8 月，经山西省委批准，成立了山西省文艺工作室，马烽任主任兼党支部书记。完稿的《高山流水》由《火花》复刊而来的《汾水》杂志发表。出于当时政治形势的制约，也出于创作《山花》得来的惨痛教训，孙谦和马烽把剧中的"引水工程"的历史背景向前移动10年，放在"60年代初"的"三年暂时困难时期"进行创作，既避开了当下文革有的人"对号入座"，又充分表现了引水工程的艰巨和农民"战天斗地"的精神。

遗憾的是，这一无奈妥协、明哲保身的创作构思，由于不合四人帮及其文艺界代理人的口味，审查没有被通过，最终不得拍摄。但马烽、孙谦认为，《高山流水》虽然是文革期间的作品，却是有一定价值的。

6. 都是张天民《创业》"惹"的祸

孙谦本以为修改了 17 稿的《山花》完稿了，剧本交给北影了，就等于姑娘"出嫁"了，况且北影厂内外景的拍摄基本结束，已经进入了后期制作，眼看万事大吉就要完差了。万万没想到的是，就在这个时候，张天民编剧的《创业》给他们惹出了两个"大麻烦"，江青于 1975 年 9 月 18 日亲自安排，不仅《山花》要继续改，他还被拉去和张天民创作"新创业"剧本。《山花》和《创业》，题材上一农一工，孙谦和张天民，两人一师一生，正在被江青"导演"着一出剧情诡异的"磨"幻大片。

20世纪60年代，出于"反修防修"的政治需要，毛泽东主席"工业学大庆""农业学大寨"的号召响彻大江南北，铁人精神、大寨精神、战天斗地、艰苦奋斗成为时代主旋律。1972年故事片恢复生产后，当北影找到老编剧孙谦、马烽，力抓大寨题材的电影的时候，长影也不甘示弱，迅速抢占制高点，由编剧张天民创作以大庆油田为背景的剧本《创业》。

由于天气寒冷，条件又十分艰苦，《创业》导演于彦夫扭伤了腰，心脏也不好，常常躺在草地上指挥拍摄。《创业》于 1975 年初摄制完成，影片后期制作结束后，送到文化部审查。文化部长于会泳和其他负责人看过以后，认为影片不错，江青肯定会喜欢这部电影，于是直接通知在国内上映。

没想到，江青把《创业》调来一看，火了。《同舟共进》2009年第8期《于会泳：才子、部长、囚徒》一文中这样说：1975年2月12日，江青把于会泳等人召集到住处，劈头就问："《创业》这片子这么糟，你们为什么批准发行？"于会泳小心地回答："我们向中央打了请示报告的。您也画了圈的……"江青的火气更大了："画圈又怎么啦？画圈不等于同意！"接着就对《创业》一通数落，于会泳等人这才明白，江青对《创业》不满的关键，是其中有党中央给石油工人送毛泽东的著作《矛盾论》《实践论》的情节。

江青说："你们知道吗？当年这'两论'是谁叫送的？是刘少奇！把这个情节搬上银幕，是美化刘少奇！"这样，电影刚上映半个多月，就被停映了。于会泳慌忙收回了自己以前说过的话，决定对这部电影"不继续印制拷贝、报纸上不发评论，电视、电台禁止播放"，把它打入冷宫。这还不算完，他又顺着江青的意见在《创业》里找错误，最后提出10条意见。

正在关注动态、力抓整顿的邓小平，很快把胡乔木找来研究《创业》问题，胡乔木立即找到诗人白桦、作家张锲商量"给毛主席写信"，想让贺龙女儿贺捷生出面，找编剧张天民来就封杀《创业》一事给毛主席写一份有分量的报告。张天民领命后，冒着风险很快就四人帮封杀电影《创业》，写了一封呈毛主席的信。为了防止江青查压，保证这封信能到达毛主席手中，白桦、张锲、张天民于7月18日把信复制了三封，并通过三个渠道交给毛泽东：一份由邓小平转交，一份由毛泽东的秘书转交，一份投到信筒里。

1975年7月25日毛泽东就电影《创业》做出批示："此片无大错，建议通过发行，不要求全责备，而且罪名有十条之多，太过分了，不利于调整党内文艺政策。"毛泽东的信等于把江青和于会泳的意见完全否定了。

邓小平是文革开始后，作为刘少奇资产阶级司令部的人被打倒的。根据毛泽东和周恩来的提议，1973年3月10日邓小平恢复组织生活和副总理职务，并出席了8月召开的中共十大。根据毛泽东的指示，邓小平开始着手国民经济的全面恢复整顿。在这种形势下，张天民写信给毛泽东主席，自然让江青怒气冲冲，电影是江青的老根据地，在她的意识当中，事关大寨和大庆两面旗帜的电影，绝不能丢城失地，《创业》"之战"的失利，她岂能善罢甘休，于是利用召开全国农业学大寨会议的时机进行反击。

1975年9月15日，全国农业学大寨会议在山西昔阳县城开幕。会议期间，国务院副总理华国锋作了题为《全党动员，大办农业，为普及大寨县而奋斗》的总结报告。邓小平在开幕式上作报告时，江青不时插嘴打断，并大讲"评《水浒》"的事，含沙射影指责邓小平。山西省委第一书记王谦回忆说："小平同志那天开完会就要离开昔阳，心情很不好，我劝他住一晚，他不住，连夜走了。"一个多月之后，全国开始了"批邓、反击右倾翻案风"运动。

会议期间，江青先后召见《山花》《创业》主创人员，利用吃饭、合影、座谈等各种形式，对电影进行各项干涉、提出各种意见。马烽写过题为《大寨奇遇记》的文章，对江青在全国农业学大寨会议前后的种种表现，做了详尽的刻画：

1975年秋天。有天傍晚，山西省委办公厅郭栋材同志来找我和孙谦，说省书记要我俩第二天早八点一定要赶到大寨。……我们到了大寨招待所。所长领着我们去接待站找文化部长于会泳。于会泳让我们先帮助抄稿子。忽听院里传来一个女人的喊声："孙谦、马烽来了没有？"于会泳立即应了一声："来了！"随即对我俩说："别抄了，快去见首长。"

一出屋门，只见有几个背着照相机，提着热水瓶的男女解放军，拥戴着江青向大门口走来。没等于会泳介绍她就大声说："这不就是孙谦嘛！我认识。"

她确实认识孙谦。五十年代她担任中宣部电影处处长时，曾给孙谦的电影剧本《葡萄熟了的时候》谈过修改意见，后来还带着孙谦去拜访过当时全国供销总社主任程子华。这次她和孙谦握手之后，转身又和我握手,边说:"你是马烽,我知道。今天咱们先去虎头山上劳动!"……这时忽听她又转了话头:"这个张天民,真是胆大包天,竟敢告老娘的刁状!"……我弄不明白她为什么要向我讲这事。看来她对张天民非常恼火。

顺着一条倾斜的洋灰路,走不多远就到了大寨的饲养场。只见附近有一些穿军装的警卫人员拉着几匹马守候在那里。……这时只听江青说:"上山我要骑马。马烽,你也骑上一匹。"江青在马上又扭头来说:"还有一匹,孙谦骑上。"于是我俩都骑上马,在警卫人员的保卫下,沿曲折的土路,来到了虎头山上。

江青从马上下来说:"大家都来参加劳动!摘花椒。"怪不得她提了个小竹篮,原来所谓参加劳动就是摘花椒。……后来江青招呼我们一同和陈永贵拍了几张集体照。"我来给你们拍单人相吧,这地方有纪念意义。"她一连拍了两张,然后就换了个地方,又给孙谦拍照。……后来他送了每人一张集体照,一张单人照,都是彩色的,单人照有一本杂志那么大。

第二天上午从北京又来了一些文艺工作者,有穿军装的,也有穿便服的。我们认识的有北影导演成荫、崔嵬,还有演员谢芳。……这天吃晚饭的时候,江青把我俩和崔嵬,还有《山花》的主要演员谢芳叫到一个桌子上,开宗明义说要我们拍一部反映大寨精神的电影,崔嵬忙告她说:《山花》已经快拍完了。江青说:"我看过一些'拉秀'(样片),不成!要重改剧本,重拍。"我忍不住说了一句:"听说北影为这部片子已花了四十万元……"江青说:"四十万有什么了不起?就算缴了学费吧!导演还是崔嵬,主角还是谢芳,编剧还是你两个,可以再吸收几个年轻人。这事我要亲自抓。一定要拍好!"

江青对北影拍摄《山花》的要求非常具体。据《北影四十年》一书披露,江青说:"《山花》要拍宽片,以前拍下的就算我替你们交了学费……""别的片子我不看双片,这个片子我连毛片都要看",又提出"镜头不要蹦来蹦去","山花的领子是圆的,农村的妇女领子都是方的",要给谢芳"加柔光镜"等等,他规定镜头的数量"最多235"个。

不能不说，电影演员出生的江青，对电影还是非常专业、非常用心的。在安顿好《山花》的修改工作后，江青接下来要安排的，就是"新创业"的创作拍摄了。马烽说：

全国农业大寨会议开幕前一天上午，……江青正在吃饺子，忽然扭头问我们："你们谁认识张天民这个人？"孙谦说他认识，他们一块在文化部电影剧本创作所呆过。人很忠厚，很爱学习，也有才华。江青听了未做任何表示。我觉得孙谦敢于在江青面前为张天民说好话，不管起不起作用，但这种精神是可贵的。

这时，只见江青站起来向吉林省委副书记说道："你赶快打电话，给我把那个张天民叫来！"……过了两天，张天民来了。江青是怎样训斥张天民的，我没看见。我只是在吃午饭时听见江青说："好你个张天民，真是胆大包天，竟敢告老娘的刁状！"接着她又说："你必须给老娘写一部新《创业》！如今先跟大家一块好好学习。"

所谓跟"大家一块学习"，实际上就是一块看电影，听江青东扯葫芦西扯瓢地闲聊。我和孙谦自来了大寨之后，除跟江青上了一次虎头山外，差不多天天是跟她看电影。……有天上午，放映前，江青向全场巡视了一遍，忽然质问于会泳："怎么浩然没有来？"于会泳忙说，前几天听说浩然因心脏病住了医院。昨天他又亲自给医院打了电话。浩然答应一两天就来。

"文化大革命"开始以后，所有作家都被打翻在地，只有浩然不断有新作问世。……但他没有整过

1975年9月，孙谦、马烽和陈永贵、郭凤莲等在大寨

人,江青虽然很看重他,但他头脑还清醒,我曾和他有过一点接触,那是1973年春天,我和孙谦在北影修改《山花》电影剧本,有天忽然收到浩然写给我的一封信,内容很简单,大意是说:"你认识许多老作家,得便时可向他们打个招呼,不要急于搞创作。"我和老孙反复看了半天也闹不清是什么意思。……过了不久,山西晋剧院进京演出新编现代戏《三上桃峰》。文化部的人看后认为是给刘少奇、王光美贴金的大毒草,于是把编剧、导演以及带队的负责人,集中起来进行批斗。……后来我才意识到,浩然给我写那封简短的信完全是出于一番好意,诚恐一些老作家一时冲动搞创作,再栽一个跟头。

浩然是9月17日傍晚赶到大寨的,到了大寨的时候正赶上吃晚饭,放下行李便来到餐厅,晚饭后又到昔阳县礼堂,观看晋剧《杜鹃山》。夜晚,浩然与成荫、张连文等人住在一个房间里,第二天上午,他去看望也在此开会的马烽和孙谦。当得知浩然是第一次来大寨后,马烽和孙谦便自动当起了向导,领着他在大寨各处转了转,一边转着,一边聊着天。在和浩然的聊天当中,马烽、孙谦明显感觉到,浩然是尽量想和江青他们拉开距离,甚至猜想他住医院输液,很可能就是想躲避接受江青的创作任务。马烽说:

浩然来后的第二天,江青就召集所有从事创作的人开会,布置重要创作任务。她说她现在要抓两个重大题材的电影剧本,一个是毛主席创建井冈山红色根据地;另一个是举世无双的二万五千里长征。……随即她点了几个人写井冈山,并指名要浩然负责。接着她又点名要我和张永枚、薛寿先写长征。……接着又向孙谦说:"孙谦同志,你的任务是和张天民合写一部新《创业》。"

孙谦说:"我从来都是写农村,对工业题材一点也不熟。连螺丝钉怎么拧都闹不清。"江青说:"我是要你写人物,是要你去拧螺丝钉吗?"她说话的声调都提高了。

我见孙谦挺起脖子想反驳,忙用脚碰了碰他的腿。我知道他是个犟牛脾气,火儿起来什么话都能冒出来。万一惹恼江青,那可不是闹着玩的。他大约已感到了我的示意,咽了口唾沫,随即低下头,没有吭声。江青也就调转了话头。

这天我俩回到宿舍，情绪都很败坏。我说："……不知不觉就跌到一场政治斗争的漩涡中了！"老孙说："我比你更惨，写新《创业》，这不明明是在和毛主席唱对台戏吗？"猛一听有点胡扯，细细一想也有点由头。

我俩正在发牢骚的时候，浩然来了。他告诉我们说，江青让于会泳尽快把三个创作组负责人的名单提出来。刚才于会泳说晚上要找他商量。他说："看来我是逃不脱了。二位也有被提名的可能。"老孙抢着说："割了脑袋我也不当！"我说："我干不了那差事。你能不能和于会泳说一说，别提我俩。"他说："我尽力而为。依我看，二位还是不当组长为好。"

第二天早饭后，于会泳把我们召集到一起，宣布了经"首长"批准的三个创作组组长名单：井冈山组浩然，长征组张永枚，新《创业》组张天民负责，由孙谦协助。我和老孙听完，都大大松了一口气，都暗自感谢浩然。

《创业》的副导演华克，写过一篇《"创业"风波》的文章，华克说：在大寨，江青对张天民说："张天民，我告诉你，主席说片子没大错，但是没有说你这里没有小错，中错！懂吗？那十条意见不是我的。我只对其中第八条负点责任，是讲艺术处理的。别的，都是那帮蠢材们搞的，和我没关系！"

江青转身对长影人说："你们的片子太粗，对话多，构思不讲究。今晚我要给你们看一部影片《康贝尔王国》，学学人家怎么写石油……"她说着转向张天民，"娃娃，你概括能力差，我给你找个合作伙伴，孙谦，认识吗？"张天民立刻回应："熟人，我的老师！"江青高兴了："好啊！我看你这部片子就算了，不管它。咱们再搞一个新作品，怎么样啊？"听到这句话，张天民和孙谦对视了一下，嗯嗯两声没接话茬。

在于会泳最后宣布的任务安排中，他说新《创业》要搞宽窄银幕两条，剧本由张天民、孙谦和大庆创作组来写，孙谦在完成《山花》剧本以后，投入这项工作；马烽把《山花》剧本完成后，投入长征题材的故事片创作。重拍的《山花》，拍宽窄银幕两条，剧本的修改方案由孙谦、马烽提出后报文化部，文化部把关后再上报。并强调各创作组要做好准备工作，创作前一定要先下去生活。

会一开完，于会咏就嘱托孙谦、马烽："首长要你俩随我们回北京，赶快改写《山花》。"孙谦、马烽赶忙说："那，我们得回家拿点过冬的衣服。"20日早上，孙谦与马烽、浩然等人一起来到阳泉，乘坐江青的专列离开昔阳，当天夜里回到北京后，按照江青大寨提出的意见，住在北影招待所继续修改《山花》。

孙谦、马烽刚住在北影招待所的时候，既不敢离开，又无事可做，他俩就下棋消磨时光。过了好多天，刚刚任职电影局局长的亚马，陪同刘庆棠接见他俩。亚马是孙谦、马烽的老上级，文革前是长影厂长，打翻在地后刚刚解放出来。按照刘庆棠的指示，此次修改，谢俊杰、杨茂林、郭恩德等三位年轻作者以"掺沙子"的方式加入进来，帮助两位老同志修改。

谢俊杰对于那段经历，在一篇文章中回忆道："两位老师不象以前那样心情开朗了，常常拧紧眉头沉思，交代我们说不要随便发表意见，多看少说，不管他们提多少条意见，我们得凭良心写作，顶住不修改不行，改三个字也是改，改两个字也是改，咱们按毛主席说的，打持久战，磨。两位老作家其实也是发几句牢骚而已，坐在写字桌前时，就又吭哧吭哧改起来。"

至1975年年底时，历时4年（不计"文革"前的一年半），易稿19次（不计"文革"前的三稿），剧本《高山花》勉强过关，算是交了差，很快进入了电影拍摄阶段。

返回山西前，孙谦、马烽早就商量好，谢俊杰这三位年轻人从来没吃过烤鸭，也没坐过飞机，陪他们在北京受了一年罪，心里有些歉意，离京前一天，孙谦、马烽自掏腰包，请三位年轻人到"全聚德"搓了一顿。第二天回太原时兵分两路，三位年轻人乘坐飞机，孙谦和马烽则坐了火车。

1975年12月，导演桑夫因病住院，改由崔嵬任《山花》导演。12月25日，刘庆棠受江青委托到医院慰问桑夫，江青说："请你们代我问候他，希望他安心把病治好，至于《山花》影片他已做了一些

1975年9月江青（右二）在大寨与孙谦（右一）马烽（左一）、崔嵬等谈修改《山花》

工作，将来拍出后也有他一份。"。1976年2月，文化部召开重点影片题材规划会，正式确定《山花》为文化部的重点影片。

电影于1976年3月正式开拍，先是在北京房山拍搬石头、平整土地、运化肥的等外景戏，6月移师山西昔阳大寨拍外景戏，8月底返回北影拍内景戏，1976年9月20日摄制完成。期间，山西省举办了农业学大寨戏曲现代戏专题调演，山西省晋剧团将电影剧本《山花》改编成同名八场晋剧，于1976年5月在太原公演，临汾地区蒲剧团也改编了同名蒲剧参演。

在1975年年底完成《山花》剧本后，孙谦转入了江青安排的新"创业"组，开始了他的第二场"精神折磨"，他和张天民、于彦夫一起来到大庆体验生活，开始创作新的"创业"剧本。

长影厂厂长苏云，和孙谦是西北电影工学队时的老朋友、老同事，考虑到孙谦岁数大了，便派了一位年轻人当资料员，就是跑腿送水、查找资料的勤务员。这位资料员，就是现为国家一级编剧、中国电影文学学会会长的王兴东，他是电影《黄克功案件》《建国大业》《离开雷锋的日子》的编剧。2016年5月11日，王兴东接受了笔者的采访，谈到当年的孙谦老师和《创业》风波，他滔滔不绝：

1976年我二十五岁，孙谦老师他已经五十多快六十了。我是做编辑考进长影来的，部队刚转业在长影没呆多长时间，就接受了这个任务,主要是因为我是军人,又是党员,政治上可信么。在大庆我和他在一起呆了三个月,一百多天,在大庆干打垒的二号院我们俩在一起。他蹲在沙发上看书、读日记。当时我也很年轻,我就想,怎么能蹲在沙发上呢。

他说他要安眠药,要一瓶,安眠药怎么能要一瓶呢?然后我找我们长影的厂长,苏云厂长,他和孙谦老师都是山西人,延安就认识了,他们很熟啊,厂长他给批了"同意",当时批了不是一瓶,是批了两瓶了呢,我这才知道他天天要吃安眠药才能入睡。我当时想,这个编剧怎么能吃安眠药呢,我现在才知道,人老了都这样,我现在就天天吃安眠药,长期的编剧写作,构思去想,不吃药就根本睡不着觉。

孙谦老师很同情张天民的,在这期间,因为《创业》的事,张天民被调出去三次,省里逼着他要写检讨。张天民被带走了,我们俩就在一起下棋,因为他俩是编剧,我是助手,我的任务就是照顾老头么,就这样的情况。孙谦老师要下象棋,我就陪着下棋,我们俩看张天民的笔记,谈一些采访的情况。他一点也没有架子,也不像个延安老干部,不像个老干部老首长,和我们非常客气。要创作的这部电影当时取名叫《大地风雷》,为此我们采访石油钻井工人,深入生活。

两个老师的最大特点就是深入生活、深入底层,给我印象最深,这是我一辈子也忘不了的,写电影剧本必须深入生活,所以我说电影剧本是用脚写出来的,必须深入生活,这是我从他俩学来的。和他俩呆了一百天,领教了"山药蛋"的精神,包括张天民深入生活的精神,钻井、采油、化工厂,大庆所有的地方,我们都走遍了。我和孙谦老师从地质勘探,采油厂,钻井平台,化工厂,都采访遍了,包括铁人家,铁人的儿子叫王小丁,铁人的爱人,大庆的劳模段什么马什么,几乎所有劳模我们都采访过。

孙谦老师当时看张天民的日记看得很认真,是四本子,他阅读张天民写《创业》时的采访笔记,像老师阅读文卷一样,他蹲在椅子上,每看到一篇精彩记录后,他赞不绝口地把我唤过去,指着笔记本说:"小伙子你看看,这笔记写的多下功夫!"他在重点的地方还用笔画上,"看看,这个笔记,字字是汗,句句有情,好东西都是捞出来的,生动的细节就是一点点从下边捞上来的,电影靠得是细节。这四大本子，八十多万字，调查多少人，得费多少功夫，凭这个才写出毛主席点头的《创业》。"

他说，做编剧不能缺少的就是这道工序，有才气没有材料等于废才，深入生活易，提炼生活更难。

反映"石油战线上的阶级斗争"的新"创业"，剧本开始叫做《大地风雷》，写完的时候定名为《幸福》，就在这个时候，"四人帮"粉碎了，也真可谓：一声"大地风雷"，从此"幸福"降临，"新创业"剧组也随之撤销，孙谦和张天民也就解放了，分别回到了各自的工作单位。这个事儿就这样结束了。

王兴东说："我们就回厂子里去了，我的任务就撤销了。这段历史就是在我印记里，手稿呀什么的厂里也不保存，在大庆我和孙谦老师也忘记留个合影什么的，当时连黑白的照片也没有留下。到现在时间过了几十年，但孙谦老师、张天民老师的精神却一直影响着我。"

第九章 劫后新生

1. 遵命在煤矿半年多的体验生活

就在孙谦和张天民、于彦夫在大庆油田体验生活、创作"新创业"剧本的时候,《山花》拍摄完成了,送文化部审查的时候,于会咏因他提出把公社书记写成走资派的几处修改意见没有采纳,斥责崔嵬表现阶级斗争不够,批评影片"没有现实意义"。据《北影四十年》一书说,加上导演桑夫和崔嵬被迫对剧本的多处后期修改,届时剧本竟然修改了 26 稿,完全可以申报吉尼斯世界纪录了。

《山花》的创作修改,让孙谦和马烽吃尽了苦头,白白浪费了五年的宝贵光阴,尽管片中不论是导演崔嵬,还是主演谢芳、张平、项堃,以及插曲的演唱者郭兰英,可以说都是著名的艺术家,但是,他俩从艺术上、政治上否定了这一背离现实生活的"三突出"作品。

在此期间,中国的政治舞台上发生了一系列大事件。1976 年 4 月初,利用清明节祭祖习俗,广大群众冲破"四人帮"的阻力,在天安门广场举行悼念周恩来的活动,不久邓小平被撤职。7 月 28 日,唐山发生里氏八级大地震。在 7 月 6 日朱德委员长逝世后的 9 月 9 日,改变了中国、影响了世界的一代伟人毛泽东主席逝世。

10 月 6 日,以华国锋、叶剑英、李先念等为代表的中央政治局,采取断然措施,将江青、张春桥、姚文元、王洪文"四人帮"一举粉碎。"四人帮"的覆灭,使饱尝动乱之苦的文学艺术界人士重新看到了人生的希望之光,大家都奔走相告、彻夜难眠。孙谦和朋友们举杯庆祝、开怀畅饮。

由于"两个凡是"思想的束缚，时任中共中央主席的华国锋实行"抓纲治国、安定团结"的治国方略，农业学大寨运动仍然在原有轨道上运行。1976年12月，在华国锋主持下，中央召开了第二次全国农业学大寨会议，继续推动农业学大寨、"普及大寨县"的工作。

在孙谦仍未走出《山花》痛苦阴影的1977年初，山西省委交给省文艺工作室一项任务，要求组织作家写一个反映煤矿工人生活的电影，因为山西是全国最大的煤炭基地，有几百万煤矿工人。在百废待兴、文艺复苏的新形势下，利用"产煤大省"的题材优势，用电影展现煤矿工人的新生活，讴歌粉碎四人帮后各行各业的大好形势，是别的省市没有的资源和特色。对于写电影剧本，山西省内的第一人选，自然是孙谦无疑。担任文艺工作室主任的马烽，把这个其他人难以胜任的艰巨任务，自然要压给老战友来做。

在刚刚结束了《山花》和"新创业"的创作经历之后，处于遵命文学畏惧思想负担下的孙谦，对于按照领导意图的"政治性"创作任务，已经有了强烈抗拒的条件反射和思想排斥，加上他从来是写农村题材的，对煤矿工人的生活非常陌生，所以他对马烽几乎是一口回绝，坚决不写。

马烽却来了个推心置腹，他这样和孙谦商量："老孙啊，你不写谁写，你来推荐个能写的人么。"你别说，当时偌大的山西省，数来数去就是没个合适人选，孙谦作为一贯服从组织安排的老党员，也经不住马烽若干次的软劝和硬泡，就这样一直拖了好长时间。

后来，马烽转换思路做工作，又和孙谦做了一次谈心，意思是说，借机你体验一下煤矿生活，这不也是一个机会、一件好事吗？孙谦转念一想：是的，对自己陌生的矿工生活，来一次井下深入，确实是一次积累素材、体验生活的难得机会。孙谦终于不再坚持己见，勉强答应了这项创作任务。

此时的孙谦，已经是快六十岁的人了，他向马烽提出给配个帮手的唯一要求。当初刚刚恢复的省文艺工作室，为应对有些人插手单位用人可能出现的危机，对于调入不久、煤矿出身的年轻人周宗奇，马烽有了对他委以重任的动议，便派他作为帮手随孙谦到各地煤矿去体验生活。

孙谦不顾年迈，在半年多的时间里，领周宗奇先后去过三四个煤矿，吃饭不说好赖，住宿不论条件，采访不要陪同，他俩阅读了许多资料，访问了不少矿工、技术员、领导干部，并且不辞辛劳，坚持跟着工人下井，到采掘第一线亲身体验，那采访时的认真劲儿是一点也不含糊。周宗奇有记日记的习惯，从摘录中我们管窥一下他们的行踪：

4月25日　星期一

今早7时30分，与孙老师乘火车赴阳泉矿务局。11时许到站。刚下火车，就听见车站广播反复喊道：省委来的孙谦同志、周宗奇同志请别出站，有人在站台接你们。孙老师立马有些不高兴，连声嘟哝说：这是作球甚哩！我说：一定是上面给他们通了电话，您这九级高干下来，谁敢不接？孙老师嗨的一笑，无可奈何地说：没意思没意思。

5月2日　星期一

今早来在三矿，住招待所五楼上。……刚住下，孙老师就急着把局里跟来的陪同者打发回去，说：你昨天没过"五一节"，今天快补上。这位同志拗不过，只好走人。临走说，这里我已安排好，吃饭时有人叫你们。

不料等到12点钟，还不见叫吃饭。我沉不住气了，要出去探个究竟。孙老师说：今天都在家里过节，别打搅人家了。咱们自己还摸不到食堂？我们好不容易寻到食堂所在，见有个地方写着："小餐厅"，便举步想入。

谁知这时有人大声断喝道：嗨！干什么？我说：吃饭呀。来人像个事务长之类的角色，嘴里喷着酒气，说：送菜的吧？这边来。

我急忙上前分辨：这是老作家孙谦同志，我们是来……对方不容我把话说完，直把我们推离小餐厅，说：你们是谁我不管，这里头有人吃饭。小李，领他们一边吃去！

我感到大丢脸面，要去矿上找他们领导。孙老师倒好像没事儿似的，一把拉住我，跟着人家进了伙房。这位小伙子还挺认真，把我们领在一个大面案前，放倒两只板凳，请我们坐下，一眨眼功夫端上一小盆炖肉，一大盘炒白菜，十几个大馒头。说：不够吃还有。都是下苦的，别客气。真把我们当成送菜的农民了。……瞧他（孙谦老师）那身打扮，不由我暗自好笑，整个一个标准农民形象，碰上我，也照样会领他进大伙房吃饭。

5月3日　星期二

早上，早早吃了饭，换上井下服，去四尺煤井下井参观，目标是火药库、变电所、硬骨头采煤队的工作面。孙老师已经56岁，从前又没来过煤矿，我总怕他身体吃不消。但是看样子我是白操心。老头兴致极高，脚下生风，比我跑得还利索。一会摸摸这儿，一会看看那儿，又爱和工人们拉话，快活得像个孩子。尤其他那张农民脸，朴实的矿工们似乎特别喜欢。我真佩服他接近群众的能力。

午睡起来，按照排名，应与计划科长苏景云谈话。进门的竟是一位女同志。我见孙老师情绪为之大振，因为这是他见到的第一位矿山女性，而且是知识女性。……你决不会想到她已经42岁，更不会想到她曾在井下第一线指挥过一百多个男人干活，是阳泉矿务局有史以来第一位女采煤队长，不然怎么会两次受到毛主席的接见？

孙老师口不停问，手不停记，露出细木匠的功夫。……孙老师忽问道：煤的成分都有甚？苏景云应口而答……孙老师又问：那天燃气又是甚？苏景云依然不假思索……苏景云已经走了好久，孙老师的心情还没有平静，一个劲地吸烟，半天说了一句话：这倒是将来咱们剧本中的人物胚子……

5月9日　星期一

这次下来，我发现孙老师对知识分子特别关注。在三矿时，除苏景云外，还采访了包总工程师等十多位工程技术人员。来到一矿，预约名单上80%也是各类知识分子。今天一天，我们一共登门拜访了5家工程技术人员。

……第二家姓郑，北朝鲜人，从小在天津长大，毕业于北京矿业学院，现在是矿上的机电工程师。……夫妻二人月收入120多元，经济是不太宽裕。第三家是主任工程师，姓王，住在小平房，看来比郑工家还要清苦一些，生活水平似在中等工人家庭以下……

第五家是总工程师宋绍章。他就算矿上的大知识分子了，毕业于以前的北洋大学采矿系，……他老伴52岁，但看上去要年轻得多，戴一副眼镜，风度高雅极了。一问之下才明白，原来是毕业于燕京大学的高材生呢。家里倒也说不上阔气，但总给人一种境界不凡的感觉。我看便是那一柜柜书籍造成的。

回到住处，孙老师感慨多多。他说：中国的知识分子真不简单，也真可怜。就说矿上这些人，五湖四海，还有外国的，跑到这么一个小山沟，一干十几年几十年，吃的住的这么差，没有一个叫苦喊冤的，不容易不容易。我说：不挨整这些人就谢天谢地了。孙老师说：好好写写他们吧。

6月1日　星期三

我们在太原休整了半个月，又出发去晋城矿务局和潞安矿务局。……经过一个多小时的颠簸，终于平安落下地面。当晚住长治宾馆。

6月8日　星期三

连日来几乎天天下井，晋城矿务局所属的矿全下过了。

有人说，这里还有个晋普山煤矿，是个劳改矿，不属晋城矿务局管辖，你们看不看？孙老师说：看，怎么不看！我有点替他的身体担心。……晚上，孙老师和我探讨人类犯罪问题。……

6月14日　星期二

今天是来石圪节煤矿的第4天。孙老师终于和我看完长达近百万字的矿史资料。……下午又去下井。……此矿治理严格，勤俭节约是全国出名的，接待不讲排场，吃饭没有陪客，风气正得不得了。这倒合了孙老师的脾气。……

对于孙谦此次的煤矿采风，大同矿务局的女作家程琪，在1977年初夏时，接受了陪同孙谦和周宗奇大同矿务局体验生活的任务。孙谦他们在大同煤矿呆了二十多天。按照孙谦的意见，程琪安排他们深入到同家梁矿采访了五十年代创造全国手工掘进最高纪录的"马连掘进组"和六十年代的矿山铁人所在的"东风民兵连"，到永定庄矿采访了全国煤矿模范家属欧学联，到云冈矿采访了试验"强制放顶"的科研技术人员，到煤峪口矿采访了中国首个国产液压支架试验工作面。程琪说：

> 那些天，孙谦老师不止一次地说，他过去多写农村题材，对工业题材涉及很少，对煤矿的事更是一窍不通，要写就得好好体验煤矿生活呵，不熟悉怎么写呢。二十多天中，孙谦老师一再提及这话题。看得出，他是极认真的。每到一个矿，都要我安排他下矿井。当时他已经57岁了，虽说年纪不算大，但对一个从来没接触过煤矿、没有下过矿井的人来说，还真是有点吃不消。比如，当时同家梁矿斜井还是用"猴车"运送工人上下班，顾名思义，"猴车"即一根钢筋棍下端焊一块三角的铁板，人骑上去手把住钢筋棍像猴一样吊着，由钢丝绳拽着像缆车一样往复循环。乘猴车必须身手敏捷，眼到手到腿到，稍有差池，难免发生意外。虽然矿上派了专人陪同，但我还是为他的"慢半拍"捏着一把汗。孙谦老师自己却一点不紧张，反饶有兴致，咧着嘴嘻嘻地笑。
>
> 最后一站是永定庄矿，原定到永定庄矿主要是采访模范家属欧学联，完全用不着下井，但孙谦老师还是坚持让我安排先下矿井，他想尽量多地了解煤矿。按计划第一天下井，第二天采访。连续几天下矿我担心他有点累，就征求他意见，是否请欧学联到招待所来谈。他说，不用，咱们还是到她家吧。然后他一只手摩挲着头上的乱发，一边跟我商量着说，咱们总不能空手去吧，买点什么呢？要不买上二斤点心？就这样，我提着二斤点心，跟着孙谦老师走进了欧学联家。

但是，孙谦和周宗奇转了半年多，素材积累了一大堆，结束了采访回到家里，坐在写字台前，望着一份份的文字材料和采访笔记，想着矿区的一件件让人感动的人和事，他却无论如何也找不到感觉，绞尽脑汁始终无法开笔，怎么也形不成真实可亲的人物形象，凑合着编造不是他的创作原则。苦恼了一段时间，还是写不出满意的人物和故事。终于，他打了退堂鼓。对省委的过问，他一拖再拖，最后这部煤矿题材的电影剧本不了了之。

孙谦和周宗奇在大同体验生活时，时任大同市委宣传部副部长、后任大同文联主席的曹杰，也曾有一周时间的采访陪同，他在《怀念山药蛋派先师》一文说:"他们写反映煤矿生活的剧本,来大同煤矿我陪着他们大约有一个星期,过了一段时间,我去太原开会,见孙谦问他煤矿电影剧本的事。他说:'这和写农村东西不一样,怎么也找不到感觉,放弃啦!'我一直在捉摸着他这'感觉'二字,这'感觉'既非灵感,又不是真情实感,而是有包括人物塑造深层的内容。我想凭他的声望和水平,随便抓点材料,编个故事写成剧本,也会有人拍成电影。可他珍惜自己的创作,对观众负责,不到火候不揭锅。我的写作一贯草率,往往是听到看到点什么就写,写出来往往是败笔。这事引发我的深思,给了我很大的启发。"

因为有了一年前创作《山花》的教训,孙谦的内心里已经树立起了一种坚守,那就是:作家要遵从自己的内心,不能再去干违心的、陌生的创作了;要写就要写自己熟悉的生活,要对读者和观众负责。在北京解放初期,有一次在和赵树理、老舍同桌吃饭的时候,马烽问他俩:如果你二位把各自的创作题材换一下,老赵你写北京市民生活,老舍你写太行山农村,能不能同样写出好的作品?赵树理说:我没那本事;老舍则说:那,我俩就全毁啦。为此,马烽写过一篇题为《写自己熟悉的生活》的文章。所以,让孙谦来写不熟悉的煤矿题材,马烽心里非常清楚,这次是真的难为孙谦了。

山西作为文学大省和煤炭大省,反映农村的作品很多,反映煤矿的却少得可怜,而自己对煤矿题材又不擅长,面对自身的短板和全省的软肋,孙谦内心也非常着急,对于在煤矿生活的文学创作者,他便多了一份格外的鼓励,他对矿山文学寄予厚望,倾注了关爱。曹杰说:有一次,我在省作协参加会议,"一天吃过早饭,看到他(孙谦)蹲在院里用梳子给牧羊犬梳毛,……我看了感到新奇,在那里便停下脚步。孙谦抬头向我问道:'你在煤矿下井吗?'我不由一怔,回答说:'下了两年井。'他说:'难怪你把井下写得很逼真。这煤矿是个新的领域,了解的人不多,写的人更少。山西到处是煤矿,这方面需要很好的反映。你有这方面特长,好好努力,多写些东西!'我嘴里说我水平不行,内心却受到很大鼓舞。"

歌曲《年轻的朋友来相会》的词作者张枚同,当年在山西大学毕业留校任教，1972年随爱人程琪调至大同矿务局，对于有记者问他大学执教7年后离开讲台去煤矿的感受时，他在《忆作家孙谦老师》一文中说："我一点也不后悔当初的选择。孙谦老师和宗奇兄结束采访临行前，我请他们到我家吃了一顿莜面栲栳栳。那天他说了很多话，他说这个煤矿的电影看来他是写不成了，因为不熟悉生活，不熟悉怎么能写呢。他说写煤矿的东西还得靠你们呵，再三叮嘱我们一定要好好珍惜煤矿这块生活基地和创作源泉。他的教导对我们影响很大。以至于后来我们有多次机会可以离开煤矿，回省城，甚至到北京，但最终我们都选择了留下来。"

在1984年为张枚同、程琪合写的《拉骆驼的女人》一书所作的序言中，孙谦说："那次采访，我虽然没有写成电影剧本，但直到现在，仍然很感激程琪同志，因为这次采访使我对煤矿以及我们的矿工有了新的认识，产生了深厚的感情。"从1977年煤矿体验生活和剧本创作的态度上，我们更多看到的是老一辈作家尊重文学创作原则、坚守底线、奖掖后学的好品德和真情感。

2. 胡耀邦：我看了一部电影叫《泪痕》

大地复苏，吹面不寒，在花香草绿味道的弥漫中，听着广播电台里播送的一条条令人振奋的讯息，孙谦和全国人民一样，一遍遍欢呼雀跃、欣喜不已。那个时候，每个人脸上都展露着笑容，沐浴在暖人的春风里。

1977年7月16日至21日，中共十届三中全会在北京召开，全会一致通过《关于恢复邓小平同志职务的决议》。从此，我们国家进入了拨乱反正、正本清源的邓小平时代。1978年初春的3月18日至31日，中共中央主席华国锋主持召开了全国科学大会。会上，知识分子是工人阶级的一部分、科学技术是生产力的观点，以及郭沫若《科学的春天》的书面讲话，赢得了人们发自内心热烈的掌声。"文化大革命"以来长期禁锢在知识分子身上的桎梏从此被打开，"臭老九"

的帽子从此被丢进了历史的垃圾堆。

随后,一大批被四人帮制造的冤假错案开始被纠正、平反。1978年4月4日,贺敬之代表文化部在文化系统揭批"四人帮"罪行大会上,宣布为电影界含冤逝世的张海默等人平反昭雪。赵树理骨灰安放仪式也于1978年10月17日,在北京八宝山革命公墓举行,孙谦和山西代表武光汤、马烽、刘江、贾克和赵树理家属等参加了仪式。每次听着海默、赵树理等一个个昔日好友平反的讯息,孙谦总是久久肃立、默默无语、盈盈含泪。

1978年春,距离1963年召开的山西省文联三届一次会议,已经过去了15个年头了,在马烽的筹备主持下,以省文艺工作室为依托,省文联三届二次会议胜利召开,被砸烂了的省文联宣告正式恢复。马烽当选为省文联主席。

两年后的1980年4月3日至16日,山西省文学艺术工作者第四次代表大会在太原召开。大会首先为文革中迫害致死的23位作家、艺术家致哀。大会选举马烽为主席,李束为、郑笃、西戎、孙谦、胡正、王玉堂等10人为副主席,胡正为秘书长。

会议期间,有9个团体会员分别举行了会员代表大会,进行换届选举或宣告成立,其中山西作协召开第二次会员代表大会,选举西戎为主席,王玉堂、孙谦等6人为副主席;山西电影家协会召开第一次会员代表大会,选举孙谦为主席。

1978年5月,中央党校内刊《理论动态》以及各大报刊发表了经胡耀邦审阅定稿的《实践是检验真理的唯一标准》一文。"实践是检验真理的唯一标准"的大讨论在全党全国逐渐展开,"两个凡是"的严重束缚开始冲破,全国性的思想解放运动从而掀起。如沐春风的孙谦,当选为山西省的政协委员。

1978年全国正处于深揭猛批四人帮罪行、国家开始拨乱反正的特殊历史时期,4月份的时候,著名电影文学和戏剧作家夏衍考虑到当时缺乏农村揭批"四人帮"题材的电影,他建议北影厂拍一些反映农村现实生活的电影。北影安排编辑室的徐虹、张翠兰两位女同志,来具体落实电影剧本的组稿任务。

徐虹是1953年初调到电影剧本创作所的，孙谦是她多年的老朋友，文革开始后，她所在的电影家协会被砸烂，她被下放到农村"五七干校"劳动改造。"四人帮"粉碎后，才被调回北影重操旧业。由于工作性质的原因，她对全国农村题材的电影编剧资源了如指掌，所以她不假思索，很快锁定了两处目标，一位是如今在山西的编剧孙谦，另一位是安徽的作家陈登科。很快，徐虹和张翠兰从北京赶到太原找到了孙谦。

第一次去太原，怕她们人生地不熟，孙谦派了单位的小车到火车站接站，司机把她们一直送到孙谦的家里。多年不见，徐虹对孙谦很是惊讶："1953年初见他时，他不过三十出头，可一点也不显年轻。1978年在山西太原再见面，他已年近花甲，却一点也不显老。但言谈举止，仍像个农民。"王之荷包了饺子，弄了好几个菜，热情地招待她们。

写农村生活的电影剧本，是孙谦的擅长，所以这次的北影约稿，和要他写煤矿题材电影的态度截然相反，他毫不推辞，一口答应，马上给马烽拨电话，请马烽一道来商谈。孙谦对徐虹说：自1962年从北影调回山西文联后，凡写电影剧本我都是与马烽合作的。徐虹提了对剧本的初步要求后，孙谦和马烽当即拍板定案，达成协议，答应数月后交出初稿。

孙谦对徐虹说："从生活中来的各种各样的人物，都放在我们的衣兜里，需要哪个就拿出来用上。"这个"衣兜论"，是孙谦五十年代"人干论"的反版。能看出孙谦对于创作农村题材作品十足的自信，作为一名以描写农村题材为己任的作家，他把这次的创作当作了一个责无旁贷的时代使命。

由于是第一次来山西。正事谈完后，孙谦问徐虹，想游览参观什么地方？我们给安排。那些年，农业学大寨的口号名震遐迩，这样的"圣地"，徐虹早就慕名想去看看。孙谦马上写了封介绍信，带着孙谦的介绍信她俩直奔大寨，大寨给了较高规格的接待，派了一辆吉普车绕着盘山公路转了一大圈，还派了一个专职讲解员陪同。要知道那年代的小车还是很奇缺的，无疑是因为孙谦和大寨不同寻常的关系。

为了写好这个剧本,孙谦和马烽拉了一个当时的学大寨"先进县"名单,计划到这些县都跑一跑,还拟定了下乡采访路线。结合几十年来对农村生活的了解,他俩决定写一个县委书记拨乱反正、解决冤假错案、大抓农田水利建设的故事。

马烽当时正忙于文联机关事务,暂时脱不了身和孙谦一起下乡。急不可耐的孙谦和马烽商量:"咱别耽误时间,我先下去跑,等你一有空,我俩就伙伙跑。"按照他俩排定的"大寨县"名单,孙谦把下乡的第一站,选在了家乡文水县。

孙谦回到文水后,无论是和乡村干部座谈,还是和农民拉家常,都以小学生的态度虚心请教。不少基层干部和群众反映文水学大寨搞得好,是学大寨的先进县,文水县委班子是"班子硬、路线正,团结战斗没派性";也有的反映学大寨中存在的问题,如把养猪、养羊当作资本主义尾巴去批判。后来,他还把"班子硬、路线正,团结战斗没派性",引用到剧中人物的"台词"当中。在宜儿公社采访时,公社的通讯员胡晋辉给他杯子里倒水,不巧暖瓶里的水不多了,倒出了白乎乎的水碱,孙谦风趣地说:"小伙子,'牛奶'我就不喝了。"引得大家哄堂大笑。

孙谦在文水的采访只用了三天时间,自始至终陪同他的,是当时县委通讯组的小干事赵克俊。在2013年6月6日下午,赵克俊向笔者吐露了他久藏心底的一个疑问:"1978年的时候,县委宣传部部长是侯学孔,通讯组组长是吕秉仁。有一天,领导安排我陪同孙谦下乡采访,孙谦是厅级干部,文坛的大作家,又是文水老乡,应该是县委宣传部长陪同,至少也要一名副部长陪同那才合适。你想,我1944年出生,当时35岁,孙谦59岁60岁,从年龄上来说,孙谦大我24岁,是我的父辈,让我一个小干事陪同,觉得太不合适了。这明明就是小看人么。所以我当时就想不明白,不知道怎么回事。"

在文水采访了三天后,孙谦便直接去了交城县,专程采访了交城县委书记陈有棠,他在交城的县里、村里前前后后跑了有十来天。五一节刚过,他又赶到了榆次采访榆次县委书记李七毛。他们计划这一阶段的重点采访对象,是交城的陈有棠、榆次的李七毛,还有平定的李锁寿这三位农民出身的县委书记。

在第一次全国农业学大寨会议之后，中央对山西省委提出要求，要把昔阳县的优秀大队党支部书记，输出提拔到一些县担任县委书记职务，以此推动山西的普及大寨县工作。时任国务院副总理华国锋是交城人，时任山西省委书记王谦是平定人，在交城、平定的县委书记任命上，吃点偏饭，给点倾斜，都在情理之中。就这样，昔阳县石坪大队党支部书记陈有棠被任命为交城县委书记，南垴村党支部书记李锁寿被任命为平定县委书记，西固壁大队党支部书记李七毛被任命为榆次县委书记，这三位县委书记都以拼命实干而著称。

其实，孙谦在文革下放大寨公社时，对李七毛就已经很熟悉了，但是他要从李七毛身上发掘更多的文学素材，所以孙谦在榆次的采访，非常认真，一丝不苟，连很小的细节都不放过。他翻阅了大量的资料，看了李七毛的许多讲话稿，又到几个公社进行调查了解，晚上回到县委听李七毛的讲话录音，同时还找人谈话，日程安排得很满。他在榆次县采访了解情况整整半个月才结束，榆次县委派车将孙谦送到了平定。过了一段时间，榆次县革委副主任杨精华还带人去省文联专程拜访了孙谦。

不论在交城，还是在榆次，孙谦分别跑了半个月之久。当时文水也是农业农村工作的先进县，不乏丰富的农村生活素材，除了创作上的采访任务之外，按道理来说，还有一份特别的乡情可叙，但身在县委大院内，《言大必空》的心里阴影令他挥之不去，1957年6月他写了《言大必空》之后，和他在《山西日报》上进行"驳斥辩论"的那几位家乡干部，在孙谦这次回乡采访的时候，还正在各个要害部门任职，出门进门就是照面，他就觉得十分尴尬，在乡下采访的时候还好说，一回到县委大院，他的心里就特别不自在、不舒服，他其实打内心是不愿回文水县委做采访的。

当年他给家乡招致过麻烦，也给自己招惹了麻烦，所以这次回乡前，孙谦就打定了主意，低调低调再低调，绝不能给家乡领导增堵添忙了，更别因自己的一时不慎，招惹摆谱的闲话和非议。他主动提出绝不要县领导陪同，一再强调派个干事带个路、方便找个人就可以了。

最后，他在文水只待了短短的三天。文水县委对孙谦回乡违背常情的接待，赵克俊不知个中缘由，于是成为了他多年悬而不解、埋在心底的一个疑问。

《言大必空》的如影往事，虽然已经过去几十年了，或因碰到某个人、想起某件事，这块心病就会被无意勾起，无可名状的心结让孙谦无法释怀，无处排解，时代的一粒灰尘，落在个人的身上，就像一座山一样，他唯一能控制自己的，就是尽可能地逃之夭夭，眼不见为净。

从采访平定开始，孙谦和马烽开始结伴而行，他们又跑了山西省内的汾阳、临县、孝义、中阳等县的许多村庄、农家、山川、水库、梯田等，多视角地了解经过文革后的农村、农业、农民生活的变化，广泛接触农村基层干部，走访社员群众，了解人们的政治思想状况，实地考察了好几处农田水利基本建设工地，阅读了二三年的报纸，然后他们便闭门谢客，拉了人物提纲和基本剧情，分头动手开始了创作。

对于认准的自己喜欢干的，孙谦就会拼了命地折腾，在写字桌前，他写着写着就酣然入梦，好几次忘了掐灭烟头，烟星烫了他的指头，才把他从梦中惊醒。

剧本初稿很快于1978年7月在太原完成。1979年4月在北京进行了第五次修改。历次修改也只是在人物处理和情节取舍上做了些小的改动，剧情框架基本是沿着1978年7月设定的初稿进行。最后剧本定名为《新来的县委书记》。

《新来的县委书记》在拍摄时改名为《泪痕》，影片由李文化担任导演，描写了文革后新上任的县委书记朱克实，针对县里复杂的历史问题和严峻的现实问题，顶住四人帮支持者的重重阻力，大刀阔斧平反冤假错案的艰难过程。影片以"疯女人"孔妮娜为主线，围绕被迫害致死的前县委书记曹毅的历史疑案，以及劳民伤财的学大寨"土石岭"工程，把七十年代末期全国范围内的拨乱反正工作浓缩到了一个基层县，成为了当时拨乱反正题材影片、"伤痕文学"的代表作品。

同时期的电影作品中，《生活的颤音》《苦难的心》等，以及后来的《405谋杀案》《幽灵》，甚至包括和《泪痕》同时约稿的陈登科编剧的《柳暗花明》等，虽然反映了广大干部群众同"四人帮"的斗争，但是故事情节和思想内容都比较简单，有的影片仍然是在肯定文革的前提下展开，有些直接声称四人帮是破坏文革的罪魁祸首。相比之下，《泪痕》不是简单的口号式表达，而是对整个时代进行了深刻的反思。

比如，《泪痕》中对"学大寨"样板工程"土石岭水库工程"的否定，对全县"双学红旗"木村公社问题的揭示，这些情节对同时期全国正在掀起的第二次"学大寨、学大庆"高潮，无疑是一个"冒天下之大不韪"的挑战。当有人提出土石岭工程是地委甚至省委的决定时，县委书记朱克实表示，上级领导也有犯错误的时候，这样的台词把矛头指向了更高层，将揭批引入更深层面，启发人们开始对文革进行反思，很多较具政治敏感的人，已经从这部影片中感觉到了意识形态斗争的气息。

孙谦和马烽如此的政治观点，是在1978年7月初稿完成时就树立起来了的。这个时候正是第二次农业学大寨会议结束一年多的时间，学大寨运动中的形式主义问题还没有被揭露，农业生产上的拨乱反正还没有正式提出，中共十一届三中全会还没有召开，在这样的情况之下，孙谦和马烽大胆地通过影片传达了鲜明的政治观点，这在当时是非常超前、非常大胆的，也是需要足够政治勇气的。这也正是这部影片的思想价值和政治意义所在。

《泪痕》上映后，在电影界和广大观众间引起了极大反响和一片赞扬，因而获得了1979年文化部优秀影片奖和1980年第三届大众电影"百花奖"最佳故事片、最佳男演员奖，首届山西省文学艺术创作金奖。在孙谦家乡的文水县电影院，《泪痕》放映场场爆满，仅1980年5月19日、20日两天就上映5场，观众多达5650人次。

在1980年2月12日召开的全国剧本创作座谈会上，胡耀邦特别讲到电影《泪痕》。据李文化自传《往事流影》一书记述，胡耀邦在会上说："我最近我看了一部电影叫《泪痕》，我觉得在表现农村干部、表现农民方面做得很不错。歌颂了我们的县委书记，歌颂了党。我看这部片子很好，建议大家能看看。但我有一点小意见，把《新来的县委书记》改成《泪痕》，我觉得不怎么样，又是泪，又是痕，好像哭哭啼啼似的。但也不一定非要改，不改也可以，就这点小意见。"

李文化很想按照胡耀邦的意见改片名，觉得不改片名对不起胡耀邦的关怀，但大量拷贝已发到全国各地上映了，想到胡耀邦所说的"不改也可以"的话，经与厂领导研究，最后片名未改，还叫《泪痕》。

尤为称道的是，片中由李谷一演唱的插曲《心中的玫瑰》，"在我心灵的深处，开着一朵玫瑰，我用生命的泉水，把她灌溉栽培。"在听惯了十多年千篇一律、高亢嘹亮的"革命歌曲"后，李谷一用大家从未听过的"气息唱法"，如泣如诉、饱含深情地演绎孔妮娜的内心倾诉，让全国人民耳目一新，如痴如醉。《心中的玫瑰》是李谷一在《妹妹找哥泪花流》《乡恋》之后，赢得大家喜爱的又一首"流行歌曲"，当时"流行歌曲"还是个时髦的"新词"，李谷一被大家称为大陆的"邓丽君"。在2018年庆祝改革开放40周年大会上，被中共中央、国务院授予"改革先锋"称号。

就在孙谦和马烽对《新来的县委书记》做二三稿修改的时候，中共十一届三中全会在北京召开，以解放思想、实事求是、团结一致向前看为主题的全国改革开放，在中华大地徐徐展开。文革前被禁锢停映了的一大批老电影，陆续重见天日。从1978年9月开始截止1979年2月，文化部对文革前摄制的600多部被禁映的国产故事片进行了认真复审，先后发布13个文件，确认其中的554部电影准许恢复上映。孙谦编剧的电影中，《夏天的故事》《葡萄熟了的时候》最先解禁，接着是《陕北牧歌》《丰收》，之后是《一天一夜》以及《光荣人家》《伤疤的故事》《农家乐》，最后是《万水千山》，除了《谁是被抛弃的人》仍未被解禁外，其余分五批解禁复映。

1979年10月30日，孙谦参加了中国文学艺术工作者第四次代表大会，当选为全国作家协会和全国电影协会理事，这已经是他第三次连任了。1979年12月，北京电影制片厂领导小组作出决定，对孙谦1962年"反右倾"甄别平反时摘掉"反党分子"帽子后，留下的"不仅犯有创作思想错误，而且犯有政治立场错误"的尾巴，予以撤销，彻底平反。

1980年元旦刚过，《泪痕》即将在全国上映。著名书法家赵望进问孙谦在创作上有什么新的打算时，孙谦说："我有一个沉痛的教训，就是一辈子赶任务太多，没有什么给人印象很深的作品。年后，我准备下乡去，按照十一届三中全会的精神，研究一下农村的现实。研究现实才能写好现实。"文学作品如何反映农村伟大变革，作家如何更好地肩负起社会责任，成为孙谦深入思考的问题。

　　赵树理以及马烽、孙谦等五战友为代表的山西作家，从延安文艺整风以来、尤其是五十年代五战友齐聚太原后，始终恪守反映农村现实生活、通俗化大众化的创作原则，写出了大量深受广大农民喜爱的优秀作品，因而引起了文艺界、学术界的长期关注和深入研讨。1979年11月28日，文学评论家李国涛在《光明日报》上，发表了一篇题为《且说"山药蛋派"》的评论文章，很快在全国范围内引起了对"山药蛋派"命名以及作家、作品连续多年的争鸣和研讨。

　　李国涛在文章中提出的"山药蛋派"一词，是官方媒体上首次公开对以赵树理为代表的山西作家群的称谓。《且说"山药蛋派"》一文对"山药蛋派"做了这样的归纳："他们的文学创作在一开始就带有民间说讲文学的特点。在他们的作品中，大段的风景描写大段的心理分析是见不到的；玄虚的字眼和华而不实的难以捉摸的词藻是少见的。他们的作品是写给农民读和听，他们描写的对象也是农民。"

　　一开始，"山药蛋派"的称谓让人稍感不雅，似乎含有"土里土气"的鄙意，通过全国范围内的争鸣和讨论，"山药蛋派"这个既生动形象、又通俗幽默的命名，渐渐地被文艺界、学术界所接受认可。从此以后，人们一旦提起孙谦以及赵树理或者五战友中的某个人，便津津乐道地用"山药蛋派"来做称呼。

　　《泪痕》上映后，每隔一段时间，孙谦就会带着妻女回文水一趟，除了回去看看老母亲之外，就在三弟1972年帮他修的那一排瓦房院里，看看这，摸摸那，对三弟说过的回乡种地教书一事，却再也没有提起过。到了午饭时间，他就打开他包里带回来的汾酒，和老母亲、和三弟一家边喝边聊，说几段幽默段子逗大家开心，院子里总是笑声不断，他则喝得晕晕乎乎。

第九章　劫后新生

后来的一次，孙谦一家回了南安村，在和三弟喝酒的时候，他说："你家小子们多，我那房子么，让孩子们娶媳妇儿住了吧。"老母亲在一旁听着，先是一愣，然后呵呵地笑了。

3. 如影相伴、惺惺相惜的两位知音

在文坛摸爬滚打多少年，即便像孙谦和马烽这样的老革命、大作家，在《泪痕》获得成功后，仍然有深受鼓舞的兴奋劲儿和捧杯领奖的满足感。尤其是连续从《山花》、"新创业"、煤矿题材等三次"遵命创作"失败中走过来的孙谦，这次没有行政干预的自主创作，让他收获了久违的成功和喜悦，也更进一步激发了他对农村题材的兴致，他和马烽之间的友谊更加深了，合作更和谐了。马烽的爱人段杏绵在2011年4月29日接受笔者采访的时候，对他眼中的孙谦和马烽，是这样看的：

老孙一直是写电影剧本的，老马写电影不如老孙熟悉，所以他们俩就开始了合作；他们俩的合作是互补的，老孙细节的语言想得好，他的语言很适合他要塑造的人物；老马呢，善于安排整个剧本的结构。老孙写的《大寨英雄谱》那人物写得多好啊，但他的结构就没有老马想得好。老孙就说过：他妈的，你这个脑袋是怎么长的，你就能想出这个办法来？！一个细节好，一个结构好，形成了互补，所以就合作得来，合作得好。

老马和老孙他们俩实际上是事业把他们绑在了一起、结合在了一起的，有共同的事业，又都是为农民写，就有了共同的语言，关系自然就密切了；所以他们俩白天黑夜离不开，晚上的时候老马也要到他家去。老孙经常叫老马去他家吃饭，吃饭的时候在饭桌上聊天，吃完饭就在院子里聊天，一聊就是半天。有时我们包了饺子就叫老孙来，炒几个下酒的菜，两个人就喝上几盅。

老马和老孙虽然有共同的写作爱好，但他们二人也有不同的生活情趣。老孙写作之余，爱种花草。房前有一米宽的一片空地。老孙立

刻利用起来，撒上了一些花籽儿，到了夏天，一片郁郁葱葱的绿叶，生出串串鲜红的花朵，这花就叫串儿红。这串儿红，红得耀眼，红得醉人，老马也产生了羡慕之心。第二年，他也在我们这边同样的空地上种了一片串儿红，老马还得意地向老孙炫耀："看我种的花多好！"

在《泪痕》得奖后的一天，孙谦和马烽边喝酒边聊天，他想乘势到全省各个地区各个县逐个跑一跑，看看十一届三中全会后各地的变化和农民的生活，待机再创作几部电影作品。孙谦的提议正中马烽下怀，俩人一拍即合，马烽的意思是：咱不乱跑，要跑，就先到我们曾经战斗过的地方做些访问。

两人立说立行。从1980年夏天开始，孙谦和马烽、西戎三个人，从机关带了一辆吉普车，开始了晋西南之行，第一站他们从马烽的家乡孝义县开始，然后到交口县、隰县，一个县一个县地到县上、进村子、访农家，每到一处，他们看得十分仔细，问得十分详细，计划在隰县结束之后，沿着黄河一直到晋南去。谁知刚到隰县不久，就接到中国作协打来的电话，通知马烽去北京参加作协组织的法国访问团。

农村家庭联产承包责任制开始在全国试点推行，有的地方在执行过程中出现了"一刀切"现象，对此孙谦和马烽有一些不同看法。孙谦曾在一个公开场合讲："明明这个大队的集体生产搞得好，非要人家搞包产到户不可。这怎行？村里有七百户人家，卖七百万斤粮食，亩产已经到了一千四百多斤。所以社员不要自留地。好啦，社员不要，公社让党员、干部带头。后来有二百多户社员闹着要退自留地。我的认识是，我们总的目的是让农民富起来，把生活过好，对老一套不要轻易全盘否定，实行农业生产大包干也不要一刀切。"在当时"团结一致向前看"的政治环境下，敢提出这样"不一致"的观点，确实是需要巨大政治勇气的。

在社会变革的浪潮中，他再也不盲目、不急躁了，显得更成熟、更冷静。他说："我在创作上犯过错误。……你们提倡'现在是先进与落后的矛盾'，我跟着干了，运动一来，你们批我是'无冲突论'者；你们又提倡'要干预生活'，我又跟着干了，到头来，又说我'污蔑党的领导干部'；什么'阶级斗争调和论''阶级斗争熄灭论'，……

我不想重蹈过去的错误,不再赶浪潮,不再写自己还不甚理解的事物,不再把文学当做图解政策的工具,允许我有一段沉思、认识过程。农村对我仍有非常强的吸引力,我有信心跟上时代前进的步伐,继续前进。"

到了1981年的元宵节前后,孙谦与马烽又访问了祁县峪口、元台沟。夏秋之际,孙谦与马烽、西戎参加忻州地区文联、文化局举办的文学讲座并做报告,会后去了定襄、原平、代县、繁峙等地访问。9月,他们应邀在阳泉市文联召开的第一次文代会上作报告,会后访问了平定、盂县农村。秋冬时候,孙谦与马烽先后去了离石、中阳、方山三个县,继续他们曾经革命之地的访问。

在中阳县,孙谦和马烽拜访了1939年曾在困难之中给他们部队支援莜麦的弓阳镇的村长高洪武。对这次拜访,孙谦在1992年2月写的《不是当官的料》一文中说:"我对高洪武同志十分敬佩,便驱车去弓阳镇拜望他。当我问他是否记得给我们警卫排送莜麦事时,他摸着长长的山羊胡子笑了:'可记不清了。那几天,走了四团接五团,送走五团迎六团,最后还有曹三团,我接应的决死队'海的海'了。'晋西事变'咱们可牺牲了不少同志。'"

告别了高洪武、离开了弓阳镇,孙谦不由得想了很多,人民才是我们的坚强后盾,与战争年代无数的高洪武相比,与那些为国捐躯无数的战友相比,我们唯一应该做的,便是永远到人民中间去,不脱离人民,为人民服好务,写出真正的好作品来。

1982年春,孙谦和马烽又转到雁北乡下。有一天,乘吉普车从金沙滩一条砂土公路经过,路旁是两行挺拔的白杨树,一路上他俩谈笑风生,在蒙蒙的细雨中,白白的树干,碧绿的叶子,清新的空气,新奇的景象,使马烽精神振奋、灵感闪现,突然冒出一句:"春雨洗绿白杨树",这是多么亮丽的一幅画面啊,马烽说:"春雨洗绿白杨树,以此为上联,老孙,你来对个下联么。"

孙谦凝思半天,想了好几句,说出来后一琢磨,又觉得对得不好,他对马烽说:"你这上联看似简单,却不好对,因为除了名词、动词外,还要有季节、色彩。难,确实难。你想好后告我,我想好后告你。

咱慢慢想吧。"他们二人琢磨一路，也一直没想好合适的下联。

对他俩这么多年结伴下乡、联手合作，在《马烽、孙谦电影剧作选》一书的后记中，他俩是这么认为的："我俩都生长在山西农村，又长期活动在山西农村，参加过减租减息、土地改革、合作化运动、大跃进、四清等变革，在农村问题上有共同语言，观点也比较一致，这，大概就是我俩友谊和相互信任的基础，也是能够比较顺利合作的基础。通过合写《山花》的彻底失败，和对《高山流水》的自我欣赏，我俩的友谊更深了，对农村现实的看法和展望更一致了，在表现手法上也更接近了。后来，我俩的岁数都大了，于是就采取参观访问、走马观花的办法，每次出去都是结伴而行，出门在外，以便生活上有个互相照应。白天参观访问，晚上住在一个房间里，可以谈一些对农村工作的看法和创作方面的问题。"孙谦和马烽友好合作的佳话，得到了文学界的一致赞扬。

这几年，除了到各地采风访问之外，他们还参加了一些文学和电影创作活动和相关会议。1982年6月间，孙谦与马烽、西戎参加了中国文联"文艺之家"举办的庐山读书会。1982年9月15日他俩去成都、乐山参加长春电影制片厂《电影文学》杂志举办的第三届年会。

这次的长影《电影文学》第三届年会，有来自全国各地的知名作家、电影评论家、电影剧作家、电影导演参加了会议，陈登科、钟惦棐、张天民、张笑天、于彦夫、罗艺军、毕必成、鲁琪等，共有五十余人。与会同志特别是老同志在会上发言：要继续解放思想，大胆放手让作家、艺术家进行创作，允许在艺术上作各种探索，在题材上作更多的开拓；作家、艺术家在创作上要走自己的路，努力形成自己的风格、特点、流派。

孙谦在这次年会上做了题为《谈点教训》的发言。与会的钟惦棐，曾在《为了前进》一文中对孙谦的电影提出过批评，过去孙谦对他有很深的积怨，现在物是人非，两人在会上畅所欲言，各自解剖。孙谦说：

我不知道别的同志怎样，我曾在相当长的时间里，对评论家是不怀好感的。……（但）认真研究现实、认真研究作品并能提出独特见解的评论家不乏其人，比如在座的钟惦棐同志，现在看来，他的《电影的锣鼓》是敲打到点子上了，但他在一篇文章中批评了我的《夏天的故事》，我便恼火得不得了。如果当时我头脑不那么膨胀。稍许冷静考虑一下，便会发现我那时确实需要狠狠敲打敲打。在那种头脑膨胀的情况下，我依然沿着老路子走下去。1958 年，我又为当时的浮夸风，写出了《一天一夜》那样的赞美歌。以上这些话，我是想引出一些教训来。……党的十一届三中全会，给电影开拓了更广阔的道路。要趁年轻力壮的时候，多接触人，多经历事，深入生活，积累生活。

同年秋冬之际，孙谦、马烽去北影修改电影剧本《几度风雪几度春》，发表在《电影创作》当年的 11、12 期上。《几度风雪几度春》的时空架构从 1958 年一直到 1970 年代末，透过主人公云务本的经历，生动展现出这几十年间中国农村的变迁，作品不再停留在农村现实的描摹，不再拘泥于政策的诠释，带有了一份厚重的历史感。

两位老战友只要在一起就有故事，有幽默。马烽、孙谦因为修改《几度风雪几度春》赴京，在北京车站等来接他们的小车，在等的功夫就坐在地下抽烟，孙谦脱了一只鞋垫在了屁股下面。忽然看见北影的小车来了，二人赶忙提着行李上车。直到走到北影招待所门前下车，马烽看到孙谦的鞋后，赶忙提醒他，你怎么只穿了一只鞋，孙谦低头一看，苦笑着说："咳，光着急着上车，把那只鞋给落在车站了。"马烽说："那咱们快回车站找鞋去吧。""算了吧。为一只鞋连汽油钱也不够。再买一双新鞋得了。"马烽故意说："何必再买一双，你不是丢了一只吗，再买一只就行了"。说完，两个人都笑了。

孙谦、马烽六十年好朋友，从未红过脸，但有一次例外。《几度风雪几度春》交由北影拍摄，导演写出了分镜头剧本，两人一起赴京看本子，不想这是个年轻导演，对本子改动太大，完全抛开了作者原作，孙谦、马烽对此很有意见。

孙谦说："要是这个样子，这个本子不上了，我要把它撤下来。"汪洋厂长与他俩商量别撤，马烽也认为应该慢慢商量，可总是说不服孙谦，马烽说："你要坚持撤，好吧，这本子是你我二人合作的。你可以撤你的一半儿，我的一半不撤。"马烽如此说，意在激孙谦不撤。

可是孙谦闻言却火了，以为马烽今天竟唱起对台戏来，他绷起面孔一言不发，有整整两天时间，一直不理马烽。

晚上，马烽发现有人打门缝里塞进一沓纸，看时却是孙谦的信，有十多页近两千言。看看那信，孙谦无非是说他们二人友情有多么深，为什么在对待本子问题上不能意见一致云云。马烽看过信，立刻持信到隔壁来见孙谦，孙谦还是不作声，不理他。马烽说："怎么？你房我房，一墙之隔，咱好好说么，你我五十多年的友情，这一封信就完了？"孙谦这才把信夺过来，将它撕个粉碎。二人有时闹点小矛盾，但他们的友情坚不可摧、牢不可破。

对于《几度风雪几度春》最后是否投拍，1984年7月5日，在给北影厂长汪洋的信中，马烽说："已经与原剧本相去甚远了，这样拍非砸锅不可。"孙谦特别附言说："不经作者同意，随意改写剧本，此风不可再长了。"从孙谦、马烽内心讲，正是没能拍成的《几度风雪几度春》，才是他俩合作剧本的最得意之作，也是他俩这一对文坛知音的终身憾事。

1982年秋，住在北影招待所修改《几度风雪几度春》的孙谦与马烽，在一个场合听说已从中央政治局委员、国务院副总理职位卸任的老朋友陈永贵，被分配到北京东郊的一个农场里当顾问。此时，正是陈永贵十二大党代表落选时间不长，孙谦和马烽猜想他的心情一定不好，理应去看望看望。经过多方打听才算找到了他家的电话号码。陈永贵一听说第二天孙谦、马烽要去看他，电话里当即说欢迎欢迎。

知道现时的陈永贵生活不宽裕，孙谦和马烽就上街买了两瓶好酒和一些下酒菜，又请北影食堂赵师傅连夜做了两只卤煮鸭子。陈永贵住在复兴门外高干楼的一套公寓里，穿戴还是以前的那个样子，见到孙谦马烽之后，还是以前打招呼的方式，"嘿嘿"一笑，说了句"来啦！"只见桌子上摆着一瓶二锅头，还有一些小菜。

看到孙谦手里提着的吃的喝的，陈永贵没有说什么客套话，立刻叫他老伴拿到厨房里收拾去了。就这次的见面，马烽专门写过一篇文章。马烽在文章中说：

我们边抽烟喝茶，边闲聊。看来陈永贵对从副总理职务上下来，并没有什么不满情绪，完全不是我们猜想的那样。他觉得这样倒好，无官一身轻。他唯一不满足的是分配他去京郊农场当顾问，而没有能让他回大寨。

他说如今他们受到了社会上很大的压力，一提起这事，陈永贵不由得就激动起来，特别是喝了几杯酒以后，竟然对着我俩发开火了。他说：如今大寨人到了外边，连头都抬不起来，有些人故意在他们面前放凉腔，什么"学习大寨，人人受害"，什么"以粮为纲，全面砍光"等等。他冲着我俩说："大寨情况你们知道，是不是除了种庄稼什么都砍光了？粉坊、猪场、砖窑是发展了还是砍了？果园是不是这些年新发展起来的？"

这确是事实。当我初次去大寨时，果树苗刚刚栽到沟里，如今早已果实累累了。他说："有的地方把好好的经济林砍了种庄稼，这是大寨让你砍的？大寨人千辛万苦在搞人造小平原，可有的地方把平展展的耕地改成梯田，这叫学大寨？大寨人把陡坡修成梯田，开山打料石筑起那么多石堰。流了多少汗水？你以为大寨人就天生的那么贱？那是没有办法的办法。建设社会主义，不靠自力更生艰苦奋斗，靠什么？天上能掉下馅饼来？"

在喝酒闲聊当中，我俩也插了一些话，大意是说：树林子大了，什么鸟都能飞出来，说什么话的人都会有，反正中央并没有否定大寨自力更生艰苦奋斗的精神。……我们三个只顾喝酒闲聊，他老伴端来的面条已经放凉了，谁也没有动一筷子。

那天三个人边喝边说，差点把两瓶酒喝光。我的酒量没有他俩大，我早已有点晕天晕地了。只记得陈永贵说他这一辈子喝得最痛快的一次是"四人帮"垮台时候。那天夜里，他听到这一喜讯后兴奋极了，找了瓶酒嘴对瓶口一直喝到第二天太阳出山。

陈永贵说，我是和胡耀邦争吵过，可我和张春桥也拍桌子干过，怎么我就成了和'四人帮'一伙？

饭桌上，孙谦直言不讳对陈永贵说："你天生就是个不安分的人，大年初一的生日，让你母亲连年都没过好的人，你也该休息了，休息了好。"

对陈永贵的了解没有人能敌过孙谦。酒逢知己千杯少，见面便要开怀饮。三个人两瓶白酒喝了个底朝天，怎能不喝高？马烽说他在陈永贵家的这次喝酒，后来还聊了些什么一律记不清了。是陈永贵派他的小车把他俩送回了北影招待所，马烽一觉就睡到了晚上。

陈永贵到农场工作了一年多后生病了，咳嗽连声，吐痰不止。1985年8月2日，陈永贵转入北京医院，最后确诊为肺癌晚期。病重之际，孙谦和马烽、牛桂英、郭兰英等先后到医院看望问候。

1986年3月间，马烽在北京参加全国人代会，忽然收到一份讣告，说陈永贵已经病逝，定于某月某日下午在八宝山举行遗体告别仪式。闻讯的孙谦委托在京的马烽替他送行，并转达他对家属的问候。那天下午，马烽请了假，匆匆赶到了八宝山殡仪馆。

小车开到追悼会大厅门口，只见门外冷冷清清空无一人。马烽以为是把时间看错了，再看讣告，时间地点都没错。后来司机同志说后院还有几个小厅，也可能在那里。当把车开到那里时，才发现大寨的贾承让等一些干部都坐在台阶上抽烟。不久开来两辆大客车，走下来一些胸前戴白花的男男女女，后来才知道他们是东郊农场的职工，来向他们的顾问告别的。

最后坐小车来的是华国锋。华国锋一来，大厅的门打开了。华国锋一言不发地走进告别室，在陈永贵的遗体前三鞠躬，又一言不发地望着陈永贵的遗体，流着泪慢慢地绕着陈永贵走了一圈，又一言不发地与陈永贵的亲属一一握手，然后一言不发地走出了告别室，上车走了。马烽随大流鱼贯而入。陈永贵安静地躺在大厅中央的花丛中，消瘦的面部虽然化了妆，但满脸横七竖八的皱纹远处可见。不久，大寨人把陈永贵的骨灰迎回了大寨。

大寨从政治巅峰跌落后，孙谦对大寨感情如初、始终未变，遇到大寨的老友，他就做一番安慰鼓励：大寨人的扁担精神、艰苦奋斗的精神，还是要坚持的云云。1993年5月，山西省作家协会拍摄孙谦电视专题片，专程来到大寨取镜头，一下车，孙谦就碰见了昔阳县的当地领导、也是作家的孔令贤，他把孔令贤拉到一边神秘耳语："到大寨拍我的电视片，不会给大寨惹麻烦、帮倒忙吧？！"随后，他迫不及待地上虎头山,在陈永贵墓前祭奠,他颤抖着双手为陈永贵点燃了一支香烟,祭洒了他带去的一瓶汾酒,用这种方式寄托了对故人的思念,他情不自禁地老泪纵横,大放悲声。

1994年12月,在毛泽东发出"农业学大寨"号召30周年的时刻,大寨人筹备召开"弘扬大寨精神、发展大寨经济"座谈会,会议时间定在了毛泽东生日的12月26日。考虑到孙谦年事已高、行动不便,郭凤莲他们只是礼节性地前去邀请,对孙谦参加活动没抱多大希望,岂料12月25日也即开会的前一天,他竟然提前到来。

这次的大寨之行,孙谦像久别的游子回到故乡一样,他指着这个说,你是贾承选、贾来小,又指着那个说,你是李有录、贾吉义……,东家出,西家进,像是在走亲戚;发现有的熟人已经作古,不禁唏嘘不已,看到新一代大寨人茁壮成长,不禁欣喜万分,看到大寨人甩掉了历史包袱,提出重振雄风的发展规划,他为大寨人轻装上阵、团结奋斗的精神由衷地赞叹。

他把对大寨的深情厚意和殷切希望凝聚在一帧条幅里,赠给大寨:"扬大寨精神高风,闯双层经营新路。"他还把《大寨英雄谱》五六个版本中最早的一本,赠送给了大寨,激励大寨人发扬老传统,再续英雄谱。

孙谦对大寨人的感情,是人性的认同,精神的认同,不以利聚,不因利散,以诚相待之,患难有真情,这便是孙谦的交友之道。孙谦和马烽是这样,文人之间不相轻;和陈永贵也是这样,不以荣辱交朋友。

4. 紫团洞原来在壶关县?!

七十年代末、八十年代初,"为四化刻苦学习"的社会风气异常浓厚,大家争分夺秒,要"把四人帮造成的损失夺回来"。这时候的文学创作也活跃起来,逐渐进入辉煌时期,写小说、写诗、写剧本的青年人很多,不少青年作者常常慕名拿着作品去请教孙谦,孙谦总是以他半个世纪的文学情怀，热情地接待年轻作者，认真地阅读他们的习作，耐心诚恳地谈自己的看法，他反复叮嘱青年作者起码要做到三点：一是写作要有主见，不要人云亦云；二是要有深厚的生活基础，对生活要不断认识，经过沉淀，经过孕育；三是广泛交朋友，互相切磋。对于当时的文学青年，不管认识不认识，他都热情给予帮助。

刘胡兰中学的语文教师韩建峰，上初中的时候，从公社订着的《火花》杂志上经常看到孙谦的文章，又听人说孙谦也是文水人，受孙谦的启发和影响，他便热爱起文学来，粉碎四人帮后，他在教书之余收集素材，写了一部反映小学教师生活的长篇小说，写出来之后，就想请人指导，好好修改，争取出版。

韩建峰骑了自行车一百多里路去了太原，寻找到了孙谦家。孙谦很热情地接见了他，阅读了他写的小说，具体指导说：小说要写出性格迥异的人物来，还要写出很感人的故事。随后，孙谦还向山西人民出版社写了一封推荐信，韩建峰带着这封推荐信到了出版社，社长为他安排了具体的责任编辑。孙谦后来还就此催问过出版社，并把结果写信告诉了韩建峰。一个著名作家，对素不识面的文学青年能那么热情地指导、帮助、推荐、培养，真让人十分感动。

年轻作家毛守仁，1979年参加了山西省作协举办的读书会，在省作协院子里住了半年，由此开始接触认识了孙谦。有一次开会时，孙谦坐在他旁边，对他说，你写的小说我看了，怎么怎么地，给他提了好多意见。毛守仁当时觉得好奇怪，孙谦那么样的老作家，年龄也大，级别也高，居然有时间看我们小青年写的东西，而且还很认真地找你说感受、提意见。当时他刚开始写东西。得到孙谦的指导，让他心里很受鼓舞。

就是现在山西作家协会的一帮老作家，比如周宗奇、张石山、韩石山、张小苏、陈玉川等等，当时还都是文学青年，现在每每说起孙谦，都说"心里非常温暖"。张石山说："我们这一代作家，都是马烽、孙谦他们一手培养起来的，孙谦老师早就在许多公开场合夸奖过我，包括日本和美国的作家代表团来山西访问的现场，他说：'我们这里，张石山这家伙不简单！有点像马克·吐温，生活面很宽，好像什么都能写!'孙老师奖掖后辈,无以复加,令人永生难忘。"

有一次,孙谦拉住作家谢俊杰,拍着他的肩膀说:"你的这篇小说写得不赖,特别是前半部分,细节写得好,人物写活了,可是后半部分,就明显差了,你知道问题出在哪儿吗?你故意拔高人物的思想高度,不真实就很难感染人。记住,真实才是艺术的生命,拔苗助长不行!"

对于文学作品创作,孙谦嘱托年轻人,既要有丰富的生活,积累大量的创作素材,也要研究党的方针政策。他在1983年11月给一位青年作家的信中说:"在深入生活的同时,当前要特别认真学习邓小平同志有关抵制和清除精神污染的讲话。近年来,有少数同志被形形色色的'香风'和'酒雾'吹折、醉倒。他们先被污染,反过来又用所谓时髦的作品污染了广大青少年和读者。这是令人心痛的。"作为一名党员作家和文学前辈,在反对精神污染的整党运动中,他不仅自己坚守毛泽东"讲话"的行船方向,也没有忘记与青年人精神接力的责任担当。

一枝一叶总关情,孙谦给年轻人的每一句鼓励,每一个批评,无不反映了他倾心文学繁荣、扶持文学新人的责任感、使命感。就是这样一位热情洋溢的老知识分子,却没有半点人们想象中的"作家"派。著名作家杨啸,2012年11月5日接受了笔者的采访,他说:

1973年底至1975年秋,我住在北京电影制片厂招待所写《红雨》《西沙儿女》电影剧本,孙谦和马烽也住在那里修改他们的电影剧本《山花》。我和他们在一起相处了将近两年。尽管他们两位都是老前辈,但他们那平易近人的作风和他们那憨厚朴实的性格,使我感到和他们之间并没有什么距离。互相间完全可以说心里话,甚至可以开玩笑。

1974年的时候,我爱人和儿子到北京来看我,我爱人从北影院子里挖到了一些野菜,回到住地做了一顿野菜饺子,请孙谦、马烽来尝鲜,就着野菜饺子我们开怀饮酒。孙谦不论穿戴还是做派,完全就像一个朴素的老农民,虽已上了年纪,却是童心未泯。

孙谦常逗我的儿子玩,竟带着他在北影院子里的大柳树下到处抓

"知了虎",就是尚未脱皮长出翅膀的蝉,至今,我儿子已经40多岁,还清楚地记得当年孙谦大爷领着他抓"知了虎"的事呢。

《山西日报》记者展舒,在上世纪八十年代初到孙谦家里,只见他正伏在靠窗的一张写字台上聚精会神地爬"格子",展舒说:"他不是坐在椅子上,而是蹲在上面,腰佝偻着,身子瘦削而矮小,椅子下面,两只旧布鞋东一只西一只在地板上懒懒地躺着,完全一副农民打扮,穿着一件灰衬衣,皱巴巴的;一条灰裤子,老大的裆,两条裤腿一高一低地卷着,两只脚也没穿袜子。一张干瘦的黧黑的脸上爬满了皱纹,显得喜眉笑眼,令人可亲。"

从孙谦的外表和生活方式看,就像个地地道道的农民。从他的作品中,我们可以闻到浓烈的泥土芳香,感受到他对广大农民发自心底的热爱。他位卑未敢忘忧民,对农民兄弟心怀忧思。孙谦对展舒说:

我这人心里老嘀咕着农村的事,中央的好政策实施以来,农村的变化是大的。可话又说回来,农村繁荣了,并不是就没有问题了。不管给生产队以自主权也好,不管实行各种责任制也好,总的目的就是让农民富起来,把生活过好。比如粮食生产问题,好些农民开始不愿种庄稼了。农村不生产粮食,恐怕无论如何是讲不通的。这是个农业经济发展战略问题。在晋南产麦区,有的县里和农民签订了小麦派购合同,合同中规定农民要缴售多少公斤小麦,县里要分配给农民多少公斤化肥,可到头来,农民如数上缴了小麦,县里却不分配给他们化肥。这种言而无信的做法怎么得了?买良种、购化肥、用电、用水,都得去磕头烧香送财礼,稍微走不到,就要卡你的脖子。难怪农民这样说:"党风不正,不好养种。"

文革时期的七十年代初期,那时候物资和粮食严重短缺,农村也在"停课闹革命",孙谦侄子孙利华,每隔大约一个多月的时间,父母就安排他或者其他兄弟去一趟太原,给在太原的大伯家送去一点高粱面和时令瓜果、蔬菜。在吃饭或者休息、聊天的时候,大伯就会问这问那,农业生产怎么样了呀,社员们的分红什么情况啦。孙利华说:

大伯他问的很有规律,春问耕种,夏问庄稼的长势,秋问收成,冬问平整土地、兴修水利。记得是有一年的夏天,村里的生产队分了不少南瓜、西瓜,父亲挑了几个,让我给大伯家送去。我从筐里抱出两个南瓜,大伯接过一个看了看,便抱到屋里,当我整理完回到屋里,只见大伯把南瓜放在桌子上,圪蹴在凳子上大口大口抽着烟,凝神地看着桌子上的南瓜。

他问我:"老家是不是很旱?""是很旱,好长时间没有下雨了。"我回答说。大伯说:"你看,南瓜长成这个样子了,能不旱?"我端详着南瓜,半天没有看出个子丑寅卯,我赶忙说:"可是,今年的南瓜、西瓜特别香甜。"

大伯说:"旱地瓜是好吃、香甜,旱地对瓜果影响不大,天旱严重影响的是秋收,如果近期不下一场好雨,恐怕今年老家的粮食要减产了。"吃饭时,大伯又问麦收的情况,我说:"麦收不怎么好,每人才分了三十来斤麦子。"大伯又不吭声了,隔了好一会儿,大伯说道:"农业没有水利设施是不行的,光靠天吃饭,粮食很难增产丰收,人定胜天说的是一种斗志,咱们文水一马平川,如果水利设施跟上去了,那可是一块宝地啊。"

孙谦知晓农节、熟稔农事,甚至有看瓜识秋的本领,他的农民情结,没有半点虚情假意。在通过作品表达农业忧思的同时,作为山西省政协委员的孙谦,每年向省政协会议的提案,他总是站在农民的立场,立足于农村的实际,反映"三农"的现实问题,确定议题后总是提前调研,撰写报告总能高屋建瓴,有具体意见和宏观视野。

1987年3月,他向山西省政协五届五次会议,提交了这样一份提案:《在完善农村生产责任制的同时,必须进行行政机构的改革,过去的一套已经不适应了》。他对当时的政治体制分析了现状,提出了改革的建议,指出了严重制约了经济体制改革和国家民主进程的危害。孙谦当年的提案即使现在来看,也一点不过时、不陈旧,而且非常有时代眼光和责任使命。

从孙谦的思想和作品中,我们能感受到他身上强烈的时代精神,他的心里无时无刻不在牵挂农民的生计,也无时无刻不在牵挂着如何为农民提供更多更好精神食粮的问题，所以他不光自己一生写农民、为农民写，而且总是呼吁文艺工作者要为农民创作好作品。对此，他有这样一个观点：

中国10亿人口，就有8亿农民，这是个大头哩！可是，我们送给农民的精神食粮实在少得可怜。全国的文艺刊物越办越多，但真正是为农民办、给农民看的刊物有几家呢？我们的作家群中，又有几位是真心实意为农民写作呢？我们的一些电影工作者拍农村题材的影片，却是在城市里拍，找个公园，在绿树和假山的地方拍外景，吃住在高级宾馆里。他们嫌农村艰苦，怕农村脏，吃不好，睡不好。因此，他们拍出的片子很难有农村的味道。你听农民们怎么说："这哪像咱农村的事儿呢？"

外国一些著名的作家，他们的作品在本国的乡村里很是畅销，我们的一些作家为什么不去学习人家这一点呢？我们不能为创作而创作。衡量一个作家的成就和影响大与小，不是看他写了多少大部头作品，而是看他写的作品在人民群众中的影响如何，也就是社会效果如何。我热切希望一些有作为的中青年作家，不妨拿出一定的时间，拿出一些精力，扎到农村好好体验一下生活，写出一批农民打心眼儿里爱看的作品来。

对于深入农村、深入农家体验生活，孙谦的观点是要建立"感情联系、阶级联系、同呼吸共命运的联系"。他在1963年山西省第三次文代会上发言说："我们说的深入，决不是说，住在一个村里，打听一些风俗习惯，观察一下衣着样式、妇女的头发样式，不是这样。这样写出来的作品，不是肤浅，便是'隔岸观火'的东西。我们说的深入，是要把自己当作农民中间的一员，为灾害担心，为好天气高兴，为集体经济付出自己能付的一切。有了这些，农民才肯和我们交朋友，才肯把我们当作自己人。"带着感情去农村，这便是孙谦到各县跑、各村转的思想基础。

1983年以后，孙谦和马烽又开始了《泪痕》上映之后的约定，继续到全省的各个地区各县跑跑转转、深入生活，并对各县成立文联机构给予支持和关怀。

第九章 劫后新生

1983年元宵节前后，孙谦、马烽去了太谷、清徐访问。7月之后，他们又去了大同、左云、平鲁、山阴、应县、浑源、灵丘、天镇、怀仁、阳高、右玉、大同等县，雁北地区他们几乎跑了个遍。

1984年春，孙谦和马烽、西戎去了平遥、介休。之后，又去了神池、偏关、五寨、岚县、静乐。秋冬，去了长治、平顺、林县、壶关、高平、晋城、沁县、沁源等地访问。春秋，先后参加了晋城、高平、阳城三县文学艺术工作者联合会成立大会。每到一地，总要受邀讲授写作知识和文学创作经验。

1985年春，孙谦参加了晋城市文联文学刊物《吐月》创刊活动，并为刊物题词："晋城是山西的宝地，希望在文学创作上也能成为山西的宝地。"同年，还到太原市北郊、阳曲县和南郊区等地访问，参加了孝义县文联成立大会。秋冬，参加了阳泉市文联代表会，会后去郊区、平定、盂县参观访问先进农村和社队企业。

1986年，孙谦在阳泉市冶西、三泉、锁簧、牛村等农村参观访问，在平定宋家庄敬老院、郊区三泉村，他挥毫写下了"老吾老以及人之老"和"走共同富裕的道路"的条幅。……孙谦的心迹和脚印，几乎踏过了山西的村村寨寨。

正因为孙谦身上浓厚的文学情怀和农民情结，所以，每到乡下访问采风，他最希望的是听农民说实话，到田间地头看实情，因而就不计较哪位领导来迎接，哪位领导陪吃饭，也不计较住什么宾馆、享受什么待遇，更不怕上山下乡的"山高路远"，因为朴素来自真情。

一次太谷之行，孙谦在动身之前刚穿上一身干净的衣服，临出门要和家里养着的一条爱犬告别，爱犬不知深浅的扑上来，给他抓挠了一身泥蹄爪印。王之荷敦促再换一件干净衣服，他却执意不换。说，到农村，不讲究这个。

正值盛夏暑热天气，当年的吉普车没有空调，中途停车路边休息时，他就抓住机会走下路基到农田里察看作物和墒情。中午在太谷县委招待所就餐，县里的主要领导出来接待，简短客套后，孙谦坚持让领导们回去忙工作，午饭也不要作陪，点名给他找几位从前下乡结识的村干部和房东来就行。

著名作家浩然，被大家誉为编外的"山药蛋派"作家，因为作品风格以及为人秉性相近的缘故，他和孙谦既是文友也是朋友。浩然主编出版《中国农村小说大观》一至三卷，他把孙谦等山西山药蛋派作家的作品特别安排在了第一卷，在孙谦作品的"作者小传"中，浩然特别做了这样的介绍："孙谦是写电影的高手，所以他的小说极富戏剧性。平凡的农村生活，或被他写得惊心动魄，如《伤疤的故事》；或被他写得趣味横生，如《大门开了》；或被他写得亲切感人，如《南山的灯》。"

1984年10月15日，孙谦和马烽到壶关县进行访问，县领导提前安顿树掌镇政府为两位老作家准备午饭，马烽却说："我们这次来，一不吃招待饭，二不住宾馆，要睡'土炕'，吃'土饭'，中午三和面，晚上喝碗小米和子饭，要煮些大黄豆，地瓜蛋，萝卜缨、老豆角、老南瓜，这饭喝着熨贴。"

大家一听都笑了。县领导说："那是过去，现在生活条件好了，还能让二老喝和子饭？"马烽笑着又说："怎么不能？当初我们吃三和面、喝和子饭味道很好，几十年都没有忘了那种滋味呀。"孙谦则乐呵呵地说："我和老马来自老百姓，写的是老百姓，为的是老百姓，不能忘了老百姓，我们虽然老了也不能搞特殊。再说三和面有豆香味，又耐饥；和子饭营养价值高，吃了好消化……"

中午三和面，晚上和子饭，二老吃得呼噜呼噜，满头大汗，孙谦边放碗筷边说："好吃，真熨贴！真熨贴！"

就在孙谦刚刚点起饭后一支烟的功夫，他随手拿起身边的一份当地紫团洞旅游宣传单，看着看着，孙谦一声惊呼："紫檀洞就是紫团洞？紫团洞就在你们壶关县？"

村干部不解地回答："是啊，怎么了？有什么事吗？！"

孙谦赶忙把宣传单递给马烽看，"马烽，紫檀洞找着了，原来就在壶关县翠微山。真是踏破铁鞋无觅处啊！"此时，孙谦就像个孩子，一脸的兴奋，在地下不停地转，他当年政治生命的出发地，原来在壶关县。第二天天刚亮，孙谦便乘车直奔紫团洞而去。

壶关县是孙谦政治生命的起点，在紫檀洞的那次入党宣誓之后，他和肩负初心使命的千千万万共产党员一样，在革命和建设的长征中，走过了艰难险阻，克服了重重困难，献出了青春岁月。凝望着"紫团洞"三个崖刻大字，他浮想联翩，回想起了自己为民族革命、为人民幸福，尤其为农民创作所走过的每一个脚印，想起了1937年在一起当兵捐躯和已经去世、曾经鲜活的每一位战友，此时他顿觉众山皆小，往事如烟。

就在从壶关回到太原后不久的1984年11月，孙谦年过64周岁，到了光荣离休的年龄。此前的1984年9月，根据中共中央（83）23号文件精神，经山西省委批准，省作协和省文联分设，省作协正式升格为一级厅局单位，孙谦和马烽、西戎、胡正、王玉堂分在了作协，李束为分在了文联。

从追随共产党在紫檀洞秘密入党，到找到入党圣地紫团洞后光荣离休，45年完成了一个灿烂光华的人生轮回，孙谦踏上了回到起点再出发的新征程。此后不久，他果断辞掉了早想辞掉的所有社会职务，他要把先前放在"衣兜"里的一个个创作计划，力争一项项早日完成。与挤破脑袋谋一官半职的时风相比，孙谦清风亮节的高尚品德，在文学艺术界广为传颂。

5."农村三部曲"的忧民情怀

孙谦1937年当兵入伍，1943年弃武从文，几十年风风雨雨走过来，这下突然离休了，也辞"职"了，真是一身轻的感觉。但这么多年他和马烽到山西各处农村访问，100多个县他们去过的也有快80个了，"衣兜"里已经储存了不少农村改革中鲜活的文学素材，创作的冲动像一排排浪潮向他袭来。

"老牛明知夕阳短，不待扬鞭自奋蹄"，强烈的欲望在他心头涌动。此前不久山西电影制片厂副厂长侯慧茹，登门拜访马烽、孙谦，恳切地提出肥水莫流外人田、扶持本省制片厂的约稿请求。结合侯慧茹的意见，孙谦找马烽认认真真谈了他俩下一步创作的设想和建议。

这几年，随着包产到户等各项农村改革措施的推行，农村面貌和农民生活发生了翻天覆地的变化。孙谦看到，以前"吃粮靠返销、花钱靠救济"，甚至粗粮不够吃、下顿不接上顿的困难户，如今白面大米吃不完，吃饭问题得到了解决；过去只能在破窑旧房度日的，如今都住上了宽敞明亮的新房，现代家居、电器设备也开始走进了普通农家，一部分人真的富起来了。但是他也看到，大多数缺乏劳力、或者虽有劳力却没有致富门路的农民，在解决了口粮问题以后，仍处于贫困状态；而且先富起来的人家，大都是村干部、有技术的和劳力强又善于经营的人，从前一心为农业社干活的老实人，只能是望洋兴叹。

1984年的一天，孙谦和马烽到晋中一个村里访问，在当地县乡干部的陪同下，他们要去访问一家承包果树的专业户。刚进村口，前面带路的汽车开过去时，路旁蹲着的一个老乡站起身来，朝汽车唾了一口，并愤怒地说："麻雀尽往闹处飞！"坐在后面汽车里的孙谦、马烽真切地看到了这一幕，心头为之一震。

下车后，他急切地到村里了解情况，村民说：过去上面下来的人是访贫问苦，如今只找拔尖富裕户，根本不过问那些找不到门路挣钱的贫困户。村民说的话，深深刺到了孙谦内心的痛点。

回到住地，他深深地思索着一个问题：中央提倡让一部分人先富起来，对于打破大锅饭体制，是确实需要的，然而这本身不是目的，只是手段，最终目的还是要想办法，让所有农民都富起来。如何才能让无劳力和有劳力却没有门路的农民致富呢？孙谦觉得，需要提倡一种为了大家致富而牺牲个人利益的奉献精神。

在晋东南高平县下冯庄访问时，孙谦曾遇到一个当过五年兵的大队支书。这个支书退伍后办起了砖厂，帮助村里的军烈属和困难户摆脱了困境。孙谦意识到，选用退伍兵带领大家致富的角度，既有新意又有代表性。于是，他和马烽基于这些真实的生活素材，经过综合提炼，写出了退伍兵带领大家共同致富的电影剧本。

山西电影制片厂是在1958年"省有制片厂"的大跃进形势下成立的，1962年压缩电影生产企业时又被撤销，时隔二十年的1982年12月7日，山西省委常委会议研究，决定恢复成立山西电影制片厂。

1983年便拍了山西历史上第一部故事片《神行太保》。但是后来，文化部电影局作出决定，规定省办厂不得拍摄故事片，如有好的剧本，可以和故事片大厂合作拍摄。

苦于无米下锅，但心有不甘、主管业务的山西厂副厂长侯慧茹，思想上萌生了触碰规定的一个想法：只要拍出好的片子，上面总会批准发行的。侯慧茹所言"好的片子"的底气，就是山西文学创作独特的"山药蛋"风格。她想：如果山西厂与山西作协的作家们联合，牵起手来，打出全国独有的"山药蛋"品牌，就一定能拍出与众不同的好片子。

未出侯慧茹所料，1984年10月她当面向马烽、孙谦两位老作家提出了请求，得到了二老的真诚理解和热情支持。1985年春节刚过，她就从孙谦、马烽二老的手里拿到了剧本。这就是后来拍成影片的《咱们的退伍兵》。

《咱们的退伍兵》写的是退伍战士方二虎回到家乡"乱石沟"，面对家乡的贫困户与闲散劳力，他放弃当个体运输户挣大钱的机会，牺牲了自己的爱情，坚定地与大伙儿一起办成了土法炼焦场，经过种种磨难，终于使大家走上了共同富裕的道路。

剧中的退伍兵形象，是他俩设置的带领群众致富众多身份最理想的一个形象代表。在创作过程中，他俩特别关注现阶段体制以及经济方面的政策规定，对于剧中的土法炼焦，他们吃不准是否符合政策，便委托侯慧茹请教当时的王森浩省长，王森浩省长答复：土法炼焦有三大坏处，一是浪费宝贵的煤炭资源，二是污染环境，三是炼出的焦炭质量差。孙谦立即根据王森浩的答复作了细致的修改。

解决了剧本问题，又出现了导演的困扰。按照当时的人才现状，山西缺乏能够担当二老大作导演大任的满意人选。在1985年4月份，山西厂与马烽、孙谦达成共识，"借用"当时盛名的农村题材大导演赵焕章担纲，但山西厂与上影厂沟通后却借不到赵导，就在大家一筹莫展的时候，正在北京参加电影会议闻讯的孙谦，立马赶回太原，想利用他在电影界若干年的人脉资源，亲自出马试一试。

孙谦找了上影厂的老领导张骏祥和徐桑楚，希望能说服现任厂领导，借出赵焕章，支援山西厂的独立拍摄。由于两位老领导退任多年，对新班子的决定不好再予干涉表态，最终还是没能如愿。

借不来导演，又不愿放弃，按照文化部电影局的规定，只好与上影厂合作拍摄。1985年5月中旬，山西厂与上影厂谈判合作事宜，当谈到投资问题时发生了分歧，上影厂提出上影与山西的比例为75：25，山西厂提出6：4。最后，孙谦和马烽再次出马，从中周旋，孙谦对上影厂讲："我们写的剧本是为了支持小厂子，合作拍摄我们也同意，你们大厂有大胸怀，希望你们让一让，支持一下小厂子吧。"一席以情感人、自降身姿的话，感动了上影厂的人，最后以7：3谈妥。

合作协议搞定，资金又成了问题。山西厂向省政府请拨专项经费。4月29日写好报告送到省政府，还没有来得及催办，孙谦又着急了：老马你在省里面子大，再督促一下，咱不能硬等么。5月8日马烽打电话告诉侯慧茹，说他已向白清才副省长写了信，要她直接去找白副省长。

侯慧茹说：申请经费本来是我们的事，但二老却比我们都急。在资金落实后的第二天，也就是5月10日，孙谦和马烽不辞劳苦，又与侯慧茹赶到上海与赵焕章见面，共同讨论有关剧本问题，赵焕章很快开始写分镜头剧本。

在赵焕章接手《我们村里的退伍兵》之前，1981年导演了影片《喜盈门》，1983年导演了《咱们的牛百岁》，都是农村题材的影片，两部影片连连出手，分别荣获金鸡、百花等各种奖项，在电影界引起了极大的轰动。这次与山西厂合作，一见到马烽、孙谦的本子，他就拍案叫绝，连声叫好。

因北影年轻导演随意改动剧本，《几度风雪几度春》最终放弃了拍摄，事后马烽、孙谦发过"我们的本子不能改"的狠话。但从文学本子到真正拍摄，有些地方还是需要作一些改动。赵焕章采用对分镜头剧本提意见的办法，把两位请到上海共同研究。

马烽、孙谦写出剧本初稿时，拟定的片名叫《一个退伍兵的家事》，孙谦想到了延续《我们村里的年轻人》的片名格式，就和马烽商量采用《我们村里的退伍兵》，想给观众形成农村系列片、姊妹篇的感觉。

但是在赵焕章写分镜头剧本的时候，却想到要把这个剧本纳入到他导演的农村电影系列中，套用《咱们的牛百岁》格式，想把片名改为《咱们的退伍兵》。当他把修改片名一事与马烽、孙谦沟通时，万万没想到竟痛快地同意了，马烽说："导演要进行二度创作，可以改嘛！"孙谦则说："只要能拍出农民喜爱的好片子，怎么改都是可以的。"

在研究中，孙谦、马烽不仅同意赵焕章的若干修改意见，又给剧本贡献了不少金点子。孙谦有一股倔脾气，他只服气有才情的导演，对剧本合理的修改，正如同他所说的，"怎么改都是可以的"。

在电影实景拍摄过程中，孙谦和马烽多次深入摄制第一线，协助处理遇到的各种麻烦。有位山西籍的老演员，由于某种原因提前离开了剧组，返回了太原。侯慧茹很是着急，因为还有两场戏没有演他就走了，她想请二老说服这个演员再来，继续把戏拍完。没有想到，马烽却说："不用去叫了，后边他的戏又不多，让导演将他的台词适当转放在别的角色上就可以了。由导演处理决定吧。"他俩对导演、对制片特别信任，虽为名家，却从来不摆架子。

拍摄期间，曾遇秋雨连绵20多天，既不能拍戏，又难以支撑伙食，还不断地发生车祸。发电车被撞坏了，摩托车也被撞坏了，男一号演员汪宝生被撞伤了。马烽、孙谦得知这些消息后，不辞辛劳及时赶到拍摄基地沁源县马森村，勉励大家树立信心，克服困难。

有一次，马烽、孙谦来时，恰遇拍摄方二虎在河里倒立与洗衣服的任水仙对耍一场戏，这时天气已经转冷，演员汪宝生除穿一条小短裤外，再没有别的衣物挂身，而且还要长时间的在河里倒立着与任水仙答话。当拍摄结束，孙谦像对待自己的孩子一样，着急地让人赶快给汪宝生身上擦酒。中秋节时，他们又送来了几箱月饼，发给了每位演职人员。马烽、孙谦的关怀，使在场的演职人员无不感动，最后剧组只花了七十多天就杀青，赶在了1985年底前顺利上映。

在电影上映不久的一天，赵焕章接到了上影厂领导打来的电话，说中共中央总书记胡耀邦要接见《咱们的退伍兵》主创人员。赵焕章处在极度兴奋的状态中，出于保密，只把消息告诉了剧组的少数几人，当天他一夜未眠。

1986年1月21日晚，赵焕章带着他的新影片《咱们的退伍兵》和主要演员汪宝生、丁一等，一起被请进了中南海。赵焕章向胡耀邦汇报了影片的创作主旨和拍摄情况，在放映机喷喷喷的转动声中，胡耀邦和身边工作人员，饶有兴趣地看完了影片。胡耀邦然后点燃一支香烟，和大家一起谈情节、谈演员、谈观感。

胡耀邦高兴地对赵焕章和剧组人员说："很好，很好！影片对百万退伍兵是个表扬和鼓舞。希望你们多拍些现代题材的影片，多拍些农村片，要鼓舞人们搞四化，搞两个文明建设。在一段时间里，一部分同志指导思想不清楚；武打片、惊险片不是说不可以搞，但把主要精力放在这方面是不对的，这是个严肃的社会责任感问题。"

在胡耀邦接见后，赵焕章第一时间打电话给马烽、孙谦，传达了胡耀邦对这部电影的赞许，以及对今后电影创作的希望和要求。随着电影的上映，很快在全国城乡引起了极大反响。影片先后荣获了1986年第六届中国电影金鸡奖特别奖、第九届电影百花奖最佳故事片奖、最佳男配角奖（陈裕德）等八大奖项。

对于农村题材的电影创作，在孙谦离休之时，他就和马烽交换过意见，要把他们俩多年对农业问题的看法，和这些年农村访问中收集到的人物素材，通过系列作品的形式，逐步呈现给广大观众。在《咱们的退伍兵》进入拍摄后，孙谦和马烽就开始了下一部电影的创作，就在《咱们的退伍兵》上映之际的1986年春，他俩完成了又一部名为《山村锣鼓》的剧本创作。1988年初，他们完成了第三部农村题材的剧本《黄土坡的婆姨们》。他们把《咱们的退伍兵》《山村锣鼓》《黄土坡的婆姨们》是当作农村三部曲来写的。

《山村锣鼓》延续了《咱们的退伍兵》的创作思想，讲述的是知识青年费成树被群众选为"红土沟"的村主任，接手的是"一张桌子、一个戳子"和三万元外债的烂摊子。他在群众的支持下，因地制宜创办了集体企业，给"红土沟"带来了新的希望。

谈到这个剧本的写作目的时，孙谦说："农村要想发展，只靠搞农业是不够的。这是因为一来耕地逐年缩小，二来土地肥力逐年削减。

农业的欠缺，必须依靠工副业来补。但要搞工副业，单靠一家一户的力量是远不够的，必须依靠集体。"为此，孙谦、马烽在影片中塑造了一个高中毕业的年轻人，宁愿放弃升学就业机会，在本村当起了村委主任，领导人们搞副业，走共同富裕的道路。剧本歌颂的是一种服务精神和献身精神。

《黄土坡的婆姨们》是继续了《咱们的退伍兵》和《山村锣鼓》的创作思想，描写一个叫"黄土坡"的村子里，汉子们都拉着牲口外出挣钱去了，村里的土地因无劳力、无牲畜不能耕种，青年妇女常绿叶挺身而出，用准备盖新院子的钱买了拖拉机，帮乡亲们耕种；又与几户老弱妇孺组织起来成立联合体，搞集体承包。

对于这部电影的创作，孙谦是这样想的："农村繁荣了，并不是就没有问题了。比如粮食生产问题，好些农民开始不愿种庄稼了，觉得打下几颗粮食卖了挣不回几个钱，不如搞别的，象经商、跑运输、贩个牲口什么的。我认为，发展农村商品经济，主渠道还应当是土地上面的商品经济，也就是种植业和养殖业。这个问题如处理不好，是要出大问题的。"

出于继续支持本省制片厂的愿望，《山村锣鼓》完稿后，自然又是先交到了山西电影制片厂。以往由于和大制片厂合作的诸多麻烦，山西厂对于《山村锣鼓》，决定克服困难自力更生独立拍片，影片合成后一次性地由中央电视台收购，并在黄金时段连续播放多次，深受广大观众的好评，获得了好的经济效益与社会效益。

毫无疑问，孙谦、马烽他俩的剧本，不论在那个大电影厂拍摄，都是十分重视而又倍感光荣的事，更何况在一个小小的山西厂。受赵焕章"农村三部曲"的启发，当《山村锣鼓》进入拍摄阶段时，侯慧茹提出一个愿望，希望二老能再写一个剧本，这样既实现了二老的"农村三部曲"，也可以实现山西厂翻身的"农村三部曲"。

正所谓树大招风，令人没有想到的是，《黄土坡的婆姨们》剧本写出来时，有人向文化部告状写了山西厂的匿名信，说山西这么一个小厂子，你们违反文化部的明文规定，把孙谦和马烽写的剧本占了又占，眼里还有没有文化部？最后，只好由山西电影家协会与北京电影厂合作拍摄。

北影导演董克娜拍摄《黄土坡的婆姨们》时，文艺界的朋友们劝她说："农村片现在没有市场，不受欢迎，拍这种片子吃力不讨好。"所以在影片拍摄过程中，董克娜一直忐忑不安，影片完成后，她专门到北京郊区的大兴县黄村和四季青乡做放映调查，几千观众完全被影片的故事情节和人物命运所吸引，观众屏声敛息，忽然欢快的笑声震动全场，又爆发出一阵阵的热烈掌声。

孙谦、马烽的农村三部曲，虽然得到了农民朋友的喜欢，但当时电影界也有人提出了一些质疑。有人说，退伍军人回乡题材，中学毕业回村题材，农村领头雁题材，共同致富题材等等，这些在孙谦、马烽以前的电影中，已经一再出现，有的说写的都是"政策戏"，有的说剧本"概念化""艺术手法陈旧、雷同"等等。甚至《咱们的退伍兵》参加第六届金鸡奖评奖时，也有不少评委指其缺乏新意而激烈争论。金鸡奖毕竟是专家评奖，不同于百花奖的大众投票，胡耀邦总书记对这部电影的肯定已经摆在那里，持不同意见的一些评委只好服从大局，最后还隆重地给了个特别奖。

事实上，孙谦、马烽三部曲真正的意义在于，通过片中主人公的奋斗故事，暴露了改革开放初期巨大变革的背后，农村、农业和农民生产生活中存在的矛盾和问题，反映了两位老作家对深化农村改革的热切期望。这些矛盾和问题，至今仍然不同程度存在，至今被大家诟病关注，他们在作品中所有的思考和提醒，至今仍然有现实价值和深远意义。站得高才看得远，他们早在三十多年前就那么写，体现的是一名共产党人的社会责任和人民情怀，彰显的是他们作为人民作家的文学思考和高瞻远瞩。

写完《黄土坡的婆姨们》之后，由于年事已高，孙谦没能再写长篇的电影剧本作品了。虽说他和马烽要跑遍山西各县的愿望没能实现，此时也大概跑了90多个，应该说也算差不多了。

6. 访日的豪饮与访美的惊讶

《咱们的退伍兵》1986年全国上映后，不仅荣获当年金鸡奖、百花奖，也成为了当年中日电影交流活动的观摩影片。

1983年11月23日之后一周的时间，中共中央总书记胡耀邦访问日本，双方一致同意成立"中日友好二十一世纪委员会"。在中日两国互信往来快速升温的大背景下，中日两国也建立了电影文学交流机制，孙谦的老上级、中国影协主席林杉与日本方面商定，开展双方文学交流活动，从1984年开始，轮流互访，每年一次，双方提供当年各自生产的优秀影片进行观摩研讨。

1984年是第一届活动，双方商定首先日访中，第二届1985年便成为中访日，第三届1986年又是日访中。因为《咱们的退伍兵》参加了第三届的交流研讨，所以1987年10月，孙谦作为中方成员，赴日本参加了第四届双方电影文学交流。代表团团长是孙谦在电影剧本创作所的老同事于敏，代表团成员除了孙谦外，还有张天民、艾明之、汪流、张笑天、张弦、毕必成等，共八人。

第4届电影观摩活动在日本电影协会的会议室进行，日方介绍了日本电影的现状，我方介绍了中国电影的概况，会场讨论热烈，交流气氛融洽，孙谦谈了电影创作的体会，态度诚恳热情，说话幽默风趣，甚得日本朋友的好感。日本剧作家铃木尚之的作品《饥饿海峡》，在交流中作了重点观摩，受到了两国代表的一致称赞。

铃木的妻子开了一个风味酒馆，凡中国代表团到访日本，铃木都会请到他家的小酒馆里，好酒好菜自不必说。孙谦一行受邀到访，酒店内热情洋溢，气氛热烈，相谈甚欢；席间酒逢知己，性情中人的孙谦忘形痛饮，每次总是先干为敬，铃木为尽地主之谊，也不甘示弱；几巡过后，孙谦沉沉已醉，险些就地打横，若非大家搀扶，是上不了汽车、回不了宾馆的。

整整一个下午和晚上之后，孙谦醉酒才醒，天刚刚泛白，他就起床洗漱，敲开了团长于敏的房间，连连道歉说："昨天失态了，真是很不应该，你该怎么处分就怎么处分吧。"于敏笑着说："你快算了吧，用得着你那么自责？日本人最喜欢你了。"

从饮酒的豪爽，到酒后的自愧，让我们看到了孙谦的本真率性、平易近人和心底无私。于敏在晚年写的回忆录中，称他是"纯厚、真诚的山西土豆子作家"，"一个知心朋友"。

酒品就是人品。美酒飘香，开怀痛饮，彰显的是孙谦内心纯净、视友如己的一份真情。说到喝酒，他的老伴王之荷讲，当年在北京电影剧本创作所时，孙谦出席朝鲜大使馆宴会，到最后，他喝得酩酊大醉，失态不雅。王之荷常和他为此生气别扭，并嘱咐他身边的朋友多加关照，别让孙谦喝酒太多。

西戎在一篇文章中说："老孙的老伴埋怨我们关照不周，岂不知孙谦是个既憨厚又实在、也是最容易动情的人，只要他动了真情，那就必醉无疑了。孙谦一生，最大的嗜好就是饮酒，和他相处较密的朋友，都知道他喝酒量大，一顿半斤不醉。他为人憨厚，酒德也好。和他一块儿喝酒，情真意切，也无多少客套自谦，举起酒杯，一口吞下。因此，他在宴会上总要被人灌得酩酊大醉而归。"

孙怀珍也曾对笔者说："我大哥喝酒非喝醉不行，抽烟是一根接一根。他那一年到了苏联，酒已经喝多了还在喝，把人家的杯子也打烂了，他几乎走到那里喝醉到那里。有一次在家里面喝酒，把酒瓶也摔烂了，他还大喊'再拿酒来'，我说我给你把酒瓶子拿走。我把酒瓶子藏起来，让他想喝也喝不成。"

太原有一种风味小吃叫"头脑"，据说是明清大家傅山先生发明的，吃"头脑"佐以黄酒才更好。孙谦爱屋及乌，因酒而嗜，常去饭店吃"头脑"。评论家、作家李国涛说："府东街路南有一家永庆园饭店，离作协很近，大家都常去那里吃头脑。我一早去，见店里的火炉刚生起，还有木柴的烟气。但孙谦已坐到他的老位子，就是靠厨房门的一张桌。他还一定再要上二两代县黄酒，喝一大半，留下一少半浇到头脑汤里。这也说明他的酒量之大之好。"

孙谦稿费不菲，工资不低，但生活上却非常节俭，穿衣吃饭从不讲究，宁可亏了自己的嘴，也不能亏了同事的脸、朋友的心。一旦有亲戚朋友、故交文友来访，他总是隆重热情，毫不吝啬。1980年中秋节当天,杨啸、张长弓、王致钧等内蒙古作家代表团经西安来山西作协访问,因为都是1973年同在北影写电影剧本时的同行老朋友,孙谦和马烽力尽地主之谊,予以热情款待,当时太原的汾酒脱销,宾馆没有汾酒存货,孙谦忙将自己家中珍藏的汾酒拿来席上,引得草原文友举杯壮饮,宾主频频互敬,酒店内欢笑不已。

其实喝酒对于孙谦来说,可不仅仅是私人生活嗜好,在很大程度上和他吃安眠药一样,是借酒助眠、恢复体力。几十年的创作习惯,白天他一般是上午写东西搞创作。但凡有创作经历的人都知道,文人们创作主要是靠晚上开夜车,而孙谦则一般熬到夜里一两点钟,超过这个时间就不敢再熬了,怕第二天支撑不起来,可夜里躺下后又睡不着,只好服点安眠药才能睡四五个小时。他还有个习惯,中午的这一觉那是必须得睡,但必须喝点酒才能睡稳,不这样,晚上就不能熬夜了。这是他几十年的习惯了。

孙谦的另外一个嗜好就是吸烟、喝茶。孙谦家有三女,三个外孙分别叫做陶陶、乐乐、佳佳。有一年过春节时,孙谦贴出一副对联,上联是"不羡五福惟嗜烟酒茶",下联是"甚爱三女更喜乐陶佳"。对孙谦的烟酒观,张石山在《凡人孙谦》一文中写到:"老孙好吸烟。听说赵树理待客中华烟,自个抽一毛五一包的绿叶烟;老孙待客也是好烟,自个抽烟抽那种黑棒烟。说是这烟劲大。黑棒烟果然劲大,也果然便宜。老孙爱喝酒。平常家里吃饭,也闹两盅烧酒喝喝。老孙不喝汾酒,只喝高粱白。甚至不喝瓶装酒,要打更便宜的散装白酒。老孙自个过日子节俭,对学生作者却向来慷慨大度。老孙从日本出国访问归来,特别把我叫到家里,很隆重地赠予我一盒三五牌的香烟。一盒烟,值什么呢?那是一份珍贵情谊。"喝酒抽烟虽是生活常情,却能看出一个人的为人态度和处世哲学。

中日两国的这项电影互访活动,一方面是艺术交流,也安排一定的参观游览时间。这次中国代表团在日本,会议地点在东京,之后还去了九州(福冈、佐贺)和广岛、京都。在九州,他们重点考察了煤矿和陶瓷。孙谦说:"此次赴日,很想到农村看看,我想了解一下发达国家农民的生产和生活状况。但在我们八人代表团中,有此要求的人，恐怕只有我一个，我怕'触犯众怒'，没有向日方提出请求。"

尽管如此，孙谦仍然从和日本朋友的交谈以及"坐车观花"的途中，管中窥豹地看到了一些情况。让孙谦惊讶的是，日本的煤田看不到煤，农田见不到人，他就像刘姥姥进了大观园，看得目瞪口呆，觉着处处新奇。访日归来后，孙谦写了一篇散文《访日归来话沧桑》，发表在同年12月的《山西日报》。

孙谦在文章中提醒我们，日本从中国进口煤的价格比日本煤便宜一半，我们要重视原煤的粗加工和细加工，"我曾提倡过土法炼焦。马烽和我合写的电影剧本《咱们的退伍兵》便是例证。……但要长期下去，就会毒化了我们赖以生存的空气！"经济的可持续发展、产品的高附加值以及生态环境保护等等，这些我们刚刚才引起重视的问题，孙谦早在30年前，就向我们提出建议和警告了。

从"农业学大寨"运动过来的孙谦，对于日本农业的发展甚为惊奇，对我国的农业现状更是感慨不已，他说："我们不能走只种粮食那条单一经济的老路。应努力发展树、果、畜、蛋、菜的生产，对一切农产品的精加工，是农村走向富裕之路的最佳选择！"日本之行，让孙谦开阔了眼界，增长了见识。之后，山西作协每有外国作家代表团来访，他都积极参加，寻机学人之长。

此时的山西文坛，五老"统治"的时间挺长了，在文联、作协分家后，李束为担任了文联主席，西戎担任作协主席。到1988年年底，山西作协换届选举，老作家扶植下成长起来的一帮年轻作家，在正式投票的时候却调转了屁股，把计划连任的西戎给"凉"在了一边。山西文坛"两座山"的张石山、韩石山称之为没有良心的"背叛"。年轻人的反叛，大大出乎马烽和西戎的意料，原本对于李束为离休后，让胡正主政文联的想法，也因这次作协选举的失手，让马烽彻底失去了自信，马烽说："在这边丢人了，别再到那边丢人了。"

孙谦参加革命的早年虽然当过组长、排长，但他自觉"不是当官的料"，从无官本位思想，习惯于与世无争、一身清净，他的态度一直是，顺势而为，力所能及，无官是福，他只专心于文学创作和各种社会活动。但这几年年龄渐长，所以一旦稍有劳累，就不免生病住院。

1988年12月1日，孙谦在写给侄子孙利华的一封信中说："信收到。我已出院，到北京和在太原参加了四个会，身体没出毛病。全家皆好。陶陶已入美国学校四年级，语言关尚未过好。"

晚年的孙谦也好，马烽、西戎也好，虽然退出了一线，但离而未休，老骥伏枥。就在这一年，他和马烽的《黄土坡的婆姨们》投入拍摄，夏天还去了离石外景地探班慰问，加上连续参加各种会议，以致身体吃不消、扛不住，生病住了八个月的医院。在亲人们的"问候"下，他以"已出院""身体没出毛病""全家安好"报喜不报忧之类的简洁语言回复。信中所说的陶陶是孙谦大女儿的孩子，大女儿全家定居美国。

上述短信是孙谦写在《黄河》杂志1988年第4期的目录空白处的一份特别家书。

孙谦的三弟一家住在老家南安村，受孙谦诗书传家的影响，他的一帮侄子也都爱看书、好阅读。在十一届三中全会之后，每当山西作协新的一期《山西文学》《黄河》出刊发行，孙谦就在给侄辈们寄去杂志的同时，在当期的扉页写上一封短信，然后把杂志邮寄到文水老家南安村的三弟家，亦书亦信的杂志就有了一举两得的作用。

孙谦在《山西文学》1989年第6期上，照例在扉页空白处写信道："利华：太原交通还好，供应亦充足。全家安好，小菲在京亦平安。"小菲是孙谦的小女儿，在中央人民广播电台上班，1989年6月是北京风波的非常时期，各大城市的正常秩序受到影响，孙谦怕在农村的亲属们挂念，特意写了这封"言简意赅"、一目了然的家信，以报"平安"。

1989年9月16日，文水县文联召开成立大会，家乡的领导邀请孙谦回乡参加盛会。当日，孙谦坐在主席台中央的位置，用一口地道的文水土话讲话："我是文水人，在外面工作五十多年，对家乡很思念，感情很深。希望大家走民族化、大众化的创作道路，写出我们家乡的生活气息。"他向县文联赠送了新出版的《马烽、孙谦电影剧本选》和1964年出版的小说集《南山的灯》。浓浓的乡音乡情，满满的嘱托期待。

会后，孙谦和王之荷回了一趟南安村。对此，在《山西文学》1989年第10期上，孙谦又以短信的方式，向远在洛阳的侄子孙利华做了通报："信收到。九月十六日，我和你大娘趁到文水开会之便，回了一趟老家。夏收很好，秋禾受了点旱，但还可以。枣子无收成。你父母精神挺好。……你的工作岗位易遭污染，自己必须时刻注意，绝不可作违法的事情，宁可生活过得苦一点，千万别干使良心受愧之事。"

孙谦这封不长的家信，不仅洋溢着他的农民情结，也充满了长辈对晚辈的关爱。因为孙利华从事的是工商执法工作，孙谦在信的最后特别叮嘱他，从政要廉洁守法，做事要问心无愧。

不久，孙利华回乡探亲，孙谦又当面"教训"道："今天我要和你讲清楚，工作上一定要认真负责，不准你见钱眼开，以权压人，吃拿卡要，随便收人家的东西，办对不起祖宗、给祖宗丢脸的事；再给你加一条，不准打着我孙谦和马烽的旗号这呀那呀的。"孙谦对亲属的教育，和当下个别为官者的所作所为是多么大的反差！

孙谦在《黄河》文学期刊1990年第4期扉页上，写了这样一封信："奶奶忌辰是阴历七月初七。今年为阳历八月二十六日。"这封信没有收信人的抬头"称呼"，也没有最后署名和写信日期。孙谦的母亲于1987年去世，1990年8月26日是三周年祭日。对于这样重大的孝祭活动，对在外地的一个个晚辈，孙谦通过特别家信的方式一一提醒，属于"短信群发"。

1989年12月，马烽接受组织安排，赴北京担任中国作协党组书记。几十年的孙谦、马烽"二人转"模式，此后五年时间内，孙谦便"沦落"为"单干户"，参加的社会活动也比平常多了起来。

1990年9月，中国电影家协会选聘孙谦为"第十届中国电影金鸡奖评委"。金鸡奖是中国大陆电影界权威、专业的电影奖，系因创办于农历鸡年的1981年而得名。从曾经的"受奖者"到当下的"评奖人"，孙谦凭借他在电影界的影响和实力，完成了他电影人生的华丽转身，和于敏、于蓝、王炎、石方禹、余倩、郭维、徐桑楚、武兆堤等电影界"大腕"级专家，一同开始了金鸡奖的评选工作。

经过评委在北戴河集中封闭的观片、细致认真的评选，1989年上映的电影中，《开国大典》获得了最佳故事片、最佳编剧奖、最佳男配角奖三项大奖，张天民和张笑天，以《开国大典》编剧的身份，成为了此次金鸡奖的最大赢家。

孙谦对这部影片的评价是："从剧作讲，这是个重大题材，我写不出来这样大气派的作品。从作者、从革命历史题材看，都有突破。影片达到了相当的高度。除了导演把大量的历史资料与情节结合得很有机之外，他的细节描写、人物塑造也很成功。"

对参评的故事片《哦，香雪》，他认为："我很爱看农村片。对王好为、李晨声两位坚持拍农村片很佩服。现在很多创作者不愿意到农村去拍片，而他们……能够坚持到农村去，搞农村题材，很不容易。"

孙谦对这次参评的每一部故事片以及儿童片、新闻纪录片、科教片、美术片都有非常认真、专业、客观、详尽的评论发言，他以一个作家的眼光看待电影作品，不玩名词术语，语言通俗易懂，发言一针见血，可以说是一个具有独到眼光的评论家。

不论是评委中的朋友，还是获奖中的同志，既有孙谦当年工学队的战友王炎，也有剧本创作所的同事于敏，还有同是1954年访苏代表团成员的郭维，以及曾在北京电影学校讲课时的学生张天民、余倩……看着一个个熟悉的名字，孙谦既有峥嵘岁月稠的感慨，更有后浪推前浪的激动。在他的眼里，这次评奖最大的赢家，不单单属于手捧金鸡奖杯的获奖人，更属于与时代同行的每一位电影人。

在孙谦之后，中国电影家协会的孟犁野，从1992年开始，连续六届担任金鸡奖评委；孙谦和孟犁野，成为了"金鸡奖"评委中的"文水双星"。一个县，出了两名金鸡奖评委，不仅在山西，在全国也是少见的。

1991年3月27日，在1991年第4期《山西文学》扉页的页眉空白处，孙谦写信给侄子孙利华："谢谢你来电话问讯！我们四月二十五日飞美国，大约三个月后回来。看来，你赠的唐三彩带不上了，因为美国海关要上很重的税。我们走后，你四妹来照护乐乐。祝全家安好。"

因定居美国加州旧金山长女一家的邀请，孙谦和老伴要去美国探亲。临行前的几月，已 71 周岁的孙谦开始恶补美国的相关知识，他阅读了大量的美国文学著作和有关文史资料，做了厚厚的几本笔记，还记下了许多常用的英语单词，甚至标注上汉字不住地练习发音。

到美国后，孙谦夫妇饶有兴趣地参观了美国的博物馆、植物园、学校、大自然公园，穿行在繁华的现代化都市，美国高度发达的经济、文化、法制、科技和交通等各个方面，令他惊讶连连、目瞪口呆；和美国斗了那么多年，几十年坚信不疑的美帝国主义"垂死、腐朽、没落"的论点，国内曾经宣传"敌人一天天烂下去，我们一天天好起来"的口号，被他在不长时间里的所见所闻，击了个粉碎。

在城市几次游览后，孙谦充满好奇地提出要到美国农村看看，他去了附近的农村赶集，了解当地农民的耕作方式、文化习俗和风土乡情。不论是邻居还是路人，不管是白人还是黑人，他用打手势的方式与之交流，口中还不时蹦出几个英语词汇来。

一段时间后，满怀纯真的孙谦已经融入了当地人的生活。邻居出外旅行时，请他帮忙浇花看门，附近的小孩尽情地和他嬉戏玩耍，来自韩国的访问教授和他交往几次后邀请他去韩国作客。

王之荷说："在美国跟大女儿一家生活了一段时间，觉得还是回来的好。"从美国回来后不久，孙谦于 1991 年 9 月 26 日，在 1991 年的第 5 期《黄河》杂志扉页，给孙利华写了一封简短的赴美"总结报告"："你父亲近日来过，身体状况良好；我和你大娘在美国没闹病，回来后也没闹病。"

在写这封信之前的 9 月 22 日，正是中秋佳节，孙谦接到通知，五战友在山西作协院内集中，要去参加一项活动。马烽、西戎、束为、胡正早已来到大院集合，而孙谦则穿着女儿美国买的"夹克"装，最后一名急匆匆地从家里赶到；大家好奇地看着他的"夹克"服聊这聊那，扯着扯着孙谦讲开了在美国的种种见识和趣闻，谈兴正浓时，马烽忽然冒出一句："别扯闲话了，老孙，你倒是说句真话，依你看，美帝国主义究竟是不是纸老虎？"孙谦立马接话："不是纸的，是真老虎！真老虎！"大家哈哈哈地被逗笑了。

此时，正在一旁的山西省作协摄影师曹平安，端着相机对准了焦距,"咔嚓"一声来了一个抢拍。这张题为"文坛五战友"的照片洗出后,大家都惊呼"太经典了""太传神了",后来被《山西文学》和《黄河》两大刊物选中,分别做了1992年第5期、第3期的封底。

1991年中秋节"文坛五战友"在山西作协(从右至左:孙谦、马烽、李束为、西戎、胡正)

7. 荣享"人民作家"与束为魂归吕梁

回顾一生所走过的路,孙谦说:延安文艺座谈会上"毛主席的'讲话',是我走上文学、戏剧、电影创作道路的真正引路人。……它的原则精神不仅照亮过我走过的路,还将照亮我未来要走的路。"毛泽东的"讲话",对于中国文学艺术的发展,在孙谦那一代人的心头,就是茫茫海上的一支航标灯。

1992年4月,中共山西省委、山西省人民政府授予马烽、西戎、李束为、孙谦、胡正等五战友以及王玉堂、郑笃"人民作家"称号。孙谦等山西解放区作家,在腥风血雨的战争岁月上路前行,在改革开放的伟大时代功德圆满,他们展示中国农民的面貌,展现中国农村的变革,以一部部辉煌不朽的文学作品,赢得人民的尊敬理所当然,"人民作家"的称号实至名归。

1992年5月,是毛泽东"讲话"发表50周年,恰逢"山药蛋派"

五作家马烽、西戎、李束为、孙谦、胡正文学创作50周年。山药蛋派五战友50年坚守的风雨征程，是一个值得总结的长途行军。在这一历史时刻，中国作家协会和山西作家协会在太原召开了"五老作家创作五十周年学术研讨会"。

在研讨会上，中国作家协会常务书记葛洛代表中国作家协会讲话："五十年来，五位作家以他们的全部创作生涯说明，他们首先是革命战士，首先是共产党员，然后才是作家。他们真正做到了为文为人的一致，作品人品的统一。"山西省委宣传部部长张维庆说："他们永远忘不了自己是人民的作家，首先是党员作家，因此，他们总是尊重人民群众的愿望和利益，总是站在党的立场上。"

是啊，他们做党员比当作家的历史要长了许多，在他们还远远没有懂得"作家良心"为何物的时候，"党性"却早已成为了他们的最高精神追求，挂给他们绶带上写的是"人民作家"称号，流淌在他们笔下的、刻在他们心里的，是鲜明的"党员作家"标志。作家周宗奇在评价马烽、孙谦等"山药蛋派"作家时，说了一段颇有深意的话：

在一部漫长的中国文学史上，还从来没有出现过这种现象：一个政党（或一个政治派别、一股政治势力）能够清醒地、竭尽全力地、不惜代价地搜求、吸引、培育、训练一批文学英才，以规范化的写作信条和方法，去为实现自己的政治纲领而奋斗不息。但中国共产党做到了。它以一部"讲话"为指南，在延安及其各个抗日根据地那样一种极为艰难困苦的环境中，居然造就出一大批才华各异而忠心不二的新型作家、艺术家，那么步调一致，那么自觉自愿，那么胜任愉快，那么毫不怀疑地认定搞文艺创作就只能这样搞。当作家艺术家就只能这样当，最后终于建立起无愧于自己的党、无愧于自己所处时代的煌煌业绩，并一直延续到现在，始终占据着中国大陆主流文学的地位。这真是一个空前绝后的文坛奇迹！且成为现当代文学史上永远无法划掉，无法替代的篇章。马烽先生等"五战友"，就是创造这种文坛奇迹的人物之一。

真要以流派学的观点论事的话，（山药蛋派）倒不如叫"讲话派"更为准确一些。不管将来它在中国文学史上的地位如何，有一点可以肯定：比起历史上那些由几个人、十几个人、顶多几十个人所兴起的什么"花间派"啦，"公安派"啦、"桐城派"啦等等，中国共产党所兴起的这个"讲话派"，不论人数之多，独特性之强，影响之大，都是无与伦比的"巨无霸"。

孙谦这一代山药蛋派山西作家的创作历程，是沿着"讲话"所指引的方向，不断深入生活，跟踪时代的步伐，谱写历史篇章的五十年。在五十年的创作生涯中，孙谦用一篇篇充满泥土气息的小说、电影文学剧本以及散文、报告文学、戏剧等，为我们描绘了半个多世纪新中国的政治轨迹，反映了中国农村的伟大变迁，折射了那年那月的人物风云，抒发了那一代作家的人生思考，可以说是一幅壮美的断代历史和时代长卷。

山西省青少年报刊社，正在策划一次山西省"人民作家"称号获得者的庆祝仪式，一来向马烽、孙谦等功勋卓著的先辈表示敬意，二来以此激励全省的青少年向老一辈学习。仪式上，只见孙谦等七老身披绶带、手捧鲜花、笑容可掬，整个会场热情洋溢、隆重热烈、暖意融融。仪式结束后，参会的年轻人纷纷和孙谦等七老合影留念。孙谦在下楼的时候，却拍了拍山西青少年报刊社社长张不代的肩膀，既语重心长、又充满嘱托地对他说："诗人，张不代，搞什么名堂？！再怎样庆祝再怎样希望，我们这几个人也是秋后的蚂蚱蹦跶不了几天了。以后可要看你们的了，拿出好东西来！"他对新生代充满了希望和期待。

在孙谦的内心，他惦记的不是"更喜岷山千里雪"的曾经，更在意的是"沉舟侧畔千帆过"的新景。1992年3月，孙谦为《小学生之友》杂志的小读者题词："读书如同种田，辛勤才能丰收。"并为该杂志写了专稿《买书记》，以自己亲身的体会，告诫小学生读者要勤于读书，莫辜负大好时光。在《文学贵创新》一文中，孙谦更对青年一代寄予厚望："一切都得靠自己艰苦探索和不断创造。中国的老一代文学家是有所作为的，中国的青年一代将更有所作为！"

为了繁荣农村题材小说创作，1992年4月，《文艺报》《山西文学》在北京共同筹办农村题材小说研讨会，邀请在京著名文学理论家、评论家以及擅长农村题材的作家出席。已经 72 岁的孙谦，在《山西文学》的同志登门邀请时，一听说是农村题材的创作研讨，完全忘记了高龄和远途的不便，他欣然接受。白天乘车到京后，便连夜赶写发言，在会上畅谈创作箴言。

为了对自己有一个回忆性的人生总结，在纪念毛泽东"讲话"发表 50 周年之际，孙谦陆续写了一系列散文，回忆了他一生中有深刻印象的记忆片段，有战斗生活的《忆北上晋西北途中》，延安学习的《一件山羊皮短大衣》，入党经历的《紫团洞，紫团洞！》，而更多的则是回忆家乡童年少年生活的散文，像《买书记》《小货郎迷路》《演戏及其它》《忆二弟》以及思念亡故父母的《闹红火——缅怀俺爹》《红裤带》等等。特别是遇见来自文水的乡亲和领导，他都会主动地介绍说："我是文水人。"从中我们能感受到他作为早年离乡游子的一腔乡情。

因为人到年老，便忆往念旧、同病相怜。在 1993 年《山西文学》第 2 期的扉页上，孙谦写信给孙利华："信收到。谢谢。你大哥前天来过，说你父母身体好转，家人安康。《黄河》缩小赠刊，不能给你再寄了。"晚年的孙谦，特别牵挂老友、兄弟、家人以及晚辈，关心他们身体怎么样、学习怎么样、工作怎么样，就连《黄河》杂志不再邮寄这样的小事，他也不忘及时说明。

小孙谦四岁的三弟孙怀玉，也近 70 岁了，习惯了隔段时间到太原给终年忙碌的大哥送点时令菜，看看大哥身体好不好，拉拉家常，给大哥解解闷。

孙利华、孙利强给我讲过一件事情。有一次，在去太原看望大哥的时候，三弟以商量的口吻，顺口说了一个请求。三弟说："大哥，你现在忙不忙？我想到一件事，想和你商量商量，不知妥不妥。"

看着三弟小心的样子，孙谦说道："你说么，咱一家人有啥吞吞吐吐的？"

三弟说："咱弟兄俩也都老了，生老病死谁都免不了，咱也别避讳。我总想早早地和你商量一下咱家祖坟的事，农村墓葬讲究'携子抱孙'，你百年后要葬到咱爸咱妈的墓前，长子在怀前，次子排后边，你在父母膝下埋，我们靠边排，然后各自的儿子又分别排在各自父母的脚下，这是老人们留下的规矩。"

孙谦说："对呀，这我是知道的。"

三弟说："可是我们这个大家庭有个特殊情况么，你家只三个闺女，可我家儿子五个、女儿五个，你也知道咱家的那块坟地，地块窄，我将来百年后，我脚下的五个儿子可是放不开、埋不下啊，包产到户后两边的地都是别人家的，这可没办法了。"

"那你的意思是？"孙谦问三弟。

三弟吞吞吐吐地说："我的意思是，将来咱俩百年后，入葬的位置咱弟兄俩就调换了吧，这样的话，将来我的儿们在我脚下就能排开了，你呢不受什么影响，我儿子们的问题也解决了。就这么件小事。你同意不同意，你决定，我听大哥的。"

三弟说完后，孙谦凝神坐在那里，好久没有说话，只顾自己抽烟。三弟见大哥不说话，心想：这下坏了，赶忙说："大哥，我随便说说，就当我没有说。我也是闲说。"在午饭的时候，三弟再也不敢吭声了，也没吃好饭。三弟和大哥商量想让他将来百年后"靠边"的建议，一时让孙谦特别为难，不知该怎么应答。

对于下一代人眼里的孙谦叔叔，苏光的儿子张小苏说："他是唯一让我不会敬而远之的长辈。敬而不畏，则更敬爱、更亲近。1982年，我在影协所属杂志当编辑，常参加金鸡、百花奖颁奖活动，陈荒煤、钟惦棐等电影界前常向我问及孙谦叔叔近况。我们杂志社早想请他为我们的杂志写点什么，我的领导让我出面，仗着我小时候的面子找找他，我建议他写他自己是怎么开始写电影，并对想写电影的年轻人说点什么。不久，他打电话来说可以来取稿子了，他说'你看看，行不行？'回去后编辑部从上到下，每人看了一遍，个个叫好！这篇名为《追记一次谈话》的文章隆重推出，发表后，受到众多读者的欢迎，还提高了我们刊物的档次和地位。"

李束为的儿子李丁说："小时候文联的长辈里我最喜欢、又最'害怕'的是孙谦叔叔，他完全没有架子，一脸的褶子，对孩子都是笑眯眯的。上小学的我放学回家，常在胡同里被他截住，一定要摸小鸟后才放行，非常害怕，其实想想有啥，摸就摸呗，可那时不行。所以我想，他一定很喜欢男孩子。"

当年南华门省文联大院里的小子们，哪个没有享受过这样的"待遇"？遇到三个一群五个一伙的小男孩们，孙谦就像抓小鸡的老鹰似的，突然下蹲，双臂横移，逮住一个抱起来，然后乐呵呵地摸小鸟、掏鸟蛋，再用他的胡子茬，蹭得嘎嘎地笑着、扑棱着双腿，最后看着哒哒哒地欢脱着跑远。不能不说，这是一种由衷的待见。

而如今，当年胡同里像张小苏、李丁这么大的小男孩们，也都成了六十多岁快七十岁的老人了。正如赵本山小品《不差钱》里的一句台词：洪湖水、浪打浪，长江后浪推前浪，把我爹拍在沙滩上。

1993年5月，孙谦的老战友李束为不幸身患肺癌。老友来日不多，让孙谦顿时有分秒如金的感觉，在李束为病重和弥留之际，孙谦常常到医院来看他，守在床前，与他聊天，陪他解闷。两人回忆起了前锋剧社和警卫排的往事，也聊到了回晋绥文联参加的"抢救"运动，当时两人的挎包和笔记本被领导没收，从此再也没有回到自己手中，说到这里时，孙谦提高嗓门说："那是咱们的命根子啊，咱俩在保德工作上的事情还有感想，可全都记在上面啊，太可惜了！"两人忘我地聊着，不知不觉就是半天。

没有熬过多久，在1994年的3月4日，李束为走完了他75年的人生旅途。从来眼软的孙谦，怎么也抑制不住内心的悲伤，流着泪写下了悼念老战友的挽联："出鲁来晋，由武入文，花开笔下，壮志未已；滚滚黄河，巍巍吕梁，埋骨青山，后人仰之。"

束为虽然是山东省东平人，本应叶落归根，但他早对家人留下遗嘱，要把骨灰撒在他革命战斗过的吕梁山上。对于束为的这个遗愿，孙谦闻讯后感觉很突然，因为他常常守在床前，束为竟然没和自己提及，但细细一想，束为从参加革命工作的那天起，就和吕梁大山结下了不解之缘，在这里他行过军，打过仗，演过戏，办过报，创作了第一篇文学作品，束为身为山东人，但他情在吕梁山，束为小说中的人物原型，一位来自吕梁山上的农民，听说束为病重，前来陪侍，直到他停止呼吸。想到这些，束为魂归吕梁，便一切尽在情理之中。

最后，束为的家人把他的骨灰一部分撒在兴县、临县的土地里，一部分埋在离石县的凤山上。在 1994 年 4 月 9 日，一个乍暖还寒的早春、纷扬的雪天，山西省文联、吕梁地委和吕梁行署在离石县凤山上植树立碑，举行了"人民作家"束为纪念碑揭碑仪式，作为对束为同志的永恒的纪念。山西文联常务副主席韩玉峰在他代为撰写的碑文中说："回归吕梁，再返老区，是束为生前愿望，今日一代大家长眠凤山，文坛幸甚，先生无憾。"

在李束为回归吕梁后的当月，孙谦饱含深情地写下了怀念束为的文章《齐鲁硬汉晋地魂》，发表在《山西日报》上，孙谦用"齐鲁汉"和"晋地魂"两个词组的并列对比，传达出了他对束为"青山处处埋忠骨，埋骨何须回家乡"的情感认同。对于将来远去的自己，终究埋骨何处的问题，从束为的后事处理上，他似乎找到了自己的答案。

孙谦在 1994 年的 5 月 4 日，给远在西安咸阳的四弟孙怀珍写的信中说："老三说等播种完后去看你。我可是不敢出去走动了：李束为死后不久，在四川工作的一位老同志，想家不行，回到村里，突发心脏病死了，忙了家人、领导，又把骨灰移到成都。人老了，不能给自己找麻烦，更不要给别人添麻烦。"

这时候的孙谦，"身体日衰，脑子日坏，自知'力不从心'了。"在 1995 年 1 月 12 日的一封通信中说："我聋得更厉害了，也显出老糊涂状，连街也不大敢上了。"还一再强调自己的一个观点："人老了，一定不能给自己找麻烦，不要给家属、亲戚们添麻烦，更不要给别人添麻烦，给家乡添麻烦。"

对进入老年的孙谦来说，同龄战友李束为的匆匆离世，对他思想上的打击和影响是可想而知的。也正是：战友人先去，年龄不饶人。他常道，日暮桑榆晚，前路车到站。已经几乎不出远门的孙谦，却在 1994 年 12 月，再次重返大寨。郭凤莲早早地在村门等候他，原想先到她的办公室稍事休息，不想孙谦却说："先上虎头山。"

车停在陈永贵墓前不远的地方。孙谦径直走到陈永贵墓前，颤抖着双手为陈永贵点燃了一支香烟，然后祭酒鞠躬，久久伫立，转身返回时，只见他满面泪水，然后不住地摇头。

第十章　松林落叶

1. 病中的牵挂

作为 1937 年抗战爆发前参加革命工作的同志，孙谦享受着副省级的医疗待遇，所以，政府每年都特别安排有两次的健康体检。

1995 年 4 月 26 日是上半年的例行体检，孙谦和往年一样，按时到山西省人民医院做常规性检查，谁也没有料到，历次检查从来无碍的他，这次竟然发现已经身染肝癌，而且已属于晚期。5 月 10 日，省人民医院的大夫又为他做了 CT 检查，初次诊断得到确证。

作为经历过战场出生入死的老战士，孙谦倒没有大惊失色，却把家人和山西作协急的不知所措，大家的一致意见是，快去北京再做检查和针对性治疗。山西省作协对此极为重视，派出专人和孙谦老伴王之荷及二女儿一起，到北京北医三院做进一步诊断，寻求最佳治疗方案，诊断结果是，孙谦癌变的部位不能做手术，只能进行介入治疗。

因为介入治疗在北京和在太原没有差别，所以孙谦就嚷嚷着要回山西，六月初他带着北京大夫养病治疗的嘱托，回到了太原。孙谦于 6 月 12 日，在《山西文学》1995 年第 6 期的首页，给三弟写了一封信："我已回太原。精神挺好。明日将住二院治疗。大热天，你千万不要来看我。等我养一阵子后，如精神好，也可能回家看看。你要注意身体。我已戒了酒，烟也抽少了，一天大概抽三支，分成十二次抽。"

孙谦以乐观积极的态度对待病魔，他开始阅读气功等养生治疗的书籍，阅读肝病病理和治疗方面的典籍，想的是在自己认识病魔的基础上，来抵抗病魔、战胜病魔。

第十章 松林落叶

开始一段时间,孙谦坚持住在家里,不在医院。他内心十分清醒,他这种病目前没有根治的办法,恐怕自己在世为时不多,所以他一方面积极配合医生进行药物调理和介入性治疗,另一方面他也想着,要抓紧时间对自己的文学创作做一个总结,编印一本自己的作品自选集,算是自己在文学界耕耘一生的一个交代。

七月份的时候,杨茂林带了一些孙谦爱吃的莜面去看望他,孙谦却主动发问:"你已经知道我得了'病'了?"他把"病"字说得很重。杨茂林回答说:"得了什么病?我不知道呀?"孙谦说:"老马他们没有告诉你?嘻嘻,他们在替我保密呢,其实,我倒不在乎。"他从头到尾将患病的情况和在京检查的经过,都对看望他的人一一相告。从他的神情上,一点也看不出一个晚期肝癌患者的悲观。

在治疗的同时,孙谦开始编他的自选集了。胡正在《悼念孙谦》一文中说:"他左手捂压着疼痛的肝部,右手伏案执笔,以顽强的意志和最后的希望编选完他的两大本书稿后,他又仔细用厚黄纸包扎成两包,送到我家里来。临别时,他看着我说:'最后一次,再帮助我……'他的话音有些颤抖,还没有说完就抹过脸去。我的鼻子一酸,只说了句:'老朋友了,还说这些……'我忍住泪水,默默地目送他出了院门,走回他自己家里。他的两厚本自选集的书稿编出来了,他也住进医院里去了。"

编完作品自选集和创作年表后,孙谦就在病床上潜心读书,他阅读的不是消遣性读物,都是些经典名著,包括新出版的《尤利西斯》、罗曼罗兰的《约翰克里斯朵夫》、日本一位早期女作家写的《源氏物语》等经典性的外国长篇小说,还读国内著名作家包括沈从文的书,隔几天,就会看到他放在床头的书换成了"笑话故事选",每当阅读的时候,他总是那么专注,只是每隔一阵子,就会发出不由自主的因病而痛的呻吟。

在孙谦忍受病痛百般折磨的时候,马烽就去家里或者医院陪他聊天。马烽在《怀念孙谦》一文中说:"我们在一起聊过去的经历,聊活着的和作古的一些老战友,聊年轻时候的一些趣事。这样可以使他忘却一些痛苦。聊着聊着,他苦笑着伸出三个指头来摇一摇。意思就是这些话已经重复过三遍了。后来我在市场上搜寻到几盘祁太秧歌、河曲二人台的录音带，我们就一起听这些年轻时候就喜欢的民间戏曲。有时他竟然随着乐曲，用沙哑的声音哼上几句，哼着哼着他自己也笑了。"

《山西文学》编辑部的同志们去看他，孙谦刚输完液，正躺下休息。大家进得屋来，深情地注视着他，片刻后，一个个轮流走向病床，与他握手致意，孙谦先是热泪盈眶，继而泪流满面，接着放声号啕起来。在生离死别之际，他对曾经一起工作的同志难舍难分。孙谦此时有所不知的是，在他查出癌症半年后，他的三弟也被查出身患绝症，家人和亲属怕引起他伤心，对他一直瞒着三弟的病情。

进入腊月，孙谦的病情明显加重，他不得不再次住进山医二院。1996年春节前，孙谦已经病危了，他面黄肌瘦，有气无力，半躺在床上，说话已经很微弱，说一两句就要停下来喘喘气。侄子孙利华从洛阳回山西看望重病中的父亲和大伯。孙利华对笔者说：

大伯午睡醒来后正躺在床上看书，我急忙迎上去握住他的手："大伯，我来看您来了！"大伯说："你怎么又跑回来了？不耽误工作？前一段，你父亲和你哥哥来看过我，他们说还要到医院给你父亲检查一下，具体是什么情况快给我说说。"大伯这样问我。我故作镇定地说："就是他平时的那些老年病。医生给开了药了。你就别担心了。"听我这样一说，大伯用舒缓的口气说"不是大病、绝症就好，但也马虎不得。"大伯叮嘱我："你父母年岁也渐渐大了，你们一定要好好照顾他们，也替我好好照顾他们。"

春节过后，我又从南安去太原看大伯，大伯问：老家村里的春浇开始了没有，春耕准备得怎么样。我靠在大伯身边，说：近年来家乡的梨树发展势头好，几乎家家户户种植，不仅面积大，而且品种好，村里人说今年就能挂果，老百姓的收入很快就会有一个大幅度的增加。大伯面露笑容："面对市场经济，就要调整种植结构，调整生产方式，这样才会给农业和农民带来好的收益。"

就要和大伯分别了，我俯下身子，和大伯那双宽厚但十分软弱的双手握在了一起，我能感觉到，大伯在试图用力地握我的手，手有些

第十章 松林落叶

微微的颤抖,紧而无力。松开大伯的手后,我后退一步,含着泪花,挺胸抬头,我向敬爱的大伯敬了一个军礼。此时,大伯突然把头扭向一边哽咽起来,干瘪的眼角挂着一串串的泪珠……

1996年2月15日,山西省委书记胡富国、省委常委崔光祖等领导,在春节前到医院看望他,这时候他说话已经含糊不清,得靠三个女儿翻译和解释。省委胡富国书记来看他时,医院已经下了病危通知书,他抓住书记的手说:引黄工程一定要办成,山西太缺水了,发展工业可不能挤了农民浇地的水啊!还有扶贫……

而朋友们去医院探望他时,他总怕耽误人家的时间,说几句话后,他便下"逐客令"了:"回吧,你们都忙,看看就行了,回吧,回吧!"还手举齐眉给你行个军礼,算是告别。有一次,王之荷给来探望的人讲他的病情和治疗情况,他躺在床上发火道:"人家都挺忙的,你咋啰嗦个没完?"他时时刻刻都在替别人着想。临近年关,孙谦的病情开始恶化,巨大的病痛折磨着他,有时还进入昏迷状态。他从医院给机关的人捎话,要求大家不要去医院看他,生怕给别人添麻烦。

2月24日大年初一,省长孙文盛慢步轻声走进了孙谦的病房,附在孙谦耳边说:"我破例了。"省长指的是孙谦贴在病房门口近似对联的纸条,上行是:听医生的话,除夕不回家;下行是:春节不会客,请大家原谅。省长接着说:"早就想来看您老人家,几次都是派秘书来,今天给您拜年了。您是有贡献的大作家,是咱孙姓家的光荣。"

中国作协也派书记处书记陈建功来看望。中华文学基金会也带来了问候……

获悉医院再次发出病危通知书,马烽、西戎、胡正和山西文学艺术界的新老朋友,都不断赶来看望孙谦。3月3日,马烽见孙谦病痛难忍闭嘴咬牙时,心酸地扭过了头,流着泪。在回家的路上,马烽对同行的人叨叨着:"老孙遭罪了,可遭罪了。"

2. 郭凤莲的泪水

孙谦在医院一直咬着牙忍着病痛坚持着。正月初八，山西作协党组决定，机关五十岁以下的作家、编辑，开始轮流到医院值班，守护孙谦老师，注意病情突变。

正月十二，孙谦躺在病榻上，声音微细弱小，眼看着奄奄一息，家人对他说："您有什么想说的，就说吧，我们听着呢！"家人打开了录音机。对着在场的家人和作协的人，孙谦说话断断续续：

"我请求，后事从简。不要搞遗体告别，不要搞大型追悼会。事先要保密，不要惊动省外亲友，事后发个讣告算了。我请求，将我的一部分骨灰送给大寨，撒在虎头山松林里做肥料。子女要留一点骨灰当作纪念，我也不完全反对，但大部分骨灰要撒在虎头山上。此后，任何时间，任何地点，都不准为孙谦挖洞修墓，树碑立传。孙谦走了……"

这一席临终遗言，体现了他晚年"一定不能给自己找麻烦，不要给家属、亲戚们添麻烦，更不要给别人添麻烦，不要给家乡添麻烦"的愿望。

正月十三，在医院值班的阎晶明给机关打电话：孙老情况不好。省作家协会的领导和同志们赶到病房，只见医生们正在全力抢救，在医生的呼叫下，能看出极度痛苦的他仍在努力地配合医生，在场的人留出了眼泪。

过了一会儿，孙谦缓了过来，大家才松了一口气。但大家心里都明白，孙谦老师已来日无多。1996年3月5日正月十六这一天。上午九时的七楼病房，医生大夫们一片忙乱，紧急抢救后的九时十七分，孙谦合上了双眼，心脏停止了跳动，病房里传来了一片哭声。

对于孙谦"骨灰撒在大寨虎头山松林里"的请求，不论是家人还是同事，还是感觉有些意外。对此，山西作协的陈为人在事后采访了孙谦的家人：

我问孙谦的夫人王之荷："人之常情，总是希望叶落归根。我感到有些纳闷,孙老的临终遗言,为什么不是想把自己的骨灰埋回故里,而是要撒到大寨的虎头山上?"

王之荷说:"我也问过他,可是他摇了摇头……"

孙谦的女儿王笑宓向我讲述了孙谦在弥留之际嘱托后事的情形:"我感到很意外,就没想到。他可能是对陈永贵有比较好的认同感,骨灰也不要了,就洒到大寨的虎头山上做肥料,他就这么说的。"

王笑宓说:"当时我就说,骨灰也不留了,既然如此(王笑宓声音哽咽了)……为什么不把骨灰洒到对他的生命来说,同样具有重要意义的紫团洞呢?"

最后,孙谦把自己的灵魂托付给了大寨。由此可见,在孙谦的心目当中,比紫团洞、比他的故里,比任何一个什么地方,更值得他放心安身、寄托灵魂的地方,那就是大寨。选择大寨,他也一定做过思想斗争,他也一定做过反复比较,最终选择大寨,自有他充足的理由。在他的内心,大寨才是他最终的托付。

孙谦去世的第二天,山西作协就与大寨村党支部书记郭凤莲联系,可大寨村委会和郭凤莲家中均无人接电话。那时候电话都是固定座机,还没有手机,无奈之下,他们又打电话给昔阳县委、县政府,请他们转告郭凤莲,因为郭凤莲还兼任昔阳县委副书记。

3月7日上午,郭凤莲、陈明珠等大寨人赶来太原,来到孙谦的灵堂,代表大寨人在孙谦遗像前三鞠躬,郭凤莲在留言簿上写道:"孙谦老师永远活在大寨人的心中。"

郭凤莲走进了孙谦生前的书房,看着一件件遗物,被称为"铁姑娘"的她流泪了:"孙老在我们大寨,和我们社员同吃同住同劳动,没有一点大作家的架子,对我们大寨每家每户情况都熟悉。那时候他常和我开玩笑说:'凤莲,我给你找个对象吧。'那时候,孙老在我们大寨没吃过一顿好饭,不是窝窝头,就是高粱面。"

她一边抹着眼泪一边向大家诉说:"孙老要把他的骨灰撒到我们大寨,是我们大寨的骄傲和光荣。孙老就是我们大寨的人,我们要把孙老迎回大寨,让孙老回家,而且要在虎头山上为他立碑,让大寨的子孙后代永远记住他……"

郭凤莲的话，让在场的人都为之动容，流下了眼泪。陈永贵的大儿子陈明珠，已经是五十多岁的汉子了，在一旁一直默默地流泪，过一阵说一句："我们来晚了，我们来晚了……"

孙谦治丧期间，中国作协、中国文联、中国电影家协会等送来了花圈。全国文艺界著名人士王蒙、白杨、管桦、于洋、陈强、谢芳、李仁堂等纷纷发来唁电。孙谦的家乡文水县委的领导也赶来吊唁，向家属表示慰问。

老战友马烽、西戎、胡正都第一时间、饱含深情地写了挽联和怀念文章，回忆他们将近六十多年的手足情、战友情。马烽写的挽联是："沙场战友，同甘共苦近十载，转战吕梁太行，情同手足潜潜痛诀别，音容宛在难磨灭；文坛知音，相辅相成半世纪，历访漳河汾水，心心相印依依送君西，虽逝犹生似旧时。"

3月13日，山西作协在山医二院举行了向孙谦同志遗体告别仪式。告别厅摆满了一个个花圈，张挂着一幅幅挽联。按照孙谦生前遗嘱，本着简单从事的原则，这个仪式通知参加的人极少，但没有料想到的是，来了那么多没有通知的人，整个告别厅满满的人，院子里还站了许多。

孙谦骨灰要回大寨，到底定在哪天，先后有过几个方案，一个是5月23日，毛泽东主席"讲话"发表54周年纪念日，因为他的文学生涯一直在实践着"讲话"精神；第二个方案是3月26日，陈永贵逝世十周年，他和陈永贵是好朋友，这天去大寨和老朋友相见自然挺好。最后还是采用了第三种方案，确定在四月四日，既是清明节，又是他76岁的生日。

那天早晨六点就动身了。大寨人和山西作协派出了当时最高级的奥迪轿车护送孙谦回大寨。车子缓缓驶出南华门东四条，出了太原，过新建成的武宿立交桥，上了太旧高速公路。过立交桥后，半小时就到了寿阳。到阳泉时，阳泉文联的领导们已经迎候多时。上午十点，他和大家终于到了大寨。

清明这天阳光灿烂，虎头山的山坡上已经站满了人，大寨的村民和学生们，还有晋中地委行署、昔阳县委县政府的领导，他们早已在这里恭恭敬敬地迎接他。

哀乐在虎头山上空低回缭绕,上山的路旁植满松柏,大寨人倾村出动,以庄户人古朴的方式迎接孙谦的归来。在大寨人的簇拥下,孙谦的小女儿孙笑非三步一跪,在路旁每株松树的根部一小把一小把地撒下父亲的骨灰,骨灰随着花瓣飘落下去。郭凤莲始终守在孙笑非的身后,并且一再提醒道:"象征性地洒一点就可以了,可别都撒了,少一点撒,少一点撒。"

宋立英哭着说:"他回家了,他回家来安息,最好了。"

尽管骨灰撒在了园林里,但大寨人还是坚持要为孙谦建墓,并且坚持要有个安葬仪式。于是,在那座小小的墓前,山西作协的领导和大寨人共同植下两棵松树,山西作协主席焦祖尧宣读了孙谦生平,郭凤莲声泪俱下地历数着孙谦对大寨人的功德和恩情,倾诉着大寨人对孙谦的怀念,整个虎头山一片悲恸。

对于孙谦魂归虎头山,作家陈为人在《虎头山拜谒孙谦墓》一文中表达了自己的观点:"我完全可以理解孙老的这种感情。郭沫若的骨灰也在大寨,但他埋得那时候是 1978 年,大寨还处于红火风光的时候。而孙老就不同了,孙老去世时已经是 1996 年了,那时关于大寨的功过评价早已尘埃落定,陈永贵也已经失去了当年头上的光环……大寨已经失势,甚至已经成为负资产。而这时孙老还认定要把骨灰埋到大寨,与陈永贵作伴,则表现了孙老不以荣辱交朋友的人格,以及对自己认准了的信念的一种执着和坚守!时间是最好的显影剂,在貌似一样的形式下,掩饰得却是截然不同的心理内容。"

仪式结束后,大寨党支部村委会和山西作协在大寨的招待所开了座谈会,郭凤莲含着泪动情地讲了话,回忆了孙谦当年在大寨生活时的件件往事。

3. 我们永远的纪念

马烽夫人段杏绵,1990 年向亲戚要了一颗葡萄苗,种在了自家院子里，第二年竟长出新枝和叶子。隔了几年，葡萄藤长大了，也结出了葡萄，结的葡萄串儿很大，葡萄粒也特别地饱满，成熟以后是紫红色的。

有一天马烽在院里散步，看看葡萄，沐着秋风，只见微风吹动枯叶沙沙作响，夕阳下红葡萄上泛出紫色的光泽，他忽然想起十五年前在雁北下乡时的那句上联："春雨洗绿白杨树"，脑海里顿时涌出一句："秋风吹紫红葡萄。"

噢？马烽一怔，这不对上了吗？"春雨洗绿白杨树，秋风吹紫红葡萄。"马烽心想：十多年前的这个联，现在终于对上来了，极度兴奋中他赶忙起身，要向隔壁的老孙交流一下。

马烽起身刚走了几步，才猛然想起孙谦已离开人世一年半之久了。马烽失去了可交心抒怀的知心朋友，就像丢了魂一样，他对老战友的思念一天也没有减弱。

1996年大寨人迎回孙谦的时候，只简单地依坡堆了个土堆，大寨人觉得这样待他有些寒碜，坚持要在虎头山上为孙谦树立纪念碑。孙谦的家属闻讯后，再次重申孙谦生前不立石碑的遗愿，可大寨人于心不忍，决意要立碑纪念。郭凤莲在电话里对笔者说：事后，孙老的家属给我们送来一千元，坚持说这钱应该由他们出。

在孙谦逝世两年后的1998年清明节，大寨人为孙谦举行了庄严的揭碑仪式。碑的正面是孙谦的简历："中国共产党优秀党员孙谦同志，1920年4月4日生于山西省文水县南安村，1937年参加革命工作，1996年3月5日病逝于太原，享年76岁。……遵照孙谦同志的遗嘱，他的骨灰撒在大寨虎头山上。愿他在青松林里安息。他的人品和优秀作品将永远留在人民心中。"

纪念碑的背面则刻了原昔阳县委书记、也曾在六十年代在文水担任县委书记的张怀英代表大寨人撰写的一首诗："铁肩担起民间义，妙手绘出农家情，生前笔下英雄谱，身后大寨安忠魂"。这首诗，构思巧妙，有两副对联组成，既是对孙谦品格和人生的高度评价，又表达了大寨人民对老作家的深切怀念。

2011年8月22日，山西作家"红色之旅"太行采风团来到了大寨虎头山的孙谦墓前,山西作家协会敬献了花篮。主持人说:孙老师,我们看望你来了,我们全省的作家们看望你来了。大家三鞠躬:一鞠躬……再鞠躬……三鞠躬……随着主持人的口令大家一一躬身。仪式已经结束,被人称为血性汉子的作家周宗奇意犹未尽:"等等,我得磕两头。"说着,便跪下了。采风团的作家王西兰等人也随之跪下。

在中国人的传统礼教中,当数跪拜磕头最高最重,刚才在虎头山郭沫若纪念碑前连鞠躬也不肯的一个血性汉子,现在在孙谦墓前跪下了,此时,周宗奇泣声哽咽,一连磕了四个头,最后一个头磕下去,他五体投地,久久未起。

就在孙谦逝世不久的1996年5月21日,国家广播电影电视部电影局在中国电影资料馆举行"夏衍电影荣誉纪念"颁奖大会,孙谦以及蔡楚生、史东山、于敏、林杉、马烽、海默等为新中国十七年时期做出突出贡献的电影文学工作者,受到大会的隆重表彰。

在《言大必空》发表数月之后,孙谦在《故乡及其它》一文中表达了由衷的愿望:"久别的故乡,多么使人眷念和想望呵!""我是文水人,故乡母亲,我会回去的!"《言大必空》被批之后,孙谦对于故乡的感情和回乡的愿望,一直是欲言又止,欲罢不能。在时隔30年之后1989年,在文水县文联成立大会上,他对着麦克风大声地说:"我是文水人,在外面工作五十多年,对家乡很思念,感情很深……"

孙谦逝世20周年的2016年3月5日,中共文水县委和山西省作协,联合在文水县举办了孙谦逝世二十周年纪念大会。2017年9月,位于孙谦家乡文水县南安村的孙谦故居,由中共文水县委、县人民政府投资修缮;2018年8月,"孙谦纪念馆"土建工程竣工,2019年7月馆内陈列展览工作圆满完成,两个展览厅、一个电影厅布置停当,一手握着笔记本、正在专注采访、倾听老农言说的孙谦半身铜像,在院子中央的枣树前树立……

孙谦故居是孙谦出生成长的地方,也是他革命出发的地方,现在则成为了晚生后人学习瞻仰的地方,也是家乡人民寄情缅怀的地方。站在孙谦故居的院子里,品味着孙谦饱经风雨沧桑、犹如电影画面的人生历程,似乎听到一首歌从远方飘来:我曾经豪情万丈,归来却空空的行囊，那故乡的风和故乡的云，为我抹去创伤；……归来吧，归来哟……

此时，我们仿佛看到，正房最东面的那间屋子里，孙谦正在晃动如豆的灯光下读书练字，弟妹们早在大炕上酣然入睡，那柄和妈妈一起抓爹爹"赌钱"的七星宝剑仍在门扇后的墙角斜倚着。我们仿佛看到，那苍劲繁茂、果实累累的枣树高枝上，孙谦正挥舞着打枣杆，噼里啪啦的大红枣儿在地上直跳，弟兄们正在吵闹着，嘻笑着。

我们也仿佛看到，油灯下，父亲吧嗒吧嗒地抽着旱烟，灶火旁，母亲做着孙谦喜欢吃的"铲片片"，全家人正聚精会神地听孙谦讲抗战打鬼子的故事……

2018 年 5 月 16 日初稿
2020 年 3 月 18 日第 5 稿

主要参考书目

- 孙谦：《孙谦文集》，太原，山西人民出版社，2001年7月。
- 马烽：《孙谦纪念文集》，太原，山西作家协会出品，1998年4月。
- 山西新军历史资料丛书编审委员会：《山西新军决死队第二纵队》，北京，中共党史出版社，1993年11月。
- 钟敬之：《人民电影初程纪迹》，广州，广东人民出版社，1988年2月。
- 吴迪：《中国电影研究资料》，北京，文化艺术出版社，2006年6月。
- 孟犁野：《新中国电影艺术史》，北京，中国电影出版社，2011年12月。
- 杨远婴：《北影纪事》，北京，中国电影出版社，2011年8月。
- 周啸邦：《北影四十年》，北京，文化艺术出版社，1997年1月。
- 胡昶：《新中国电影的摇篮》，长春，吉林文史出版社，1986年9月。
- 韩玉峰：《山西电影制片厂50年》，太原，山西影视集团出品，2011年6月。
- 郭学勤：《袁牧之传》，杭州，浙江人民出版社，2005年12月。
- 马烽：《马烽文集》，北京，大众文艺出版社，2000年2月。
- 周宗奇：《栎树年轮》，北京，大众文艺出版社，2004年10月。
- 杨品：《马烽评传》，北京，大众文艺出版社，2004年10月。
- 蔡楚生：《蔡楚生文集》，北京，中国广播电视出版社，2006年2月。

- 郭学勤：《林杉评传》，北京，海洋出版社，2011 年 7 月。
- 陈为人：《马烽无刺》，北京，金城出版社，2011 年 10 月。
- 陈为人：《山西文坛十张脸谱》，太原，山西人民出版社，2012 年 6 月。

后　记

孙谦先生是山西省文水县人，作为乡贤，我关注研究他，最早是受王金钟先生的启发，从 2007 年正式开始的。

2012 年，编著了纪念文集《我们的孙谦》后，我斗胆到太原请尚未谋面的传记专家陈为人先生作序，在听了我的工作汇报之后，陈先生说出了要我写"孙谦传"的提议。作为一名文学圈外人，我深感自己能力不足，学养不够，在连连推辞中，却由此默认了这副重担。

孙谦仅仅初小文化水平，他的精神以及一生的成就和贡献，不仅仅在于作为"山药蛋派"成员，他在坚持大众化、人民性的方向上，作为"党员作家"对当代文学产生的深远影响，更多的是他作为新中国最早的一批电影文学垦荒者，为新中国电影事业的发展，所作出的不可磨灭的艰辛探索。可以这样说，孙谦的人生命运，就是共产党革命的写照，就是新中国电影的浓缩。这是吸引我做这件事的主要原因。

十多年的时间里，我利用业余时间采访孙谦夫人王之荷、"五老"唯一健在的胡正、马烽夫人段杏绵、中国电影家协会书记处原书记孟犁野、中国电影文学学会会长王兴东、内蒙作协原副主席杨啸等，去外地专访孙谦四弟孙怀珍、孙谦晋绥时的老战友王志强，远赴上海电影博物馆、长影旧址博物馆、大寨的虎头山。山西省作协的许多作家家里更是不知跑了多少遍。为了全方位搜集孙谦的史料、书刊、文物等，虽然没有跑断腿，但因上火嘴上好几次起了血泡，血压也不止一次骤然奇高。回想这件事的前前后后，正如曹雪芹所说的："满纸荒唐言，一把辛酸泪。都云作者痴，谁解其中味？"

特别令人感动的是，我采访、相识的每位作家朋友，都热情为我提供他本人的大作和有关的资料、照片，并直言分文不取，由我任选任用，一字没提"版权""酬劳"之类的要求。还有太多素不相识的朋友给予我热情的帮助,有的看到我征求缺失史料的网上求助后,贴钱第一时间快递给我寄来,真是一曲曲"爱的奉献"。这些,我都一一记在心里。

我于 2018 年春动笔,到初夏初稿出来后,请山西省作协副主席杨占平先生和周宗奇先生初审,一向关心此事的陈为人先生远在加拿大蒙特利尔探亲,也放下了自己紧张的案头写作。三位先生非常认真地审稿,都提出了修改的高见。此后,我又不断查找到不少第一手的原始资料,多次对书稿进行修改补充完善,从第一稿的 40 万字到第二稿的 36 万字,改到第四稿时成为 38 万字。2020 年之初弥漫全国的新冠肺炎疫情,"强迫"我宅在家里快两个月,让我完成了呈现在大家面前 31 万字的第五稿,以此作为 2020 年 4 月孙谦先生百年诞辰的纪念与献礼。

通过这本书,我想要向大家展示的,是孙谦先生七十多年艰苦卓绝、砥砺前行、犹如电影一样的人生画卷,也希望大家把他的人生足迹,做为人民电影事业发展、人民共和国成长的一个影子,由此来管窥那段惊心动魄、波涛汹涌、改天换地的历史长卷。这是我写这本书的初心和目的。

感谢中国电影家协会的孟犁野先生、中国电影文学学会的王兴东先生、中国电影艺术研究中心的吴迪先生对我无私的指导关怀;感谢山西作协的杨占平、周宗奇、陈为人、毕星星以及内蒙作协老作家杨啸等先生对我热情的支持帮助,感谢若干参考书目的作者对我撰写这本心血之作的得力铺垫。对书中的不足和问题,我恳望文学界、电影界的朋友以及广大读者,一是给予从宽谅解,因为此举并非我的本职,二是提出批评意见,以后咱继续努力改进。

王学礼

2020 年 3 月 18 日于文水

作者简介

　　王学礼，1962年11月出生于山西省文水县。山西师范大学毕业。1981年8月参加工作。在《中国赵树理研究》《黄河》《山西作家》《中学数学》等刊物发表文章。《孙谦研究》主编。著作有《我们的孙谦》（2012年）、《孙谦文集中的文水方言》（2016年）等。

www.ingramcontent.com/pod-product-compliance
Lightning Source LLC
Chambersburg PA
CBHW021956160426

43197CB00007B/149